Joseph Roth

Drei Sensationen und zwei Katastrophen

Joseph Roth

Drei Sensationen und zwei Katastrophen

Feuilletons zur Welt des Kinos

Herausgegeben und kommentiert
von Helmut Peschina
und Rainer-Joachim Siegel

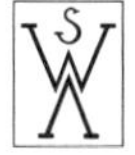

WALLSTEIN VERLAG

Inhalt

Film im Freistaat

Ein bekannter Kinoschriftsteller erzählt in einem Buche über Films einige echte Zensorenstückchen und gibt Kinoschriftstellern folgenden guten Rat: »Politische Beziehungen sind stets zu vermeiden. Die Bezeichnung »Fürst« ist verpönt, hierfür ist »Prinz« zu gebrauchen ...«

Die Allgewalt des Rotstiftes erstreckte sich nämlich nicht nur auf Zeitungen, Bücher, Broschüren. Auch die Flimmerwelt des Kinos wurde vom Vormärzgespenst der Zensur beherrscht. Die Wirkung des Kinos auf das Volk, die ja bei weitem unmittelbarer und stärker ist als die Wirkung von Zeitungen, wurde von den Vertretern des alten Regimes voll gewertet und richtig eingeschätzt. Auch hinter den Kulissen des Kinos stand Tartüffe mit drohendem Zeigefinger. Ein Kuß konnte unter Umständen einen g'schamigen Zensor wütend machen. Ein Ehebruch erschien dem Rotstifte zuweilen als eine ungeheure Gefahr für die Moral des Publikums. Die Darstellung eines allerhöchsten Lebens gar bedeutet ein Rütteln an den Grundfesten des Staates. »Die Bezeichnung »Fürst« ist verpönt ...« Aber dafür durfte man »Prinz« schreiben, um die Illusion des Märchens zu wahren, als geschähe die Begebenheit im Lande Nirgendswo. Die Wirkung war ja dieselbe, manchmal sogar noch stärker. Denn, wie der Dramatiker, so wurde auch der Kinoschriftsteller von der Zensorenkraft, die stets das Böse wollte, aber fast stets das Gute schuf, zu Spitzfindigkeiten angeregt, die es ermöglichten, dem Publikum alles verständlich zu machen und dem Zensor hinter dessen Rücken einen Schabernack zu spielen.

Heute ist natürlich auch der Kinodramatiker frei. Er darf von »Fürsten« schreiben, soviel ihm behagt, ohne von »Prinzen« sprechen zu müssen. Er darf allerhöchste Ehebrüche darstellen, ohne daß der Staat in Brüche ginge. Die ganze verlogene Kinokultur ist zu Ende. Die Gebärde des »Schulter an Schulter« und »wir halten fest und treu zusammen« ist ausgespielt. Ein Erzherzog im Schützengraben läßt den Zuschauer heute gleichgültig. Eine hohe Frau, die gelangweilt in Kriegsspitälern wandelt, ist unmodern. Und so ist mit Kaiser und Hofstaat auch eine Anzahl von Films unbrauchbar geworden. Der Film muß Schritt halten mit dem Galopp der Weltgeschichte. So dürfte heute keiner mehr das Kinodrama als »rührend« empfinden, in dem ein Prinz einem Mädchen aus dem Volke einen Heiratsantrag macht. Vielmehr wird heute der Umstand, daß dieses Mädchen den Heiratsantrag annimmt, rühren. Ein Zeitalter, in dem Soldatenräte eine Hofburg durchsuchen, hat kein Interesse mehr an den Bewohnern eines Schlosses. In Zukunft haben Bolschewike und Spartakist die Rolle des unvermeidlichen »Grafen« und »Barons« übernommen. Die Revolution ist die künftige Beherrscherin der Kinowelt. Wie die Phrase aus Zeitungen, so wird die verlogene Gebärde aus dem Kino verbannt. Es ist zu erhoffen, daß die Natürlichkeit auch auf der Leinwand zur Geltung kommt. Byzantinismus und Tartüfferie sind gegangen. Ihre Stelle nehmen ein: Vernunft und Sittlichkeit.

So wird auch der Film im Freistaate eine Entwicklung nach aufwärts nehmen. Auch er wird eine neue Zeit im wahrsten Sinne des Wortes »anschaulich machen«. Die Zeitgeschichte bietet Stoff genug. Revolutionen und Putschversuche häufen sich wie die Wiener Straßenbahnunfälle. Könige gehen, wie vormals Minister. (Ein Glück, daß sie nicht die Fähigkeit haben, wie diese wiederzukommen.) Mit einer Schnelligkeit hetzen einander die Ereignisse, als wäre die Geschichte der Gegenwart selbst eine Kinovorstellung. Und genau, wie im Kino, wechselt tiefste Tragik ab mit urkomischer Heiterkeit. Das Leben erfindet Verwicklungen, Höhepunkte, Peripetien und Katastrophen, wie sie die kühnste Phantasie eines Filmdramatikers nicht ausdenkt ... Film im Freistaat? Vielleicht: Der Freistaat – ein Film?!...

Die Typen des Detektivdramas.

Der Detektiv:

Die besten Einfälle und die scharfsinnigsten Gedanken saugt er aus seiner kurzen, englischen Pfeife. Ohne diese Pfeife müßte er rein seinen Beruf wechseln. Er könnte dann z.B. jugendlicher Liebhaber werden, denn dazu braucht er keine Gedanken.

Das hervorspringendste Merkmal an ihm ist die Nase, die symbolisch seinen Spürsinn andeutet. Seine Blicke durchdringen alles, sogar seine englische Sportkappe, die er gewöhnlich bis über die Augen herabgezogen hat. Sein Kinn ist energisch. Charakteristisch für ihn ist noch, daß er nie einen Schnurrbart trägt, warum, weiß man nicht. Vielleicht hat er keine Zeit, sich einen solchen wachsen zu lassen, denn er ist immer beschäftigt. Auch wenn man meint, daß er nichts tut, jagt er im Geiste einem Verbrecher nach, und mancher Detektiv soll sich bei dieser Gelegenheit schon eine Lungenentzündung geholt haben.

Die Hände hat er gewöhnlich tief in den Manteltaschen vergraben, wenn er nicht gerade zufällig, was ja öfter vorkommt, einen Verbrecher ergreift. Vor zirka zwei Jahren soll es aber einen Detektiv gegeben haben, der die Gewohnheit hatte, die Hände in die Hosentaschen zu stecken. Was ihn dazu bewogen hat, ist bis heute noch unaufgeklärt.

Eine der wichtigsten Extremitäten seines Körpers ist der Revolver. Derselbe ist zwar immer blind geladen, aber nichtsdestoweniger bricht der Verfolgte meistens zusammen, wenn der Detektiv auf ihn schießt.

Ansonsten wäre von ihm noch zu sagen, daß er selbst kugelfest ist und einen dehnbaren, aalglatten Körper besitzt, mit dem er sich durch jede Verwicklung hindurchwindet.

Der Verbrecher:

Man unterscheidet zwei Arten von Verbrechern und zwar solche, die etwas verbrechen, um einen Vorteil dabei zu erlangen, das sind: gewöhnliche Einbrecher, die materiellen Gewinn suchen, Professoren, die ihre geistigen, Liebhaber, die ihre körperlichen Nebenbuhler ermorden, u. s. w., und solche, die aus Liebe zu ihren Beruf morden. Beide Spezies erkennt man an ihrem dämonischen Gesichtsausdruck und an ihren abstehenden Ohren. Allerdings gibt es noch Verbrecher »aus verlorener Ehre« und Verbrecher, die zufällig, ohne Absicht ein Verbrechen begehen, diese aber sind harmloserer Natur und kommen für das Kinodrama nur selten in Betracht.

Der Verbrecher führt seine Taten mit dem erstaunlichsten Raffinement und den unglaublichsten Mitteln aus. Der Kinoeinbrecher sprengt eine Tischlade prinzipiell nicht mit der Messerklinge auf, sondern er verwendet dazu immer einen Sauerstoffapparat. Der Mörder mordet nur mit vergifteten Haarnadeln, narkotischen Zigaretten, indischen Zaubertränken u. s. w. Der Revolver gilt als veraltet. Wenn er seine Tat vollbracht hat, sorgt er dafür, daß ein womöglich genauer Fingerabdruck von ihm auf dem Tatorte zurückbleibt, dann sucht er das Weite. Hierzu benützt er meistens ein Automobil, er springt aber auch mit Vorliebe von Brücken auf fahrende Eisenbahnzüge herab.

Der Verbrecher hat kein Gewissen, denn er ist ein Verbrecher. Nur eine halbe Stunde vor seinem Tode verspürt er gewöhnlich Gewissensbisse und bereut seine Taten. Dann stirbt er.

Der Ermordete:

Dieser lebt gewöhnlich nur bis zu seiner Ermordung und kommt daher meistens nur im ersten Akt vor. Nach seiner Ermordung hat er die Aufgabe, seinem Mörder in Visionen zu erscheinen.

Die Hinterbliebenen:

Die männlichen Hinterbliebenen tragen Zilinderhüte und fahren sich von Zeit zu Zeit mit dem Handrücken über die Augen. Die weiblichen Hinterbliebenen dagegen tragen Trauerkleider und haben gut entwickelte Tränendrüsen, die sich öfters entleeren.

Der Tendenzfilm.

Lehrmeister und Tugendbläser sind unsterblich. Da es heutzutage nicht mehr angeht, das Bühnendrama mit dem Lesebuch für Volksschulen zu verwechseln und in jenem die Moral zu predigen, die für dieses vorgeschrieben ist, wurde das Kinodrama zur praktischen Pädagogik ernannt, und der Tendenzfilm war da. Das Kino wird als moralische Schaubühne betrachtet und ist ein Requisit der Volkserziehung, wie Rohrstab und Einmaleins. Es ist sehr lehrreich, auch an Vergnügungsstätten die bösen Folgen einer Teufelssünde an der Haut eines anderen zu erleben, aber eine etwas unangenehme Überraschung ist es, wenn ich zwanzig Jahre nach der Absolvierung der Volksschule mich in's Kino unterhalten gehe und dort die Fortsetzung des Lesebuches in Illustrationen erlebe. Daß der Säufer in's Unglück gerät, seine Familie zerstört, der Verbrecher erwischt wird, der Hinterlistige selbst in die Grube hineinfällt, der Geizhals verhungert, der Verschwender sich aufknüpft u.s.w. sind so allgemein bekannte Tatsachen, trotzdem sie so selten vorkommen, daß ihre Darstellung im Film zu lehrreichen Zwecken vollkommen verfehlt erscheint. Wenn mich alle die zuckersüßen Geschichten des Schullesebuches schon genügend überzeugt haben, daß ihr Inhalt keineswegs den Tatsachen des Lebens entspricht, so wird eine glatte und plumpe Illustrierung dieser Geschichten überflüssig. Kein erwachsener Mensch wird glauben, daß in dieser besten aller Welten, Edelmut und Güte belohnt werden. Aber selbst auf die Gefahr hin, die Sittenpolizei an die Filmleinwand zu malen, behaupte ich, daß ein Kinostück, das höheren Aufgaben, als einer Pseudoerziehung gerecht zu werden versucht, eine viel sittlichere Wirkung übt, denn ein tendenziöses Machwerk mit durchscheinender Philistermoral. Es gilt vor allem, die Klasse des Volkes ästhetisch zu erziehen, und das heißt zugleich: moralisch. Jener süßlich-fade Gefühlskitsch mit dem Sittensprüchlein als Höhepunkt des »Dramas« und Gipfel der »Kunst«, jener bekannte Ansichtskartenkitsch mit der goldenen Inschrift: »Ewig Dein!« und dem schmachtenden Augenaufschlag einer sentimentalen Gartenlaubenhäuslichkeit muß verschwinden. Das Kino muß sich in den Dienst einer vernünftigen Volksaufklärung stellen, die nicht mit einem lächerlichen »Kinderschreck« vor die Massen tritt, sondern mit Mitteln arbeitet, die auf reife Menschen unmittelbare Wirkung ausüben. Wenn zu Beginn und während des Krieges die Kinodramen vor Vaterlandsliebe und Kaisertreue überflossen, so war das nicht weniger bewußte Volksverführung, als die hochpatriotischen Leitartikel alldeutscher Blätter. Überhaupt ist die Ausmünzung des Kinowertes in Politik oder Parteipolitik Unfug und Unsinn. Es wird kein Zuschauer bekehrt und keiner gebessert. Er soll vor allem *aufgeklärt* werden. Und das nur mit Hilfe eines Films, der das Leben weder verzuckert noch verfolgt, sondern es getreu in einer wenigstens halbwegs künstlerischen Fassung wiedergibt. Erst dann, wenn der Film nur *die* Tendenz enthält, die auch das Leben hat, wird jenes Ziel erreicht werden, das mit dem sogenannten »Tendenzfilm« nur verfehlt wurde und wird. Erziehung, meine Herren Filmautoren, nicht Moralpauke und – wenn möglich – Kunst statt Kitsch! –

Knigge im Film.

Weltentrückt liegt das kleine deutsch-mährische Städtchen, in das mich vor wenigen Monaten ein unerbittliches Schicksal und eine lokale Schneckenbahn entführt hatten. Das alte Rathaus mit dem etwas verunglückt aussehenden gotischen Turm, ein biederes Gasthaus mit breitem Eichenbett aus guter, alter Zeit, ein behäbiges Kaffeehaus mit althergebrachten Stammtischen, die Wände mit wohlmeinenden Sprüchlein tapeziert – das alles bereitete mich auf ein gemächliches, wenn nicht spießbürgerlich-solides Stadtleben vor, das ich einem unerforschlichen Ratschluß rücksichtslos konsequenter Götter zufolge einige Wochen lang führen sollte. Allein schon der nächste Morgen brachte eine Überraschung. Es gab einen regelrechten Vormittagskorso auf dem rechteckigen Rathausplatz, den eine bunte Menge bevölkerte. Junge Damen in modernsten Gewändern, Herren und Herrchen in Kleidern nobelster Fasson und großstädtischen Zuschnitts und selbst ein Herr mit einem Monokel. Man denke: ein Monokel! Auch benahm sich die Jugend auf Straßen und in öffentlichen Lokalen durchaus nicht kleinbürgerlich-manierlich, sondern mit Schwung und einer geradezu akkuratessen Eleganz. Lange dachte ich über die Gründe dieser Sittenfeinheit in S. nach. Bis mich ein regnerischer Sonntagnachmittag in's Kino und damit auf die Lösung des

Rätsels brachte. Ich sah dichtgefüllte Reihen, und aufgeregte Premierenstimmung beim Publikum. Junge Mädchen mit glühenden Blicken. Gymnasiasten mit würdevollem Ernst, gespannt den Ereignissen des Dramas folgend. Jede Handbewegung, jeder Augenaufschlag des Helden oder der Heldin wurde von der zuschauenden Jugend geradezu verschlungen. Und ich verstand den erzieherischen Einfluß des Kino's auf die Jugend dieser Kleinstadt. Plötzlich war ich sehend geworden: daher hatten die Frauen dieses kokette Mienenspiel, jenes hoheitsvoll-herablassende Kopfnicken, wenn man sie grüßte. Das kleine Laufmädel benahm sich wie eine Dame. Die blonde Verkäuferin des Papiergeschäftes in der Ecke mimte eine Prinzessin. Der Alltag war Film geworden. Das nüchterne kleine Ereignis – Szene. Und sie selbst, all diese kleinen Männlein und Weiblein waren Helden und Heldinnen. Asta Nielsen und Henny Porten, Harry Walden und Psylander in zehntausend Auflagen. – In tausenden solcher abseits liegenden Städtchen mag wohl das Kino die Rolle einer Erziehungsanstalt spielen. Eine künstliche Fata morgana, spiegelt es dem nach der »großen Welt« dürstenden kleinstädtischen Lehrmädel das »Leben« vor, jenes Leben, das ihm vielleicht immer unerreichbar bleiben wird. Aber aus schattenhaften Gestalten und Geschicken, Szenen und Handlungen in der Filmwelt der Leinwand baut sich der kleine Mensch ein zweites zivilisierteres manchmal sogar kultivierteres »Ich«, in dem er aufzugehen sich bemüht und manchmal sogar aufgeht. Was im Jahrhundert des Buches, wie R. M. Meyer das 19. Jahrhundert nannte, das Werk der gelesensten Modebücher vollbrachte, im Jahrhundert der Technik vollbringt es das Kino. Kürzer und oft anschaulicher. Das Kino als anschaulich gemachter Knigge. Oder ein Knigge mit Kinoillustration. – Wie soll ich mich benehmen? – Ich werd' mir die Henny Porten anschau'n! ..

Du schreibst »Streiflichter« in der »Filmwelt?« – Ja.

Fürchtest du dich denn nicht? Wovor denn? Nun, Streiflichter beleuchten fatale Situationen und könnten dich selbst einmal treffen, wenn du gerade in einer fatalen Situation bist.

Das kann *niemals* sein! Meine Streiflichter beleuchten nur die Andern. Bin ich selbst in einer fatalen Situation, so schreib ich nicht

Dann schreibst du nicht?

Nein! Dann bin ich eben – anderwärts beschäftigt …

*

Du hast ja ein furchtbar unmoralisches Kinolustspiel geschrieben!

Ja, und zwar, um die Moral des Kinopublikums zu heben.

Wieso? Durch ein unmoralisches Stück? – Ja, eben! Die Zuschauer sind gezwungen, über die Unsittlichkeiten des Stückes zu lachen und vergessen darüber, selbst welche im Halbdunkel des Raumes zu begehen. Das heißt man: ridendo castigare mores: Durch Lachen die Sitten verbessern …

*

In jedem Kino steht ein Feuerwehrmann hinter den Logen. Kann der Apparat wirklich so leicht Feuer fangen? – Der Apparat nicht, aber die Zuschauer …

*

Es ist merkwürdig, daß ich im Kino sooft Verhältnisse anknüpfe. Und bin doch sonst so spröde! Kannst du mir sagen, weshalb ich mich dort so leicht verliebe?

Ja, weil die Liebe blind ist: Im Kino sieht sie wenig – aber umsomehr – fühlt sie …

*

Kann man in einem Kinodrama einen Helden einen Monolog sprechen lassen?

Gewiß!

Man hört aber doch nicht!

Aber man sieht ihn! Im Kinodrama wird ein Monolog – mit den Händen – gesprochen ...

*

Schrecklich! Ich soll ein Kinodrama schreiben, und mir fällt gar nichts ein!

Nun, ich bin häufig in *der* Lage!

Was tust du dann?

Ich schreib' – eine Operette ...

Die Diva

Sie ist sozusagen die Achse, um die sich eine ganze kleine große Welt von Filmkunst- und Kitsch, von Kinodramaturgie und Regie, von Klatsch und Intrige, Kabale und Liebe dreht. Sie ist Ruhepunkt in der kreisenden Bewegung der Nervosität und Überspanntheit, Ursache und Endzweck von spannenden Romanen und Schlagern der Saison, Film- und Fixstern in Einem. Sie ist groß oder mittelgroß, blond, braun oder schwarz, sehr schön oder nur hübsch, aber immer reizend, mit dem Schleier der Anmut um Elfenbeinhüften, die sie leider niemals im Film zeigt, sondern stets nur in Zimmern der Verschwiegenheit, deren Wände nicht einmal Ohren haben dürfen.

Nicht mehr von ihrem Privatleben. In der Kunst geht sie natürlich nicht nach Brot, sondern nach Riesengagen, das heißt: besagte Gagen gehen eigentlich nach ihr, oder ihr nach. Sie läßt sich »nichts gefallen«, im Gegenteil: ihr gefällt nichts, am wenigsten der Regisseur. Sie wählt sich ihre Rollen selbst, die ihr extra auf den Leib geschrieben werden, ohne daß der bedauernswerte Autor auch nur einen Schimmer von demselben erblickt hätte. Sie tyrannisiert Kollegen, Kolleginnen, Autoren, Operateure und keiner wagt, ihr zu widerstehen, weil sie aus mehr als einem Grunde, eben – unwiderstehlich ist. Sie hat Glück im Großen, wie im Kleinen. Neben ihr verblaßt die Konkurrenz. Sie braucht bloß einen Schritt nach vorn zu tun und ihre mitagierende Kollegin steht im Schatten. Denn das Licht eines weiblichen Filmsterns hat die sonderbare Eigenschaft, nur sich selbst zu beleuchten und andere zu beschatten.

Sie ist unzuverlässig, wie ihre Taschenuhr. Ihrer Launen wegen müssen zehn Proben abgesetzt werden und die elfte kommt nur dann zustande, wenn die Diva sich vergißt und zufällig rechtzeitig erscheint. Ein Auto steht ihr natürlich jederzeit zur Verfügung. Begleitung ebenso, doch soll sie manchmal auf die letztere verzichten und mit dem Chauffeur vorlieb nehmen. Doch das ist unkontrollierbar. Man beginnt überhaupt sehr leicht in Klatsch zu verfallen, wenn man von einer Kinodiva spricht. Weshalb ich aufhöre. Nach dem berühmten Grundsatz: Wenn's am besten schmeckt …

Der Regisseur.

Der Regisseur ist ein Mann von vielen Gaben, auch Morgengaben, die er in der Nacht ausgibt. Er ist glattrasiert wie ein Schauspieler, manchmal ist er es auch wirklich, meist tut er nur so. Er ist ein Maler, der nicht malt, ein Komponist, der nicht komponiert, ein Musiker, der nicht spielt, ein Priester, der nicht predigt, ein Sänger, der nicht singt. In der Hauptsache aber ist er Kritiker, der stets und aus Prinzip kritisiert. Er versteht die Seele des Publikums, liest die Gedanken sogar derjenigen, die nicht denken, was er dafür selbst sehr ausgiebig besorgt. Er kümmert sich um jeden Schmarrn, den er dem Publikum gewissermaßen mundgerecht macht, und das ist viel! … Er hat ein scharfes Auge, das *alles* sieht, selbst das, was verborgen bleibt, und sein Ohr vernimmt den Kulissentratsch, auch wo dieser nicht hinter Kulissen seine Blüten treibt. Der Regisseur ist ein Soll im Reiche der Filmkunst, allwissend, allsehend, allmächtig, nur leider nicht auch allgütig und allgerecht. Denn das Menschliche, Allzumenschliche ist auch seine Achillesferse und das Ewig-Weibliche zieht ihn häufig in jene Gegenden hinan, die außer Jupiter kein anderer Gott je betrat …

Dialoge

Denk' dir nur, nach zwei Jahren war ich gestern wieder einmal mit Frida im Kino!

Nach zwei Jahren? Das ist eine lange Zeit! Hast Du gefunden, daß sich das Kino entwickelt hat?

Das Kino nicht – aber – Frida! …

*

Diese Kinozeitschriften schießen jetzt wie Pilze aus dem Boden. Jetzt haben wir eine »Kinorundschau«, eine »Kinowoche«, eine »Filmwelt«; wodurch unterscheiden sich denn jene Zeitschriften voneinander?

Sie unterscheiden sich eigentlich gar nicht. Aber manchmal kann es passieren, daß man in *einer* Kinowoche eine *ganze* Filmwelt zu sehen bekommt.

*

Kannst Du mir sagen, wie man eigentlich ein Kinodrama schreibt?

Oh, nichts leichter! Man nimmt Papier, Bleistift oder Tinte und Feder und –

Denkt nach?
Gott bewahre! Nur *das* nicht! Man *schreibt*!

*

Hat das Kino Deiner Ansicht nach eigentlich eine *Zukunft*?
Ich glaube ja! Denn es dient ja hauptsächlich dazu, die *Gegenwart* zu vertreiben.

*

Warum dürfen eigentlich Kinder unter 16 Jahren nicht in gewisse Kinovorstellungen?
Das ist auch in Ordnung! Bis zum 16. Lebensjahre sollen sie Kinodramen *erleben*! *Nach* dem 16. Lebensjahre können sie sich ihre Vergangenheit anschaun, um sich zu überzeugen, daß es schöner war, als sie noch nicht hineindurften …

*

Du schreibst so viel für Kinozeitungen! Sag', hast Du eigentlich Liebe zum Kino?
Wenig!
Oder materielle und geistige Interessen?
Noch weniger!
Aber Du mußt dich doch in Deiner Materie auskennen! Bist Du halbwegs ein Fachmann?
Am wenigsten!–

Noch eine Episode

Unlängst treffe ich eine alte Freundin, die ich lange nicht gesehen habe. Wie meine Hosentaschen habe ich sie seinerzeit gekannt. Um diese alte Bekanntschaft wieder aufzufrischen sind wir zusammen ins Kino gegangen. Begreiflich! Als Kinobesucher zweiter Kategorie nach P.O. Filmplausch Nr. 7 habe ich nun bald festgestellt, daß meine Freundin noch immer eine entzückende Person ist, von bestrickenden Lebensformen und entgegenkommendem Benehmen. Wie ich mich also intensiv mit der Konstatierung ihres Charakters befasse, werfe ich zufälligerweise einmal einen Blick auf die Leinwand. Was sehe ich?? Ist's möglich? – Wenn ich nicht noch im letzten Moment auf die Seite gesprungen wäre, hätte mich der Schlag getroffen. Ist's Täuschung, ist es Wahrheit? Ist's Zufall, ist's Bestimmung? Ist es eine Mahnung des Schicksals?? Ich sehe in einer Straßenszene im Gedränge meine Frau ..! Meine Frau, wie sie leibt und lebt und mir einen Blick zuwirft ... einen Blick!! Ob dieses Blickes errötet meine rechte Wange (meine Frau ist linkshändig) und meine Rippen ziehen sich schmerzlich zusammen. Und ich fühle in meinem Innern ein sehnsüchtig Beben, ein mächtiges Streben, ein furchtbar Erleben, eine Ahnung von kommenden Dingen durchzieht meine armen Gebeine und

vom Mädchen reißt sich stolz der Knabe,
der Wahn ist kurz, die Reu' ist lang,
und mit des Geschickes Mächten
ist kein ew'ger Bund zu flechten ..
Das ist der Eumeniden Macht,
die richtend im Verborg'nen wacht ...

Zufälle

Daß ein schlechter Schauspieler, daß verschwommene Aufnahmen oder daß irgend welche Mängel anderer Art ein sonst gutes Kinodrama beeinträchtigen können, ist ja selbstverständlich. Wie sehr aber der Erfolg eines Stückes auch von äußeren Zufälligkeiten abhängt, mögen nachfolgende Fälle beweisen:

In einem der ersten Wiener Kinos wird »Toska« gegeben. Erster Akt: Der Gouverneur naht sich Toska. Er will ihr seine Liebe gestehen, findet aber nicht den rechten Mut dazu, er ist unentschlossen. Da plötzlich spielt die Musik den Einzugsmarsch aus »Carmen«: »Auf in den Kampf, Toreador!« Der Ernst der Situation ist weg, das Publikum wälzt sich vor Lachen, aus dem Trauerspiel wird ein Lustspiel.

In einem anderen Wiener Kino wird »Maria Magdalena« gegeben. Die Hauptdarsteller Frl. *Thea Rosenquist* und die Herren *Benke* und *Edthofer* sind im Zuschauerraum anwesend. Kein Mensch achtet auf das Stück, alles findet die lebenden Schauspieler im Zuschauerraum interessanter als ihre lebenden Photographien auf der Leinwand, natürlich auf Kosten des vortrefflichen Dramas.

Liebe Leserin! Ich könnte dir noch viele solche Beispiele anführen und ich bin überzeugt davon, daß du selbst dich auf einige Fälle erinnern wirst können, wo irgend ein äußerer Einfluß die Wirkung des Kinostückes schwächte, und wäre es auch nur ein Gewitter, das draußen niederging, nur ein Donnerschlag, der das Publikum ablenkte, man flüstert, man spricht, man bedauert, keinen Regenschirm mitgenommen zu haben – und die schönsten Szenen finden keine Beachtung.

Das Kinodrama von Mayerling.

So war es nicht gemeint!

Aufhebung der Zensur, Abschaffung der Prüderie, Verschwinden Tartüffes: alles sehr schön. – Aber auf eine Freiheit, die in den Kloaken verlassener Paläste herumrumort und den Kanalräumer abgibt, der unter den k. k. Überresten immer noch etwas herausschnüffelt, was unter republikanischen Umständen einem freien Volke als Gaumen- und Sensationslust reizendes Kitschknackwürschtel vorgesetzt werden könnte, können wir dankend verzichten. Dieser

Film»dichter«, der sich mit Geierfängen auf den Aas gewordenen Aar stürzt und einen dreitausendfünfhundert Meter langen »Stoff« verfilmt, um republikanische Abende mit Hintertreppengestank unter Perolinspritzenbegleitung zu füllen, ist ein Symptom jener billigen Sorte von Freiheit, die die Monarchie nur zu *dem* Zwecke abgesetzt hat, um ungestört in deren verwanzten Matratzengrüften stöbern zu können. Diese Freiheit begnügt sich nicht damit, die »erste Geliebte Kaiser Karls« in der Kärntnerstraße um den Preis von zwanzig Hellern zu kolportieren, sondern sie findet auch Filmunternehmungen, die – auch eine Art Revolutionsgewinner – aus dem großen Reinemachen das Ungeziefer aufklauben und es in die Sphäre des Kinoheldentums erheben.

Nach dem ausgiebigen Regen der Revolution sind – besonders aus dem *Berliner* Boden – die Schimmelpilze der neuen Filmunternehmungen dunkelster Schattierung reichlich emporgeschossen. Das Kronprinz-Rudolfdrama, das allem Anscheine nach sich zu einem Gerichtssaaldrama auszuwachsen beginnt, ist ebenfalls das Produkt einer solchen Filmunternehmung. In der gröbsten, geschmacklosesten Weise werden Vorgänge und Personen des ehemaligen Kaiserhauses dargestellt. Nicht *der* Umstand, daß z.B. Kaiser Franz Joseph als hilfloser Greis dem Publikum vorgeführt zu werden die zweifelhafte Ehre hat, ist bedauernswert. Aber daß es Leute gibt, die darauf spekulieren, daß ein Kronprinz Rudolf in Unterhosen und Nachthemd, daß eine angeheiterte Prinzengeliebte und ein zweifelhafter Türsteher auch ein republikanisches Publikum zur Kassenfüllung verleiten werden, ist traurig und zu verurteilen. Das in einem Wiener größeren Filmunternehmen hergestellte Mayerlingdrama hält sich immer noch auf der Höhe – oder Fläche – üblicher Filmdramatik. Es ist objektiv, sachlich und nur mit der gewohnten Sentimentalität verbrämt und in einem Kitschakkord ausklingend. Aber »Kronprinz Rudolf«, ein Erzeugnis des wildesten Berliner Westens, müßte unter allen Umständen verboten werden. Allerdings – seit den Umsturztagen funktioniert die polizeiliche Überprüfungsstelle nicht mehr so genau und ohne auf jene sicherlich unwahren Gerüchte hinzuweisen, die wissen wollen, daß man sich's auch da »richten« könne, muß doch mit allem Nachdruck betont werden, daß hier eine arge Nachlässigkeit geschehen ist.

Frau *Windisch-Grätz* und ihr Vertreter, Herr Dr. *Bell*, haben, wie man aus Fachkreisen erfährt, *alle Aussicht*, schon in *erster* Instanz durchzudringen. Das Kronprinz Rudolf-Drama wird aller Wahrscheinlichkeit nach verboten werden. Daß die Filmzeitschriften dennoch das Drama unentwegt weiter ankündigen, hängt damit zusammen, daß die Berliner Fabrik, die sehr viel Geldmittel zur Verfügung hat, sich's angelegen sein läßt, die Kinobesitzer vorläufig für den Ankauf zu gewinnen und so viel Vorschüsse, als möglich, einzustecken, ehe der Prozeß zur Kenntnis der weiteren Öffentlichkeit gelangt. Es ist im Interesse des guten Geschmacks und der Öffentlichkeit zu wünschen, daß das Verbot in Kraft tritt, aber auch die polizeiliche Prüfungsstelle, die solche Auswüchse grober Geschmacklosigkeit und rüder Spekulation in Zukunft zu verhindern hätte.

Ob man Kinofreund oder -Gegner ist: an Kinokitsch und »spannender« Kriminalromantik haben wir nachgerade genug. Daß nun auch die Revolution ein Anlaß zur Entladung niedrigster Masseninstinkte sein soll, müssen wir uns strenge verbitten. Ob es dem Kino gar so viel nützt, wenn ein Drama statt auf der Filmleinwand auf der Schmutzwäsche des Hauses Habsburg vorgeführt wird?! …

Mein Kinodrama.

Mit einem Schlage wird es mich berühmt machen. Ich ahne einen ungeahnten Erfolg. Bei einer telepathischen Prügelei überkam mich die Erleuchtung. Man höre:

»Der veilchenblaue Tod.«

Der bekannte Telepath, Professor Jonathan Oberchochem, hat eine Nichte, die reizende Maud, die ihn nach seinem Tode beerben wird. Maud liebt aber den erbittertsten Gegner Professor Jonathans, den jungen Harry Boxcalf, der dessen Theorien von der Galerie aus bekämpft.

Den größten Teil des ersten Aktes überlegt nun der Professor mit Händen und Füßen, wie er sein kolossales Vermögen von 50.000 Millionen Pfund vor den vermeintlich gierigen Händen seines Gegners retten könne. Harry aber meint es ehrlich mit Maud. Er schreibt ihr, er verachte den schnöden Mammon und er würde sie auch heiraten, wenn sie nur fünf Millionen hätte. Professor Oberchochem aber traut ihm nicht und beschließt, seine Nichte selbst zu heiraten, so daß er, als der Mann seiner Nichte, das Geld nach seinem Tode selbst erbe. Dann schreibt er einen Brief, denn er kann nicht wissen, ob er im Verlaufe des Stückes noch Gelegenheit dazu haben wird. Hiermit schließt der erste Akt.

2\. Akt. Harry, der junge Gegner Professor Jonathans, sitzt in sich versunken in seiner eleganten Wohnung in der Kleinen Schiffgasse. Man sieht seinen prächtigen, schnurgeraden Scheitel aus der Öffnung seines blendend weißen Stehumlegekragens schauen. Er denkt nach. Plötzlich hat er eine Vision. Er sieht im Geiste den Professor und Maud, dessen reizende Nichte. Aus der Überschrift weiß er, daß der Professor seiner Nichte den Willen aufzwingt, suggeriert, ihn zu heiraten und Harry zu vergessen. Das kann Harry nicht dulden. 50.000 Millionen sind keine Kleinigkeit. Er denkt daran und schauert. Kalter Schweiß dringt aus seinen

Poren. Man sieht ihn (den Schweiß nämlich) vom Sessel tropfen. Harry schrickt auf und schaut mit verstörtem Gesicht wild um sich. Jetzt hat er es entdeckt, das Badethermometer, er reißt es an sich und taucht es in die Lache unter seinem Sessel. Nach fünf Minuten liest er: drei Grad unter Null! Er lacht kurz auf, ein Lichtstrahl bricht aus seinem Auge, der Vorhang fängt Feuer, er entfernt sich in mächtigen Sätzen durch eine Tür, das Haus in der Kleinen Schiffgasse brennt ab.

3. Akt. Der Professor sitzt in einem Fauteuil und liest mit dämonischem Gesichtsausdruck die Kronenzeitung. Plötzlich stürzt Harry herein. Ihre Blicke verbohren sich ineinander. Man sieht es ganz deutlich. Sie schauen einander eine Stunde lang starr in die Augen. Die Gehirne arbeiten. Veilchenblaue Bläschen steigen auf. Und sie werden größer und größer, bis sie mit einem lauten Krach zerplatzen. Die Leinwand schwankt, die beiden Gegner stürzen entseelt zu Boden … Durch das Getöse wird Maud hereingelockt. Kaum erblickt sie die beiden Leichen, so rafft sie ihr kostbares Seidenkleid auf und setzt sich nieder. Herrliche Naturaufnahme! Große Tränen quellen aus ihren Augen. Sie weint. Und sie weint so lange, bis sie in der aufsteigenden Tränenflut betend versinkt. Musik: »Seemannslos«.

*

Auf Anraten vieler gutmeinender Freunde, denen ich mein Drama vorgelesen habe, gab ich meinen Beruf auf und wurde Praktikant bei Gerngroß.

Streiflichter

Das moderne Kino hat das alte Puppentheater verdrängt, aber manche Theaterpuppen herübergenommen.

*

Wie glücklich ist doch der Filmschauspieler: er darf über das Publikum die *Wahrheit* reden, während dieses glaubt, er spiele ihm eine *Lüge* vor ...

*

Ein Kinobesitzer macht nie *glänzende* Geschäfte, höchstens *flimmernde* ...

*

Der einzige Unterschied zwischen dem wirklichen Leben auf Erden und dem vorgestellten auf der Leinwand ist *nur* der: Die Erde ist *rund*, und die Leinwand ist *flach*.

*

Am 7. Tag wollte sich der liebe Gott nicht mehr anstrengen. Deshalb ruhte er am Vormittag, am Nachmittag erschuf er die Sonntagsvorstellungen: sie sind auch danach.

*

Der erste Sensationsfilm der Welt hieß: Auszug der Juden aus Ägypten ...

*

Als dem lieben Gott gar nichts mehr einfiel, erschuf er den ersten Liebhaber: Adam. Die modernen Filmautoren tun das Gleiche ...

*

Peter Schlemihl war der erste Kinoschauspieler: er verkaufte seinen Schatten für Tantiemen ...

Allerdings dem Bösen und nicht einem Filmunternehmer. Aber wo ist der Unterschied?

*

Mit »Streiflichtern« ist es eine traurige Sache: Wem sie *nicht* gefallen, der versteht sie nicht, wer sie versteht, dem – gefallen sie nicht …

Typen aus dem Glashaus

Der Komiker

Der Komiker ist, wie schon seine Bezeichnung sagt: komisch. Das ist sozusagen seine Tragik: Er *muß* immer komisch sein. Dafür wird er bezahlt. Und gut bezahlt. Er ist dünn oder dick, überlang oder ellenkurz, aber immer unwiderstehlich und zum Lachen herausfordernd. Er fühlt sich verpflichtet, stets Witze zu machen und den Regisseur bei den Proben zu ärgern, was ihm natürlich den Beifall aller Kollegen einträgt. Diesen gegenüber ist er stets gefällig, weshalb er auch jedem von ihnen gefällt, er ist ein »guter Kerl«-Typus, den man zuweilen auslacht, weil er einfach dazu da ist, mit dem man Schabernack treibt und dem man einen faulen Witz nicht übel nimmt, weil er für üble Witze nie zu faul ist. Er ist ein Adabeimensch, ausgelassen und übermütig und über heikle Situationen unbekümmert hinwegsehend. Er ist körperlich gewandt, übt sich früh im Hinausgeschmissenwerden und Treppenhinunterkollern, wozu ihm sein Äußeres häufig Gelegenheit bietet. Das lächerlichste, das ihm passieren kann, ist eine Heirat. Und gerade das soll häufig vorkommen. Er ist der einzige, den die Diva manchmal erhört, nachdem sie ihn angehört hat, und dem sie manchmal angehört, ohne ihn erhört zu haben. …

Der Operateur

Sein äußerer Habitus ist nebensächlich, weshalb darüber nichts zu sagen ist. Wertvoller ist sein inneres Ich. Im Gegensatz zum Regisseur ist er die Personifikation der Ruhe und der Bedächtigkeit. Pedant vom Scheitel bis zur kleinen Zehe, läßt er manchmal zehnmal hintereinander proben, um seine Aufnahme ja recht deutlich herauszubringen. Darüber werden Regisseur und Darsteller oft ungehalten, was ihnen aber wenig hilft, denn der Operateur ist nun einmal, wie gesagt, nicht aus seinem Häusel zu bringen, weil er die ganze Zeit über nur in seinem Häusel zu tun hat. Wenn er dem Regisseur einen Schabernack antun will, behauptet er steif und fest, dieses oder jenes Detail wäre ihm entgangen und die ganze Geschichte muß von vorn wieder angehen. Im übrigen gehört er eigentlich mehr zum unbeweglichen Mobiliar eines Filmunternehmens und ist nicht mehr als ein, allerdings sehr wichtiger Bestandteil seines Apparates. Apparat und Operateur gehören zusammen, wie Zehe und Hühnerauge oder Roß und Reiter. Sein Privatleben interessiert weniger. Durch seinen Verkehr mit Schauspielerinnen fühlt er sich allerdings häufig bewogen, Seitensprünge zu unternehmen. Hat er bei solchen Gelegenheiten Geld verloren, so verwendet er seine Erlebnisse dazu, einem Filmautor einen »Tip« zu geben, was er sonst nur mit jungen Kinoelevinnen zu tun pflegt. …

Der Autor

Der Autor ist derjenige, der ein Filmdrama verfaßt hat. Das ist leicht. Schwierig ist, eines zu stehlen. Doch auch das letztere treffen manchmal Filmautoren. Er versteht von der Kinotechnik nur das Notwendigste und ist lange nicht so versiert, wie der Regisseur. Er hat nur *den* Verstand, der zur Abfassung eines Films gehört, und das ist nicht viel. Daher kommt es auch, daß der Autor bei den Proben dasitzt, wie ein Tanzbär auf einem Maskenball. Es passiert ihm, daß der Regisseur sein ganzes Stück umkrempelt und häufig fragt der Autor bei den Proben seines eigenen Stückes den Regisseur, wer denn dieses herrliche Drama verfaßt habe. Denn der Autor kennt sich selbst und traut sich deshalb nicht übermäßige Fähigkeiten auf dem Gebiete der Kinodramatik zu. Seine Fähigkeiten beweist er viel mehr auf anderen Gebieten, wo er sogar den Regisseur besiegt, weil der letztere sich in seinem Fache eben zu sehr – verausgabt, der Dramatiker zum Glück so etwas niemals in seinen Filmdramen tut. …

Kino

Es gibt eine Menge Anachronismen im Film. Ganze Kinostücke, die Anachronismen sind.

Sie bestehen aus Ereignissen, deren Motivierung aus den Gegenwartsverhältnissen heraus unmöglich ist.

Sie operieren mit Personen, deren körperliche und seelische Struktur prärevolutionäre Voraussetzungen erfordert.

Geschwinder, als ein Film abschnurren kann, surrte das Rad der Zeit. In der Stunde, in der zweitausend Meter Handlung über die Leinwand gleiten, hat die soziale Walze zehntausend Kilometer Reformen umgewälzt.

Im Film sehe ich einen Mann, der sich wegen einer halben Million Kronen erschießt. Ehe sein Revolver noch losgeht, ist der Kronenwert Null. Wozu sich erschießen?

Alle Dramen, in denen die Valuta ein Grund zur Tragik sein könnte, sollten gut ausgehen.

*

Ich war im Kino. Man gab den »Herzog von O.« O. ist im Kino ein beliebter Buchstabe, wenn es Geheimnisse gilt. Ein O ist rund, ohne Anfang, ohne Ende, man kann es auch für eine Null halten, für ein absolutes Nichts. Man gab also nicht den Herzog von X oder Y, sondern den von O.

Die Leute stellten sich vor der Kasse an. Es waren sicherlich auch Arbeiter- und Betriebsräte unter den Leuten. Sie stellten sich an, um einen Herzog zu sehen. Dabei war der Titel schon längst abgeschafft.

Im »Herzog von O.« gab es vor allem den Herzog, dann einen Kammergrafen, seine Tochter, einen Leibdiener, ein Rennpferd, einen Jockey, einen Fabrikanten, seinen Sohn, eine Fabrik und Arbeiter. Man wird schon ahnen, daß der Fabrikantensohn etwas mit der Kammerkomtesse hatte. Und diese ausgerechnet für den Jockey schwärmte. Der Fabrikant lieh dem Kammergrafen Geld. Der Fabrikantensohn dem Jockey. Der Leibdiener bestand aus zwölf Goldknöpfen und einem Backenbart und einer treuen Seele. Der Herzog war glattrasiert, mit einem Orden um den Hals. Er war durchaus würdig und sah stets aus, als ob er direkt vom Regieren käme. Er hielt sich gerade, so, als ob er einen Stock geschluckt hätte. Aber es war eine würdige Steifheit. Nicht einen Stock, sondern ein Szepter muß er geschluckt haben.

Der Fabrikant trug ein Monokel als Adelsprädikatersatz. Er sah auf, wie die verkörperte Aufzucht des Menschengeschlechtes. Er fabrizierte sich sozusagen zum Junker empor. Er schlenkerte mit den Händen beim Gehen, und das war das einzige, was in seinem Äußeren noch das Bürgertum verriet.

Ein viel größeres Monokel trug sein Sohn. Seine Haare waren in der Mitte glatt gescheitelt, sein Kopf sah stets so aus, als stände er im Schaufenster eines Friseurladens.

Die Komtesse war von einer Kinodiva agiert. Sie war infolgedessen entzückend. Sie trug kurze Kleider und ließ ihre schönen schlanken Beine nicht so häufig sehen, wie eine Komtesse es sonst zu tun pflegt, sondern wie eine Kinodiva.

Jener glattrasierte Fabrikantensohn sollte die Diva heiraten. Diese liebte natürlich den Jockey.

Eine tragische Ironie verursachte einen Geldverlust des Kammergrafen im Kartenspiel. 50.000 Mark.

Am nächsten Tag wurde er gepfändet. Ein Rennpferd, einen Wagen, ein Auto und eine Brillantnadel mußte er hergeben.

Inzwischen kujonierte der Fabrikant seine Arbeiter, weil ihn das Gewissen plagte. Offenbar bedauerte er, dem Kammergrafen nicht ausgeholfen zu haben, der sich natürlich pünktlich erschoß.

Sein Tod verursachte den Jockey, ins Schloß zu kommen, um die Komtesse zu trösten, weiters die Fassungslosigkeit des livrierten Dieners und schließlich ein Aufseufzen des Publikums, das durch den dunklen Saal aufflackerte wie ein Nachtvogel und so lange schweben blieb, bis es durch Perolin zum Zerstäuben gebracht wurde.

Hierauf wurde es hell.

Nun frage ich: Wo gibt es noch einen Herzog, der ein Szepter schluckt? und einen Jockey, der mit Schiebern keine Geschäfte macht? Und einen Fabrikanten, der nicht froh ist, *kein* Junker zu sein? Und einen Markgrafen, der in einem nichtsozialisierten Schloß wohnt? Wer erschießt sich heute wegen 50.000 Mark? Wie kann man ihm so viele Wertgegenstände für diesen Betrag pfänden? Was sind heute 50.000 Mark? Und warum lassen sich die Arbeiter alles gefallen? Haben sie keinen Arbeiterrat? Aber das Unverständlichste: warum gehen die Leute hin zu so einem Stück? Warum seufzen sie bei Unwahrscheinlichkeiten? Und warum, frage ich, kostet ein Platz zehn Kronen? Wenn 50.000 Mark noch so viel wert sind, daß man sich ihretwegen erschießt?

Ja, ernst ist das Leben, heiter die Kunst, sagte der Portier, als ich hinausging. Aber es war nur das Drama, das nächste Woche gegeben wird.

Praterkino.

Vor dem Eingang sprudelt der Herr Portier. Breitgoldene Borte um das Kappenrund leuchtet ihn empor in Amtsregionen. Wäre er barhäuptig nur, erschiene er mir und den andern sehr zu seinem Schaden als personifizierte Dienstfertigkeit. Denn kleingewachsen und untertan ist sein Wesen zahlenden Mächten der Umwelt gegenüber und lichterloh entzündbar an leisem Banknotenknistern. So aber, breitrandige Chargengloriole ums Haupt, erweckt er demütigende Ideenassoziationen, wie:

»Amt und Würden«, »Zucht und Ordnung«, »Hintertürl und Bestechung«. Dank dieser Amtskappe erhält er auch äußere Berechtigung, zwischen Nur-Jugendlichen und Schon-Sechzehnjährigen zu unterscheiden und der Bartlosigkeit verdächtigte Besucher je nach der Höhe des Trinkgeldes in diese oder jene Kategorie mit beamteter Unerbittlichkeit einzureihen. Man kann der Minderjährigkeit entgehen, wenn man mit Rücksichten auf seinen Nebenverdienst zehn »Sporteln« verlangt und also durch Nikotinismus Kinoreife beweist.

Sein »Prrrogrrrammm« ist ein kurz-heftiger Trommelwirbel, den er jedem Besucher entgegenpoltert und verspricht von Spannung, Sensation, Aufgeregtheit, täte er selbst nichts mehr dazu. Aber auf den Trommelwirbel folgen Fanfarenstöße, gesprochenes Feuerwerk: »Das rrrote Aß« und »Aß« fällt, wie zischende Funken aus Loderbrand, daß man glauben muß, ein Loch im Rock bekommen zu haben. »Das rote Aß« ist das unerhörteste Filmzauberwerk sämtlicher Kontinente, in Amerika herausgepulvert mit einem Aufwand an Munition, wie ihn der letzte Weltkrieg gebraucht hat und enthält in komprimierter Form zweimalhunderttausend Kriminalromanserien; ein Extrakt aus allen Greueltaten der Verbrechergeschichte. Von der Stirn des Herrn Portiers rinnt Begeisterung in Schweißströmen, wenn er die Vorzüge des »roten Aß« mit polternden Zungenlauten vor den staunenden Zuhörern preist.

»Das rote Aß« wird im Praterkino von den Zuschauern gegeben. Slowakische Arbeiter, kleiner Goldreif im linken Ohrläppchen, rotgeblümtes Halstuch, Soldatenhemd, grauweiß geschecktes Gesicht und heraushängende Augenkugeln, gleichsam ohne Zusammenhang mit dem Hirn. Dirnen und Zuhälter, lärmende Schminke auf Backenknochenpolen, bandagierte Hände, verkommene Krüppel. Alle Menschen hier kommen von der Filmleinwand, kommen aus den berüchtigtsten Slums, aus dem wilden Westen. »Das rote Aß« beginnt vor der Vorstellung.

Glöckchenbimmel, Türen auf Kommandorufe: Rechts gehen, Fohtöhl links, Menschenfleischduft krallt sich qualmend um Brust und Hals, Dunkel überrumpelt dich, wie übermächtiges Raubtier. Hinter deinem Rücken breitet sich surrend Unheil vor, bleiches Lichtbündel zuckt aus quadratischer Augenöffnung, fährt scharf und pfeilschnell, Finsternis spaltend, fährt scharf über systemisiertes Gewirr von Köpfen, zeugt mit fahler Leinwand verruchtes Geschlecht verzerrter Schattenteufel. Unerklärliches geschieht, meine Nachbarin von links hält einen rauchenden Revolver, schießt besinnungslos, ist Kellnerin in einer Wildwestschenke, ihr Chef ist der Kinoportier, ja, dieselbe Tellermütze mit dem breiten Goldstreifen – steht er nicht mehr draußen? Nein, Schankwirt ist er in der Nähe der Goldgruben, er verkauft keine »Sport«, sondern lehnt an einem Bierfaß: ha! jetzt habe ich ihn erkannt: So ist er. Seine Augen gefielen mir nicht, noch als ich eintrat, sie hatten so eine zwinkernde Bestialität in Stellung und Ausdruck. Natürlich, jetzt weiß ich's: einen geheimnisvollen Menschen hat er in seinem Oberstüberl verborgen, einen Doktor Diaz, der um jeden Preis das Geheimnis der fabelhaften Munitionserzeugung wissen muß und nun den Detektiv beseitigen will, jenen glattrasierten Menschen mit der zynischen Mundfalte und dem Aha-weiß-schon-Blick, der sich vorhin bei der Kassen einen Fohtölsitz kaufte. Sein Freund aber ist der »kleine Bär«, ein ungemein geschickter Mensch, der soeben noch, bürgerlich solide in Haltung und Winterrock Plätze angewiesen hat, und dem ich nie zugetraut hätte, daß er vom Rücken eines galoppierenden Rappen auf den höchsten Zweig eines Baumes springen kann, um den Detektiv zu retten. Die Freundin aber, ich weiß schon, jetzt entspinnt sich ein Liebesverhältnis, jene Blondine, blaß, Lockenkopf, rührend-weiblich und männlich-mutig, die – sitzt sie nicht zwei Reihen hinter mir? Ach, die Arme hockt in einer Felsenhöhle, sie wird wohl erst bestenfalls im vierten Akt herauskommen können und bis dahin ist ihre Munition schon längst verpfeffert. Und das alles wegen des Schankwirts! Der Teufel hole den Kinoportier!

Ein blutlüsterner Indianer, braunglänzend, ich rieche seinen Juchtenduft, kriecht gewandt auf allen Vieren, duckt sich, lugt aus, seine Augen, Gott! wo habe ich die schon gesehn? Das ist der slowakische Arbeiter mit dem Goldring im Ohrläppchen; wo der nur so schnell die Indianermontur her hat, möcht' ich wissen.. So ein Vieh, von dem elenden Diaz gekauft! Ha! jetzt hat sie ihn getroffen. Dieser Slowake stirbt wirklich, wie ein Indianer.

Ein wuchtiger Hieb auf ein Trommelkalbfell begräbt die restlichen Töne der Musik. Im Hintergrund zischt es, giftige Schlange, oder so. Licht bricht aus zehn Birnen in die Welt, neben mir die Kellnerin, vor mir der Detektiv, der »kleine Bär« ruft: »Nächste Vorstellung acht Uhr abends«, sein Winterrock ist gar nicht beschädigt von der selbstmörderischen Kletterei. Aus aufgeplatzten Türen strömt Masse in zweitem Aggregatzustand und draußen steht immer noch der heimtückische Schankwirt als Kinoportier verkleidet und trommelt Prrrogrrrammmwirbel ...

Der slowakische Arbeiter verliert sich irgendwo im Pratergebüsch, wo er herumspionieren will. Heute Nacht noch stirbt er einen Indianertod.

Scheinwelt

Im Schoße der Zukunft ruht die Verwirklichung des heute Unmöglichen. Wunder der Vorzeit sind Selbstverständlichkeiten der Gegenwart. Das Unglaubliche von heute wird morgen alltäglich. Dieses Alltägliche von morgen, heute schon verwirklicht zu sehen, ermöglicht die Scheinwelt des Kinos. Die Bretter, die die Welt bedeuten, bedeuten ein idealisiertes oder verzerrtes, erhobenes oder karikiertes Leben der Gegenwart oder der Vergangenheit. Aber die Kinoleinwand, die heute zumindest eine halbe Welt bedeutet, birgt ungeahnte Möglichkeiten: das Unfaßbare zu fassen, das Körperlose zu gestalten, die Zukunft zu vergegenwärtigen. Und hier ist die Zukunft der Scheinwelt des Kinos. Hier, in der Greifbarmachung des Morgen, liegt ihre Bedeutung.

Noch aber weist die Entwicklung des Kinos nicht in die Zukunft. Noch beschränkt es sich darauf, dem Theater Konkurrenz zu machen. Noch sucht es seine Macht in der »Spannung«. Was im Theater dargestellt, einer unbarmherzigen Vernichtung durch Publikum, Kritik, also »öffentliche Meinung«, anheimfallen würde, gewinnt im Kino Anziehungskraft. Sagen wir es offen: was im Theater »Kitsch«, ist im Kino Zugstück. Dadurch wird das Kino herabgedrückt, Theater zweiten oder dritten Ranges, was es nicht unbedingt sein muß und soll. »Erkenne dich selbst!« gilt für das Kino. Erkenne dich als Welt des Scheins, nicht des Seins! Sei Prophet des Morgen, Schwarzkünstler, Zauberer! Aber verdirb nicht das Heute! Wo immer das Kino die Zukunft packt, da ist es interessant. Das Verborgene aufzudecken, Geheimnisse zu entschleiern, das Unsichtbare darzustellen – das ist die Aufgabe des Films. Das Wachstum einer Pflanze, die Weltordnung eines Ameisenhaufens, der Liebesroman eines Schmetterlings, aber auch die Wunderwelt der Technik, der märchenumsponnene Meeresgrund, Dramatisierung der Volkssage – warum sollte das nicht Kino und Publikum auf ein höheres Niveau heben? Dann, und nur dann wird das Kino aufhören, Konkurrent des Theaters zu sein und wird dessen notwendige Ergänzung werden. Nützt die Möglichkeiten des Unmöglichen aus im Kino!

U 35.

Irrungen, Wirrungen eines Films.

»U 35« heißt ein Film, den die deutsche Regierung zur Verherrlichung der Unterseeboottaten herstellen ließ. Dieser Film fiel zur Zeit des Waffenstillstandes, statt ins Wasser, den Engländern in die Hände.

Die Engländer dachten sich: U-Boot ist U-Boot, und ausgerechnet auf die deutsche Matrosenkappe kommt es nicht an. Sagen wir: Die Heldentaten sind nicht deutsch, sondern englisch. Sagen wir: Kitchener statt Tirpitz. Denn die englische Mine ist ebenso von zerfetzender Wirkung wie die deutsche. Und ein zerfetzter Körper ist ein zerfetzter Körper. Ein deutscher Fleischlappen sieht einem englischen verdammt ähnlich. Also ward der deutsche Film zum englischen.

Vor kurzer Zeit kam der Film nach Madrid in Spanien. In Madrid aber *protestierte* der deutsche Vertreter gegen die Vorführung des Films. Protestierte, weil der Film – deutsch war. Ehre dem Manne, der so die deutschen Interessen wahrt! Er schämte sich des Films, der Fleischfetzen Fleischfetzen sein läßt und Tirpitz – Kitchener.

Der englische Vertreter protestierte *nicht*. Aber der Unternehmer verstand es, die Sache zu deichseln. Er redete den Protestierenden ein, daß der Film das spanische Publikum nur für die Deutschen einnehmen könne, nicht *gegen* sie.

Woraus zu ersehen ist, daß die Welt sich überall gleich bleibt. Wie gesagt: Fleischfetzen sind Fleischfetzen. Tirpitz Kitchener und ein spanischer Unternehmer – ein Unternehmer. Ja, selbst das spanische Publikum, das noch nicht Gelegenheit hatte, in den ersten Schützengrabenlogen eines Weltkrieg-Theaters zu sitzen, ist – Publikum und für U-Boote eingenommen.

Und die U-Boote sind schließlich U-Boote. Die Kriminalistik ist international.

Die Tragödie eines Großen

wird jetzt im »Marmorhaus« aufgeführt. Es sind »sechs schicksalsschwere Akte nach einer Idee von Paul Gruner«. »Sechs Akte« hätte genügt. Man muß sich nicht von vornherein schicksalsschwer diskreditieren. Man muß nicht mit der Tür ins Marmorhaus fallen. »Tragödie eines Großen« sagt genug. Sagt sogar zu viel.

Der Große ist Rembrandt. Warum gerade Rembrandt, erklärt das Programm: »Während bei den meisten derartigen Filmen das private Leben des Helden wenig bietet, das für die Allgemeinheit wirklich interessant ist, verlockt die tiefe Tragik des Menschen Rembrandt geradezu zu einer dramatischen Gestaltung.«

Es genügt nicht, daß etwas »geradezu verlockt«. Besonders dann nicht, wenn die Tiefe der Tragik eines Großen auf die Fläche einer Kinoleinwand projiziert werden soll. Viel zu innig sind die Beziehungen zwischen technischem Darstellungsobjekt und dem Darzustellenden. Kein Film der

Welt wird »die tiefe Tragik Rembrandts« dramatisch gestalten können. Vielleicht die äußere Tragödie eines Menschen, der außerdem noch Rembrandt war. Aber muß es deshalb Rembrandt sein?

In den sechs Akten ist Rembrandt der Mann zwischen zwei Frauen. Zwischen Tochter und Nichte des reichen Kunsthändlers. Rembrandt heiratet die Nichte. Und findet nach fünf schicksalsschweren Akten zurück zu Nisly, der Tochter. In ihrem Schoß stirbt er.

Rembrandt ist in diesem Film zuerst »Künstler«, Schlapphutmensch sozusagen, leichtsinnig, vom Leben beschwipst. Dann zum Schluß »gebrochen«, verloren, betrunken. So muß Rembrandt im Film aussehen. Nicht anders.

Er malt beneidenswert schnell, wie ein tüchtiger Schildermaler. Flugs, fällt ihm was ein, greift er zu Pinsel und Palette. Als wollte er sagen: Momang, wern det Ding gleich haben! Bitte recht freundlich! So muß Rembrandt im Film malen.

Also warum Rembrandt? Warum das Genie in der Vorstellung Zehntausender von Philistern neben den Caféhausbohémien stellen, warum den Begriff »Genie« profanieren helfen? Warum aus Rembrandt einen Schildermaler machen? Nur weil er das Pech hatte, zwischen zwei Frauen zu stehen? Mit der »Tragödie« war's genug gewesen für »sechs schicksalsschwere Akte«. Es mußte nicht die »Tragödie eines Großen« sein.

Schon gar nicht, wenn man direkt aus der Komödie einer Größe kommt, die vor der »Tragödie eines Großen« gezeigt wird: nämlich Slezaks, des Kammersängers, Leben auf seinem Gut. Slezak, wie er ißt, betet, lacht, Witze erzählt. Parallelität der Erscheinungen. Man könnte beide Filmwerke verbinden. Ihnen einen gemeinsamen Titel geben. Etwa: die Unterwäsche zweier Lieblinge des Publikums: Rembrandt und Slezak.

Regisseur Günsburg tat manches, hätte mehr tun können. Holländische Häuser haben keine römischen Aulen. Glatte Fensterscheiben gab es nicht im sechszehnten Jahrhundert. Aufreizend stillos wird die Regie nirgends.

Ein Experiment

Die Andern, die zwei und fünf Mark gezahlt hatten, dürften sich sogar geärgert haben. Ich aber langweilte mich nur, denn ich war eingeladen.

Carl Mayer – kennen Sie Carl Mayer? – (Er hat den Caligari-Film miterzeugt, was immerhin Begabung beweist. Aber, oh! – wäre es dabei geblieben! …) Carl Mayer also bearbeitete den Fuldaschen »Dummkopf«, ein Lustspiel in abgestandener Kitschtunke, für den Film. An und für sich ist es ein Verdienst, deutsche Literatur zu reduzieren. Aber, sich einzubilden, daß sie nach der Reduktion erst recht Literatur sei, ist Unsinn. Ludwig Fulda ist genug. Carl Ludwig Mayer-Fulda kann man gerade noch im Film vertragen. Dieser Kentaur mit Filmphysiognomie und literarischem Unterleib aber wurde im Meistersaal in der Köthenerstraße verlesen. Herr Doktor Pauli, der »einführender Worte« eine Menge sprach, erklärte, es sei ein »interessantes Experiment« hier zum ersten Mal versucht: die Vorlesung eines Filmmanuskripts.

Ich hätte es mir ersparen können, hier, just an dieser Stelle, wo Raummangel Wichtigeres gebeut, über dieses Experiment zu sprechen, wäre es nicht irritierend-klassisches Beispiel für die lächerlichen Bemühungen Derer um den Film, diesen justament und unermüdlich auf eine höhere Wertsprosse der Literaturleiter zu heben. Mir däucht, die Berliner Filmtechnik und all ihr Drum und Dran sind alt genug, um dieser Primanerambitiönchen endlich einmal ledig zu sein. Dieses krampfhafte Suchen nach Beweisen für den »Kunstwert« des

Films führte zu einer Vorlesung, bei der Lupu Pick, der verurteilt war, aus dem Experimentalobjekt schweißtriefend einen »interessanten Abend« auszugraben, mit bemitleidenswertem Opfermut sechs Akte las und es immerhin durch ein gewisses Können zustande brachte, daß die Andern sich ärgerten, ich mich langweilte, aber nur wenige aufrichtig genug waren, fortzulaufen. Das hat man davon ...

Ein Bühnendrama kann man vorlesen, ein Filmmanuskript nicht. Denn jenes wird, auch, wenn aufgeführt, gesprochen, dieses gestikuliert. Der künstlerische Ausdruck für das Bühnendrama ist bei Aufführung und Vorlesung das Wort. Ein Filmmanuskript kann man nicht verlesen, sondern, wenn man will, vorgestikulieren. Denn nicht das Wort, sondern die Geste ist das künstlerische Ausdrucksmittel für das Filmwerk. Diese einfache Weisheit kapierte man nicht. Also kam das »Experiment« zustande. Gott behüte uns vor einer Wiederholung!

Mosaik aus Ostpreußen.

Kino

Auch im Kino war ich. Man gab »Die Sucht nach Luxus«. Die Geschichte einer schönen Jüdin, die ihre Familie verläßt, die Geliebte eines Grafen mit Monokel wird und schließlich zugrunde geht.

Diese Filmtragödie ist tendenziös. Durch die Löcher ihrer Tragik schimmert junkerlicher Antisemitismus durch.

Man klatscht Beifall im Königsberger Kino. Es ist sehr finster. Vorn, auf den dritten Plätzen, kichert jemand, wie gekitzelt.

An tragischen Höhepunkten spielt die Musik:

Puppchen, du bist mein Augenstern.

Die goldene Krone

Aus dem Inventar der Berliner Woche ist Olga Wohlbrück endlich, endlich in das der Universum-Film-A.-G. übernommen worden. Die Abonnenten der Woche können im Mozartsaal am Nollendorfplatz ein Wiedersehn mit der goldenen Krone feiern.

Olga Wohlbrück, fruchtbar unberufen, Courths-Mahler mit Niveau und grammatikalischem Deutsch, lebte davon, daß Bürgertöchter sich vergeblich und schmerzhaft in Fürsten verliebten und diese aus der Etikette nicht heraus konnten. So entstand »Tragik«. Niemand hatte schuld. Jeder »trug Schicksal«. Es war sozusagen Hebbelsche Notwendigkeit, aus oberflächlich gesellschaftlichen Formen herausgeschürft. Nicht ungeschickt. Glaubhaft. Scheinbar mit kühler künstlerischer Objektivität, ohne Parteinahme. Tiefer nur sah man »Woche«-Interesse für höhere Sphären. Wie Prinzen leben, lieben, leiden, sterben, begraben werden und selig.

So die goldene Krone: Marianne (Henny Porten), Tochter des Gasthauses zur goldenen Krone und Herzog Franz Günther, der tuberkulos ist und sterben wird. Und wäre er kein Herzog und nur tuberkulos und müßte sterben, was wetten Sie? Marianne täte ihn auch lieben. Aber er ist auch noch Herzog.

Und erstens: Herzog. Zweitens: Todgeweiht. Beides verursacht Liebe ohne Erfüllung. Nun ist, wird Marianne noch mit Klaus Stöven, dem Großfischhändlerssohn – gute Partie – verlobt. Klaus ist ein anständiger Mensch. Er ist bereit zu Kompromissen. Franz Günther? Gut! Sie lieben sich? Gut! Für mich bleibt ja auch was.

Er hat sich getäuscht, Klaus. Er kennt die Olga Wohlbrück nicht! Marianne eilt aus Verlobungsfeiern, Segenswünschen, Brautnächten zu Franz Günther, der sterben muß. Schloß, Diener, Livree, Ah!, Ärzte. Marianne pflegt. Pflegt.

Eines Tages kommt des Herzogs Familie. Hochwohlgeboren. Marianne muß weichen. Und in dieser Nacht stirbt er. Gerade in dieser.

Noch eine Komplikation: Sterbend hatte Franz Günther seinem Adjutanten aufgetragen, doch ja Marianne zu heiraten. Und dieser Adjutant erschießt sich. Weil er nicht heiraten kann von wegen der Familie. Ja, ja, so einfach ist das nicht bei Fürstlichkeiten.

Nun, wer die Woche liest, weiß, daß Marianne jetzt heimkehren und Klaus heiraten wird.

*

Ich aber protestiere dagegen, daß heute, am siebten August neunzehnhundertundzwanzig, noch nicht zwei Jahre nach der Revolution, die Weltanschauung der Woche aus »trauten Familienkreisen« durch den Film ins Volk getragen wird. Daß Fatzkerei tragisch wirkt, weil Olga Wohlbrück leben muß.

Ich protestiere!!!

Der Nabel der Sittlichkeit.

Wie Plakate zensiert werden.

Berlin, 26. August.

Die »Vergraulung der Erwachsenen« wird gewöhnlich durch Behörden herbeigeführt. Das Wort »Vergraulung« lernte ich von einer solchen Behörde. Ich kann nichts dafür. Und das kam so:

Über die Sittlichkeit des halbwüchsigen Berlins wacht neben der *Reichszensur* die *Ortspolizei*. Die Reichszensur ist der Nabel der Sittlichkeit. Mit ihr durch eine Nabelschnur verbunden ist die ortspolizeiliche Zensur. Weder die Reichs- noch die ortspolizeiliche Zensur können es verhüten, daß Jugendliche unter sechzehn Jahren von lebenden Frauenkörpern, die wahrnehmbar und, gewiß auch der Ortspolizei nicht ganz fremd, durch die Straßen wandeln, verführt werden. Dies zu verhüten ist auch weder die Aufgabe der Reichs- noch die der ortspolizeilichen Zensur. Im Gegenteil haben diese beiden Behörden nichts gegen jene Obszönität, die aus Fleisch und Blut besteht. Die Aufgabe der Zensur ist es vielmehr, die Jugendlichen vor Schaden durch Frauenspersonen, die nur aus *Farbe und Papier* bestehen, zu behüten.

Daher kommt es, daß Plakate der Reichs- bzw. ortspolizeilichen Zensur überwiesen werden und hier vor das Auge des Gesetzes kommen. Es sind eigentlich mehrere Augen des einen Gesetzes. In der Reichszensur die Augen älterer, juristisch gebildeter Staatsbeamten, deren Prüderie man eigentlich versteht, weil Sinn und Zucht mit den Jahren kommt und Avancements erleichtert. Das Auge des Gesetzes in der ortspolizeilichen Zensur aber wird von einem Herrn, namens *Langner* benützt, der, vor Jahren zwar, aber anscheinend mit Nachdruck, Küster gewesen sein soll.

Die Filmgesellschaften machen Reklame für ihre neuen Filme durch Plakate. Und da es sich nicht vermeiden läßt, daß Frauen in besagten Filmen Hauptrollen spielen, und diese Hauptrollen nicht immer gerade Nonnenkostüme erfordern, gelangen die Frauen auch auf das Reklameplakat. Und eben über das Maß der Unsittlichkeit dieser Frauenspersonen und über den eventuell für die unreifere Jugend erwachsenden Schaden hat die Reichs- bzw. ortspolizeiliche Zensur zu urteilen. Auf einem der letzten Filmplakate war eine Frau in einem etwas erotischen Kostüm dargestellt, das den Unterleib frei und einen Streifen Bauch sehen ließ. Der Nabel der Sittlichkeit empörte sich gegen jenen auf dem Plakat abgebildeten und verfügte, daß mindestens ein sanfter *Schleier* über jene nackte Partie geworfen werden müsse.

Der Schleier wurde hergestellt. Ferner: Das Filmplakat für den Film »Das Skelett des Herrn Markutius« wies in irgendeiner Ecke einen *Totenschädel* auf. Herr Langner behauptete, es sei seine Pflicht, die Minderjährigen nicht nur vor täuschend nachgebildeten Frauenbeinen zu bewahren, sondern auch vor Totenköpfen. Das sei, sagte er, nicht »for die Kinder«. Und es gelang ihm bei dieser Gelegenheit, jenes prächtige Wort zu bilden, dessen ich mich sofort im Anfang dieser Auseinandersetzung bemächtigt habe: Man dürfe, sagte Herr Langner weiter, *die Kinder »nicht vergraulen«*.

Auch politische Bedenken sind unter Umständen den hiesigen Zensurstellen nicht fremd. Das Sumurun-Filmplakat von Matejko zeigt eine lächelnde Frau, die sich von einem fremdrassigen Mann – halb freiwillig – rauben läßt. Die Reichszensur dekretierte nun: Man empöre sich in Deutschland, wenn weiße Frauen in den besetzten Gebieten sich mit den Schwarzen einließen. Sei dieses vom gesellschaftlichen Standpunkt unangängig, so könne man ein Bild, auf dem eine weiße Frau sich so ganz ohne Widerspruch von einem Fremdrassigen rauben lasse, keineswegs dulden. Also mußte der Maler das Bild retouchieren, und *die nun bräunlichgewordene Frau gibt zu keinen politischen Bedenken mehr Anlaß*.

Es wird sicherlich sehr viel Obszönes, Schamloses, wirklich Sittenverderbendes gemalt, gedruckt, erzeugt und vertrieben. Eine Zensur ist gewiß notwendig. Aber eine Zensur, die *selbst zugibt*, sich von künstlerischen Gesichtspunkten *nicht leiten zu lassen*, und die Gründe solcher Art, wie sie hier verzeichnet sind, mühselig hervorsucht, macht sich selbst der Überflüssigkeit verdächtig.

Katharina, die Große.
Richard-Oswald-Lichtspiele.

»Prunkfilm« von *Lüthge* und Reinhold *Schünzel.* Regie: Reinhold Schünzel. Gute Regietricks, gute Bilder, auch gute Gesinnung, gute Hinter-den-Kulissen-der-Weltgeschichte-Kenntnis. Illustrationen zu einem amüsanten historischen Werk. Vieles Kulturhistorische *falsch.* Sonst eine der gelungensten Sachen der Saison. Nur muß man nachlesen, wer Katharina die Zweite war. Nicht jeder Kinobesucher hat jene Quellen gelesen, die Herr *Lüthge* gelesen hat, als er den Film schrieb. *Schünzel* als Zar Peter und Lucie *Höflich* als Katharina II. geben Allerbestes.

Pathos.

Gestern war ich in einer Operettenpremiere. Ich glaube, es ist kein Zufall, daß die Damen und Herren, die in Orchesterreihen, Logen und Parkettstühlen saßen, so schön gekleidet waren. Ich liebe die Damen, die auf den vorderen Plätzen des Theaters sitzen. Warum sollte ich es leugnen? Ich liebe ihre Kleider, die kostbare Vorwände sind, nichts mehr, nichts weniger. Ich liebe ihre nackten Arme, von denen ich bestimmt weiß, daß sie gepudert sind. Ich liebe den Puder. Ihre Augenbrauen sind mit Schwarzstift geschminkt. Ich liebe den Schwarzstift. Sie haben Atropin in den wunderbar natürlich glänzenden Augen. Ich liebe das Atropin und die Augen.

Auch die Herren mag ich gern. Sie haben Smoking und weiße steife Hemdbrust. Ihre Hemdbrust knistert. Sie haben Glatze oder pomadisierte Scheitel. (Nur die Pomade mag ich nicht.) Und sie haben Gesten, oh, Gesten!

Allen diesen Damen und Herren haben gütige Feen Logenbillets in die Wiege gelegt. Diesen Glauben lasse ich mir nicht nehmen. Salonorchester lullten sie, noch als sie klein waren, alle in den Schlaf. Über *Deiner* Wiege, aber, Mensch in der zehnten Reihe, blies ein simpler Pausbackengel auf einer Kindertrompete ein dummes, dummes Schlaflied, vom Vater und vom Schaf!

Vor einigen Tagen – ich liebe diese Premieren eben so sehr – ging ich in eine Filmpremiere. Sie fand in einem großen Kinotempel Berlins statt, und viele, viele Wagen fuhren vor dem Tempel vor. Eine Livree, die offenbar über einen Menschen gestülpt war, stand vor den Toren des Tempels und öffnete die Wagentüren. Und heraus stiegen: Hemdbrüste, Schminke, Puder, Atropin.

Alle Menschen, die ich in der Filmpremiere sah, die auf der Leinwand und die im Saal, hatten große Gesten. Allmählich konnte ich die Geschehnisse der Leinwand und die des Saales nicht mehr auseinanderhalten. Alle Menschen auf der Leinwand benahmen sich – es war ein »Gesellschaftsdrama« – wie bei einer Premiere. Alle Menschen im Saal – es war eine Premiere – benahmen sich, wie in einem Gesellschaftsdrama. Wenn Sie »Danke!« sagten, lag in diesen zwei Silben die Hälfte ihrer Seele. Wenn sie den Nachbarn auf den großen Zeh traten, sprangen sie elastisch zurück, als hingen sie an einem Gummiband und flüsterten: Verzeihung. In dem »zeih« lag so viel Güte, Weichheit und Humanität. Lag Delikatesse als Weltanschauung.

Der Film gefiel allen Menschen ausgezeichnet und sie klatschten. Wem klatschten sie? Fragte ich mich. Den Schatten? Das sind Menschen, ganz winzige Menschenbilder, deren Körper und Bewegungen in Millionen Atome zerhackt – kaschiertes Bildfleisch – auf winzige Marken geklebt sind.

Sie aber klatschten, die Menschen, denen der Film so gut gefallen hatte. Ich dachte: nie werden ihnen diese vergrößerten Körperatome der Schauspieler den Gefallen erweisen und auf die Leinwand kommen, um sich zu verneigen.

Während ich so dachte, kam ein Schauspieler, wirklich, vor die Leinwand und verneigte sich.

Ich hatte nicht daran gedacht, daß die Schatten im Saal saßen, bei der Premiere, und Gesellschaftsdrama spielten.

*

Wir treiben einen unerhörten Aufwand mit Gesten. Jede Lächerlichkeit hat ihr Pathos.

Alle Dummheiten tragen Reifröcke und Pleureusen. Jede primitive Handlung, jeder Schritt, jedes Gefühl steckt in einer Livree. Wozu komplizieren wir das Einfache, und Primitive?

Ich kannte einen Mann, er war ein biederer, einfältiger Kaffeehausmusiker. Aber er trug einen Radmantel und einen Plüschhut.

Der Filmschauspieler kann keinen Radmantel und keinen Plüschhut tragen. Er macht Armbewegungen mit der Zunge, mit den Augen, mit der Nase.

Nach Schluß der Operettenpremiere klatschten die Leute so lange, bis der Regisseur, der Dichter, der zweite Dichter, der dritte Dichter, der Komponist, der Kulissenmaler auf die Bühne kamen. Der Dichter, der erste, kam nicht so einfach. Er war im Frack, also hatte er mit einem Bühnenaufzug der Operettenurheber gerechnet. Aber er ließ sich vom Regisseur schleifen. Nicht aus Bescheidenheit, sondern aus dem Bedürfnis nach Geste und Pathos.

Am Kurfürstendamm sprach mich nachts ein Mann an und gab mir einen Zettel. Darauf stand: »Das größte Ereignis des Jahrhunderts: Likörstube a. C.«

Eine Likörstube ist das größte Ereignis des Jahrhunderts. Oh, wie groß ist dieses Jahrhundert! …

*

Ich möchte auf die Operette zurückkommen:

Irgendwo im zweiten Akt verfinstert sich das Antlitz der eben noch sommerlich grün blühenden Kulisse, ein Scheinwerferblitz fächelt über die Landschaft ein kleines Schauerlein und dazu erdonnern des Orchesters Baßgeige und Kesselpauke und die Geigen wimmern herzzerreißend, als würden sie abgewürgt und das Fagott quietscht erbärmlich und die Tschinellen tropfen, wie schwerer Silberregen in das chaotische Treiben des entfesselten Kapellmeisters.

Wozu der Lärm?! – Roderich geht aus dem Vaterhaus in eine ungewisse Zukunft. Bei dieser Gelegenheit singt er ein Chanson. So übel ist ihm zumute. So tragisch ist diese Angelegenheit.

Wozu Baßgeige, Kesselpauke, Götterdämmerung, Weltuntergang?

Ich kenne den Schauspieler, der den Roderich gab, zufällig. Er ist ein ernster Künstler; aus Verlegenheit oder weiß Gott, warum, singt er Chansons. Er ist sehr vernünftig, ein Ironiker eher, als Lyriker, unsentimental, sachlich, skeptisch. Wie hält er den Weltuntergang aus, der seinetwegen arrangiert wurde?

Ich beobachte ihn genau durch ein scharfes Glas. Er zuckt nicht aus den Mundwinkeln, wie sonst, wenn im Kaffeehaus jemand einen Satz sagt, mit »derjenige – welcher«.

Was ist »derjenige – welcher« all dem Donner und Blitz gegenüber? Empfindest Du Roderich, der Du im Leben Ernst heißest, nicht die Anti-Proportion zwischen Deinem Rollenschicksal und der Regie, der Musik? Bist Du am Ende ein Roderich, wirklich ein Roderich, und kein Ernst?

Ich sah mich im Parkett um: Die Leute saßen in einem Operettentheater. Sie wußten es. Sie gingen zu einer Operette, nicht zu einem Trauerspiel. Nun aber malte sich Entsetzen in ihren Gesichtern. Und das Atropin war wie verschwunden aus den Augen der Damen. Weggeschwemmt gleichsam von verhaltenen Tränen. Und die Schminke gewissermaßen aufgesogen von dem Schrecken, dem glühenden. Ihre nackten Arme bebten.

Sie freuten sich über diesen Luxus an Chaos. Sie wollen Kolophonium! Sie wollen den Scheinwerfer! – *Das* ist eine Operette!

Sie müssen ihre halbe Seele in einem »Danke!« aushauchen. Immer, immer, immer an den elastischen Gummibändern der »getragenen« Form hängen.

*

Über dem Kapitel: »20. Jahrhundert« wird ein Motto stehen:

»Das größte Ereignis dieses Jahrhunderts: Likörstube a. C.«

Rehabilitierung der Schwarzen.

Der Film »Die schwarze Schmach«, in dem die ersonnenen Greuel schwarzer Truppen in den besetzten Gebieten Deutschlands gezeigt wurden, »rollt« (wie man von Filmen sagt) nicht mehr. Ein paar anständige Menschen in Deutschland haben darauf aufmerksam gemacht, daß der Film »gestellt« war. In Berlin ist er erledigt.

Unerledigt bleibt das Problem der »schwarzen Schmach« überhaupt. Was ist »schwarze Schmach?«

So nennt man die Verwendung schwarzer Truppen im Kampf gegen Europäer und in der Besetzung europäischer Gebiete. Die Besetzung überhaupt ist eine Schmach. Keinem fällt es ein, sie eine »weiße Schmach« zu nennen. Die Besetzung durch die Schwarzen empfindet man *besonders* schwer und nennt sie zwecks doppelter Unterstreichung des Schmachbegriffes: »schwarz«.

Solange also das Gebiet nur von Franzosen, Engländern,

Belgiern und anderen Weißen besetzt ist, sind wir Deutsche schlechthin. In dem Augenblick, in dem ein Schwarzer europäischen Boden »besetzt«, sind wir nicht mehr Deutsche allein, sondern Mitglieder der europäischen Kulturgemeinschaft; sind wir Weiße. Weiß, wie Engländer, Belgier und Franzosen sind.

Das ist das Zugeständnis einer Gemeinsamkeit mit unseren Feinden. Gegen die Schwarzen bilden wir (Deutsche, Franzosen, Belgier, Engländer) die *weiße* Front.

Es bleibt dabei ganz unberücksichtigt, daß die Schwarzen diesmal von dem nichtdeutschen Teil der weißen Front mißbraucht worden sind. Und daß die schwarze Schmach eigentlich eine den Schwarzen angetane ist.

Wir empfinden die Besetzung deutscher Gebiete durch die Schwarzen als eine besondere Kränkung und hassen die uns also Kränkenden: Franzosen, Belgier, Engländer, *weiße* Menschen, nur noch mehr. Aber wir sprechen nichtsdestoweniger nicht von einer doppelt weißen, dreifach weißen Schmach, sondern von einer »schwarzen« und stellen in dem Augenblick unserer tiefsten Demütigung durch die *Weißen* gemeinsam mit jenen, die uns demütigen, die weiße Einheitsfront her. Gegen die Schwarzen.

Das ist Widerspruch, Unlogik.

*

Gesetzt den Fall, es wäre umgekehrt: Die Schwarzen wären die Herren Europas, die Erfinder des Schießpulvers und der Politik, des Antisemitismus und des Hakenkreuzes. Aus ihren Reihen wären Ludendorff und die Marlitt, Poincaré und der Erfinder des Gummiabsatzes, Lloyd George und die Mitrailleuse hervorgegangen.

Und die Weißen wären unglückliche Eingeborene eroberter und willkürlich zivilisierter, das heißt: geknechteter, unselig gemachter Kolonien. Und die Schwarzen hätten eine große Zeit gegründet und sich gegenseitig Gebietsteile besetzt. Hätten da die Schwarzen *weiße* Eingeborene zur Besetzung schwarzer Gebietsteile verwendet?

Wahrscheinlich. Denn die Schamlosigkeit und Feigheit, die sich darin kundgibt, daß man fremde, harmlose und noch gotterfüllte Menschen zu Maschinengewehren und Devastationsmaschinen degradiert, ist nicht eine Folge der Hautfarbe, sondern der Fähigkeit, Ludendorffe, Marlitts, Poincarés, Gummiabsätze, Lloyd Georges, Gürtelpaletots, Mitrailleusen und Monokels hervorzubringen.

Es gibt also nur *eine* Art Schmach; die der Maschinengewehre und der Monokels. Diese Schmach aber ist zufällig eine *weiße*.

*

Indem wir aber den Begriff »schwarze Schmach« prägen, haben wir nicht so sehr unsern Haß gegen unsere weißen Beherrscher ausgedrückt, als vielmehr unsere Gemeinsamkeit mit allen jenen, denen Maschinengewehr und Monokel eigen sind. Das Wort »schwarze Schmach« ist ein Treueid, der weißen Kulturgemeinschaft geleistet. Wir bekennen uns somit zu Goethe, Shakespeare und Rousseau. Aber auch zu Marlitt, Lloyd George, Poincaré.

Die Schwarzen haben allerdings keinen Goethe, keinen Shakespeare, keinen Rousseau hervorgebracht. Aber auch die drei andern nicht.

Zur Entschuldigung der Schwarzen führe ich an: daß sie keine Monokel tragen, keine Maschinengewehre erfinden, keine Hetzartikel verfassen, keine Dynamitattentate vollführen, keine Reden halten, kein Hakenkreuz an die Wände malen, nie schieben, kein Geld auf Zinsen leihen und keine Memoiren schreiben. Ich könnte die Zahl der Entschuldigungsgründe beliebig vergrößern.

Die Weißen tun dies alles. Und können sich nur mit

Goethe, Shakespeare und Rousseau entschuldigen. (Die es übrigens auch gelegentlich bedauert haben, Weiße zu sein.)

Wenn wir also von einer »schwarzen Schmach« sprechen, so tun wir den Schwarzen unrecht.

Man sagt (und im Film: »Die schwarze Schmach« konnte man es sehen), daß die Schwarzen Frauen und Kinder schänden. Aber erstens: ist dieser Film »gestellt« und erlogen. Zweitens: schänden auch Weiße. Drittens: täten es selbst die Schwarzen, so täten sies auf das mittelbare Geheiß der Weißen. Dann wären sie sozusagen Schändungsmaschinen der Franzosen. Also sind sie selbst viel tausendmal mehr geschändet.

Wir müßten viel mehr empört sein, wenn *Weiße* unser Gebiet besetzen. Gegen Schwarze können wir eigentlich nichts vorbringen. Wir sollten uns schämen einer Gemeinsamkeit mit Bestien, die der Zufall weiß gefärbt hat. Wir sollten inneren Frieden, Kulturfrieden mit Menschen schließen, die aus der unschuldigen Harmlosigkeit ihrer fernen Heimat, aus dem göttlichen Kindheitssalter der Welt von weißen Pratzen in den Mord der Zivilisation geschleppt worden sind.

Friede sei mit euch, ihr Schwarzen!

*

Noch mehr als Haß und Rache gegen einander, erfüllt uns Weiße der Zivilisationshochmut. Weil wir statt der Sonne eine Bogenlampe, statt des Himmels eine Kulisse, statt des Glaubens die Theologie und anstelle Gottes einen ordentlichen Professor zu erzeugen vermögen, glauben wir, mehr zu sein, denn jene, die in schlummernder Unschuld elementare Naturträume erleben, in den feuchtkühlen Schatten ehrfürchtiger Urwälder, Kinder Pans, dem Pan huldigen, unschuldig sind, selbst wenn sie töten. Göttlich, wenn sie lieben. Wahre, durch Bart und Brille und Monokel noch nicht entstellte Ebenbilder Gottes, tief in die Schatten der ersten Schöpfungstage gedrückt. Ihre Kinder hängen mit den Affen an seltsamen, urschönen Gummiguttbäumen, räkeln sich im Sand, spielen nicht Tennis und sammeln keine Briefmarken. Ihre Jünglinge fechten nicht auf Mensurböden und saufen kein Bier. Sie zittern vor dem Blitz und hören Gottes Ruf durch den Donner.

Und wir haben nur einen Blitzableiter.

Wir haben sie millionenmal geschändet. Wir sandten ihnen Missionäre und Artillerie, Lesebücher und Mord und Varieté. Wir Weißen schickten ihnen Gouverneure und Steuermahnungen, Meldezettel und internationale Taschendiebe.

Oh, dreimal weiße Schmach!

*

Hier aber stocke ich bereits in der Verteidigung der Schwarzen; denn ich entsinne mich des Films:

Da sah man schwarze Männer weiße Mädchen zu Tod und Schimpf hetzen. Wer waren die Schwarzen? Geschminkte Europäer? –

Nein. Es waren *Schwarze*.

Es gibt also auch schwarze Filmschauspieler, die sich dazu hergeben, die erlogenen Schandtaten ihrer Rasse darzustellen. Schwarze Liftboys kannte ich schon lange. Schwarze *Weiße* aber kenne ich erst jetzt.

Und ich sehe trauernd, daß die weiße Schmach gesiegt hat. Ich sehe die langsame, aber unaufhaltsame Assimilation der Schwarzen an die Weißen. Schwarze Boxer, schwarze Filmschauspieler, schwarze Filmdiven. Der Erfinder des nächsten vollendeten Prima-Stickgases wird ein Schwarzer sein.

Es gibt nur eine einzige große *Menschen*schmach.

Die Welt in der Stadt.

Berlin, 7. Juni.

Die Cserepy-Film-Gesellschaft hatte gestern Gäste und Presse geladen, um ihnen das Modell der zukünftigen und vielleicht in naher Zukunft schon erstehenden *Filmstadt* zu zeigen. In dieser Filmstadt ist alles, was der Film jemals brauchen könnte, und da er, was in der Schnelligkeit seines Wesens ja bedingt ist, ungeheuer viel braucht, das heißt so ziemlich alles, so ist in der Stadt *die ganze Welt* versammelt. Konstantinopel, die Pyramiden, der Newyorker Hafen und alle historischen und Baedeker-Wunder des Erdballs.

Diese Filmstadt soll in der Nähe von Berlin gebaut werden. Sie soll allen Filmgesellschaften zur Verfügung stehen, und alle Filmgesellschaften hätten sich an der Gründung dieser Stadt, die übrigens von allen Arbeitern am Film, Schauspielern, Handwerkern usw. bewohnt sein soll, zu beteiligen.

Dabei ist mancherlei zu bedenken. Erstens: wie nimmt sich der Familienstreit eines Zimmerers in der Moschee aus, in der der Handwerker mit seiner Familie wohnt? – Zweitens: wer ist Bürgermeister dieser Stadt, und muß man, wenn man hinkommt, Meldezettel ausfüllen, die in einer Pyramide, wo sich das Polizeiamt befindet, abzugeben sind? Drittens: Wozu ist die Welt überhaupt noch notwendig? Da doch alles so schön nachgeahmt ist, so könnte man schließlich aus der ganzen übrigen Welt – Berlin machen.

Das Projekt ist kühn, phantasievoll und böte gewiß ungeahnte Möglichkeiten. Aber Geld gehört dazu!

Harry Piel im Deutschen Künstlertheater.

Unter dem Cachiertitel »Der Herr Verteidiger« rollte gestern der sensationelle Detektivfilm Harry Piels 23. Abenteuer (nach dem Manuskript von Franz *Molnar* und Alfred *Halm*) im »Deutschen Künstlertheater« zum ersten Mal und – hier zitiere ich aus der Inhaltsangabe des nicht zur Verteilung gelangenden Filmprogramms –, war der Erfolg derartig überwältigend, daß der gefüllte Raum wie ein Mann in ein Gelache ausbrach, ein nicht endenwollendes.

So ist es also im Sommer: der Rechtsanwalt Parker ist ein Dummkopf, seine Frau »mondain« (das heißt: sie war es, als Franz Molnar noch jung war), der Detektiv Wright ein Trottel, von Professor Benks nicht zu reden, Miß Nightingale, eine alte Jungfer mit kriminalistisch-sexualistischen Trieben und was sich sonst noch in den drei Akten herumtreibt, einfach pfuh – – minderwertig ist kein Wort dafür ...

*

Wer also ist wer? – Tim Boots! Tim Boots seht Ihr (Harry Piel kann man auch sagen). Ver-, Ein-, Aus-, nur nicht Ehebrecher. Er, der den Rechtsanwalt gemacht hat, weil er nicht anders kann, als freigesprochen werden; er, der Alles stiehlt, erbricht, zutage fördert, blamiert, vertuscht, glättet, Hindernisse aus dem Nichts erstehen läßt; er, der sich verwandelt, andere verwandelt, kommt, sieht, siegt; er: Tim Boots.

*

Den Rechtsanwalt Parker gab Otto *Gebühr*. Den sprechenden, automatisch vor ewigen hohen Gerichtshofvisionen »herausreißenden« Verteidiger, den mit – irre ich nicht; und ich irre bestimmt nicht! – Alfred Halms Stilblüten geschmückten Verteidiger. Den grotesken, in unglaubliche Situationen geratenden, von Schutzmannsfäusten gepackten, mit den Beinen zappelnden, jämmerlich gebrochenen, aus der Haft heimkehrenden, entlausten, aber immer noch in allen geistigen Knopflöchern vollkommen unzerrupfte Stilblüten tragenden Rechtsanwalt gab Otto Gebühr – er lebe lang! – mit sehr viel komischer Begabung und jener Dezentheit, die einem anständigen Schauspieler auch in solch fatalen Rollen auf den Leib geschrieben sein soll. Er lebe!

Georg *Schnell* war der Detektiv, er hatte es leicht. Aber auch das schon ein Verdienst, wenn man trotzdem merkte, daß ein anderer – vielleicht! – es nicht *so* leicht gehabt hätte.

Ludmilla *Hell* – Violet, des Verteidigers Frau – »hysterisch« kann sie sein, »brav«, »gesund«, »mondain« (wie damals die Frauen waren, wissen Sie noch, Molnar-*bacsi*?) – aber sie müßte wissen, wie die Arme zu placieren.

Und sonst möchte ich noch von Maud sagen (Marie *Ackers*): Racker, Range, eine nordamerikanische (vielleicht sehen die dort so aus), lieb, unauffällig und gewandt: Sommertheater.

Berta *Monnard* kneiferte, altjungferte ein bißchen übertrieben als jene oben erwähnte Miß Nightingale durch das Stück.

*

Was von Molnar ist und was von Halm? Dieser wäre gern ein deutscher Molnar. Molnar sieht hier fast aus wie ein ungarischer Halm.

Und übrigens ist es ganz egal.

Anabasis.

Das war der Zug der Fünftausend, die Anabasis Lubitsch's.

Er lieferte dem Publikum den Anblick einer Schlacht zwischen Ägyptern und Äthiopiern in den Gosener Bergen.

Diese Anabasis Lubitsch's kostete fast so viel, wie die seines Vorgängers Xerxes. Xerxes war gewiß der sparsamere Filmregisseur. Denn er lud seinerzeit, außer Xenophon, keinen einzigen Berichterstatter mehr ein. Während Lubitsch auf einem geräumigen Dampfer (und nicht etwa auf einem schlichten Dreiruderer) die ganze Berliner Presse, in- und ausländische Fachleute und Damen und Herren der Gesellschaft mit belegten Frühstücksbroten und Apfelwein und mit einer Bordsalonkapelle, die »Salome« spielte, bis zum Kriegsschauplatz bringen ließ.

Lubitsch begrüßte an Land seine Gäste und zeigte ihnen, daß zum Regieführen drei Dinge gehören: nämlich Geld, Geld und noch einmal Geld.

*

Die Bolzen und Nägel kosten eine halbe Million.

Fünf Waggons Gips;

Wohnräume für mehr als 1 000 Arbeiter;

Garderoben für 8 000 Akteure;

6 000 Gewänder;

ein Dutzend großer Gebäude;

Dunkelkammern, Friseurstuben, Restauration;

eine Stadtmauer mit Umwallung und Pallisaden, 70 Meter lang, 20 Meter hoch;

ein Sphinxkopf, 29 Meter hoch; der »Große Palast«, 64 Meter lang, 38 Meter hoch; ein »Kleiner Palast«; ein altägyptisches Stadtviertel aus 50 Häusern.

Alle diese Dinge entstanden in einigen Wochen. Nur die Gosener Berge standen schon da. Und die Sonne, die zu Filmaufnahmen gehört, war auch da. Aber selbst, wenn beide nicht gewesen wären, so hätte man sie innerhalb weniger Wochen hergestellt.

Was ist schon so eine Sonne?! …

*

Nur, um bei dem Vergleich mit Xerxes zu bleiben: Bei Xerxes streikten die Soldaten nicht. Aber die Fünftausend des Lubitsch streikten, eh' sie stritten.

Lubitsch aber bewilligte. (Xerxes hätte es nicht getan.)

Die Streiter wußten nicht, daß sie Ägypter und Äthiopier sind. Sie glaubten, Römer und Griechen zu sein. Denn gewöhnlich sind Dinge, die im Altertum passierten, entweder das Eine oder das Andere. Daher trugen die Streiter Helme und Pantherfelle und – Bärenfelle auch. (Ohne von den Skythen eine Ahnung zu haben.)

Das Lager ruht. Die Soldaten – muß man annehmen – haben gegessen und getrunken und erwarten jetzt keinen Feind. Sie träumen vielleicht von der Löhnung.

Auf einmal brechen von den Bergen her die Feinde los; ein Fesselballon erhebt sich fürchterlich; alle Operateure spielen Leierkasten; ein Schlachtenentzünder feuert eine blindgeladene Pistole ab.

Der Kampf entwickelt sich, die Toten legen sich vorschriftsmäßig hin und nehmen ein Sonnenbad.

Im Hintergrund steht eine von Lubitsch eigens abgerichtete Staubsäule auf, so daß man im Film bestimmt an sie glauben wird und an ihre ägyptische Abstammung. Nicht einmal die Anrainer der Gosenberge werden sie erkennen.

Die Zuschauer rutschen vor Begeisterung die sandige Anhöhe hinunter und brechen in ein kriegswütiges Ah-Geheul aus. Es ist, wie im Pressequartier.

*

Ich habe noch immer keinen ordentlichen Respekt vor derlei Volksfesten. Die Gosener Berge und die Dampferfahrt und die belegten Brötchen waren sozusagen Massengenüsse. Man müßte jeden Tag einen Haufen Berliner so spazieren fahren lassen.

Ich habe nun einmal nur vor dem Geld Respekt. Dem vielen, vielen schönen Geld! …

U. T. Friedrichstraße.
[»Grausige Nächte«]

»Grausige Nächte« ist der Titel (der etwas auf Aufsehen bedachte Titel) eines fünfaktigen Films von Carl *Mayer*. Hier ist eine absonderliche Geschichte dargestellt, die ihrer Absonderlichkeit wegen nach England verlegt worden ist. Die Frau des Konsuls hat mit einem Abenteurer und Quartalssäufer ein Kind, das dieser mit sich genommen hatte, als er verschwand. Der Konsul weiß nichts davon. Die Ehe ist kinderlos. Da beschließt Evelyne, ihr Kind aufzusuchen und es ins Haus zu nehmen. Sie findet glücklich den herabgekommenen Cunning und kauft ihm das Kind ab. Das Kind aber – ist ein 18jähriger Liliputaner, der im Hause des Konsuls Verbrechen verübt, und mit Cunning in Verbindung steht. In einer Nacht erwacht der Konsul, ertappt den Kleinen auf frischer Tat und wird von dem angeblichen Knaben niedergeschossen – glücklicherweise nicht tödlich verletzt. Infolge der großen Aufregung, die nun entsteht, des Kampfes mit dem Liliputaner, der massenmörderisch alles niederknallt, seiner Flucht und der behördlichen Untersuchungen, kommt das Geheimnis Evelynes an den Tag, und da der Konsul gesundet und ein merkwürdig vornehmer Mensch ist, darf Evelyne nunmehr ihr wirkliches Kind suchen und – Carl Mayer macht alles – es ohne weitere Umstände auch finden. Die »grausigen Nächte« sind zu Ende.

Der Regisseur ist Lupu *Pick*. Er mag sich gesagt sein lassen, daß solche absonderliche Angelegenheit viel, viel schneller sich entwickeln muß, so, daß das Herz des Zuschauers fast einen Knax erleidet vor lauter Nicht-nachkommen-können. Die Bilder sind stellenweise von verblüffender Schönheit, manchmal geistreich in der Komposition und im Inhalt, der »Trick« veredelt sich oft zum künstlerischen Einfall und sogar zur Eingebung, aber es dauert, dauert, dauert.

Edith *Posca* als Evelyne hätte ich mir auch rascher, leidenschaftlicher denken können. *Korff*, als Konsul, hätte mehr Physiognomie haben dürfen. Alle Übrigen sind in ihrer studierten, gewissermaßen fundierten Langsamkeit ausgezeichnet: *Abel* (der Herabgekommene), *Walker*, der Liliputaner, die *Sandrock* als alte Worrit.

Tiefes Dunkel lagerte über allen Bildern. Es war schwer möglich, alles wahrzunehmen. So ertrank mancher szenischer Einfall in grausiger Nacht.

Richard-Oswald-Lichtspiele.
[»Die fremde Frau«]

»Die fremde Frau« heißt ein »Schauspiel nach Alexander *Bisson*«, ein amerikanischer Film mit Pauline *Frederick*, die, nach dem fetten Druck ihres Namens im Programmzettel, ein amerikanischer Star ist. Der Film scheint (auch in Amerika) einer der mittelmäßigen, nicht mehr landes-, sondern bereits weltüblichen Kitschfilme zu sein, in denen ein unschuldig Leidender zum Schluß doch noch glücklich erlöst wird. Pauline Frederick, im Film Jaqueline, ist aus Liebe zur Mörderin geworden, vor Gericht wird sie von ihrem eigenen ahnungslosen Sohn verteidigt, und so glänzend, daß Freispruch erfolgt. Natürlich kommt dann die Erkennungsszene. Es ist leicht denkbar, daß das robuste und naive amerikanische Publikum sehr leicht bei solchen Dingen gerührt ist und weint. Das skeptischere europäische läßt diese unwahrscheinliche Geschichte vorüberflirren und macht höchstens Regiebemerkungen.

Bei solchen Gelegenheiten klopft die nationale Pulsader irgendwo, und man fragt mit Recht, wozu amerikanischer Kitsch gut wäre, da wir doch eigenen genug haben?

Auf diese Frage ist nie eine Antwort zu bekommen,

höchstens eine mit geschäftlichen Motiven, Verknüpfungen, internationalen Arbeitsmarktangelegenheiten und dergl. gepolsterte – die ich nicht verstehe.

Ufa-Lichtspiele Tauentzienpalast.
[»Die kleine Dagmar«]

Ein Filmdrama »nach Motiven« eines Romans der in Marlitts Fußstapfen schreibenden Anna Elisabeth *Weirauch*. Alfred *Halm* hat diese süßliche Geschichte für den Film zurechtgerenkt. Sie heißt immer noch: »*Die kleine Dagmar*«.

Milieu: »Kleines Mädchen«. Sehnsucht nach Leben. Graf im Hintergrund. Tritt in den Vordergrund, plump genug, just, da Dagmar sich ertränken will. Sie wird seine Sekretärin. Der Maler tritt in ihr Leben, sie in sein Atelier. Liebe. Dann noch zwei gewaltsam angebrachte Pistolenschüsse. Ende gut.

Dieser Milieukitsch aber wurde von *Bassermann*, der *Kupfer*, von Theodor *Loos* und der jungen Grete *Reinwald* so ausgezeichnet gespielt, daß man die Weirauchschen »Motive« vergessen durfte. In einer Nebenrolle zeigte sich Georg *Langer* als ein glänzender »Charakterschauspieler«. – Kleine glückliche Regieeinfälle verhalfen zu einem guten Gesamteindruck.

Ufa-Lichtspiele Tauentzienpalast.
[»Das Rätsel der Sphinx«]

»*Das Rätsel der Sphinx*« hat fünf Akte und ein Vorspiel, zwei Verfasser (Dr. Willi *Wolff* und Arthur *Somlay*), einen Regisseur (Adolf *Gärtner*), einen Kunstmaler und einen »künstlerischen Ausstatter«, dreizehn Hauptpersonen und eine Heldin: Juanita di Couchitas, von Ellen *Richter* dargestellt. Also ein »großer« Film. Ja, sogar ein ägyptischer Film, ein exotischer, abenteuerlicher, mit phantastischen Seltenheiten behangener, beschwerter; ein moderner Film.

Der Sohn des englischen Professors hat der ägyptischen Mumie ein Geheimnis entrissen. Prachtvolle Gelegenheit nach Ägypten zu fahren. Der junge Forscher fährt mit seiner todtkranken Braut »hinüber« und meint »die Luft des Pharaonenlandes« könne sie heilen. Im Pharaonenland aber lebt augenblicklich Juanita di Conchitas, die reiche Abenteurerin; der geheimnisvolle ägyptische Priester bewirbt sich um sie, sie jedoch will, nun, wen? – Den englischen Professorssohn. Die Rachsucht des Priesters veranlaßt ihn, sich, mit magnetischen Kräften ausgerüstet, der kranken Braut zu nähern. Die Braut (Daisy) stiehlt das Geheimnis der Mumie, stirbt aber, um, kinologischen Gesetzen zufolge, der Juanita Platz zu machen. Nach schrecklichen Lebensgefahren finden sich selbstverständlich Juanita und der Forscher.

Mit einer fabelhaften Naivetät wird hier frisch drauf los gespielt. Man könnte z. B. ein Buch schreiben mit dem Titel: »Wie Erich *Kaiser-Titz* sich einen ägyptischen Priester vorstellt«. Und ein anderes: wie Ellen *Richter* über ihr Startum ihre Pflicht, eine möglichst natürliche Juanita zu sein, vernachlässigt.

Aber glänzend sind ein paar humorige Regieeinfälle à la Lubitsch und Wegener. Karl *Huszar*, Hermann *Picha*, Georg *Baselt* sind unwiderstehlich. Und so oft Ellen Richter nicht daran denkt, daß ihr die Rolle auf den Leib geschrieben ist, hat sie ehrliche Momente. Und im übrigen ist es ein sorgfältig gearbeiteter, auf Spannung berechneter, und wirklich spannender Film.

Mozartsaal.
[»Von Brillanten und Detektiven«]

»*Von Brillanten und Detektiven*« ist kein Verbrecherdrama im eigentlichen Sinn, wie der Titel vermuten lassen könnte, sondern die Behandlung eines gesellschaftsdramatischen Stoffs mit kriminalistischen Hilfsspannungsmitteln. Wie der junge Brillantenhändler zum alten Ensloe kommt, dem reichsten Juwelier Amerikas, um den sagenhaft teueren Stein »Das Licht der Welt« zu überbringen, wie dieser Stein in Gefahr gerät, geraubt zu werden, und bei der Gelegenheit die jüngste Tochter Ensloes ihrer ältern Schwester den jungen Juwelier wegschnappt – das ist gewissermaßen eingehüllt in ein Etui von Detektivkünsten. May *Allison*, eine angloamerikanische Henny Porten, trägt die Hauptrolle, das Stück, die Kleider der älteren Schwester und schließlich die Gunst des Publikums davon. – Der Film hat zwei Vorzüge: er ist anspruchslos und geschickt. Er wirkt also amüsant, ohne zu ermüden. Eines jener überseeischen Erzeugnisse, von denen die deutsche Filmindustrie immer noch lernen könnte.

Nosferatu.

Die Prana-Filmgesellschaft hatte die Presse zu einigen interessanten Aufnahmen für den »*Nosferatu*«-Film geladen. Dieser Film (von H. *Galeen*, mit Musik von Hans *Erdmann*) spielt in der Tatra und behandelt einen mystischen, angeblich rumänischen Volkssagenstoff von dem unheimlichen »Nosferatu«, einem Gespenst in Menschengestalt, das in die Schicksale der Menschen eingreift. Man hat es hier wieder mit einem der in letzter Zeit üblich gewordenen mystischen Filme zu tun. Der »Nosferatu« aber unterschiedet sich in der Sorgfalt der Ausführung, durch die Liebe, die von allen Mitarbeitern jedem Detail gewidmet wurde, sehr vorteilhaft von den fabrikmäßigen Erzeugnissen der Gegenwart. Zum ersten Male scheint hier ein filmtechnisches Problem leicht gelöst zu sein: Das Hineinbringen des Mysteriösen in die freie Natur – nicht nur in geschlossene Räume, zwischen stilisierte Kulissen. Ob es wirklich gelungen ist, willkürliche Phantastik unter freiem Himmel zur vollen Wirkung kommen zu lassen, wird allerdings erst der fertige Film zeigen. Die Photos allein sind nicht überzeugend genug, wenn auch vielversprechend.

Terra-Theater.
[»Der vergiftete Strom«]

Der erste Corona-Film heißt: *»Der vergiftete Strom«*, ist von B. E. *Lüthge* und Hans *Behrendt* verfaßt und wird als eine »fast glaubhafte Geschichte in 5 Akten« vorgestellt. Die Tochter des im Programm mit dem Titel »Multibilliardär« gekennzeichneten Abraham Fogg soll von ihrem Vater 20 Millionen bekommen, wenn sie irgendwo auf dem weiten Erdenrund einen Mann ausfindig macht, der sie, die berühmte Schönheit Mabel Fogg, weder kennt, noch liebt. Mabel fliegt nach einer abenteuerlichen Pirateninsel, die übliche Gefahren birgt. Selbstverständlich auch einem Piraten, der Miß Mabel nicht kennt, aber sehr bald liebt, mit ihr alle Gefahren besteht und schließlich in den Palast des alten Abraham flüchtet, der nur zehn Millionen zahlt. Womit alles zufrieden ist. – Der Film verdient Beachtung, weil hier endlich ein deutscher Abenteuerfilm sich nicht schämt, humorvoll zu sein und das Abenteuer so zuzuspitzen, daß es ins Lächerliche hineinragt und gewissermaßen sich selbst aufhebt. Die Mittelmäßigkeit *Diegelmanns* und Carl *de Vogts* schadeten der Harmlosigkeit nicht; die konzentrierte Esther *Hagan* abenteuerte – sie gab eine Piratin – ziemlich einsam durch das Stück, und Emmy *Denner*, die die Hauptrolle zu vertreten hatte, gab eine Emmy Denner, die sehr stolz darauf ist, eine Hauptrolle zu spielen.

Christus im Film.
Pressevorführung.

In der Philharmonie wurde der von der Cinesgesellschaft (Rom) hergestellte Christusfilm gezeigt. Zum ersten Mal ist hier das Leben Christi (nicht bibelgetreu) im Film zu sehen. Leider waren die Bilder sehr schlecht, die Leinwand zu schmal, der Raum zu weit, die Bildbeleuchtung zu mangelhaft. Wie die Firma Straßburger & Co., die den Film in Deutschland verbreitet, mitteilt, ist an der mißlungenen Vorstellung nicht sie schuld, sondern eine andere Firma, die sämtliche Garantien für eine tadellose Vorführung übernommen hatte, und ihre Verpflichtungen nicht einhielt.

Ein Urteil über das Gesehene kann also kaum vollständig sein. Die landschaftlichen Bilder im Film wirkten etwas opernhaft unwahr. Pyramiden, Sphinxe, Wüstenei, Palmen, Oasen, der Tempel in Jerusalem – alles lehrreiche und interessante Ansichten. Aber man merkt das gewollt Interessante. Den Sphinxen zuliebe wird vom Bibeltext abgewichen. Christus muß sich der Bildwirkung wegen in Ägypten aufhalten. Die Massenszenen sind zu häufig und auch zu eintönig.

Auf das Spiel der einzelnen kam es gar nicht an. Dem Christusdarsteller gelingt hie und da eine ergreifende Geste, ein bannender Gesichtsausdruck – das ist alles.

Der Film rollte unter Orgel- und Chorbegleitung. *Scharwenka* dirigierte. Die Stimmen klangen zu erdnah, und die beabsichtigte Weihestimmung konnte nicht aufkommen.

Kantlichtspiele.
[»Der Friedhof der Lebenden«]

In dieser Woche läuft der Film: »*Der Friedhof der Lebenden*«, der den Untertitel »Sensationsdrama in 6 Akten« führt. Sein Regisseur ist Gerhard *Lamprecht*. Die Hauptrolle spielt Hanni *Weisse*. Sie ist die Enkelin eines Leuchtturmwärters, die ihren unter falschem Verdacht verhafteten und geflüchteten Liebhaber verbirgt, bis der Nebenbuhler das Geheimnis entdeckt. Es kommt zu einem Kampf, die am Fuß des Leuchtturmes seltsamerweise lagernden Petroleumtanks geraten in Brand, und alle kommen um. Glücklicherweise ist der Großvater, den man bei der Katastrophe absolut nicht brauchen konnte, schon früher gestorben. Der eigentlich Schuldige ist der Vater Svens, des Helden. Der kann seine Schuld nicht gestehen – er ist zu schwach. Vom Strand aus sieht er den Untergang seines Sohnes, den brennenden Leuchtturm – und bricht zusammen. Diese traditionell-kitschige Geschichte wird bemerkenswert erst durch das feine und knappe Spiel Hanni Weisses und durch die sorgfältige Regie, die sichtlich Mühe hatte, aus diesem *nur*-zugkräftigen Stoff ein auch dem Geschmacksbeflissenen erträgliches Filmdrama zu machen. Das gelang durch kleine szenische Einfälle. Unausgenutzt blieb allerdings das Meer, dieses fabelhafte Regieobjekt. Der Sturm auf See geht fast spurlos vorüber. Es sieht aus, als hätte man mit dem Fertigstellen des Sturms Eile gehabt und keinem richtigen Sturm erwarten können. Peter *Esser* als Held und Liebhaber und Wilhelm *Diegelmann* als Leuchtturmwärter bleiben neben Hanni Weisse in der Erinnerung haften.

Marmorhaus.
[»Der Roman eines Dienstmädchens«]

Robert *Liebmanns* Film *»Der Roman eines Dienstmädchens«* war, wie erinnerlich, von der Filmprüfstelle verboten worden. Nachdem der Film vor der geladenen Presse in einer Privatvorstellung gezeigt und seine Ungefährlichkeit konstatiert worden war, wurde er freigegeben. Er trägt den Untertitel »Ein Volksstück aus der Großstadt von heute«, und dieser Untertitel mildert jede Gefährlichkeit. Wie ein Dienstmädchen in der großen Stadt dem typischen modernen Dienstboten-Don Juan in die Arme läuft und fast ins Unglück geraten würde, wenn nicht der Kammerdiener sich ihrer annehme – das ist der Inhalt. Dies ist, wie man sieht, eine Alltagsgeschichte. Aber sie wird spannend durch Darstellung und die Regie Reinhold *Schünzels*. Schünzel selbst spielt eine der Hauptrollen – nämlich den Kellner Karl, den Schürzenjäger und Verführer. Seine Routine in der Wiedergabe listig-verworfener Großstadttypen, sogen. »Pflanzen« ist überragend, seine Menschenkenntnis geradezu über den Rahmen schauspielerischer Pflichten hinausgehend. Es ist überhaupt das Erfreuliche an diesem Film, daß alle Darsteller – es sind lauter hervorragende: *Treßler*, *Korff*, Liane *Haid*, *Kupfer*, *Huszar*, Trude *Hesterberg*, Eugen *Rex* – eine Beobachtungsgabe beweisen, wie sie darstellenden Künstlern selten eigen ist.

In diesem Film triumphiert das »Milieu«. Man könnte ihn einen »naturalistischen Film« nennen. Aber ein Hauch romantischen Humors schwebt über diesen Menschen, ein sachter ironischer Zauber. So wird alles Irdische gleichnishaft und verklärt. Die Banalität wird schmunzelnd empfunden. Die leise Unwahrscheinlichkeit am Schluß durch die Diskretion *Korffs* gern verziehen.

Ufa-Lichtspiele Tauentzienpalast.
[»Die Jagd nach Wahrheit«]

J. *Sternheim* hat *»Die Jagd nach Wahrheit«* verfaßt – nach bewährten alten Filmmustern und Musterfilmen – und Karl *Grune* hat die Regie geführt. Hervorragende Schauspieler haben mitgewirkt. Aus dem Film ist nichtsdestoweniger nur ein mäßiges Unterhaltungsstück geworden, mit allerdings sehr schönen Bildpartien.

Das altbekannte Filmmittel – der Traum – tritt wieder in seine Rechte. Claire träumt, während sie in der Jagdhütte schlummert (auf der Chaiselongue natürlich!) von einem Verbrechen ihres Bruders Robert, der Edith liebt und ihretwegen sogar ein Verbrechen nicht scheut. Dr. Brinken, der Chemiker und Sachverständige, der zu dem Kreis der Claire-Verehrer gehört, muß selbstverständlich für Robert zeugen. Aber – ein Droschkenkutscher kommt statt Roberts ins Gefängnis, ein unbeteiligter, schuldloser – dank einem wahnwitzigen Zufall. Charles, der Liebhaber Claires, soll ihn verteidigen. Claire selbst kommt als Zeugin vor Gericht. Vor dem Richter erfährt sie, daß Brinken nicht aus Liebe zu ihr Robert befreit habe. Sie sinkt – wie das im Traum üblich ist – von ihrem Lager, erwacht und verlobt sich mit dem eben zurückkehrenden Charles, indes ihr Bruder Robert das Gleiche mit Edith tut.

Man sieht: hier sind die Requisiten der Wohlhabenheit angewendet: Jagd, begüterte Familienverhältnisse, Traum, Chemiker, Chaiselongue. Der rührselige Ausgang war am Anfang schon vorauszusehen. *Kortner* spielte, unberührt von allem kitschigen, den Gerichtschemiker wirksam mit einem leichten Schuß Dämonie. Erika *Glässner* versagte. Margarete *Kupfer* gab eine dankbare Nebenrolle sehr charakteristisch. – Seine Vorzüge hat der Film der Regie Karl Grunes zu verdanken. Ihr gelangen wunderbare landschaftliche Bilder. Sie machte Erlebnisse aus Waldansichten, Himmelspartien, Tageszeiten. Sie beging nur einen Fehler: gelungene Bilder zu wiederholen und so deren Wirkung abzuschwächen.

Ufa-Lichtspiele Tauentzienpalast.
[»Das zweite Leben«]

Alfred *Halm* ist der Verfasser und Regisseur eines Films »*Das zweite Leben*«, der sich: »eine kriminalpsychologische Studie in 5 Teilen« nennt. Der Film wurde unter sachverständiger Beratung von Dr. Kurt *Ollendorf* hergestellt.

Es handelt sich um eine sogenannte »eingebildete Verbrecherin«. Die »Verbrecherin« ist ein junges, von ihrer Stiefmutter böse behandeltes Mädchen. Die Stiefmutter erschießt sich mit dem Revolver ihres Liebhabers. Da dieser die Waffe der Toten aus der Hand genommen hat, glaubt man an einen Mord. Die Stieftochter bezichtigt sich selbst des Mordes. Sie erzählt phantastische Geschichten, die man ihr nicht glaubt. Das Rätsel löst sich: der Liebhaber meldet sich mitsamt der Waffe. Natürlich wird das junge, brave, kriminalpsychologische Mädchen von jenem Violinvirtuosen geheiratet, der eigens zu diesem Zweck an das Stück angeheftet worden war.

So hat hier traditioneller Kitsch eine wissenschaftliche Entschuldigung gefunden. Und nicht nur eine wissenschaftliche. Regie und Darstellung rehabilitieren das Manuskript zum großen Teil. Fast ist es, als wollte der Filmregisseur Halm den Filmautor Halm verleugnen.

Denn hier sind zum Beispiel die expressionistischen Traumszenen des Mädchens wunderbare Bilder. Kleine Regieeinfälle entzücken. Der alte Filmtrick, die Verwendung eines Spiegels, gewinnt neue Bedeutung. Die Traumbilder erscheinen in gezacktem Rahmen als Ausschnitte. Und das schwierige Problem, krankhafte seelische Vorgänge im Film glaubhaft und verständlich darzustellen, scheint mir hier gelöst.

Grete *Reinwald* spielte die Heldin mit mehr Takt und Zurückhaltung, als Talent. Sie ist hübsch, jung und sympathisch. Ihre Darstellung ist angenehm, nirgends packend. Margarete *Kupfer* gestaltete die Stiefmutter etwas zu populär und schablonenhaft. Nur in Augenblicken, wie wenn sie z.B. ihrem Liebhaber beim Kartenspiel drohende, warnende Blicke zuschleudert, ist die geübte Milieudarstellerin zu erkennen. Alle anderen waren zum Teil belanglos, zum Teil unecht.

Die Texte hätten geschmackvoller sein müssen und in *deutscher* Sprache abgefaßt …

Zwei Monumentalfilme.

Ich ging in ein Kino, um die Abenteurerin von Monte Carlo zu sehen.

Das ist eine Frau! sagte ich mir. Wir lieben derlei Frauen, die sich – metaphorisch und körperlich – über das Niveau der herrschenden Sittlichkeit im Aeroplan erheben. Wenn sie im Kampf gegen Polizei und mißverstehende Mitwelt unterliegen, gehört ihnen unser Schmerz. Wenn sie siegen, unsere Bewunderung.

Die Herstellung solcher Filme kostet sehr viel Geld. Das wissen wir Zuschauer, und dieses Bewußtsein erhöht unser Interesse zu jener Intensität, die der »Monumentalität« des Films entspricht.

Mir aber geschah es, daß mich die Abenteurerin von Monte Carlo gänzlich unberührt ließ. Ich kam nämlich mitten in die Meßterwoche und sah einen Arbeitslosenmarkt in Amerika.

*

Auf eine Art von Bretterpostament traten hundert und mehr Arbeitslose einzeln hintereinander. Sie boten sich an. Um ihren Wert zu beweisen, zogen sie sich die Röcke aus und ließen fremde Hände über Muskeln, Brust, Bäuche und Oberschenkel tasten.

Es war ein »Monumentalfilm«. Die Schauspieler waren echte Arbeitslose. Sie spielten »Rindermarkt«. In ihren verhungerten Gesichtern zuckte Gier nach Gekauftwerden. Es war ganz selbstverständlich, daß sachliche Fäuste an ihren Körpern herumhantierten. Examinierende Augen nach ihren Schultern faßten. Sie hörten auf, Einzelne zu sein und wurden Knochenpräparate.

Das Meßterwochenbild flitzte mit der üblichen Geschwindigkeit vorüber. Aber der Eindruck, daß in Amerika unerhörte Monumentalfilme vom Leben hergestellt werden, war so mächtig, daß ich nichts von der Abenteurerin von Monte Carlo sah.

*

Ja, es war vielleicht das Kabinett der Madame Bovary, oder ihr indisches Grabmal. Es war vielleicht die Sumurun Roswolskys, oder der Golem des Doctor Caligari. Ich habe die Abenteurerin von Monte Carlo vollkommen vergessen. Sie interessiert mich gar nicht.

Ihre spannenden Momente waren lächerliche Gesuchtheiten. In jeder ihrer Bewegungen hörte ich das Diktat des Regisseurs.

Aber in jenem Meßterwochenbild, das so bescheiden zwischen einem Wintersport und einem Tennisturnier aufgenommen war, lag alles, was einen Monumentalfilm eigentlich ausmacht: die unglaubhafte Wahrheit; Tragik, die nicht mehr zu fassen ist; Spannungen, die Stillstand des Herzens verursachen.

Keine Filmregie der Welt kann mit dem photographischen

Apparat der Meßtergesellschaft konkurrieren, wenn der liebe Gott einen kleinen Ausschnitt aus seinen Monumentaltragödien vor die Linse rückt.

Kantlichtspiele.
[»Das Haus des Vergessens«]

In den Kant-Lichtspielen läuft ein »italienischer Sittenfilm« in fünf Akten *»Das Haus des Vergessens«* oder *»Ich hatte ihn so lieb«*. Tatiana *Pawlowna* spielt die Hauptrolle, der Regisseur heißt G. *Runitsch* und die Schauspieler sind Russen. Es scheint also eher ein russischer Film denn ein italienischer zu sein. Von spezifisch italienischen Sitten ist nichts zu merken. Daß er an der Riviera aufgenommen ist, beeinflußt die Sittlichkeit seiner Gestalten gar nicht. Die Unwahrscheinlichkeit der Vorgänge wirkt trotz der südlichen Geographie nicht versöhnlicher. Das Temperament, das die Heldin Tatiana – sie heißt auch im Film so – entfaltete, ist nicht ausschließlich den Gästen der Riviera eigen.

Ebensowenig Sorgfalt, wie dieser äußeren Aufmachung des Films, ist dem Manuskript und der Regie zu Teil geworden. Da spielt die Tatiana, Frau eines herzkranken jungen Pianisten, um Geld, Geld, Geld zu gewinnen. Da sie verliert, ermordet sie ihren Partner, in dessen Wohnung sie geht, um sich ihm angeblich zu verkaufen. Ein anderer Mann, der sie auch justament gewinnen möchte, läuft ihr nach und erwischt sie an der Riviera, während sie mit ihrem ahnungslosen Pianisten vom geraubten Geld lebt. Der Pianist hat inzwischen eine Malerin kennen gelernet, deren Atelier von der plötzlich eifersüchtig gewordenen Tatiana angezündet wird. Tatiana trinkt dann Wein und erzählt ihrem Mann von der Herkunft des Geldes. Der ist nicht umsonst herzkrank: er wird vom Schlag getroffen. Tatiana wird irrsinnig.

Tatiana *Pawlowna*, eine nicht mehr junge Schauspielerin, könnte vielleicht eher eine dämonische Frau spielen, als eine mit zu viel Temperament. Sie entfaltet überflüssigste Dämonie bei harmlosen Gelegenheiten. Und wirkt ansteckend. Da ist dieser verschmähte Liebhaber Newerow mit finsterm Aug' und schrecklich gerunzelter Stirn. Wozu dieser Aufwand an Furchtbarkeit?

Das Auge freut sich nur an ein paar hübschen Aufnahmen. Der Regisseur hat Sinn für Schönheiten. Er hat ein photographisch geübtes Auge. Von dessen künstlerischen Fähigkeiten wenig fühlbar wird.

Ufa-Palast am Zoo.
[»Der Mann aus Neapel«]

Die Gloriafilmgesellschaft eröffnet mit dem fünfaktigen *»Mann aus Neapel«* eine Filmserie *»Kinder der Finsternis«* von Max *Jungk* und Julius *Urgiß*, deren Manuskript E. A. *Dupont* bearbeitet hat. Er führte zugleich die Regie.

Es ist ein Abenteurerfilm und inhaltlich nicht origineller, als die andern dieser Gattung. Da wird gemordet, aus dem Gefängnis geflüchtet, auf einem Schiff verbirgt die traditionelle schöne Frau den Verbrecher, der Kapitän, von der schönen Frau zur Mitschuld verleitet, erschießt sich, und während der Verbrecher neuen Taten entgegenflüchtet, geht der erste Teil zu Ende, und wir harren gespannt auf den nächsten Teil der »Kinder der Finsternis«.

Was dieser Film vor andern seiner Art auszeichnet, sind die Bilder aus Neapel. Nirgends noch war ich von Ansichten so ergriffen, daß in mir die Sehnsucht nach der fremden Welt auf der Stelle erwacht wäre. Hier geschah es, daß der Wunsch, die fliehenden Bilder auf der Leinwand festzuhalten, das Interesse an dem Spiel der Darsteller bei weitem überwog.

Grit *Hegesa* ist glänzend schön von Ansehen, im Spiel kommt sie über die schablonenhafte Gebärde und Blick übertreibende Filmdarstellung nicht hinaus. Hans *Mierendorff* leistet körperlich und künstlerisch erheblich mehr. Otto *Treßler* wirkte durch Haltung. An ihm sah man deutlich, wie genau studiert sein Gesicht für den Film sein müßte: Eine Nahaufnahme zeigte das Gesicht Treßlers komisch und verzerrt, wo es tragisch und erschütternd sein soll.

U.-T. Kurfürstendamm.
[»Seine Exzellenz von Madagaskar«]

Robert *Liebmann* und Georg *Jacoby* zeichnen als die Verfasser des Films *»Seine Exzellenz von Madagaskar«*, dessen erster Teil *»Das Mädchen aus der Fremde«* einen starken Erfolg hatte. Es ist ein Abenteurerfilm ohne litterarische Realitionen und behandelt die Geschichte eines jungen Mädchens, das aus Mexiko zu ihrem Onkel nach Wien kommt. Da der Onkel sich auf eine Forschungsreise begibt, wird sie in eine Pension gesteckt, aus der sie ausbricht. Sie gelangt auf das Schiff, auf dem ihr Onkel sich befindet, wird von einem Griechen geraubt, entkommt auch ihm und wird in den folgenden Teilen des Films noch allerlei unwahrscheinliche Dinge erleben.

Die Abenteuerin wird von Eva *May* dargestellt, der Onkel von Paul O*tto*, der Grieche von *Gerasch*. Der Film bietet den Darstellern wenig Gelegenheit, rein schauspielerisches Können zu beweisen. Einmal nur darf Georg *Alexander* mit sehr viel Geschicklichkeit einen Betrunkenen spielen. Eva May kann ihren guten Wuchs, und ihre körperliche Gewandtheit zeigen.

Der Beifall, den das Publikum den Verfassern und den Darstellern zollte, ist nicht unberechtigt. Der Film hat eine

Menge reizender humoriger Einfälle und wirkt spannend durch die Häufung trommelnder, wirbelnder Ereignisse. Seine litterarische Anspruchslosigkeit enthebt den Referenten Gottlob des Zwangs, den Film auf seine künstlerischen Beziehungen hin zu prüfen.

Ufa-Lichtspiele Tauentzienpalast.
[»Gioconda« – »Mit Familienanschluß«]

»Gioconda« ist ein italienischer Film, nach dem bekannten Schauspiel *d'Annunzios*. Dieser Name aber wird keinen geschmackvolleren Besucher davon abhalten können, den Film, der übrigens, wie an den Kleidern der handelnden Personen zu sehn ist, reichlich acht Jahre alt ist, als ein sentimentales Machwerk überholtester Sorte anzusehen. Es trieft nur so von Weh- und Edelmut. Das Problem des Künstlers zwischen zwei Frauen (zwischen der Ehefrau, die Häuslichkeit, Familie und »Pflicht« repräsentiert, und dem Modell, das eine Versinnbildlichung der Kunst sein soll), ist mit billiger Flachheit behandelt und mit Zuhilfenahme knallender Schlüsse äußerlich gelöst. Nur ein paar Szenen aus dem alten Rom bieten Erholung.

Wie eine Befreiung wirkte nach dieser schwerfälligen Trivialität ein amerikanisches Lustspiel *»Mit Familienanschluß«*. Die Tippmamsell wird nach lustigen und weniger heiteren Vorfällen schließlich Tochter des Hauses, indem sie vom Sohn ihrer Arbeitgeberin geheiratet wird. Norma *Talmadge*, die die Hauptrolle spielt, ist hübsch und jung genug, daß man von ihr sagen kann, sie werde in kurzer Zeit ein weit und breit berühmter »Star« sein. Ihr Tempo scheint allerdings für amerikanische Begriffe zu europäisch langsam zu sein, doch amüsierte sie durch die liebenswürdig-heitere Natürlichkeit des Menschlichen im Schauspielerischen.

Ufa-Lichtspiele Tauentzienpalast.
[»Das Geld auf der Straße«]

Robert *Liebmann* hat in einem fünfaktigen »Zeitbild« *»Das Geld auf der Straße«* die Klanteschen Konzernmanöver sehr geschickt verwertet. Reinhold *Schünzel* führte die Regie und spielte die Rolle des reichen Bankiers mit dekadenten Launen, der sich in die Tochter (Liane *Haid*) des Schwindlers und Hochstaplers (Hugo *Werner-Kahle*) verliebt, vom Schwiegervater betrogen wird, seine schöne und unschuldige Braut an seinen lebenstüchtigern Bruder (*Klöpfer*) abgeben muß und sich schließlich in tragischer Resignation von den Geschäften des Lebens und der Liebe zurückzieht.

Dieses »Zeitbild« ist eine Art Lustspiel mit tragischen Reflexen. Es hätte rascheres Tempo vertragen, und die Handlung hätte man ganz gut in drei Akte zusammenziehen können. So aber hat dieser Film »tote Punkte«, mit denen nur originelle Regieeinfälle versöhnen.

Liane Haid ist hübscher und natürlicher denn als Lady Hamilton, und Schünzel bereichert seine schauspielerische Technik um ein paar neue Nuancen (wie z.B. das Schachspiel beweist). Werner-Kahle kann einige Risse, die allerdings im Charakter seiner Rolle liegen, schwer überbrücken, und Eugen Klöpfer mimt einen lebenstüchtigen Ingenieur ohne besondere Anstrengung.

Entzückend sind ein paar lyrische Naturbilder.

U. T. Nollendorfplatz.
[»Brigantenrache«]

Man ging mit größeren Erwartungen zu diesem Film, der *»Brigantenrache«* heißt, von Max *Jungk* und Julius *Urgiß* nach einer Novelle von Konrad *Telmann* verfaßt ist, und in dem Asta *Nielsen* die Hauptrolle spielt. Zwar enttäuscht ihr Spiel keineswegs, sondern gibt im Gegenteil aufs Neue Anlaß zur Bewunderung dieses Frauenkörpers, den die Schauspielkunst jung erhält, und dieses Gesichts, das anscheinend noch in zwanzig Jahren ein Mädchengesicht wird sein können. Allein, der Film, der in Dalmatien spielt und Gelegenheit hätte, in den Rahmen einer romantischen Natur fesselnde Menschenschicksale zu stellen, läßt sowohl die Natur sozusagen in Dalmatien zurück, als auch die Schicksale in der Telmanschen Novelle, oder in der Brust beider Filmautoren. Zwar hat man ein paar schöne Aufnahmen gemacht, aber eben »gemacht« und statt, daß man die Menschen aus den Bergen hätte entwachsen lassen, »stellte« man sie zwischen die Berge hin. Die Geschichte von des berühmten Briganten Liebe und Größe und Ende, der Anica (Asta Nielsen) an einen Fremden verliert, aus Verzweiflung berühmter Räuber wird, Anica und ihren Mann schließlich als Mitglieder seiner Bande in seine Macht bekommt, den Mann umkommen läßt, Anicas Kind tötet und mit ihr ein Anderes zeugt, Frau und Kind verliert und sich selbst der »Gerechtigkeit« ergibt, ist reichlich sentimental, ohne dramatisches Gewicht und gleichzeitig ohne lyrischen Gehalt. In sechs Akten rollt dieser Film ab, dessen Länge nur die Nielsen entschuldigt.

Film auf der Sprechbühne.

Man erinnere sich: Als der Film anfing künstlerischen Ehrgeiz zu zeigen und »Rückständige« ihm die Berechtigung dazu absprechen wollten, entbrannte ein Streit, der mit einer Art Waffenstillstand schloß. Man einigte sich darauf, daß der Film eine besondere, den Sprechtheatern nur täuschend ähnliche, aber nicht verwandte Kunst repräsentiere. Hat die Sprechbühne die Möglichkeit durch körperhafte und lautliche Wirkung mitzureißen, so ist dies Sache des Films, nicht Körper vorzutäuschen, sondern sein Wesentlichstes in der aufrichtig zugestandenen, und nicht nur zugestandenen, sondern sogar zur Tugend erhobenen Scheinhaftigkeit zu geben. Der Film tat so, als läge ihm gar nicht daran Theater zu ersetzen. Die Wirkung des Wortes will er angeblich bewußt vermeiden. Die Aufschrift im Film gilt als rückständig und ist nur noch bei ausgesprochenen Amüsierfilms erlaubt. Der Film versucht nicht ans Theater anzuknüpfen, sondern an die bildende Kunst: Nicht an die Dichtkunst im überlieferten Sinn, sondern an eine neue, die, vom Wort losgelöst, nur die Eigenschaften der dramatischen Spannung, der erweiterten Phantasie, der Plastik in ihren Werken beibehält. Der Film gibt zu, daß er mit Schatten arbeitet und er beansprucht für seine Schatten das gleiche Maß von Anerkennung, daß man den Körpern auf der Bühne zollen zu müssen glaubt. Er verlangt Respekt für seine Stummheit, wie das Theater für seine Beredtheit, und er glaubt in eine Zukunft zu weisen, in der das Wort überflüssig und das Sprechen unrentabel sein wird; in der, ebenso wie der Funkspruch oder ein Scheinwerfer die Zeitung ablöst, die Sprechbühne verschwunden ist und der fixere Film an ihre Stelle tritt. Ein Aphoristiker, wie Alfred *Kerr*, äußerte einmal, der Film sei (um es populär zu sagen) angenehmer eben weil in ihm nicht gesprochen würde.

Somit hätte man glauben können, sei der Streit entschlafen. Unabhängig voneinander arbeiteten Sprechbühne und Film und nur die Schauspieler hatten beide gemeinsam. Diese pendelten zwischen Generalproben und Ateliers hin und zurück. Die Sprechbühne blieb ihr Ideal, das weniger eintrug. Filmen mußte man, um zu leben. Und während sie den Film segneten, weil er ihnen die Möglichkeit gab, ihr Ideal gesättigt zu erreichen, taten sie so im Atelier, als hätten sie Respekt vor dem Azetylenlicht, wie vor dem Rampenlicht in der Generalprobe. War ihnen der Film ein durch den Zweck geheiligtes Mittel, so verschwiegen sie es doch vor dem Herrn Generaldirektor, der zwar Kaufmann ist, aber auf den künstlerischen Glorienschein nicht gerne verzichten will.

Man hätte nun denken können, daß beide, Sprechbühne und Film, ihre Aufgaben umgrenzt und für alle Ewigkeit fixiert hätten. Auf der Sprechbühne wird solange gesprochen, als die Menschheit noch überhaupt nicht auf die Sprache verzichtet hat und im Film werden solange wortlose Wirkungen erzielt, bis die Welt zu der endgültigen Überzeugung gekommen ist, daß es lächerlich gewesen sei, so viel Zeit durch Worte zu verlieren und beschlossen hat, fortan einzig den Film zu genießen.

Nun aber ereignet es sich, daß Meinhard und Bernauer im Theater in der Königgrätzerstraße sich gewissermaßen beim Film revanchieren, der solange Anleihen bei Meinhard und Bernauer gemacht hat. Sie beweisen durch ein Melodram, genannt: »Die wunderlichen Geschichten des Kapellmeisters Kreisler« von E.T.A. Hoffmann, unter Mitwirkung der Herren Meinhard und Bernauer verfaßt, daß die Sprechbühne genau dieselben frappanten Bildwirkungen erzielen könne, wie der Film. Szenenwechsel? Eine Kleinigkeit. Statt einer Bühne hat man eben mehrere. Der Kapellmeister Kreisler im Kreise seiner Freunde unten in der Mitte. Willst du denselben Kapellmeister Kreisler im nächsten Augenblick im Zimmer seines Begleiters sehen, so mußt du eben auf den rechten Bühnenwinkel schauen, während sich der Freundeskreis in der Mitte in finstere Nacht auflöst. Links oben – hast du's nicht geseh'n? – sitzt schon Kreislers Geliebte, von der er gerade rechts unten erzählt. Und während die Bretter unten oben, in der Mitte, links, rechts, vorne, hinten, zu knarren drohen, setzt Reznìceks vortäuschende Musik ein, (von der übrigens alle Musikkritiker behaupten, daß sie gut sei) und hat so zwei Fliegen mit einem Schlag erledigt! Erstens das desillusionierende Geräusch verschlungen und zweitens die Illusion gesteigert.

Man sieht also die Bühne als dreidimensionale Filmleinwand. Bestrebt sich der Schatten im Film Körper zu sein, so will hier der Körper Schatten werden. Die Personen sprechen dazwischen allerdings, da sie doch ohnehin leben, ein paar von Meinhard und Bernauer gedichtete Textworte, die E.T.A. Hoffmann, Gott sei dank, nicht mehr hört. Es sind gesprochene Filmüberschriften und die Schauspieler – es sind sehr gute darunter, wie Alfred Abel, Ludwig Hartau, Paul Bildt – spielen ganz ausgezeichnet und wie im Filmatelier bei einer Aufnahme. Daß es ihnen nicht unbegreiflich erscheint, daß sie diese Filmaufnahme jeden Abend wiederholen müssen, dieweil sie doch in einem Filmatelier viel rascher fertig werden, das – seht Ihr – weist wirklich in eine neue Zukunft; in der sich die Sprechbühne nur dann erhalten wird, wenn sie Anstrengungen macht, dem Film möglichst nahe zu kommen. Meinhard und Bernauer gelang es, Wegweiser zu sein. Die Rotters platzen und sinnen schon auf Möglichkeiten, die verbindenden Textworte im Transparent aus den Mündern der agierenden Personen erscheinen zu lassen. Sie suchen nur nach einem Dichter.

U. T. Nollendorfplatz.
[»Rosen im Herbst« –»Chaplin als Auswanderer«]

»Rosen im Herbst«, ein Filmschauspiel nach der bekannten Novelle von Selma *Lagerlöf* (Regie: Ivan *Hedqvist*) weist alle wesentlichen Merkmale schwedischer Filme auf: wie die Menschen mit edler Natürlichkeit Stufen herabschreiten, Landschaft sich weitet vor plötzlich erwachtem Blick, eine Zimmerecke mit getreuer Lieblichkeit Schicksal und Geheimnis freigibt; wie zarte Blondheit Menschen, Land und

Vorgänge gleichsam überhaucht; wie diese Realistik nie intellektueller Mätzchen bedarf; wie Nebensächliches unerwähnt und dennoch selbstverständlich vorausgesetztes und begriffenes Bindeglied ist zwischen Hauptsache und Hauptsache: das müßte einmal der deutsche Film lernen. Wie sorgfältig jeder Mitspielende darauf bedacht ist, Persönlichkeit in die Rolle zu legen, aber nicht sie durch Persönlichkeit zu sprengen; wie selbst sich häufende Zwischentexte nicht stören, weil ihre Sprache natürlich und dem Dichtwerk entnommen, nicht, wie es bei uns üblich, gewaltsam für ein Publikum ins Kitschige übersetzt, dem man eine geringere Intelligenz zutraut, als dem Leser; und wie schließlich hier der Film nicht mit prätentiöser Überdeutlichkeit zwischen alle Vorgänge hindurch den Zuschauer mahnt: seht, was der Film vermag, sondern in diskreter Selbstverständlichkeit Kompromisse schließt und trotzdem, trotzdem Kunstgenuß verursacht: Das müßte unsere »maßgebenden« Film»faktoren« endlich ins mahnende Bewußtsein kommen. (Eine reizende Liebesgeschichte zwischen dem Onkel und der Braut des Neffen, sparsam im Ausdruck, intensiv im Treibenden, eine Geschichte Selma Lagerlöfs.)

Man sah noch einen Chaplinfilm: *»Chaplin als Auswanderer«*. So viel ich weiß, ist Chaplin hier zum ersten Mal stellenweise sentimental. Und er beherrscht diese Gefühlsart, indem er sie durch ein Übermaß von Komik aufhebt und – unterstreicht.

Richard-Oswald-Lichtspiele.
[»Fliehende Schatten«]

Der erste Teil des Dramas *»Aus den Erinnerungen eines Frauenarztes«* heißt *»Fliehende Schatten«* und verspricht wenig günstiges vom zweiten Teil. Denn was sich hier als

Erinnerungen eines Arztes ankündigt, ist rein gewöhnlicher Spielfilm, der dürftigen Phantasie eines Schreibers erpreßt, nicht dem Gedächtnis eines Arztes entstammend. An diese Geschichte hätte sich ebenso gut ein Klempnermeister, wie ein Zahnarzt erinnern können. Daß ein Mädchen, Tochter eines epileptischen Vaters, den Sohn eines Arztes heiratet, und das junge Paar eine kranke Nachkommenschaft fürchtet, sie aber nicht verhindern kann, so daß die Katastrophe droht, erführe man nicht im sechsten (!) Akt, daß die junge Frau Frucht eines gesunden Ehebruches ist, das macht den Inhalt des Dramas aus. – Muß zu diesem Zweck der Frauenarzt in den Titel, um Sensatiönchen zu versprechen?

Die Regie führte Gerhard *Lamprecht* insofern geschickt, als er dem Untertitel: »Fliehende Schatten« stimmungsvoll gerecht zu werden versuchte. Edith *Posca* als Heldin, von Schatten verfolgt, übertreibt filmmäßig, Lupu *Pick* gibt einen kinotraditionellen »Professor«, mit Würde und Schmalz.

U.-T. Kurfürstendamm.
[»Der Strom«]

Max *Jungk* und Julius *Urgiß* haben den *»Strom«* von *Halbe* verfilmt. Die Regie führte Felix *Basch*. Diese Verfilmung kann trotz großer technischer Sorgfalt nicht uneingeschränkt anerkannt werden, weil die Verfasser, oder der Regisseur oder alle drei dem Wesen des Bühnenstücks mehr gerecht zu werden trachteten, als dem Wesen des Films. Es kam so auf eine freie Illustrierung des Werkes heraus. Der Film ist also an sich gut, aber überflüssig. Eine Filmausgabe eines schon bestehenden Bühnenwerkes braucht man aber nicht, da es doch nicht Aufgabe des Films ist, Theater jenen zu vermitteln, die nicht ins Theater gehen.

Man hätte das, was dramaturgisch »Vorfabel« genannt

wird, und was im Bühnenstück dadurch spannend wirkt, daß es erst langsam im Verlauf der Handlung zur Kenntnis des Zuschauers gelangt, in epischer Weise vor dem Anfang des eigentlichen Dramas abrollen lassen sollen. Es geht nicht an, daß im Film ein retrospektiver Dialog bildlich dargestellt wird. Also wenn z.B. Jakob Doorn von dem Tod seines Vaters erzählt, erscheint pünktlich der sterbende Vater im Lehnsessel. Dem Wesen des Films entsprechend, mußte der Tod des Vaters, des Deichhauptmanns Betrug, seine Heirat, der Tod seiner Kinder schon bekannt sein, wenn die Situation sich tragisch zuspitzt. Gewiß fehlten dann alle Spannungsmomente. Aber die Spannungsmomente des *Bühnen*dramas, auf die doch der selbständige Film nicht angewiesen sein sollte. Der Film hat im allgemeinen und theoretisch seine eigenen Spannungsmomente. Im besonderen Fall müssen sie eben geschaffen, nicht bequem entlehnt werden.

Nichtsdestoweniger ist man am Schluß ausgesöhnt. Das verdankt der Film seinen wunderbaren Naturbildern, der Sauberkeit im Spiel aller Beteiligten (Rosa *Valetti*, *Gronau*, *Basch*, *Thimig*, *Tiedtke*) besonders zu nennen sind Tiedtke und Thimig: Beide sparsam in den Bewegungen, erschütternd schon, wenn sie nur eine Hand bewegen, ein Augenlid heben oder senken.

Der Schmied von Kochel.
Pressevorführung.

Die Münchener Historica-Filmgesellschaft hat sich das löbliche Ziel gesetzt, vaterländische Geschichte zu verfilmen. Im Marmorhaus durften geladene Zuschauer den von der Gesellschaft gedrehten, von der Schule her bekannten »*Schmied von Kochel*« sehen und sich davon überzeugen, daß die

Historica über einen künstlerisch geschulten Photographen (Max *Faßbender*) verfügte, aber über ein mangelhaftes Manuskript (Prof. Dr. *Kuchtner*) und über eine Regie (Ernst *Schebera*), die sehr naive Vorstellungen von Massenszenen und von Schlachten hat. Aus dem verworren dargestellten und willkürlich komplizierten, mit unwahrscheinlich und unhistorisch anmutenden Episoden ausgeschmücktem Abschnitt der bayerischen Geschichte, hob sich deutlich und reckenhaft nur der Schmied von Kochel selbst ab. Bilder gab es genug zu sehen. Reizende süddeutsche Gäßchen, Winkel voll ehrwürdiger Anmut, lieblich und respektabel in einem fabelhaft natürlichen Komparsen, Berge und Waldwildnis. Das sind aber auch schon alle Vorzüge des Films. Jämmerlich erscheinen dagegen alle Schlachten, die diese Regie schlägt – nach über vier Jahren Weltkrieg. Ein Vizefeldwebel hätte den Regisseur belehren können, daß es auch am Anfang des 18. Jahrhunderts so etwas wie »Deckungen« gab und planvoll, nicht irrsinnig galoppierende Kavallerie. Ein Häuflein von vierzig bis fünfzig Menschen schlug auch damals noch nicht entscheidende Schlachten. Und wenn die Komparserie nicht groß genug ist, so genügt es, sie fragmentarisch auftreten zu lassen und die Schlacht nur anzudeuten, statt dem Zuschauer die Kläglichkeit eines Knabenspiels vor Augen zu führen. Ich will gar nicht von dem Kurfürsten sprechen, den Otto *Kronburger* mit bemerkenswerter Ahnungslosigkeit gab, und dem der Verfasser wider Willen gewiß einen schlimmen Dienst erweist, wenn er den hohen Herrn erst nach zehn Jahren blutvoller Kämpfe, in denen das Volk leidet, der Fürst aber in vornehmer Verbannung seine Konjunktur gemächlich abwartet, prachtvoll heimkehren läßt.

Richard-Oswald-Lichtspiele.
[Chaplin-Woche]

Eine *»Chaplin-Woche«* ist zu sehen. Chaplin als Sträfling, bei der Feuerwehr, auf der Walze: nie wird man müde, sich an diesem Humoristen zu freuen, der die Akrobatik, sein Mittel, zugleich verspottet und mit künstlerischen Momenten durchsetzt. *»Boytler contra Chaplin«*, von einer Berliner Filmgesellschaft gedreht, stellt einen Imitator Chaplins dar. Sehr ungeeignet in einer Chaplin-Woche und sehr lehrreich. Denn man sieht, wie himmelweit Chaplin vom Kunststück, Boytler von Kunst entfernt ist. Dieser verschmäht gelernte Tricks, jener fällt vom Film immer wieder ins Varieté. An dem Kontrast zwischen Original und Imitation könnten die Theatermenschen lernen.

U. T. Nollendorfplatz.
[»Der Fall Standing« – »Die Sklavin des Banditen«]

Hans *Hyan* hat den *»Fall Standing«* verfaßt, ein »Kriminalschauspiel«, das, mag es richtig beobachtet sein, vielleicht ein Stück Leben wiedergibt, keineswegs aber ein Stück Wahrheit. Der bedauernswerte Untergang eines offenbar nicht normalen Menschen wird nirgends tragisch empfunden, »Mitleid und Furcht« fehlen; unser Interesse an einem jungen Techniker, dem ein Duell – ein für ihn glückliches – zum Anlaß wird, sein Studium aufzugeben – weshalb, wieso? – und der dann an seinem allerdings niederträchtigen Rivalen zum Verbrecher wird, ist nicht stärker, als das Interesse an einer Zeitungsnotiz etwa, die einen ähnlichen Vorfall mitteilt. Es mangelt an dichterischer Erfassung und Durchdringung des Rohmaterials.

Sehr viel verschuldeten allerdings die Schauspieler, in erster

Reihe Johannes *Riemann*, dessen Gesicht unveränderlich und beneidenswert ahnungslos im schwersten Erlebnis bleibt, und dem keine Schauerlichkeit der Welt einen Ausdruck abzulisten vermag. Laßt einen Säugling aus einer Feuersbrunst gerettet werden und sein Auge wird mehr Schrecken ausdrücken, als das Riemanns, wenn es ins Verderben blickt. Nur Wilhelm *Diegelmann* bewahrte angemessene Haltung, übles und übliches Klischeempfinden verschmähend. Lantelme *Durrer* (im Film seine Tochter) gibt nicht mehr, als gewöhnliches Kinofräuleinspiel.

Vorher sah man einen amerikanischen Abenteurerfilm *»Die Sklavin des Banditen«*, und die Sinnlosigkeit seiner Handlung – amüsierte; das Tempo der Schauspieler riß fort, die Sentimentalität vergaß man, weil wunderbare Photographien sie umrahmten und entschuldigten.

Eine achtjährige Pianistin, Lucie *Stern*, Tochter eines Rigaer Deutschen, die einen Freiplatz am Berliner Konservatorium erhalten hat, spielt in den Ufa-Theatern. Sie hat gewiß eine für ihre Jugend erstaunliche Technik, ihre feinen Hände spielen Beethovens G-dur-Rondo mit erstaunlicher Fertigkeit. Hoffentlich bleibt ihr das Los eines Wunderkindes erspart und ihr Auftreten in Kinos eine vorübergehende Angelegenheit.

U. T. Kurfürstendamm.
[»Der Raub der Dollarprinzessin«]

Ein »Sensationsausstattungsfilm«, wie sich ihn der kleine Moritz vorstellt: Ein amerikanischer Dollarkönig, der den ganzen Tag im Schlafrock herumgondelt, eine komisch sein sollende Mischung aus sultanischer Faulheit und amerikanischer Zivilisation. Seine Tochter, deren Lebenszweck die Laune ist. Ein Dedektiv, der seine eigene Lächerlichkeit durch Übertreibung aufhebt, und eine anderer, der so edel ist, daß er die Dollarprinzessin rauben und heiraten darf: das sind die Hauptelemente des Films. Er ist mit großer Sorgfalt – verkitscht. Man hat sich die erdenkliche Mühe gegeben, ihn – wirkungslos zu machen. Man hat alles auf Wirkung eingestellt: den Titel (»*Der Raub der Dollarprinzessin*«), Massenszenen (Sturm der Freier), Ballbilder (Maskenfest im Hause des Dollarkönigs). Der Verfasser, Franz *Seitz*, zeichnet auch als Regisseur. Er hatte gute Regieeinfälle. Humorige Einfälle. Aber dem Verfasser Seitz fehlte jeder Respekt vor dem Kinopublikum. Er ersann eine lächerliche und in die Länge gezogene Komödie. Und er stattete sie mit Regiehumor aus. Er schuf Wirkungen, denen die Voraussetzung fehlte. Den Zuschauer amüsierten zwei, drei Bilder – solange er den Zusammenhang nicht kennt. Es ist ein prächtiger Film für Vorübergehende. Nicht für Zuschauer, sondern für Passanten.

Freilich hätten sich auch die Schauspieler (*Lorring*, *Kayser*, Helga *Molander*, *Berger*) bemühen müssen, Klisché zu vermeiden und die traditionelle übertreibende Mimik. Nur Ernst *Rückert* gelang stellenweise natürliche Haltung und Gebärde.

H-moll-Symphonie.

Aus Budapest berichtet eine Korrespondenz, daß der Kinomusiker Istvan Nagy an plötzlichem Wahnsinn erkrankt ist, nachdem er an fünfzig Nachmittagen hintereinander die Schubertsche H-moll-Symphonie auf dem Klavier gespielt hatte. Beim einundfünfzigsten Mal brach in dem Klavierspieler Istvan berechtigter Wahnsinn aus. Das Gehirn revoltierte gegen den Mißbrauch bewußtloser Finger, nachgiebiger Tasten und ewiger Melodien. Das auf dem Klavier totgehämmerte Gewissen auferstand und wehrte sich. Zwischen den zwei Auswegen: H-moll-Symphonie oder Hunger wählte Istvan Nagy den dritten: Wahnsinn.

Die Korrespondenz erwähnt jenes Filmdrama nicht, zu dessen Vorgängen der wehrlose Schubert zwecks musikalischer Illustration herangezogen werden mußte, ohne von einem andern unsterblichen Komponisten abgelöst werden zu können. Aber das ist gleichgültig. In jedem Filmdrama kommt einmal der Zeitpunkt für die H-moll-Symphonie. An einer ganz bestimmten Stelle, an der dramatische Hochspannung in lyrischer Weichheit dahinschmilzt, und der angehaltene Atem des Zuschauers Befreiung findet in beglückendem Schmerz, setzt die H-moll-Symphonie ein.

Diesen Zeitpunkt merkt der Kinomusiker an einer äußeren Kleinigkeit: Wenn z. B. einer der Schatten auf der Leinwand die Hand hebt oder ein Knie vorstreckt, eine Frau die Rechte gegen die Frisur führt, schwere Besorgnis andeutend, oder gegen ein Wandbild die Blicke erhebt, damit die Leute im Parkett wissen, daß Sehnsucht nach dem Original des hängenden Porträts die Frau ergriffen hat. Manchmal ist es auch eine sichtbar plätschernde Strandwelle, die eine bestimmte Melodie hervorruft, oder ein errötender Abend in gebirgigen Gletschern.

Tausende solcher Istvans leben in der Welt, spielen vor der Leinwand, sitzen im Dunkel, halb von einem Orchesterdach verhüllt, und begleiten Schattenbewegungen mit Melodie. Saß jemand schon in einem musiklosen Kino? Dann weiß er, wie schrecklich hohl das Geschehen auf der weißen Fläche ist, wie die Unerbittlichkeit ewiger Stummheit lastet, daß dagegen eine Versammlung von Taubstummen Vorstellung von Lautheit weckt. Der geschaute Vorgang sieht aus wie das Schema eines ebensolchen Vorgangs, die Handlung etwa wie ein Grundriß einer ebensolchen Handlung. Die H-moll-Symphonie und die Barcarole, der Trauermarsch und der

Sphinxwalzer erst machen aus Handlungsandeutungen Handlungen, aus dramatischen Silhouetten Gestalten. Der Musiker Istvan wattiert sozusagen Schatten mit Melodie, weitet Fläche zum Raum, schafft Hintergrund und Tiefe und dritte Dimension.

Und weiß selbst fast so wenig von seiner schöpferischen Tätigkeit wie die Leinwand von ihrer geheimnisvollen Belebtheit und der Apparat von den Wirkungen seines Mechanismus. Sein Auge, schief aufblickend zum Schattenhuschen, gibt der Hand das Zeichen zum Umblättern, und der Eindruck der Noten geht kaum durchs Bewußtsein, darf sich dieser Partie der Persönlichkeit schenken, er überspringt gewissermaßen das Gehirn, gleitet vom Sehnerv zum motorischen. Diktiert dem Handrücken, weckt gleichsam im Gedächtnis der Finger schlummernde Erinnerung an die Reihenfolge der Tasten, bis nach fünf Minuten neues Bild neuen Klang fordert und den Mechanismus des Körpers wieder in Bewegung setzt.

Dazwischen ist Pause. Umgeleitet von Melodie, musikverlassen, müssen Reklamebilder vorbeiziehen, Frackverleihinstitute und Quellen eleganter Damenschuhe. Währenddessen packt Istvan im Vorraum sein Butterbrot aus sorglicher Hülle, sein sozusagen mit der H-moll-Symphonie erkauftes Butterbrot. Istvan hat Brillengläser, gegen die er haucht, um sie mit einem Taschentuchzipfel blank zu scheuern, vergrämte Brillengläser, aller häuslicher Kummer spiegelt sich in ihnen, ihre durchsichtige Materie hält alle Trostlosigkeit der Erde gefangen, Gram der Frau und Elend der Wohnung.

Nach der Reklame kommt unerbittlich das Lustspiel, für das ein Tango genügt, um es zu verlebendigen, eine heitere Melodie, marschmäßig, die Ereignisse hopsen und poltern, Takte gibts, die verzweifeltes Hinunterkollern von Stiegen illustrieren, purzelnde Polkas, torkelnde Kontrabässe, in Musik gesetzte Clownerien.

Während man es spielt, ahnt man deutlich, was auf der Leinwand zugeht, ohne sie zu sehen. Der hilflose und verliebte Oberlehrer verstreut Schulhefte, vergißt einen Regenschirm, stürzt ins Wasser – es ist ein Jammer. Bis schließlich der Kapellmeister dreimal an das Pult klopft, drei akustische Punkte in das Schweigen tupfend.

Hier fängt das Drama an. Und Istvan weiß im Voraus, daß am Ende des dritten Aktes der Held nach anderthalbaktiger Abwesenheit wieder auftaucht, Nachmittag um Nachmittag, jeden Tag genau so, den linken Fuß vorstreckend, den rechten seitwärts gestellt, einmal in dieser Nuance von der Linse aufgefangen und für alle Ewigkeit zu dieser Nuance verurteilt. In Istvan regt sich langsam der Wahn, und er fängt an, zu hoffen, daß einmal, ein einziges Mal in diesen dreißig Tagen, der Held vielleicht mit dem rechten auftritt und den linken Fuß seitwärts schiebt, und dann könnte man vielleicht, wer weiß, den Sphinxwalzer von Strauß spielen.

Vergebliche Hoffnung!

Der Sphinxwalzer von Strauß setzt erst am Anfang des vierten ein, in jenem Augenblick, wo ein symbolisch bewölkter Nachthimmel den Gang der Schicksale unterbricht und kennzeichnet. Ach! und dann folgt der Chopinsche Marsch, und dann ein Fetzen Barcarole, ein ergiebiges Mittelstück von Wallace, ein Zipfelchen Carmen und alles genau so, wie gestern, vorgestern, und vor drei Wochen.

Es war ein sehr einträglicher Film, er konnte gar nicht abgesetzt werden, fünfzig mal hintereinander wattierte ihn Istvan mit den gleichen Melodien. Verhängnisvolle Stupidität eines Apparats, der bestimmte Bewegungen und Ereignisse auswendig gelernt hatte (memorierend photographiert), und sie so und nicht anders wiedergeben konnte, und Istvan, den Menschen, zwang, mechanisch zu sein bis zum Irrsinn.

Marmorhaus.
[»Verbotene Frucht«]

Ein amerikanischer »Monumentalfilm« von Jeanie *Macpherson* nennt sich *»Verbotene Frucht«* und behandelt die recht unwahrscheinliche Geschichte einer braven Rächerin, die schließlich Frau eines Ölkönigs wird. Der Film setzt ein harmloses Publikum voraus – und rechnet mit einem anspruchsvollen. Das mag vielleicht in der amerikanischen Filmindustrie einer von vielen guten Grundsätzen sein. *Unsere* Filmindustrie sollte daraus lernen. Sie sollte lernen, daß ein »Spielfilm« von geringer Spannweite, also ein Film, der nach unsern Begriffen »für die Provinz« in Betracht käme, der Regie künstlerische Entfaltung möglich macht. Bei uns hält sich die »Ausstattung« krampfhaft innerhalb jener Grenzen, in denen sich der künstlerische Gehalt des Filmmanuskripts bewegt. Regie, Darstellung, Ausstattung werden von der Frage bestimmt, ob der Film in den Ufalichtspielen am Zoo zur Erstaufführung gelangen soll oder in einem Kino an der Peripherie. Das Bestreben, auch dem Harmlosen einen Film nach Geschmack zu liefern, ist vom geschäftlichen Standpunkt – und vom menschlichen – durchaus verständlich. Aber gerade hier ist der Weg gezeigt, wie der Harmlose erzogen werden könnte. Man gebe ihm, mitten in der Unzulänglichkeit, wenigstens eine Ahnung vom Künstlerisch-Möglichen.

Diese prinzipielle Auseinandersetzung schien notwendig, damit das Lob des Referenten für einige Szenen und für die Geschicklichkeit des Regisseurs Cecil B. *de Mille* verständlicher werde. Der Film hat sieben kurze und spannende Akte. Er enthält Phantasieszenen – das Aschenbrödelmärchen – willkürlich zwar aus dem Inhalt hergeleitet, aber mit sehr viel Mühe und Sorgfalt hergestellt. Und alles – z.B. ein großer Spiegelsaal, Fußboden, Decken, Wände aus Spiegelglas (für drei oder vier Bilder) – alles das, was viel Geld und Mühe gekostet haben mag, wird nicht aufdringlich machend vorgeschoben – es tritt im Interesse der Gesamtwirkung auf den ihm gebührenden Platz zurück: Delikate Nebensachen. – Was die Darstellung betrifft, so könnten die Amerikaner, mit Ausnahme der Heldin *Mary Maddock*, bei uns lernen.

Primuspalast. [»Die weiße Wüste«]

Ein Hagenbeckfilm, genannt *»Die weiße Wüste«*, von Ernst *Wendt* und Dr. *Stier* verfaßt. Wendt führt Regie.

Bei den Hagenbeckfilmen kommt es selbstverständlich auf die Tiere an, nicht auf die Menschen. Da es nun aber doch ein Film ist, will sagen, eine dramatische Geschichte, in der Leidenschaften und Schicksale der Menschen behandelt werden, – Leidenschaften und Schicksale der Tiere können nicht behandelt werden, solange die Tiere nicht Schauspieler werden wollen – müßten die Tierszenen mit den eigentlichen Filmszenen organisch zusammenwachsen – nicht an sie angehängt werden, wie Nüsse an den Weihnachtsbaum (um ein Wort Hebbels in anderer Bedeutung anzuwenden). Die Geschichte zweier Mädchen und zweier Liebhaber, die nach vielen Schwierigkeiten zusammenkommen, erfordert nicht unbedingt auch zoologische Schwierigkeiten. Da aber die Tiere Hagenbecks fabelhafte Exemplare sind, da die Natürlichkeit eines Eisbären eine wohltätige Erholung ist, nachdem man die Süßlichkeit einer Darstellerin kaum verwunden hat, sei dieser Film trotz organischer Schwächen dankbar angenommen. Die Regie, mehr noch die Photographie – der Schnee, der Himmel, der Sonnenuntergang und der Nebel sind schließlich dem Photographen (M. *Green-*

baum) mehr untertan als dem Regisseur – gaben Vorzügliches. Von den Darstellern übertrieb Eduard *von Winterstein* die Grausamkeit seines Iwan mit billigem körperlichem Spiel, leistete aber zum Schluß natürliche Verzweiflung und echten Zusammenbruch. Carl *de Vogt* wurde gelegentlich süßlich, Fritz *Erwa* ebenfalls – manchmal zwang die Regie dazu, die mit kitschiger »Erscheinung der Geliebten« nicht zurückhielt. Von den Frauen blieb Dita *Urrian-Borissowa* mimisch [...]

Foxfilme in der Alhambra.
[»Die Königin von Saba« – »Der Graf von Monte Christo« – »Die Mutter« – »Schande«]

Drei Tage lang waren in der Alhambra, in sogenannten »geschlossenen«, das heißt: für Presse und Interessenten bestimmten Vorstellungen amerikanische Großfilme William Foxscher Fabrikation zu sehen. »Die Königin von Saba«, »Der Graf von Monte Christo«, »Die Mutter«, »Schande« – dies die Namen einiger Werke. Daneben wurden kleinere Filmgrotesken und Trickfilme aufgeführt. Das sachverständige Publikum ist zum größten Teil von diesen Proben amerikanischer Filmproduktion begeistert. Begeistert nicht nur als »sachverständig«, sondern auch als Kenner öffentlichen Geschmacks. Kein Zweifel, daß die Filme auch einem weiteren Kreis gefallen werden. Denn sie haben eine Art erlesener Popularität. Sie kommen der herrschenden Richtung mit vornehmer Sicherheit entgegen. Sie behalten Niveau, sozusagen eine kunsttechnische Akrobatenleistung.

Bei uns Doktrinären ist der Streit über die Frage: ist der Film Kunst oder nicht? nie beendet worden. Die Foxfilme beweisen die Überflüssigkeit dieses Streits. Die deutschen Filme scheiden sich von selbst und a priori in Kunst- und gewöhnliche Unterhaltungsfilme. Aber ebenso, wie es hier und dort gelungen ist, künstlerische Unterhaltungsromane zu schaffen, so gelang in Amerika der künstlerische Unterhaltungsfilm. Manchmal ist der dem Film zugrunde gelegte Vorgang banal – aber dann sind Einzelheiten und Nuancen schauspielerisch vertieft. Manchmal ist der Vorwurf eine unwahrscheinliche Übertriebenheit – aber dann sind die Einzelheiten von packender Wahrhaftigkeit. In dem man also gewissermaßen Phantasieschlösser real fundamentiert, erzwingt man sich das Interesse auch des anspruchsvollsten Zuschauers. Das macht im Grunde den Erfolg der amerikanischen Filme. Und wenn der Vergleich gestattet ist, ohne daß zu künstlerischen Rangverwechslungen Veranlassung gegeben würde: auch Homer erzählt einen unwahrscheinlichen Vorgang – aber Menschen und Dinge sind lebendig. Man traut dem wahren Leben das Unglaublichste zu.

So wird in der »*Mutter*« ein zum Teil banaler, zum Teil übertriebener Vorgang geschildert. Aber die Banalität löst sich in lauter interessante Teilmoleküle. Der Morgen eines kleinbürgerlichen Hauses wird dargestellt: die Kinder erwachen, der Hund zieht die Decke fort, der Vater will die Sonne nicht zur Kenntnis nehmen und dreht sich, unerbittlichen Tageszeitenwechsel ignorierend, auf die andere Seite. Wie hier die Radaulust der Jungen von der Sonne ausgelöst, die Faulheit des Vaters durch den Morgen gesteigert wird – das entwickelt sich aus peinlich beobachteter Realität zu künstlerisch gedrängtem Erlebnis. Das Schweifwedeln des Hundes, eine Kaffeetasse, das Wachsen der Kinder, eine naturalistische Familienszene, das Unglück der alternden und hilflosen Mutter, durch Bilder anschaulich gemacht und Vorgänge, die nicht etwa auch gehört, oder getastet werden könnten, sondern gesehen werden *müssen* – das alles wird aus der verwischenden Umgebung herausgehoben und für sich allein wirksam hingestellt. Dadurch entgeht man dem Naturalismus, der *nichts* wegläßt, dadurch gewinnt die Realität symbolische Bedeutung. Die Alltäglichkeit in symbolhafter Bedeutung – das scheint mir das Wesentliche der Foxschen Filme zu sein.

Schwächer ist *»Der Graf von Monte Christo«*. Der Stoff will von vornherein als solcher wirken und tötet den künstlerischen Stil. Aber auch hier ist keine Gelegenheit versäumt, das ewig-menschliche aus der zufälligen Erscheinung zu heben. Am Vorgang amüsiert man sich: er ist spannend. Die Darstellung erhebt: sie ist tief.

Tendenz: das heißt, Wille zu moralischer Besserung ist überall vorhanden. In Amerika rechnet man mit der Erziehungsmöglichkeit des Films. Bei uns ist der Zuschauer moralisch komplizierter als in Amerika. Man täte also gut daran, alle angehängten Traktätlein in Text und Bild auszumerzen. Man soll nicht die Absicht merken und verstimmt werden. – Im übrigen aber wird der deutsche Film viel von William Fox lernen können.

Richard-Oswald-Lichtspiele.
[»Wem nie durch Liebe Leid geschah«]

»Wem nie durch Liebe Leid geschah« ist der Film eines ungenannten Verfassers. In diesem Falle wäre es gut, ihn zu kennen, nicht nur, weil er wahrscheinlich in der Hauptsache für den unmöglichen Titel verantwortlich ist, sondern weil sein Manuskript (ausnahmsweise) in einem hohen Grade Voraussetzung für die Mängel des Films ist. Hier hätte kein Regisseur mildern, ausgleichen, bessermachen können, weil der Inhalt nicht nebensächlich ist, sondern die Regie von vornherein.

Es ist ein Zirkusfilm, wir haben mehrere dieser Art – der vollkommenste dürfte der schon zwei Jahre alte nach dem

Bangschen Roman hergestellte (»Die vier Teufel«) sein. Das Milieu ist immer wieder interessant, und es wäre möglich, originelle Wirkungen aus ihm zu holen – auch wenn man nicht, mit überflüssiger Häufung von Überraschungen, aus dem Helden, dem Artisten Alfredo, einen im ersten Moment über die Entdeckung seines ungeahnten Adels verblüfften, später nach traditioneller Manier edelmütig auf Rang und Geld verzichtenden Grafen gemacht hätte.

Die Tendenz des Verfassers, es bei dem an sich sensationellen Stoff (Zirkus) nicht bewenden zu lassen, sondern auch noch eine höchst geheimnisvolle Abstammungsaffäre offenbar nur deshalb in den Film zu mischen, weil – »Zirkus allein schon oft dagewesen ist« – mußte die Regie von vornherein schwer belasten. Es galt, das Schwergewicht des Geschehens zu verteilen, da es nicht um einen Mittelpunkt rotierte. Nach der Hauptsensation (ein Schuß soll losgehen), der den Artisten töten könnte, (Rettung im letzten Moment) hinkte die ärmliche Enthüllung von der gräflichen Abstammung kläglich nach. Der Held war nicht »Artist« allein – er war auch »Graf«. Da beide bestimmte *Filmtypen* sind, deren obligatorische Umrisse für den Schauspieler Johannes *Riemann* feststehende Ausdrucksformen sind, gelang es ihm nicht, einen gräflichen Artisten zu spielen. Er spielte einen Artisten, der glücklich ist, ein Graf zu sein, der sich besinnt, daß es nun zu spät ist, die überlieferte Grafengestalt zu spielen, und der gewissermaßen infolge schauspielerischer Unmöglichkeit auf Adel und Besitz zugunsten seines Sohnes verzichtet. (Den wird Herr Riemann wieder spielen können – der wird nun nichts mehr als Graf sein.) Regie führte Heinz *Schall*, die Photographie Fritz Arno *Wagners* ist gut.

Unser Liebling im Schnee.

Das ist die Zeit, in der unsere Lieblinge aus der Kinobranche die hehre Welt des Winters aufsuchen, um sich zusammen mit dem Schnee photographieren zu lassen. Alljährlich tun sie es, unsere Lieblinge, unter der Überschrift: »Der Wintersport der Filmstars«:

Wie die Winterzeit den Stars der Bühne und des Films behagt, kann man in den illustrierten Blättern der mondänen Gesellschaft sehen. In diesen Zeitungen ist meistens das lächelnde Antlitz des Lebens zu finden und selten das bittere. Der Photograph der Illustrierten erwischt die Welt just in ihrer rosigsten Laune. Oder er sagt zum Ernst des Lebens: »Bitte recht freundlich!« und der Ernst des Lebens lächelt.

Wenn ich der Photograph einer illustrierten Zeitung wäre – ich bemühte mich, das Leben just in dem Augenblick zu knipsen, in dem es am traurigsten ist. Ich wäre in Photograph mit der ständigen Devise: »Bitte recht ernst! Geben Sie sich nur, wie Sie sind, verehrtes Leben!« Und auf meine Platte käme nicht die Dame Fern Andra auf schneeigem Hintergrund, sondern ein Nichtliebling des Lebens und der Gesellschaft mit zerrissenen Stiefelsohlen: ein geistiger Arbeiter; ich selbst.

Die Künstlerin Henny Porten habe ich in vielen Filmen schätzen gelernt. Weshalb aber sinkt sie freiwillig auf das Niveau einer Prinzessin, deren Beruf es ist, den Photographen der Scherl-Woche zum Mittler zwischen sich und dem Volk zu wählen? Sie trägt den Lorbeer des Ruhms und benimmt sich wie ein Träger des Hosenbandordens; sie soll nach den ewigen Gesetzen der Kunst handeln und sie erscheint als »Bild vom Tage«; hütet sie sich vor Geschmacklosigkeit einer Rolle, so müßte sie jene des Lebens meiden; ist sie populär geworden durch Talent, so braucht sie von der Illustrierten nicht mehr gefördert zu werden.

Ich gönne der Frau Henny Porten ein Pony, einen Rodelschlitten, Wald, Schnee und Gebirge. Aber die Achtung, die sie selbst vor der Natur empfindet, beleidigt der Photograph, dessen Platte auf »unser Liebling« eingestellt ist und dessen Tätigkeit den Zweck hat, den Star als den Mittelpunkt göttlicher Schöpfung zu erfassen. Die Photographie ist für die Betrachterin aus der geistigen Bourgeoisie bestimmt und hat den Zweck, ihr den alten Abonnentenausruf zu entlocken: Ach Jott, wie niedlich! Henny mit dem Pony!

Und, daß es auch alljährlich wiederkehren muß! Um dieselbe Zeit! Ich begreife den Abonnenten: dem ist jeder Blick hinter die Privatkulisse bürgerliches Bedürfnis. Ich verstehe den Photographen: der lebt davon. Der Verleger: er verdient dabei. Ich verstehe sogar die Photographierte: die Eitelkeit ist mit ihr durchgegangen. Ich verstehe nur das arme Pony nicht! Und daß der Herrgott der Illustrierten zuliebe Schnee fallen läßt.

Lenins Begräbnis im Film.

Der Einladung des Berliner »Allrussischen Presseverbands« verdankt man die Kenntnis dieses imposanten Begräbnisses: ein gewiß vorbereiteter, aber ehrlich empfundener Prunk kennzeichnet es. Der schriftlichen Schilderung des Berichterstatters durfte man mißtrauen. Der unbestechlichen Redlichkeit des photographischen Apparates darf man Glauben schenken. Das Zeremoniell wirkt nicht »gestellt«. Eine spontane *Trauer* scheint mehr instinktiv als berechnet die ihr gemäße Form der großen Feierlichkeit gefunden zu haben. Dabei nutzt der Operateur nicht einmal sehr geschickt die mannigfaltigsten Gelegenheiten zu guter Bildwirkung aus. Vielmehr rettet seine Ungeschicklichkeit die lyrische Schönheit des russischen Winters und die dramatische der russischen Gesichter. Eine ganz irreale traumhafte Wirkung entsteht, wenn der unübersehbare Zug schwarzer vermummter Menschen zwischen mannshohen Schneewänden wandert; wenn die langsame Eisenbahn in die weite, weiße Grenzenlosigkeit der russischen Welt hineingleitet und an der Strecke unterwegs die Bauern stillstehen, um einen ihrer größten toten Zaren zu begrüßen; wenn die Leiche in der großen ewigen Stadt angelangt ist und die unerschütterliche Ruhe des eisigen Frosttages unterbricht. Es sind nach den Schilderungen dreißig Grad unter Null und man glaubt, die Kälte zu fühlen. Weißer Nebel entsteigt den Mündern der Menschen. Steifgefroren sind die Fahnen, sie stehen in der Luft, können sich in der großen tödlichen Stille dieses Frostes, der sogar den Wind tötet, nicht bewegen. An der aufgebahrten Leiche vorbei gehen die Russen, Männer, Frauen und Kinder. Bauern, die mit furchtsamen Händen ihre Pelzmützen abnehmen, mit der rührenden Schüchternheit zaghafter Bittsteller, die in einem königlichen Palast erscheinen. Reif hängt an ihren Wimpern und Brauen und Bärten. Die große Unschuld und die noch größere, reine Torheit des Russischen ist in ihren aufgerissenen Augen. Kinder trippeln vorbei, die die jüngste Vergangenheit ihres rätselhaften Landes gar nicht kennen, die historische Verbundenheit des Toten mit dem Gestern und dem Morgen nicht ahnen.

Lenins Gesicht ist vom Tod nicht verändert. Es ist das Angesicht eines Schlafenden, der auch in der Ruhe nicht entspannt ist; wie einer dessen Traum Fortsetzung des Tages ist. Es ist nicht die metaphysische Verklärung, wie sie etwa die Totenmaske Goethes zeigt. Der große irdische Wille war stärker als die große Wandlung. In diesem toten mächtigen Schädel scheint noch immer ein prüfendes Gehirn vorhanden zu sein, das die großartige Propagandawirkung des eigenen Todes kritisch überwacht. Dem Diesseits mehr zugewandt als dem Jenseits ist Lenins Antlitz das eines Toten, der nicht gesonnen ist, ewigen Gesetzen gehorsam, einen endgültigen Abschied zu nehmen; also die Übermacht eines revolutionären Trotzes über die Unerbittlichkeit der Natur gleichsam illustrierend …

Der Gast aus dem Norden.

Berlin, 13. Februar.

Nanuk, der Mann im Pelz mit dem fremden Indianergesicht, der Mann mit der Harpune und dem scharfen Messer aus Elfenbein. Nanuk, der Einsame, Nanuk, der große Jäger, der Mensch unserer gegenwärtigen erlebten Vorvergangenheit, unser Mitmensch und unser Urahne ist seit einigen Tagen *Gast* in *Berlin*. Noch nie hat Berlin, die Stadt der Sachlichkeit und des zweckhaften Rhythmus so einen Gast begrüßt: mit so viel stürmischer Neugier, mit so viel herzlicher Wehmütigkeit; mit so viel wahrer Gastfreundschaft, in der sich die Bewunderung des Unverständlich-Fremden mit dem gefühlvollen Miterleben mischt. »Nanuk«, der Film vom Leben und von den Nöten der Eskimofamilie, läuft seit zwei Tagen in drei Berliner Kinotheatern, und alle sind überfüllt. Der Dandy vom Kurfürstendamm und das kleine Büromädchen, der Bankdirektor und der Konfektionsfirmeninhaber vom Hausvogteiplatz, der skeptische Literat und der naive Proletarier stehen in einer Kette vor den Abendkassen. Später, im Saal, gewinnen alle ihre verschiedenen Physiognomien denselben Ausdruck einer sonderbaren religiösen Inbrunst. Sie haben keine hochdramatischen Konflikte und keine komplizierten Erschütterungen erlebt. Sie haben nichts mehr gesehen als den Morgen, den Tag und die Nacht einiger Menschen im hohen Norden. Nichts mehr als: die weite weiße Ewigkeit des Eises, den Todeskampf eines Tieres, das, die mörderische Harpune in seinem Leib, von der

Gefahr mit überirdischen Kräften wegstrebt und sie dadurch nur noch vergrößert. Nichts mehr als: die grausame und dennoch so menschliche Freude des mordenden Menschen, dessen tödliches Wirken human ist, weil es – ein Naturgesetz befolgt. Nur große Dichtungen können so nivellierend wirken und das Gesicht des Fabrikanten, des Geldmenschen dem des Literaten und des kleinen Büromädels ähnlich machen. *»Nanuk«* ist eine große Dichtung; Gott dichtet sie alle Tage und Nanuk ist einer seiner Millionen Helden und das Eismeer die große Bühne, auf dem die Dichtung aufgeführt wird, der Sturm und der Schnee sind großartige Regisseure, die gefrorene Schweigsamkeit läßt sich von keinem Applaus unterbrechen.

Nanuks, des Jägers, Jagdgebiet ist ungefähr so groß wie ganz Deutschland und nur von 300 Menschen bewohnt. Nanuk, sein Weib, seine Kinder, seine Angehörigen leben in Bärenfellen, die wie Hütten gebaut sind, oben in einen Kapuzengiebel auslaufen und ein kleines Dachfenster für das Angesicht ihres Bewohners offenlassen. Nanuk wandert im Sommer zum Händler und verkauft die kostbaren Weißfüchse, aus denen die Boas und Stolen für unsere Damen gemacht werden. Für diese Felle erhält Nanuk billige Perlen und ein paar Messer. Der schlaue Händler hat ein Grammophon mitgebracht, das er vor Nanuks Familie spielen läßt, und Nanuk versucht, die Grammophonplatte zu essen, weil sie so appetitlich glänzt. Seine Kinder haben sich den Magen mit dem Kuchen des Händlers verdorben und müssen Rizinusöl einnehmen und werden so mit allen süßen und bitteren, den optischen und den akustischen Nuancen der europäischen Zivilisation im Laufe einer einzigen Stunde vertraut. Dann bricht der Winter wieder ein, er kommt wie eine große Schale aus Schnee und Eis und legt sich über die Welt, die ihn erwartet hat, zitternd und sehnsüchtig, wie einen grausamen Geliebten, ein süßes Verhängnis. Einen

Tag lang ziehen 12 heulende Hunde an dem kleinen Schlitten und bringen ihn keine 2 Kilometer vorwärts. Voran schreitet Nanuk, Herr und Gebieter der weißen Welt, weil niemand sie ihm streitig macht, das Messer in der Rechten, Harpune und Lanze in der Linken, ein schwarzer Punkt, der so vermessen ist, die eisige Ewigkeit zu besiegen, jeder Schritt ist eine Art Weltkrieg gegen den Sturm, gegen den Hunger. Jetzt erspäht Nanuk ein kleines Loch im Eise! Was ist er, der Mensch, gegen diese grenzenlose Wüste? Ein Punkt! Was ist ein kleines Loch auf diesem grenzenlosen Eise? Weniger als ein Punkt. Nanuk aber erspäht es, wie die Lerche aus unerreichbarer Höhe den Regenwurm erspäht unter Millionen Lebewesen. Nanuk wirft die Harpune ins Loch, sein Angesicht ist geduldig, obwohl er wartet, Nanuk ist der Vollzieher einer Naturgewalt, wenn er Beute sucht, und er weiß, daß ihm alles anheimfallen muß, was die Natur seinem Arm, seinem Auge ausliefert. Seine Augen ziehen sich zusammen, wie die eines lauernden Panthers, groß und hungrig frißt die Pupille die Bewegungen des Tieres unter dem Wasser, da strafft sich der Strick, fest sitzt die Harpune, das Tier zieht Nanuks Körper nieder, er steht auf und gleitet aus dreimal, viermal – und er hält dennoch fest – mit der Beharrlichkeit eines göttlichen Gerichtsvollziehers. Oben ist der tote Körper des Tiers, das breite Messer gleitet freudig in die Speckschicht und Nanuk und seine Angehörigen essen mit der Inbrunst Verzückter das Fleisch des eben getöteten Tieres. Es ist wie ein heiliges Fest der Natur, freigiebige Hände werfen den Hunden Innereien zu, das Blut dampft, das Blut der Lebendigen siegt, es ist Sonntag in der Welt.

Ebenso gefräßig wie Mensch und Tier, hat die Nacht gelauert. Jetzt öffnet sie ihren Rachen, der Nordwind stürzt hervor, die Angst ist mit tausend Peitschen hinter den Hunden her, sie rasen der *Schneehütte* zu, in der es warm das heißt o Grad ist, in der es nicht wärmer sein darf, weil sonst die Wohnung schmilzt. Die Menschen ziehen ihre Pelzhäuser aus und breiten sie über sich, die Frauen schütten die Kinder aus den Rucksäcken auf die Schlafstelle, draußen lagert die weiße Nacht über den verschneiten Hunden. Morgen wird Nanuk wieder erwachen und seiner Frau die Stiefel reichen, die festgefrorenen Stiefel, damit sie das Weib mit seinen scharfen Zähnen weich kaue, wie es die Pflicht des Weibes ist. Morgen wird Gott wieder ein Walroß unvorsichtig sein lassen, auf daß Nanuk es entdecke, töte und verzehre. Im Sommer wird wieder der Händler kommen, mit den Glasperlen und dem Grammophon, den süßen Kuchen und dem Rizinusöl und – wer weiß – vielleicht schon mit einem Radioapparat. Denn bei uns gibt es alle Tage etwas Neues und bei Nanuk nur einmal im Jahr. Deshalb ist unsere Vielfältigkeit so klein und seine Einfalt so groß. Nanuk weiß nicht, wie populär er jetzt in Berlin ist. In dieser Stunde, in der ich über ihn schreibe, ist er vielleicht gerade dabei, mit seinem Elfenbeinmesser Schneeziegel für die Hütte zu schneiden. Um wieviel größer ist seine Arbeit als die meinige! Das Kunstwerk, das er ist, wird unsereins niemals schaffen. In ihm hat die Natur gleichsam ihren Naturalismus überwunden. Er ist ihr expressionistisches Werk. Seine Wirklichkeit ist erhoben zur symbolischen Allgemeingültigkeit. Er ist der lauterste Ausdruck ihres heiligen, grausamen, gütigen, unerbittlichen Wesens.

Hinter den Kulissen des Films.

Dieser Titel einer im *Berliner Filmtheater am Nollendorfplatz* gezeigten Lichtbilder-Reihe will metaphorisch, nicht sachlich verstanden sein. Der Film hat selbstverständlich keine Kulissen, sondern »Geheimnisse«. Deren Aufdeckung muß dem größten Teil der Zuschauer großartige Überraschung gewesen sein und – nicht minder eine Enttäuschung.

Der Durchschnittsbesucher des Films, wie der Durchschnittsleser eines belletristischen Werkes, schätzt an den Vorgängen, die er gespannt verfolgt, ihre scheinbare Realität und äußere Wahrscheinlichkeit. Er freut sich, wenn er mitten in einem Drama auf der Leinewand den Anhalter Bahnhof zu erkennen glaubt, von dem auch schon »sein Zug« hin und wieder abgegangen ist, die Hallenser Brücke, die er jeden Tag passiert, und das Requisit, das ihm sein eigener Alltag vertraut gemacht hat, berührt ihn so stark, daß er sich allein dadurch dem fremden Ereignis verbunden fühlen könnte. Hier aber erfährt er, daß der Bahnhof, den er wiederzuerkennen geglaubt hat, eine Konstruktion aus bemalter Pappe war; daß der Zug, »sein Stadtbahnzug« nicht wirklich auf den Schienen fährt, sondern daß ein verborgener Mensch mit einer Rauch entwickelnden Fackel den fahrenden Zug vortäuscht. Und es ist sicher, daß die unter Umständen über die gelungene Täuschung eintretende Freude des einfachen Mannes viel geringer ist als jene über die wiedererkannte, vertraute und geliebte Realität. Man beachte die Ergriffenheit, welche die Menschen befällt, wenn sie einen realistisch gemalten Sonnenuntergang betrachten, und belausche ihre Art, das Kunstwerk zu loben. Dieses Lob lautet gewöhnlich: »Wie in der Natur!« Denn der primitive Mensch achtet die Kunstfertigkeit mehr als die künstlerische Schöpfung und die gelungene Imitation mehr als den umgestaltenden Genius.

Hat nun diese Bilderreihe gewiß viele enttäuscht, so hat sie doch einige bereichert – und das ist mehr. Denn man erfuhr, daß wir im Film *16 Bilder in einer Sekunde* sehen – und wer es bereits gewußt hat, der wurde durch die Augenscheinlichkeit dessen, was er sah, gezwungen, den naivironischen Sinn in der trockenen technischen Tatsache zu fühlen und die heitere Philosophie, die im Film liegt, zu erkennen. Denn dieses ist gewiß ein Witz der Natur, daß wir vom Film als von dem greifbar gewordenen »Prinzip der Bewegung« sprachen und nun erfahren, daß die Bewegung *scheinbar* und nur unserem mangelhaft funktionierenden Auge als solche erscheint. Denn wäre unser Gesichtssinn genauer, gewissermaßen: sekundiöser — wir würden erkennen, daß uns in der Sekunde nur 16 starre Bilder gezeigt werden, während wir so alle 16 als *ein* Bewegliches und Bewegtes erblicken.

Beweist nun diese Tatsache die Relativität aller Erscheinungen – um wieviel mehr dann die Erfahrung, daß unsere so oft besungene und angebetete Sonne ihren stärksten Konkurrenten in jener Magnesium-Lampe gefunden hat, die man bei Filmaufnahmen entzündet. Gegen das Licht, das sie ausstrahlt, ist, wie man sah, das hellste Sonnenlicht eines klaren Sommertages nebulos und grau. Man entnehme hieraus, daß zum Teil die Natur selbst den Hochmut unserer Technik rechtfertigt. Zumal wenn dieser gelingt, was jene uns verwehrt: nämlich *das Gras buchstäblich wachsen zu sehen*, die Entwicklung einer Rose aus der Knospe in fünf Minuten zusammenzudrängen oder durch die sogenannte »Zeitlupe«, welche die raschen Bewegungen verlangsamt und Bewegungskomplexe in ihre einzelnen Phasen zerlegt, zum Beispiel den Lauf eines Menschen als dessen langsames Schweben zu sehen. Diesen Aufnahmen durch die »Zeitlupe« zufolge befinden wir uns, wenn wir gehen, wirklich Bruchteile von Sekunden lang schwebend über der Erdoberfläche, von keinem Gravitations-Gesetz belästigt. (Also auch dieses eine »Relativität«.) Denn die Erfahrung, daß wir *nicht* schweben können, beruht auf der Unfähigkeit unseres Auges, die einzelnen Phasen unseres Gehens aufzunehmen. Könnten wir mit dem Auge so sehen, wie wir mit der Zeitlupe photographieren können, so würden wir wahrnehmen, daß wir uns tatsächlich zeitweise im Schwebezustand befinden.

Dieser Blick hinter die »Kulissen« des Films lohnte sich und söhnte sogar mit der Billigkeit der Titel-Metapher aus. Er gewährte die Einsicht in die Grenzenlosigkeit unserer technischen Möglichkeiten und in die unserer steten unaufhörlichen Täuschungen, denen wir dank unseren mangelhaften Sinnen ausgeliefert sind.

Mit 900 Kindern im Kino.

Mitten unter 900 *Berliner Kindern* saß ich in einem Ufa-Theater und sah das »Leben afrikanischer Menschen und Tiere«. Die *»mütterliche Hilfe«* (eine Wohltätigkeitsinstitution, deren Mittagstische, deren Speisungen, deren Spenden den Bedürftigen wohlbekannt sind) hatte ihre kleinen Zöglinge ins Kino geladen. Sie kamen in Zügen, sie schwärmten im Saal aus, sie wechselten zehnmal in einer halben Stunde die Plätze, sie erfüllten das Theater mit ihrem lebensfrohen Schwatzen und mitten zwischen den Reihen ging der Billetteur, eine sanftgewordene und lächelnde Autorität, mit »Du« angesprochen und an den Schößen seines ernsten Fracks gezogen. Es waren jene mageren Kinder der Berliner Not, deren traurige Leichtgewichte durch das europäische Mitleid so populär geworden sind.

Es wurde dunkel und wir sahen die Expedition des schwedischen Prinzen Wilhelm durch Zentralafrika. Wir sahen die faulen Krokodile an den Ufern gähnen und wußten nicht, ob ihre weit aufgerissenen Mäuler Faulheit oder Gefräßigkeit verraten. Wir sahen die komischen Wambubavölker und auch die Wambutti, die ganz großartig tätowiert sind und deren Großmütter Holzscheiben durch die Lippen gezogen haben. Und wir sahen einen prachtvollen Kriegstanz der angeblichen Wilden, der viel vornehmer war, als unser Weltkriegstanz, der uns 900 Kinder so mager gemacht hat. Und nachdem wir die Pinguine bewundert hatten, die großen Ohren der Elefanten und das herrliche weiße Tropen-Pyjama des Prinzen erlebten wir noch ein Lustspiel, mußten bis zu Tränen lachen und trippelten nach Hause. Dieses Zuhause liegt im Norden und im Osten, wo es nicht so frei und reich aussieht wie in der Tauentzienstraße, in der die erste Vorfrühlingssonne später unterzugehen scheint, als in der Frankfurter Allee. Bedanken wir uns schön bei der Direktion der Ufatheater!

Zwei Filmsensationen.
[»Die Nibelungen« – »Carlos und Elisabeth«]

Die zwei letzten Filmsensationen dieses Winters sind: der *Nibelungenfilm* des Regisseurs Fritz *Lang* und Richard *Oswalds »Carlos und Elisabeth«*. Zur Uraufführung des ersteren sind Repräsentanten der Öffentlichkeit und der Gesellschaft durch geradezu büttenpapierene Einladungskarten gebeten worden, auf denen man nicht vergessen hatte, zu vermerken, daß die Gäste »im Gesellschaftsanzug« zu erscheinen haben. Der gesellschaftliche Geschmack des Regisseurs hat mit seinem künstlerischen nichts zu tun und also durfte weder dieser Wink mit dem Knigge-Zaunpfahl, noch eine andere, erst später bekannt gewordene Lächerlichkeit Vorurteile gegen den Nibelungenfilm erwecken: der Regisseur hatte nämlich am Tage der Uraufführung den Sarg Friedrichs des Großen in Potsdam mit einem Kranz schmücken lassen, dessen riesengroße Schleife die Worte enthält: »Zur Premiere des Nibelungenfilms Fritz Lang.« Es klingt wie ein Witz, – aber nur dem Ohr desjenigen, der die

Berliner »Branche« nicht kennt. Die Filmbranche ist jung und innere Kultur ist ohne die ehrwürdige Patina der Tradition selten. Nur ein ganz Boshafter könnte annehmen, daß dieser Akt der Pietät auch einer der Reklame war und die Berechtigung dieser Annahme würde gestützt durch zwei Tatsachen: erstens, daß wirklich viele Potsdamer und Berliner und Fremde das Grab des großen Königs besuchen und zweitens, daß in der Seele der »Branche« (wie auch in der anderer Interessenten) ein äußerlicher Patriotismus und der Profitgeist gewissermaßen Tür an Tür nebeneinander wohnen.

Hatte nun der Regisseur des Nibelungenfilms versucht, zwischen seiner Tätigkeit und dem toten Repräsentanten Preußens eine Beziehung herzustellen, so hielt sich der Regisseur des Carlos-Films mehr an die lebendige Obrigkeit: Er vereinigte bei einem seiner Festessen Männer der republikanischen Regierung mit Vertretern seines Faches und konnte sogar den *Präsidenten des Reichstags* zu seinen Gästen zählen. Es wurden Reden über die Bedeutung der »nationalen Filmkunst« gehalten und in den Berliner Zeitungen gedruckt. Zwar könnte die Erfahrung, daß die wirklichen unsterblichen Meisterwerke der Kunst ohne die Geburtshelfer der Publizistik und der Regierungen das Licht der Welt erblickt haben, die unter solch repräsentativem Posaunenschall geborenen Filmwerke ein wenig verdächtigen: dennoch mögen die Begleiterscheinungen auf das Konto des herrschenden Zeitgeistes gesetzt werden.

Das Manuskript für den Nibelungenfilm I. Teil hat Frau Thea von Harbou geliefert. Sie hält sich mehr an eine der vielen (vielleicht an die Schwabsche) Bearbeitungen der Nibelungensage als an den Text des Nibelungenliedes. Der Film beginnt mit »Jung-Siegfried wie er sein Schwert schmiedet« und endet mit Siegfrieds Tod und Kriemhildens Racheschwur. Das ehrwürdige Alter des Nibelungenliedes und seine nationale Bedeutung haben die langdauernde, mühsame und sorgfältige Regie Langs eigentlich als eine Selbstverständlichkeit erscheinen lassen. Sie ist also ein Verdienst zweiten Ranges. Ein objektives Verdienst besteht ferner darin, daß man durch diesen Film das Interesse breiter, durch die Macht der Jahrhunderte und der modernen Lebensbedingungen der deutschen Vorzeit entfernter Volksmassen für das bedeutendste literarische Dokument unserer Vergangenheit geweckt haben dürfte; obwohl man leider kaum annehmen darf, daß ein größerer Teil der Zuschauer das Nibelungenlied etwa lesen wird. Allein schon die anschauliche Vermittlung einer versunkenen Welt wäre ein lohnendes Unterfangen gewesen – wenn dieser Welt Gerechtigkeit widerfahren wäre; wenn man die unheimliche Düsterkeit, das mythische Halbdunkel, die rauhe Geklüftetheit, die unerbittliche Schicksalswucht der Nibelungenwelt gegeben hätte. Statt dessen gab man eine sanfte Bearbeitung der Nibelungen für Kulturmenschen zwischen zwölf und siebzig. Siegfried ist ein schöner blonder Apollo; Kriemhild eine jüngere Juno; Brunhild eine gesittete Medea; Hagen von Tronje ein antizipierter unheimlich wilder Jesuit. Eine sanfte Frauenhand glättete die düstere Größe der mythischen Welt, den Kampf zweier Zeitalter, zu einer mehr griechischen als germanischen, sagenhaften Begebenheit. So sind die Szenerien (der Wald, die Hallen, die Höhlen, die Brücken, die Quellen) Bilder einer Phantasie, die das christliche Mittelalter, das bereits vorgeschrittene Volksmärchen, die überlieferte Antike verarbeitet, die aber niemals heimisch war in der erschreckenden, verstandesmäßig gar nicht faßbaren, großen Grausamkeit der Nibelungenwelt. In diesem Film ist sie niemals unheimlich, höchstens manchmal gruselig. Nur eine Darstellerin, allerdings eine der besten Filmschauspielerinnen, die es überhaupt gibt: Frida *Richard*, konnte als Norne intuitiv in zwei, drei kurzen

Augenblicken eine Ahnung von der metaphysischen Verbundenheit jener Mythenwelt geben. Sie allein war in den Bezirken, in denen Himmel, Hölle und Erde verschmolzen. Die anderen wandelten auf kultiviertem Parkett. So erwies es sich, daß die Pietät gegenüber der Vergangenheit seines Volkes, auch wenn sie sich in Grabeskränzen äußert, zur Nachschaffung einer bewußt nicht faßbaren Schöpfung niemals ausreicht. Dazu gehört eine tiefe Verbundenheit mit jenem unbewußten, zwischen Sinn und Unsinn gelagerten Bezirk, aus dem das Volkslied kommt, der Schrei des Tiers, der Quell und das Volk selbst. Eine kleine Zeitspanne weiter liegt bereits die Region des Bewußten, der Geschichte, des *symbolischen Mythos*, wie er den Griechen und Römern eigen war, dem Menschen der durch *Verstand und Gefühl* zu gleichen Teilen geschaffenen Form; niemals der triebhaft dämmernden Germanenwelt.

Der Regisseur Lang vertiefe sich beim zweiten Teil in das Nibelungenlied selbst. Er spare sich und dem alten Fritz die Kränze und beaufsichtige die glättend schaffende Verfasserin und korrigiere die weichen Formen, die ihre Frauenhand zeichnet. Ein Nibelungenfilm braucht knorrige.

Der Regisseur *Oswald* kann leider nichts mehr besser machen. Der Don-Carlos-Stoff ist erschöpft. Der Film vermochte nicht das edle Pathos der Verse durch ein edles Pathos der Bilder zu ersetzen. Er konnte nur die Fabel geben, die eine sehr interessante Haupt- und Staatsaktion ist. Eine spannende Angelegenheit toter, begrabener Könige zwischen schönen, geschmackvollen Szenerien. Der poetische Wert dieses Stoffes liegt im Ethisch-Abstrakten, das Schiller beherrscht hat. Der Film bleibt eine historische Illustration zu einer Privatangelegenheit historischer Persönlichkeiten. Er vermittelt das Hintertreppenmilieu eines Geschichtsabschnittes. Aber nicht die menschliche Tragik einer Königsfamilie. Ein Shakespeare des Films könnte es. Ein Richard

Oswald wäre in einer filmlosen Zeit etwa ein Bilderliebhaber geworden, ein Sammler, ein Malergalerienerbauer, ein künstlerischer Bühnendekorateur. In seiner Pupille fängt sich das Geschehen der Welt, nicht in seiner Seele. Mit dem Auge allein schafft man auch Filmtragödien nicht.

An beiden Filmen ist sehr lange und sehr kostspielig gearbeitet worden. Ein Argument der »Branche« gegen die Kritik, die angeblich so leicht mit der Verurteilung eines mit komplizierten Apparaten zustande gebrachten Werkes ist. Als ob die Dauer der Entstehung und die technischen Komplikationen eine Dauer der Urteilsbildung voraussetzten! Wenn Gott Millionen Jahre gebraucht hat, um die Welt zu erschaffen, so genügt doch der erste bewußte Augenaufschlag eines Kindes, damit es sich an ihr erfreue. Das gelungene Werk begeistert sofort. Die Begeisterung erfordert kein Studium.

Das »Unterbewußtsein« im Film.

Zwei Ärzte, Dr. *Thomalla* und Dr. *Kronfeld*, haben für die Kulturabteilung der »Dafu«, einen Film hergestellt, der die Probleme der *Hypnose* und der *psychoanalytischen Seelenbehandlung* populär, aber etwas zu allgemein instruierend behandelt. Immerhin ist den Autoren das Schwierige gelungen: ein abstraktes Gebiet der modernen Medizin durch eine metaphorische, primitiv dichterische Behandlung sichtbar-faßlich zu machen. Dieser Film wäre unabhängig von seinen unmittelbaren Zwecken, eine gute Anleitung für Pädagogen. Indem die Verfasser den malerischen Vergleich heranziehen, ersparen sie sich unwirksame Erläuterungen. So ist zum Beispiel der Begriff des »Oberbewußtseins« sehr glücklich mit der Oberfläche des Meeres verglichen, der des »Unbewußten« mit der unsichtbaren, aber trotzdem belebten und maßgebenden Tiefe des Meeres. Die Wechselwirkungen zwischen »Oberbewußtsein« und »Unbewußtem« werden mit den zwischen Meeresoberfläche und -Tiefe korrespondierenden Strömungen verglichen. Durch solche und ähnliche bildhafte und suggestive Gleichnisse gelingt es, auch dem primitiven Gehirn eine Vorstellung von den neuen Gebieten der Seelenmedizin zu vermitteln. Aber auch der weniger Primitive kann viel lernen. Er sieht den Scheinwerfer der Wissenschaft in die dunklen Tiefen des Traumlebens eindringen und seine Geheimnisse erhellen. Der Höherbegabte lernt dabei vielleicht, wie man durch eine Kraft die Regungen des Unbewußten regulieren kann. Am wichtigsten bleibt die ausgesprochene Tendenz des Films: der großen Masse das Bewußtsein zu vermitteln, daß man auf Kosten des Hypnotismus keine Märchen glauben kann. Hypnose auf den ersten Blick ist ebenso unmöglich, wie Verbrechen in der Hypnose. Dennoch scheint mir – wissenschaftlich genommen: einem »Laien« – daß hier zu wenig das Geheimnisvolle, von der Wissenschaft noch nicht erklärte, aber trotzdem seine Existenz täglich Erweisende erwogen wurde. Allzusehr wird das Wunder der Hypnose durch die rationell leicht erklärliche »Suggestion« begründet und überhaupt nicht in Betracht gezogen ist der Einfluß der »Persönlichkeit«, ein sinnlich-übersinnliches Element, das von bestimmten Individuen ausströmt, denen wir im Alltag begegnen, wie von den Persönlichkeiten der Geschichte. Auch der Arzt, der sich mit der Seelenbehandlung befaßt, bleibt gebunden an die wissenschaftlich approbierten, sinnlich und verstandesmäßig zu erklärenden Praktiker. Alles andere verschweigt er, wenn er es auch nicht verleugnet. Deshalb befriedigt dieser Film nicht ganz. Man hätte wenigstens versuchen müssen, zu erklären, daß aus noch unbekannten Gründen ein Individuum allein durch seine Erscheinung stärker wirkt als ein anderes, auch wenn jenes keine hervorragenden Gaben besitzt, die es über die Mehrzahl erheben könnten. Woher kommen »Anziehung« und »Abstoßung«, wenn kein körperliches oder wahrnehmbar geistiges Merkmal sie erklärt? (Der Film begegnet gerade in Berlin, der Stadt der meisten Kurpfuscher, begreiflichem Interesse).

Argiope, die Tigerspinne.

Argiope sitzt in der mathematisch berechneten Mitte eines vieleckigen Netzes, das wie eine geometrische Figur aussieht und sehr sauber gesponnen ist. Argiope erwacht des Morgens sehr früh, der Tau der Sommernacht liegt noch auf ihren Gliedern und zittert an den Fäden des Netzes. Sie muß es säubern. Sie schüttelt es fleißig, Die Tautropfen fallen zu Boden. Wenn die Sonnenstrahlen das Netz Argiopes erreicht haben, können sie sich nicht mehr in den Tautropfen spiegeln. Sie können nur die blanken Fäden rötlich und violett erglänzen lassen, daß sie wie wunderbare chinesische Seidenfäden aussehen. Aber in Wirklichkeit bestehen sie nur aus billigem Speichelsaft, den Argiope aus sechs Öffnungen ihres Unterleibs fließen läßt. Sie trägt das Baumaterial für ihre Wohnung bei sich, in ihrem Körper. Sie könnte viel mehr Netze spinnen, als sie nötig hat. Sie aber begnügt sich damit, jeden Tag ein neues vieleckiges Haus zu bauen.

Auch das kostet Mühe genug. Argiope muß viele Male um einen kleinen Kreis laufen, in immer weiteren Abständen neue Kreise spinnen und alle miteinander durch Querfäden verbinden. So behutsam ist diese Arbeit zu verrichten, mit den zarten Füßchen, die sich selbst nicht in den Fäden verfangen dürfen. Argiope schwebt mehr über dem Netz, als sie darüber wandert. Es dauert zwanzig Minuten, nicht mehr, nicht weniger. Mit weiser Ökonomie ist das kurze

Leben auszunützen. Da fliegen Mücken herum und man muß aufpassen. Schnell begibt sich Argiope in die Mitte und paßt auf.

Jetzt ist eine Stunde angestrengter Aufmerksamkeit verstrichen. Argiope ist hungrig. Aber sie wartet. Ihr ist es nicht gegeben, auf Jagd auszugehen. In frommem Vertrauen wartet sie. Da kommt eine *Fliege*. Sie schillert grün und summt berauschend. Ihr Sang ist wie ihre Farbe, sie singt schillernd. Ihr schwerer Körper hängt im Netz. In tödlichem Erschrecken versucht sie, mit ihren vier freien Füßchen die zwei gefesselten zu befreien. Aber, nun sind auch die vier freien gefangen! Jetzt bleiben die Flügel. Aber ihre Kraft ist zu gering. Außerdem ist Argiope bereits in der Nähe. In breitem, raumfressendem Lauf ist sie herbeigeeilt. Jetzt lauert sie noch einen Augenblick und freut sich über den Todeskampf der Fliege. Sie sieht mit wissenschaftlichem Eifer auf das Tier. Vielleicht schätzt sie auch die Kräfte des Feindes. Jetzt ist sie überzeugt, daß er verloren ist. Jetzt läuft sie näher. Ihr Lauf ist Sprung, ist Sturz, ist Überfall. Mit allen Füßen umklammert sie inbrünstig die Beute. Vielhundert Fäden spinnt sie um die Fliege und schleppt mit übermäßiger Anstrengung, ohne das Netz zu verletzen, den schwergewichtigen Fang bis zum obersten Ende des letzten Kreises. Dort hängt Argiope ihre Fliegen auf, wie Krämer Trockenware an den Schnüren seines Dachbodens.

Dann wartet Argiope weiter. Der Tag ist lang und Gott ist gütig. Millionen Fliegen und Milliarden Mücken hat er in seiner unermeßlichen Weisheit geschaffen, auf daß die Spinnen nicht sterben.

Damit sie sich fortpflanzen, hat er auch *Spinnen-Männchen* geschaffen. Törichte Geschöpfe! Eigene Netze haben sie nicht und sie sind nicht einmal geschickt genug, auf den fremden Netzen spazieren zu gehen. Argiope, die ein Männchen erwartet, muß ihm den Weg erleichtern. Sie spinnt ein

Hochzeitsseil. Das läuft vom untersten Ende des Netzes dick und sichtbar, sicher, wie eine festgefügte Brücke und bequem, wie ein breiter Teppich, bis zur Mitte. Das Männchen kommt.

Wie tänzelt es, von freudiger Lust getrieben den Hochzeitsweg hinan! Wie wird es empfangen! Es darf Argiope, die sauberste der Spinnen, umarmen. Es kennt nicht die furchtbaren Folgen des Rausches. O, Schicksal aller Herkulesse! Das Männchen ist schwach, es ist leichtsinnig, es könnte zu anderen Spinnen eilen und es hat außerdem seine Aufgabe erfüllt. Was bleibt ihm übrig, als eingesponnen, überwältigt zu werden wie eine Fliege!? Argiope frißt es. Sie frißt den Leib ihres Geliebten. Wichtig sind nur die Kinder.

Und also spinnt sie ein Haus für die Nachkommenschaft, einen dichten Concon aus silbernen Fäden und es ist, als bereitete sie aus ihrem Brautschleier eine Wohnung für die Kinder. Viele hundert kleine Eier birgt sie im Cocon. Und wartet. Und spinnt ein neues Netz. Und wieder einen Cocon. Und noch einmal einen. Und kriecht, schwach, erledigt, in die Mitte des Netzes. Aber es ist nicht mehr wie einst! Mücken kommen und Argiope gibt nicht mehr acht. Eine Fliege verfängt sich und macht sich wieder los. Argiope stirbt. Sie hat alles genossen, Sonne und unzählige Mükken, Liebe und Leid eines Mannes, sie hat geboren und die Kinder versorgt. Jetzt drückt ihr Gott, der durch die herbstlichen Gärten geht, die kleinen Augen zu. Der Sturm zerreißt ihr Netz: Argiopes Leib zerfällt, zerbröckelt und wird Staub.

Diesen Roman sah ich im Kino. Dann gab es noch das Schicksal einer Prinzessin. Aber, obwohl sie ein Mensch war, wie ich, ging sie mir gar nichts an. Mich ging Argiope so nahe an, als wäre ich selbst eine Spinne.

Der Liebling.

»Jackie ist der vollendete Typ des Lieblings«. Wer ihn sieht, interessiert sich für ihn privat. Man beneidet seine Eltern, seine Freunde, die Filmgesellschaft um ihn. Was mich betrifft, so möchte ich ein kleiner Lausbub sein und mit Jackie Coogan im Rinnstein um Blech- und Hornknöpfe spielen. Sogar ernste Männer sollen ähnliche Wünsche bereits verspürt, wenn auch nicht geäußert haben.

Jackie ist das einzige Wunderkind ohne die sanfte lächerliche Traurigkeit dieses Berufes. Denn Jackie ist kein dressiertes Wunderkind. Er ist nicht einmal Schauspieler – in dem Sinne, daß er eine »Rolle« spielte. Wie andere Kinder weniger interessante Erlebnisse haben, so erlebt Jackie *Coogan* lauter spannende, wehmütige, merkwürdige Dinge. Andere Kinder erleben solche Geschichten in der Phantasie. Jackie lebt eine phantastische Wirklichkeit. Dabei wird er photographiert, gefilmt. Es sind Naturfilme. Ebensowenig, wie der Eskimo spielt, wenn er gefilmt wird, ebensowenig spielt Jackie Coogan. Der Aufnahmeoperateur belauscht den Knaben, seinen Alltag, sein Spiel und seinen Schmerz. Daß der Kleine Filmhonorar bezieht, möchte ich nicht gern glauben. Ich möchte nämlich sehr angestrengt über das Rätsel nachdenken: wie es möglich ist, daß ein Kind aus seiner Kindlichkeit Kapital schlagen kann und dennoch ein echtes Kind bleibt: wie man runde Wangen, ein Grübchen im Kinn, Augen voll schelmischer Traurigkeit zu beruflichem Handwerk macht und sie trotzdem privat, für seine eigene Bedürfnisse noch gebraucht; wie ein Kind so bewußt klug sein kann, daß es mit seiner kindischen, rührenden, unbeholfen-geschickten Naivität Geschäfte macht. Das ist unheimlich.

Denn hier hört die heitere Harmlosigkeit auf, die auf dieses Knaben Sphäre zu sein scheint. Ich stelle mir vor: ich begegne in der riesengroßen Stadt einem schönen, »aufgeweckten«, achtjährigen Knirps und stelle fest, ein begabter Junge. Aber, siehe da: er ist genial. Nein! Er ist auch noch pfiffig! Noch mehr: er ist klüger, einsichtsvoller, reifer als ich! Er ist bartlos. An meinem Kinn sprießen die Haare. Ich verwende einen Gillette-Apparat, und er hat so was nicht nötig. Hier fängt die Metaphysik an.

Natürlich denkt man an Seelenwanderung. In diesem Jungen steckt sein Großvater. Der wiedergeborene alte Herr Cohn aus Kowno oder Lodz. Der geniale Schauspieler, der sein Genie nicht offenbaren konnte, weil er ein orthodoxer Jude im europäischen Osten war und beten mußte und mit Gurken in Essig handelte. Ein Diener Jehovas und ein Diener Merkurs. Er starb und hatte sein Schicksal nicht erfüllt. Also kam er wieder in die Welt und kroch in die liebliche Hülle seines Enkels. Einmal hieß er: »Jankel«. Jetzt heißt er: »Jackie«. Einmal war er ein armer, geprügelter, vor Pogromen zitternder Jude. Jetzt ist er Liebling aller fünf Erdteile.

Wie wird das enden? Wenn der Alte genug haben wird von der Schauspielerei – wird er seinen Enkel wieder verlassen? Und wird dieses geniale Kind ein mittelmäßiger Liebhaber werden? Ein Tenor der Filmerotik? Wird er überhaupt am Leben bleiben? Was hätte er noch zu erfahren? Zu erleben? Zu verdienen? Wird er seinen Beruf aufgeben und sich in das Privatleben zurückziehen und einen andern Beruf ergreifen? Wird er noch er selbst ein, wenn er nicht mehr Gesicht und Körper eines Knaben haben wird?

Er ist kein Wunderkind, er ist ein Wunder. Was aus ihnen wird, wissen wir. Was aus einem Wunder wird, kann niemand wissen.

Drei Sensationen und zwei Katastrophen.

In den Regionen des Films ereignet es sich oft, daß eine mit Spannung erwartete Sensation das Aussehen einer künstlerischen Katastrophe annimmt. Ich bin immer überrascht, wenn es anders kommt. Denn die Hersteller auch des künstlerisch ambitionierten Filmwerks rekrutieren sich aus der »Branche«. Das ist eine Gruppe von Fachleuten, in der die Geschäftemacher ebenso heimisch sind wie die Idealisten, die Halbgebildeten wie die gründlichen Theoretiker, die charakterlosen Dilettanten wie die verantwortungsvollen Künstler. Der »Branche« fehlt es vor allem an Takt und Geschmack. Ein einziger Film erfordert die Mitarbeit vieler Köpfe und Hände. Da schafft der Dilettant neben dem Künstler, der Geschmacklose neben dem Kultivierten, der Ungebildete neben dem Wissenden. Ja, manchmal fehlt es dem Künstler an menschlichem Takt, dem Kultivierten aber an Bildung. Denn die »Branche« fördert weder den Lerneifer des Künstlers, noch das Taktgefühl aller. Die »Branche« ist jung.

*

So wird es begreiflich, daß der Regisseur des »Nibelungenfilms« Fritz *Lang* nicht nur einen Kranz am Grabe Friedrichs des Großen niedergelegt, weil er eine Beziehung zwischen der toten Majestät und seinem Werk sehr unbescheiden wittert, sondern auch, daß er den Nibelungenfilm »dem deutschen Volke widmet«. Das ist mehr Kühnheit als Patriotismus. Diese Widmung hätte vielleicht nur Goethe über den »Faust« setzen können. In der Atmosphäre der »Branche« geht das Gefühl dafür verloren, daß auch das Nationalbewußtsein bescheidene Demut erfordert und, daß auch des Künstlers Hochachtung vor seinem Volk mindestens genau so groß sein muß, wie die vor seinem Werk; ferner, daß er selbstverständlich jedes Wort seinem Volke widmet, da er doch das Leben dem Volk gewidmet hat. Jede Betonung dieser selbstverständlichen Tatsache klingt wie nationaler Marktbudenausruf. Wenn aber gleichzeitig die Verfasserin des Manuskripts, Frau Thea v. *Harbou*, einen Prospekt verfaßt, in dem sie in einer ungewöhnlich unglücklichen Stilisierung die alten Germanen (ohne es zu wollen und nur, weil sie der Aufgabe, sie zu schildern, nicht gewachsen ist) als mörderische Barbaren darstellt, so staunt man ob dieser Konfusion und erkennt, daß nationales Pathos nationale Beleidigung nicht ausschließt. Jetzt erfährt man, daß der Prospekt in der Eile der Verfasserin nicht zur Korrektur vorgelegt worden sei. Mich dünkt, daß eine Meinung über die alten Germanen dort einer Korrektur nicht mehr bedarf, wo die Achtung vor der deutschen Vergangenheit einen Film geschaffen und ihn sogar »dem deutschen Volke gewidmet« hat.

Man hat den zweiten Teil des Nibelungenfilms mit großer Spannung erwartet. Er hat enttäuscht. Ja, er ist sogar eine Katastrophe. Denn er ist, was gerade noch ein altes Epos sein darf, ein Film aber unter keinen Umständen: *langweilig*.

Es herrscht das Tempo einer Leichenbestattung, eine fulminante Langsamkeit. Die gelungenen Bilder wiederholen sich und zerstören ihre Wirkung. Kriemhild (Margarete *Schön*) behält vier Stunden lang eine starre Maske, offenbar dank einem Mißverständnis der Regie, die sich bemühte, die Besessenheit von der Idee der Rache durch eine unveränderte Physiognomie zum Ausdruck zu bringen. Dabei verwechselte man die tödliche Kälte mit der toten Kälte, was aus manchen Überschriften hervorgeht. Hier heißt es oft, im Stil kitschiger Romane, daß Kriemhild nicht mehr lebe, sondern gleichzeitig mit Siegfried gestorben sei. Sie sagt es von sich selbst. So verzerrt man den Sinn dieser Rache, der brennenden, sehr lebendigen, die nicht die Rache eines Gespenstes ist, einer verstorbenen Seele, sondern eines leidenschaftlichen Weibes. Die Hunnen zeichnen sich dadurch aus, daß sie keine Fußböden haben, sie wohnen in Höhlen – und ein kleiner Blick in eine beliebige Kulturgeschichte hätte den Regisseur belehrt, daß König Etzel nicht über Troglodyten geherrscht hat. Frau Thea von Harbou erfindet einen Feldzug Etzels gegen Rom, um der Regie Gelegenheit zu Feldlagerbildern zu geben. Billige »psychologische« Aphorismen reden diese alten naiven, unkomplizierten Menschen. So sagt Etzel zu Kriemhild, daß der Haß sie vereine, während die Liebe sie nicht vereint habe. Seltsame Stilblüten entsprießen der Leinwand, zum Beispiel: »Ich erschlug ihn, damit Frau Kriemhild *ihn nicht als Rächer großzog.*« Billiger Pathos fließt von den Lippen des Helden, der zu Etzel spricht: »Du kennst die deutsche Seele nicht.« Man hätte die große Aufgabe gehabt, den Geist des alten Nibelungenliedes in wirkungsvollen Bildern auferstehen zu lassen. Aber man nahm die Ereignisse des Nibelungenliedes zum Anlaß, wirkungsvolle Bilder herzustellen. Darin liegt das Mißverständnis. Man gab Illustrationen zu einem Volksbuch von Frau v. Harbou. Es klafft ein unüberbrückbarer Abgrund zwischen dem Versprechen und der Leistung, zwischen dem Willen und dem Werk. Die Arbeit war ehrlich. Die Anstrengung groß. Die Kosten enorm. Der Filmstreifen 4000 Meter lang. Man war so sehr mit der Herstellung des »filmisch« Wirksamen beschäftigt, daß man das Nibelungenlied gar nicht oder zu wenig studierte. Denn: um das Nibelungenlied zu verfilmen, dazu gehört ein schwieriges Studium aller an dem Film künstlerisch Beteiligten. Dazu hat man in der »Branche« keine Zeit. Hier werden ja nicht einmal Prospekte korrigiert. Es ist hart, einen so begabten Filmregisseur, wie Fritz Lang, sagen zu müssen, daß seine Mühe größer war als seine Achtung vor dem Sujet.

*

Fachleute und »Laien« haben sehr gespannt auf den großen italienischen »Messalina«-Film gewartet. Der Regisseur Enrico *Guazzoni* hat ihn hergestellt. Es ist der erste italienische Film, der nach zehn Jahren nach Deutschland kommt. Aber man sah, daß die italienische Filmregie seit ihrem »Quo vadis« nichts Neues gelernt hat. Diesen Messalina-Film kennzeichnet monumentale Langeweile. Selbst die Photographie ist mangelhaft. Die Bauten sind kostspielig und sogar schön. Die Bewegungen der Schauspieler rund, vollendet, bildhaft. Nervös und denervierend folgen einzelne Handlungen nebeneinander, nacheinander, durcheinander, durch überflüssige Überschriften zerrissen. Ein reicher, romantischer, schöpferischer Sinn für Massenwirkung lebt sich in vielen Prozessionen aus. Eine achtbare Pietät für das große Rom der alten Zeit erfüllt das Werk des neuen Römers. Aber Messalina ist uns sozusagen Hekube. Denn wir haben viel zu tun, um uns wach zu erhalten. Wir sind müde wie von einem tagelangen Hochzeitsfest oder Leichenschmaus.

*

Zum Glück war die dritte Sensation keine Katastrophe. Daran hat allerdings die Filmkunst kein Verdienst, sondern das Objekt: der *Mount Everest* nämlich. Bedenkt man, daß der Nibelungenfilmstreifen, vertikal gesehen, fast halb so groß ist wie der höchste Berg der Erde, so wünschte man, das Geld, das jenes verunglückte Werk gekostet hat, wäre der Mount-Everest-Expedition zu Gute gekommen.

Der englische General *Bruce* ist der Leiter der kühnen Expedition gewesen. Einige Mitglieder fanden den Tod. Sie liegen mitten in der unermeßlichen Schweigsamkeit des schneebedeckten Berges begraben und das Denkmal, das man ihnen errichtet hat, ist gewiß schon verweht oder zerstört. Aber dieser Film von Tibet wird bleiben. Man wird den Markt von Darjeeling nicht vergessen, nicht die frommen, schmutzigen und freundlichen Gesichter der Tibetaner, nicht die Tänze der Priester und nicht die singenden und tanzenden Arbeiter, die so ekstatisch die heiligen Dächer der Klöster reparieren. Zwanzig kostspielige Kolossalfilme gäbe ich für das Lächeln eines einsamen Hirten in der unbarmherzigen Leere seines Weidegebiets, der zum erstenmal Europäer sieht, Kleider, Rucksäcke und einen Apparat. Er sieht wie ein Tier und wie ein Gott aus und kein mit Seife gewaschener Europäer hat das Recht, über seine Schmutzigkeit zu spotten und über die der tibetanischen Frauen, die sich ein für allemal frisieren, indem sie ihre Zöpfe um ein großes bogenähnliches Holzgerüst flechten, das sie bis an ihr Lebensende tragen. Die größten Sensationen der Welt sind die unendlichen Schneefelder in 7000 Meter Höhe, die weißen Stürme, die tröstlich nahe Sonne und die unerbittlich dünne Luft, die heiß macht und gleichzeitig den Atem raubt, so, daß man erstickt und sich dennoch sonnt, Tod und Leben in Einem fühlend.

Etwas von dem frommen Schauder, den der einfache Zuschauer vor dem Mount Everest empfindet, wünsche ich den Filmregisseuren Deutschlands und Italiens.

Populäre Kulturgeschichte.

Der dänische Regisseur der Svenska-Filmgesellschaft, Benjamin *Christensen*, ist der Schöpfer des lobenswerten und originellen *Kulturhistorischen Films*, der im Berliner großen Ufa-Theater seit einigen Tagen »läuft« – man darf in diesem Falle sagen: sich abspielt. Der Film heißt sehr wirkungsvoll *»Die Hexe«*. Die Filmzensur hat Änderungen verlangt und durchgesetzt – zum Schaden des Stückes, das einheitlich war und nunmehr zerpflückt ist, das trotz der pädagogischen Tendenz ein Kunstwerk war und nun eine Broschüre aus Lichtbildern und Worten ist. Allein, es bleibt immer noch eine *amüsante* Broschüre; und der Zensur darf man ausnahmsweise einmal Recht geben. Was man dem dänischen Publikum vorsetzen darf, ohne missverstanden zu werden, dafür sind wir Deutsche leider noch lange nicht disponiert. Wir sind wahrscheinlich ebenso reif, wie er dänische Durchschnitt. Aber unsere Atmosphäre ist haßgeladen, politisiert und wir sind leicht geneigt, einen tendenziösen Willen anzunehmen, wo er gar nicht vorhanden ist und aus einer Erkenntnis eine Waffe zu schmieden. Dazu waren die Voraussetzungen gegeben.

Der Regisseur Christensen hatte es sich zur Aufgabe gemacht, einen Vortrag mit Lichtbildern über den *Fanatismus des Mittelalters* zu halten. Er wollte die ganze Zeit die Mystik des Hexenglaubens, der Unmenschlichkeit, der Naivität auferstehen lassen. Ein richtiger Instinkt hat ihn geleitet. Denn seit der Aufhebung des geistigen Mittelalters, seit den letzten Auswirkungen der Aufklärung, seit Newton und Voltaire waren wir noch nie so in Gefahr, in jene Art des Fanatismus wieder zu verfallen, der im Mittelalter, vor und nach der Reformation, die Hexenverbrennungen verursacht hat. Der Rassenhaß ist nicht weniger »mittelalterlich«, als es der religiöse war, das Hakenkreuz ebenso ein Abzeichen des Aberglaubens, wie es im Mittelalter die »Gottesgerichte«, die Teufels- und Höllensymbole waren, und der dunkle, nicht immer saubere Pseudo-Mystizismus, dessen Opfer viele unserer Zeitgenossen werden, die Kritiklosigkeit dieser Gegenwart sind mittelalterliche Krankheiten. Es beweist eine Verbundenheit dieses Films mit der europäischen Kultur, wenn ein Filmregisseur einen solchen – möchte sagen: Kulturinstinkt hat. Und weil Benjamin Christensen ein Künstler ist, wurde aus seiner pädagogischen Absicht eine reizende Folge künstlerischer Bilder. Weil er Takt besitzt, wurde »Die Hexe« kein ärgerliches Dilettantenstück, sondern der Film eines gebildeten Menschen, der gut weiß, um populäre Kulturgeschichte amüsant vorzutragen und Gottseidank nicht so viel gelernt hat, um einen langweiligen »wissenschaftlichen Film« herzustellen. Es ist der bescheidene Beitrag eines künstlerischen Menschen zur populären Wissenschaft, – der Beitrag eines Regisseurs, der seine wissenschaftlichen Grenzen kennt und überdies weiß, was den Fachgelehrten meist verborgen bleibt: daß man am wirksamsten lehrt, indem man spielerisch zeigt.

So entstand »Die Hexe«. Ihr eigentlicher »Inhalt«: ein Hexenprozeß aus der vorreformatorischen Zeit. Ein Hexengericht; Folterinstrumente; hysterische Frauen; krankhafte Wunderträume überreizter Menschen; Hexenritte nach dem Blocksberg; Teufelstänze; Beschwörungen; Wunderkuren; Benediktiner-Mönche, die aus Angst grausam werden. Man hätte hier leicht eine Spitze gegen die katholische Kirche herausfinden können. Aber da korrigiert der Film sich schnell, indem er mitteilt, daß in Rom, dem Herzen des Katholizismus, nicht ein einziges Mal eine Hexenverbrennung vorgekommen sei; daß ein Jesuit (Spee) der erste war, der gegen die Hexenprozesse schrieb; daß auch Martin Luther das Tintenfaß gegen den Teufel geschleudert und daß auch der reformierte Norden Europas – sogar im besonderen Maße – grausam und abergläubig war. Die Konsequenz liegt nahe: Christensen fragt am Schluß, ob nicht auch der *Weltkrieg* des zwanzigsten Jahrhunderts von unseren Nachfahren bestaunt werden würde, wie von uns die Hexenprozesse?! – –

Man sieht einen *neuen* Weg des Films. Er kann ein vorzügliches – er kann das beste Instrument der Aufklärung werden. Er überwindet alle geographischen und staatlichen und sprachlichen Grenzen. Er bannt auch jene, die vor einer wissenschaftlichen Erläuterung am liebsten fliehen möchten. Er bringt der gedankenlosen Menge die Wahrheit bei, wie Kindern. Der Weg ist gezeigt. Möge man ihn beschreiten. Man kann, wie Christensen beweist, Dummheit, Verirrung, Fanatismus durch den Film besser bekämpfen, als durch zehntausend Broschüren.

Der Regisseur Christensen ist allerdings über die rein pädagogische Absicht hinausgegangen. Er hat Gesichter, Szenen, Milieus, Träume, Krankheit, Spuk, Teufel, Schmerz mit Meisterschaft dargestellt. Die Bilder selber sind künstlerische Genüsse. Und wo ein Text anfängt langatmig zu werden, rettet, entzückt die Feinheit eines Angesichts, einer Bewegung, einer Gruppe, eine heitere Ironie, – alle Tugenden, die man an den nordischen Filmen schätzen gelernt hat.

Amerikanisiertes Kino.

Svend Gade hat einmal – es wird ein Jahr her sein – über die »Aufmachung« des amerikanischen Kinos in einer deutschen Filmzeitschrift geschrieben. Diesen Aufsatz nahm sich die Berliner Branche zu Herzen. Es begann die Blütezeit der Staffage, der suggestiven Gewaltmittel, der Geräusche, der Farbentohuwabohus, es fing an die Hypertrophie des Rahmens. Das Filmstück ist eingebettet in musikalische, malerische, ornamentale Hüllen. In dem Theater, in dem man Lubitschs ersten *Amerikafilm* »Rosite« aufführte, geschah folgendes: Die Musik spielte eine »Overtüre«, dann fiel sie in Ekstase, verursachte disharmonische Geräusche, und gleichzeitig begannen einige Scheinwerfer bunte Flammen über den Saal zu speien, rot, blau, orange, gelb wechselten in rasender Folge, die Menschen rissen Mund und Augen auf, über sie war Amerika hereingebrochen, wie eine plötzliche Katastrophe, bei der die Notausgänge nicht funktionierten. Diese überraschende Dusche aus Farbe und Geräusch dauerte etwa fünf Minuten, aber man war mit Amerika für ein

Jahr versorgt und, als der Film anfing – übrigens ein Durchschnittsfilm – bereits so müde, als wäre es der fünfte Akt. Völlig erschöpft torkelte man aus dem Kino.

*

Andere Kinos versuchen, den angeblichen »Stimmungsgehalt« des rollenden Films in der äußeren Ausstattung des Theaters zu erschöpfen. Sie hängen gelbseidene Lotosblüten-Lampions vor den Eingang, wenn der Film in einem exotischen Lande spielt, wie China zum Beispiel; was sie mit Indien anfangen würden, ist mir ein Rätsel. Es wird die Ankündigung pompös, und je pompöser sie ist, desto ärmlicher der Film. Der Superlativ ist schon vor dem Eingang übersteigert. Die Ekstase der *Reklame* dämpft die Begeisterung des Zuschauers. Schon die lästige, ermüdende Annoncen-Zudringlichkeit vor dem Anfang des Films ist imstande, das Interesse für das Kommende einzuschläfern. Es beginnt mit den »edlen Likören« und endet mit der patriotischen, alkoholbegeisterten Aufforderung: »Deutsche, trinkt deutsches Bier!«, die übrigens wie ein Witz eines deutschfeindlichen Pariser Blattes klingt. Hierauf senkt sich der Vorhang, dieser Vorhang, der nichts zu verhüllen hat und infolgedessen so aufreizend wirkt wie die Geheimtuerei eines nichts wissenden Diplomaten. Dann spielt eine sehr mittelmäßige Kapelle Beethoven und, wenn man Glück hat, Richard Wagner. Aber da muß man schon sehr viel Glück haben. Dann erfolgt die Filmwoche, die, als eine Fortsetzung jener sympathischen nationalen Forderung deutsches Bier zu trinken, die Niederlegungen, Kranzniederlegungen deutscher Generale an irgendwelchen Heldendenkmälern zeigt. Das ermüdet, macht krank, ergeben und gleichgültig. In diesem Zustand befindet man sich, wenn der Film anfängt.

*

Von den Darbietungen des letzten Monats bleibt das Lustspiel *»Die Ehe im Kreise«* in freundlicher Erinnerung. Ernst *Lubitsch* hat es in Amerika mit amerikanischen Darstellern gedreht. Es ist amüsant, leicht-satirisch, mit einer ganz leisen, fast verklingenden Andeutung, moralisch zu sein. Man lernt daraus, daß Heiterkeit in der Atmosphäre liegt, in der amerikanischen, französischen, nur nicht in der englischen und deutschen. Der pathetische Massenregisseur Lubitsch hat in Amerika lachen gelernt. Nie wäre es ihm in Deutschland gelungen. Mehr als jeder andere Apparat, ist der Filmaufnahmeapparat abhängig von der Luft, dem Klima, der Stimmung, den Ergebnissen psychologischer und geographischer Verhältnisse. Die Menschen sind mehr oder weniger überall dieselben. Die »Branche« ist in Frankreich, New York und Berlin zum großen Teil dieselbe, homogene Schicht. Dennoch entstehen typische deutsche, französische, amerikanische Filme. Das »kommt von der Luft …«

*

In einem Wiener, das heißt: in Wien gedrehten Lustspiel sah man den französischen Komiker Linder nach langer Zeit wieder. Wie Chaplin die Groteske zur kaltschnäuzigen Brutalität steigert, so mildert Linder die groteske Brutalität durch galante Drolligkeit, elegante, verzögernde, rundende Geste. Er ist ein Pariser, trotz seinem Namen und seiner wahrscheinlich deutschen Abstammung. Chaplin verspottet die Form, desavouiert sie, beweist geradezu ihre Schädlichkeit. – – Max Linder wahrt sie immer, auch in der verrücktesten Situation, und beweist so ihre Notwendigkeit. Chaplin ist immer originell. Linder verschmäht auch eine oft verwendete lächerliche Situation nicht, aber er formt sie durch graziöse Liebenswürdigkeit zu einer ganz neuen. Chaplin bestreitet in einem Film die Komik ganz allein, – Linder setzt auch den Nebenpersonen komische Lichter auf. In seinen

Filmen ist Schnelligkeit, wie in den amerikanischen. Aber es ist nicht die Schnelligkeit der Maschine, sondern die elegantere des Wiesels, des Tiers, eine animalische Fixigkeit.

*

Mauritz *Stiller*, der kultivierteste, der dichterischste, der Hamsun der Filmregisseure, hatte *»Gösta Berling«* verfilmt, den berühmten Roman von Selma Lagerlöf. Der Film blieb – besonders im zweiten Teil – weit hinter dem Roman zurück. Die Dichterin soll selbst mitgeholfen und Anregungen gegeben haben. Es fehlt nicht an der Stimmung, die eine Konsequenz des Milieus ist. Wohl aber an jener, weitaus wertvolleren, die ein Resultat und eine Ursache der *Dichtung* ist. Was ein Heldenepos ist, wird im Film ein Sittenbild, eine Kulturmalerei.

*

Was Mauritz Stiller nicht ganz gelingen konnte, mußte dem Regisseur Carl Th. *Dreyer* vollständig mißlingen, der es unternahm Hermann Bangs *»Michael«* zu verfilmen; und nach dem Manuskript der Thea v. *Harbou*, die schon »Die Nibelungen« gründlich mißverstanden hat. Hier sieht man, wie aus einem sensiblen Kunstwerk ein läppisches Filmstück wird: Benjamin *Christensen*, der die Rolle des Meisters spielt, kann durch reine plastische Wirkung nicht den Zauber ersetzen, den Bang im Roman durch musikalische Hilfsmittel hervorruft. Ein belangloser hübscher junger Mann (der Sohn des Sängers Slezak) spielt den Michael. Der ist im Roman ein schöner junger *Mann*, mit der gesunden Unerbittlichkeit der Jugend. Im Film ist es ein männliches Kammerkätzchen. Der Meister wandelt im seidenen Pyjama herum und die großen Werke, die der Regisseur Dreyer unvorsichtigerweise auch sehen läßt, sind Kitsch aus einem »Kunstladen« der Friedrichstraße. Es ist viel »Stimmung« aus den Situationen herausgeholt, aber zu Sentimentalität erweicht. Es ist ein »Michael« in kleinbürgerlicher Bearbeitung, wie die »Nibelungen« eine Bearbeitung für die erwachsene Jugend waren. Thea v. Harbou hat gewiß Qualitäten. Sie sollte sich für die Romane von Norbert Jacques und Ludwig Wolff aus der »Illustrierten« reservieren. Hermann Bang liegt auf einer anderen Ebene.

*

Im »Ufapalast am Zoo« sieht man eine amerikanische Verfilmung des alten jüdischen Konfektions-Lustpiels *»Pottasch und Perlmutter«*, das eine innige Vertrautheit des amerikanischen Regisseurs mit den Sitten und Gebräuchen der jüdischen Welt verrät. Als »Einlage« wird eine »Modeschau« gezeigt. In der Mitte der Bühne erhebt sich eine Wendeltreppe. Damen und Herren in seidenen Kleidern, mehr vom bunten Licht der Scheinwerfer, als von Stoffen bekleidet, erscheinen, verschwinden, kommen in neuen Kleidern, drehen sich. Amüsant sind die Herren in Zylindern, mit Radmänteln und Stöcken, sie trippeln wie junge Mädchen, werfen kokette Blicke um sich, sind »Helden«, Salonlöwen vom Zylinder bis zum Lackstiefel; sie wiegen sich in den Hüften, zieren sich und – daran soll man sich ein Beispiel nehmen? Es ist das pantomimisch verlebendigte Modeblatt aus dem »Atelier« eines »Tailleurs«. Wenn diese Salonhelden die Wendeltreppe hinansteigen, erinnert sie an einen vertikalen »Strich« der Herrenwelt, der etwas gewunden ist und nicht mit Unrecht ...

Ein paar »Sensationsfilme«.

Karl *Grune*, einer der geschmackvollsten, subtilen und graziösen Filmregisseure hat den Film *»Arabella«* gedreht – nach einem Manuskript von Hans *Kyser*. Der Film behandelt den tragischen Lebenslauf eines Pferdes. Die Namen: Grune und Kyser, das Thema selbst hatten die Erwartungen hochgespannt. Es wäre möglich gewesen, die Tragik des Tieres für sich allein wirken zu lassen, die Tragik, die ja dadurch allein schon vorhanden ist, daß das Tier mitten in eine Welt von Menschen gestellt ist. Man müßte glauben, daß kein anderer Stoff es dem Filmregisseur so leicht macht. Die »Sensation« ist in den bescheidensten Momenten eines Tierlebens gegeben. Die filmisch wirksamen Gegensätze sind immer vorhanden: Mensch und Tier. Und sowohl der Respekt vor dem Tier, wie die künstlerische Überlegung hätten geboten, Menschen eben nur zur Erzielung von Kontrasten zu verwenden. Der Regisseur aber leidet, ebenso, wie der Verfasser des Manuskripts an der falschen Voreingenommenheit gegen den Geschmack und das Interesse des breiten Publikums. Es will sich nur für Tiere begeistern, mit ihnen fühlen, mit ihnen leiden, wenn man ihm Tierfilme verspricht. Statt dessen wird in »Arabella«, die edle Geschichte eines edlen Pferdes, noch eine menschlich banale und langweilige Begebenheit hineinkomponiert. Die Etappen der menschlichen Begebenheit stören den Ablauf der Tiergeschichte, hemmen ihn und senken schließlich das Niveau des ganzen Films.

*

Ludwig *Wolff* schreibt nicht nur seine Romane, er filmt sie auch. Ich weiß nicht, welcher von den beiden Vorgängen der primäre ist. Das soll kein Vorwurf sein. Theoretisch kann ein Romancier sein eigener Filmregisseur sein. Man darf es nur weder dem Roman, noch dem Film anmerken. Diesem nicht, daß er aus einem Roman entstand, der von vornherein als Film gedacht war. Jenem nicht, daß er zu dem Zweck entstanden ist, in einem späteren Leben ein Film zu werden. Die Produkte Ludwig Wolffs sind zur Seelenwanderung verurteilt, sobald sie geboren werden. Man ahnt die Form ihres zweiten Lebens.

»Garragan« ist solch ein Produkt. Die Geschichte eines Barons, der aus menschlichen, verständlichen und verzeihlichen Motiven in den Kerker gelangt. Mit seinem Wiedereintritt ins freie Leben beginnen Film und Roman. Zwei Frauen treten auf. Ein amerikanischer Milliardär. Ein österreichischer Baron. Sie sind Klischees. Weil viel im Roman gesprochen wird, muß der Film viele störende Titel haben. Weil die handelnden Personen reich sind und sich in interessanten Städten und Landschaften aufhalten dürfen, sieht man Städte und Landschaften. Diese sind allerdings sehr schön. Ein Verdienst der Photographie und der Objekte. Ludwig Wolffs große Leserschar wird wahrscheinlich schon bessere Filme gesehen haben. Ein geschickterer Romancier ist selbst mir noch nicht begegnet. …

*

Der in Wien lebende ungarische Regisseur *Kertesz* hat die *»Sklavenkönigin«* gedreht, einen Film, der freie Phantasie, Prähistorie und Bibel ungeschickt und plump durcheinander mengt. Die Juden in Gosen werden von den Ägyptern bedrängt. Ein ägyptischer Prinz liebt ein Judenmädchen. Er muß die Thronfolge an seinen Bruder abgeben. Das ist eben jener Pharao, von dem die Bibel erzählt. Sein bekanntes Ende im Roten Meer verschafft dem edlen Prinzen die Königswürde. Seine geliebte Jüdin stirbt indessen, gemordet von der Gegenpartei. Man erlebt schaudernd das primitive Chaos, das in der Welt des Herrn Kertesz braut. Die Juden von Gosen sehen aus wie galizische Kleinstadtjuden. Ihre Kennzeichen: sie reden viel und laut und gestenreich. Wenn einer Kertesz heißt und aus Ungarn ist, müßte er die biblischen Juden besser kennen. Herr Kertesz hat aber nur den großen amerikanischen Film »Die zehn Gebote« gut gekannt. Zum ersten Mal in der – ach! so reichen! – Geschichte des Films dürfte es sich ereignet haben, daß ganze Partien, darunter die wichtigsten, so aussehen, als wären sie aus einem Film glatt in den andern übernommen worden. Der Zug der Juden durch's Rote Meer, die gespaltenen Wasser sehen genau so aus wie in den »Zehn Geboten«. Es ist das Verdienst desBerliner Kritikers Kurt Pinthus, den Zusammenhang erläutert zu haben; er folgert ganz richtig, daß Kertesz diesen Film noch gedreht hat, als es eine Inflation gab und für Deutschland keine Möglichkeit, die kostspieligen Dollarfilme zu beziehen. Damals glaubte Kertesz, mit seinen Bildern der erste zu sein. Er hat sich getäuscht. Freuen wir uns über einen Sieg der Gerechtigkeit, der in der Filmwelt selten ist …

*

Den *»Jagdruf der Liebe«*, einen »echt amerikanischen« Film der Fox-Gesellschaft, ziehe ich dem Kertesz vor, obwohl der »Jagdruf« nichts anderes will, wie »Aufregung«. Es ist eine Symphonie rasender Unwahrscheinlichkeiten, der größte Teil der physikalischen Gesetze ist aufgehoben und hat andern, amerikanischen Gesetzen Platz gemacht. Man saust zwischen zwei Eisenbahnzügen im Auto, fliegt über Abgründe, kommt immer im letzten Moment, besteht Millionen Gefahren in zwei Sekunden, und die Logik des Geschehens ist so erschöpft, daß sie keine Logik mehr ist. Einem Mut, der solche Märchen erzählt, glaubt man alles. Da ist eine naive Unbefangenheit, die keine Grenze kennt. Das Tempo des Bluts jagt den letzten Rest der Vernunft über den Haufen. Dieser Film dürfte einen Höhepunkt der Gattung: Amerika bedeuten. Er ist anspruchslos. Und die große Kunst besteht darin, bescheiden zu sein, wenn man dem Zuhörer so viel zumutet. Es gibt eine Grenze, hinter der auch für uns das Wunder anfängt …

Von den größeren Filmen, die man in den letzten Wochen in Berliner Lichtspieltheatern gesehen hat, scheinen mir nur drei des genaueren Berichts würdig. Es sind: »Das Wachsfigurenkabinett«, der Film »Nju« und der Jackie Coogan-Film »Oliver Twist«.

Das »Wachsfigurenkabinett« hat Henric *Galeen* verfaßt. Das Manuskript knüpft filmische Motive nur lose aneinander und gefährdet von vornherein die Einheitlichkeit des Werks. Hier hätte der Regisseur (Paul *Leni*) einsetzen müssen, denn es lassen sich gewiß im Film Übergänge, natürliche, »gewachsene«, herstellen, auch wenn das Manuskript Lücken hat. Es geschah in diesem Film nicht. Obwohl das Programm außer dem Regisseur Leni noch einen »Spielleiter« (*Birinski*) anführt. (Was ist ein »Spielleiter«, was ein »Regisseur«?)

Ein junger Dichter erhält vom Besitzer des kleinen Wachsfigurenkabinetts den Auftrag, Geschichten für das Programmheft zu verfassen; Geschichten von Harun al Raschid, von Iwan dem Grausamen, von Jack the Ripper. Der junge Dichter verliebt sich in die Tochter seines Auftraggebers. Und nachdem er zwar ergötzliche Geschichten geschrieben und eine schrecklich geträumt hat, nimmt er sich die junge Tochter.

Man sieht die gar nicht zwingende, rein zufällige Rahmenhandlung. Dennoch gelingt in diesem Film, was in solide gezimmerten und festgekitteten Filmen so selten gelingt: die Einheitlichkeit der Stimmung. Sie täuscht über die auseinanderfallende Handlung hinweg. In eine phantastische Welt ist alles Geschehen eingebaut. Der Film weht vorüber, wie ein Traum in mehreren Teilen; wie einige Träume. Aber, was ihn zusammenhält, ist eben die *Nacht*, in der sich die Träume vollziehen. Das ist Bindung genug. Und, daß es gelingt, die märchenhafte, fast sonnige Heiterkeit der unwahrscheinlichen Ereignisse durch das Düstere der Stimmungsfarbe hindurchleuchten zu lassen, ist ein besonderes Verdienst der Regie. Es werden nicht viele spielerische, heitere, anspruchslose und dennoch künstlerische Filme bei uns hergestellt. Die phantastischen Voraussetzungen sind – es sei zugegeben – dem Zuschauer aufgezwungen. Aber hat man einmal die Voraussetzung angenommen, so genießt man weiter, ohne daß ein logisches Bedenken mit seinem Zwischenruf das leichte Behagen störte. …

*

Der Film: *»Nju«* mit Elisabeth *Bergner* in der Hauptrolle hat Paul *Czinner* hervorgebracht, ein Mann, der vom Theater kommt und der vielleicht deshalb das rührselige und weichliche Konversationsstück des Ossip Dymow gewählt hat. Aber im Film fällt glücklicherweise die Konversation weg und man sieht an diesem, wie an so manchem andern Beispiel, daß der Film um viele Jahre jünger ist und um noch mehr wesentliche Merkmale primitiver, als das Theater. Denn Dymow ist auf der Bühne unerträglich. Im Film korrigiert sich sogar seine falsche Psychologie fast von selbst.

Nju ist die kleine Bürgerin, die ihren Spießergatten verläßt, dem »Dichter« zuliebe, um von diesem verlassen und vernichtet zu werden. Hier hat die Bergner zwar ergreifen können, aber nicht überzeugen. Im Film fehlt dieser Schauspielerin nämlich das wichtigste ihrer Kunstmittel: die Stimme, diese arme, zerbrechliche, zwitschernde, traurige Mädchenstimme. Im Film blieb die Bergner auf die paar Bewegungen beschränkt, die ihr zur Verfügung stehen, die tändelnden, auch in der Tragik tändelnden Bewegungen, das ewig Anmutige, auch im Untergang Anmutige. Und, weil die Anmut allein so selten tragisch werden kann, bleibt auch hier noch ein Rest übrig, eine leise Unbefriedigtheit. Aber dafür erstrahlt hier der ewige Sieg des Anmutigen über den

Tod. Es ist weniger die leidenschaftliche Tragik eines Weibes, als der Triumph eines lustigen zwitschernden Vogels über den Käfig und über den Tod in seiner kalten, falschen Freiheit.

Viel wuchtiger und tragischer, lächerlich und heilig ist Emil *Jannings* bürgerlicher Ehemann. Hier verrät sich eine intuitive *und* intellektuelle Beobachtung des Bürgers, die ohne Beispiel in der deutschen Filmkunst bleibt.

*

Von *Jackie Coogan* ein alter, in Deutschland neuer Film: *»Oliver Twist«*. Man kennt die unsterbliche Dickens-Gestalt. Man darf natürlich nicht den Film mit dem Roman vergleichen. Filme verlieren immer, wenn man sie mit ihren literarischen Urbildern vergleicht – wenn diese nicht zufällig von Ossip Dymow sind. Der Film hat Längen, er verliert sich in Details, die im Roman notwendig, auf der Leinwand überflüssig sind. Aber sieghaft, wie immer, bleibt der kleine Wunderknabe, das einzige Kind, das nicht kitschig wird, obwohl es von Geschmacklosigkeiten aller Art umgeben ist …

Filme für Kinder.

Das ist die Zeit, in der alle Branchen ein Herz für die Kinder entdecken: auch die *Filmbranche*, die durch ein lästiges Gesetz den Jugendlichen unter sechzehn Jahren verboten ist. Jetzt dürfen die *Berliner Kinder* in den Ufapalast am Zoo. Man gibt dort einen amerikanischen Kinderfilm: *»Die junge Stadt«*. Das Manuskript stammt von den Herrn Hope Loring und Louis Lighton, die Regie führte der Herr William Beaudine und der kleine Hauptdarsteller heißt Ben Alexander, ist höchstens zwölf Jahre alt und schon fettgedruckt. Der Inhalt des Films ist leicht erzählt: der kleine Bobby spielt mit

Jugendgefährten Revolution. Alle Requisiten sind vorhanden, die man für eine »Revolution« benötigt: Papphelme, Steckenpferde, Holzschwerter; ein kleiner Hund der bald überfahren und begraben wird; ein kleines Grundstück, das der Vater Bobbys dem reichen Vater eines unsympathischen Knaben verkauft. Früh lernte so der Knabe den Schmerz der Heimatlosigkeit, den Hohn des Besitzenden, die Schmach des Vertriebenseins kennen. Natürlich endet der Film mit dem Rückkauf des Grundstücks und der Inszenierung einer neuen »Revolution«. – Die *Amerikaner* verstehen es vortrefflich, Knabenspiele, Kinderwelten glaubhaft zu rekonstruieren. Die wenigen Erwachsenen, die in diesem Film mitspielen, sind wie große Kinder. Es ist ein rührender Ernst in ihrem Spiel. Die amerikanischen Filme erinnern an die letzten Kindergeschichten der Weltliteratur. Aber da sind zwanzig oder mehr kleine Filmschauspieler, die *das* leben sollten, was sie bewußt vortäuschen und bestimmt nicht mehr sein können, was sie so trefflich darstellen. Sie werfen ihre Kindlichkeit in das gefräßige Licht der Jupiterlampen. Sie opfern sich dem Atelier-Moloch und wir freuen uns darüber, daß sie so lieb sind auf der Leinwand und führen unsere Kinder ins Kino und vergessen, daß jene spielenden Kinder sich mühsam gezwungen haben, Kinder zu sein. Haben sie noch Freude an Papphelmen, die ihnen das Atelier liefert? Sind sie nicht weit hinausgewachsen über das Spiel? Sie tragen lange Hosen in ihren Privatleben und gähnen gelangweilt, wenn sie mit Altersgenossen zusammenkommen, die *nicht* filmen. Und sie »spielen«, statt zu spielen. Hundert, vielleicht tausend Kinder wachsen in den amerikanischen Filmstädten heran, in den Städten aus Pappe, in perspektivisch gemalten Wiegen, hinter Kulissen gezeugt, in einer Filmszene geboren, von Regisseuren erzogen, hundert, tausend, zehntausend Kinder …

»Der letzte Mann«.

Der große künstlerische deutsche *Film* dieses Jahres heißt: »Der letzte Mann«. Sein Verfasser ist Carl *Mayer*, der einzige deutsche Film-*Dichter*. Ich betone »Dichter«, weil es viele Manuskriptverfasser und -Verfertiger gibt. Carl Mayer aber dichtet Filme, wie man Gedichte, Erzählungen und Dramen dichtet; das heißt: er überträgt einen Stoff aus der materiellen, irdischen und zufälligen Ebene der »Existenz« und der »Begebenheit« in die metaphysische, einmalige, gültige und notwendige Atmosphäre.

Den Dichter Carl Mayer berührt es nicht, ob der Film überhaupt ein »Kunstwerk« ist oder nicht. *Seine* Filme sind jedenfalls Dichtungen. Er ist kein Sprachdichter, sondern ein Bilddichter. Der Dichter malt, singt und spricht mit Worten. Der Filmdichter, wie ihn allerdings der einzige Carl Mayer repräsentiert, malt, singt und spricht in direkten Bildern. Die Tatsache, daß er »Manuskripte« verfaßt, also mit Papier, Feder oder Schreibmaschine arbeitet, wie ein Schriftsteller, spielt hier eine ganz untergeordnete Rolle. Sein »Manuskript« ist ein Brief an den Regisseur, mit Anweisungen. Man müßte für solche Filmdichter ein Instrument erfinden, etwa ein Bildklavier, mit zahllosen Situations- und Bildskalen, mit Tasten, deren Berührung die Projektion des vom Autor gewollten Bildes verursacht.

Tatsächlich sehen die Manuskripte Mayers wie kurze Regiekommandos aus. Situation reiht sich an Situation. Oder, vom Dichter aus: Vision reiht sich an Vision. Dazwischen stehen die technischen Erläuterungen und Anweisungen: »Großaufnahme«, »Blende!« usw. Diese Regiebemerkungen verraten die Struktur des schöpferischen Prozesses: die dichterische Vision verwandelt sich (bewußt oder unbewußt) in die filmtechnische Art zu sehen. Die Intuition hat mit der Technik einen Bund geschlossen. Es ist ähnlich wie der Schöpfungsprozeß im Dramatiker: auch dieser vergißt, wenn er ein echter Dramatiker ist, keinen Augenblick die Bühne und ihre technischen Möglichkeiten. Aber die Filmtechnik ist um so viel komplizierter, wie der Film situationsreicher, »Handlungs«-gefüllter ist. Um diesen Schöpfungsprozeß auf eine Formel zu bringen, müßte man etwa sagen: Carl Mayer empfängt Visionen, wie jeder »Seher«, das heißt: Künstler. Aber er vermittelt sie dem Regisseur mit den technischen Ausdrucksmitteln der Filmwissenschaft.

Es bleibt dem *Regisseur* nun verhältnismäßig wenig zu tun übrig. Er kann das vom Autor so deutlich geschaute und so ausdrücklich beschriebene Bild nicht aufs neue »komponieren«. Der Regisseur muß sich darauf beschränken, den Darstellern und den technischen Mitarbeitern das Diktat des Dichters sehr deutlich und präzise zu übermitteln. Er kann nur Nebensächliches in die Bilder hineinkomponieren. Es bleibt ihm übrig: die Staffage, die Kulisse. Ob das nun wenig oder viel ist, hängt von der künstlerischen Begabung des Regisseurs ab. Ein großer Künstler wird »Atmosphäre« schaffen. Der kleine Regisseur wird die schon vom Autor geschaffene »Atmosphäre« getreulich kopieren.

Der Regisseur des »Letzten Mannes« ist *Murnau*. Es war höchste Zeit, daß er zum Dichter Carl Mayer fand. So entstand ein Film, in dem das Ergänzungsverhältnis zwischen Regisseur und Autor ein vollendetes ist. Murnau ist einer jener wenigen Filmregisseure, dessen Einfühlungskraft den eigenen schöpferischen Gestaltungswillen nicht beeinträchtigt. Kommt noch, wie hier, ein Photograph von dem dichterischen Anschauungsvermögen *Freunds* hinzu, so entsteht ein bedeutender, »künstlerischer« Film!

Der letzte Mann ist der *Portier* eines großen Hotels. Der erste Portier mit einem großartigen, goldverschnürten Generalsmantel. In der stillen Armeleutegegend, in der er wohnt, hat alle Welt Respekt vor dieser Uniform. Weiber, Männer und Kinder grüßen den Portier ehrfurchtsvoll. Er ist der vornehmste Bewohner des Viertels. Plötzlich entdeckt der Hoteldirektor, daß er zu alt ist. Man »versetzt« den Portier in die *Herrentoilette* und nimmt ihm den wunderbaren Mantel. Damit hat man ihm alles genommen: den Inhalt seines Lebens. Er stiehlt den Mantel und geht nach Hause, wie gewöhnlich, ein General, gegrüßt und salutierend. Aber der Diebstahl hat nichts genützt. Am nächsten Tag entdeckt das Armenviertel doch den wahren Beruf des alten Mannes. Er bleibt in der Herrentoilette.

Das ist die ganze »Handlung«. Ist das ein Film? Es ist eine gefilmte *soziale* Skizze. Sie könnte eine Novelle von Gogol sein; oder auch eine von Tschechow. Ihr Autor hätte sie bestimmt als Skizze geschrieben, und nicht als Filmmanuskript, wenn er ein Sprachdichter, ein Worte-Dichter wäre. Aber weil *zufällig* nicht die Sprache sein Werkzeug ist, sondern das Bild und der photographische Apparat, wurde ein Film daraus. Es ist also ein *zufälliger* Film. Und der Autor selbst gibt es zu, indem er einen »Epilog« anhängt. »So«, sagt der Autor ungefähr, »müßte der Film enden. Aber des von allen Verlassenen nimmt sich der Autor an und schenkt ihm ein glückliches Ende.« Man erfährt (Zeitungsnotiz), daß ein mexikanischer reicher Sonderling in seinem Testament sein ungeheures Vermögen demjenigen vermacht habe, »in dessen Armen er sterben würde«. Nun, und er stirbt in den Armen unseres Helden in der Herrentoilette des großen Hotels. Der frühere Portier wird ein reicher alter Herr und feiert in demselben Hotel, in dem er Portier und Toiletten-Verwalter gewesen ist, Triumphe des Reichtums und der Herzensgüte. Die armen Freunde lädt er an den Tisch, herablassend grüßt er den Hoteldirektor, einen Bettler lädt er in seine großartige Kutsche. Das ist der hocherfreuliche Schluß.

Wie man sieht, kein organischer, *bewußt* kein organischer. Es sieht aus, als hätte ihn der Autor lächelnd angefügt, um dem kindischen Verlangen des Publikums nach dem »guten Ausgang« einen Gefallen zu erweisen. Es ist eine sogenannte »romantische Ironie« in diesem Schluß. Der Autor macht sich lustig über die Mode des Films mit freudigem Ende. Es wäre im landläufigen Sinne »filmischer« gewesen, den ironischen Satz, der Ende und Schicksalswende einleitet, wegzulassen und statt dessen den Tod und die überraschende Testamentsgeschichte des reichen Mexikaners abrollen zu lassen. Aber dann hätte das »Niveau« gelitten. Und so gibt es wieder das Dilemma, unter dem ein Künstler wie Carl Mayer leiden muß: ist der Film »Kunst« oder nicht? Stört man sein künstlerisches Niveau, wenn man landläufig »filmisch« wird, das heißt: Kolportagehaft? Carl Mayer rettet sich aus diesem Dilemma durch eine feine dichterische *Ironie*. Aber sie kann nicht darüber hinwegtäuschen, daß sie nicht zum Film gehört. Sie ist *willkürlich* hineingetragen. Und wenn man eine Willkür zugesteht, hört sie noch nicht auf, Willkür zu sein.

Dieser Film hat also einen Bruch; der Bruch ist begründet in der falschen Auffassung: daß man eine dichterische Skizze filmen kann. Man kann sie nämlich *nur* schreiben. Carl Mayer ist ein bedeutender Dichter. Aber er leidet unter dem Fluch seines Handwerks: des Apparats. Er müßte schreiben. Und er wäre vielleicht ein Gogol. Aber ein Gogol des Films kann man nicht sein. Leise und feine Dichtungen wollen die Leute nicht sehen. Es sei denn, man macht ihnen eine Konzession, wie Mayer im »Letzten Mann«. Ein Dichter aber kann, ja, er *muß* es sich ersparen, Konzessionen zu machen. Er darf es nicht einmal auf dem Umweg und mit dem Verlegenheitsmittel der »romantischen Ironie«.

Die Hauptrolle spielte *Jannings*. Seine Bewegungen sind reich und kräftig und zielsicher. Niemals ist eine Geste, eine Miene, ein Augenaufschlag verschwendet. Unerschöpfliche Fülle in knappster Konzentration. Und dazu eine stille, heitere, verstehende Einsicht in die letzten Geheimnisse der armen Seele. Wie Jannings ein zerbrochener Greis in der Toilette und ein würdiger, reicher Herr ist im vierspännigen Wagen – – und doch immer derselbe: das gehört zu den größten Film-Leistungen der letzten Jahre.

Dieser Film wurde gleichzeitig in *Amerika* uraufgeführt, und, wie man hört, mit demselben Erfolg. Auch das Berliner Publikum ist begeistert. Aber es wäre schwer zu entscheiden: ob das *dichterische* Element den Erfolg verursacht oder die filmischen Vollkommenheiten. Wäre der ironische Konzessions-Schluß nicht angehängt worden, so hätte es sich vielleicht jetzt entschieden, ob das Publikum wirklich reine Dichtungen im Film sehen will. So ist die Entscheidung wieder aufgeschoben. Gute *Filme* will es jedenfalls sehen. Und »Der letzte Mann« ist, abgesehen von der Frage: Dichtung oder vergewaltigte Dichtung – einer der besten Filme nicht nur Deutschlands, sondern der Welt.

Der Film vom Vatikan.

Eine Freiburger Lichtbildgesellschaft, genannt *»Caritas«* führte der Berliner Presse ihren Film vor, dessen Inhalt der *Vatikan*, dessen Titel »Der Vatikan in Kunst und Geschichte«. Dieser Film wurde »mit Genehmigung Seiner Heiligkeit des Papstes hergestellt«; und diese Genehmigung war notwendig, denn der Papst selber erscheint einige Male im Film, er ist der »Held« des Vatikanfilms, wenn ein so profaner Ausdruck für eine so sakrale Persönlichkeit eine angemessene Bezeichnung ist. Es muß als ein filmtechnisches Wagnis bezeichnet werden, den Vatikan zu filmen. Denn hier widerstrebt das Material dem ersten und wichtigsten Prinzip des Films: der *Bewegung*. Den Vatikan zeichnet museale *Ruhe* aus, und, könnte man von seinem »Prinzip«

sprechen, man müßte sagen, er hätte das der vornehmen, ehrwürdigen Laut- und Bewegungslosigkeit. Er ist ein Thema für »Panoramen«. Schnell dahingleitende Aufnahmen von Bildern, Statuen, Bibliotheken, Bauwerken geben einen flüchtigen Eindruck, der geeignet ist, in jenen, die Rom nicht kennen, Sehnsucht nach Rom zu erwecken; jenen aber, die es schon gesehen haben, geben solche Bilder nichts mehr als eine hurtige Erinnerung. Die »Caritas« hat diesen Film von italienischen Operateuren in *Rom* aufnehmen lassen. Die italienische Filmtechnik ist noch nicht entwickelt genug, um dergleichen schwierige Probleme zu lösen, wie es das der Verfilmung starrer Monumentalität ist. In der Skulptur und im Gemälde erwächst die Bewegung aus der Situation. Der Film verwandelt die lebens- und bewegungsträchtige Situation in einen rasenden Ablauf von Situationen, die ihr inneres Leben verlieren und ein äußeres gewinnen. Man kann eine ruhige *Landschaft* ohne Schaden filmen. Aber keine *gemalte* Landschaft. Man kann Natur filmen; nicht gesteigerte, komprimierte Natur.

Das wäre geschickter gewesen, statt der vielen, nur einzelne, besonders wichtige Teile zu filmen und diese nicht mit filmgemäßer Eile abrollen zu lassen. Bibliotheken, Wand- und Deckenornamente, Kostbarkeiten bedürfen, um gewürdigt zu werden, einer längeren Betrachtungsdauer. Man wird diesen Film gewiß nicht nur fachmännisch werten dürfen. Aber auch er will offenbar *wirken*, und er unterliegt infolgedessen den landesüblichen Gesetzen der Wirkung.

Anders verhält es sich mit jenen Teilen, in denen der Papst selber gezeigt wird, wie er eine Deputation empfängt, wie er die Menge segnet, wie er einen Kongreß eröffnet. Diese Teile sind *nicht* organisch in das Ganze eingefügt. Aber sie sind das Interessanteste in diesem Film. Der Heilige Vater hat im anno santo ein besonders aktuelles Interesse. Sein kluges, lebhaftes Antlitz, in Augenblicken von dem Apparat aufgefangen, in denen der Papst nicht weiß, daß ihn gerade jetzt die Öffentlichkeit beobachtet, gewinnt an interessanten Ausdrucksmöglichkeiten. Es ist sehr viel natürliche Menschlichkeit in diesem Gesicht, eine freie Würde, ein Pathos ohne Kulisse. Er ist der Bergsteiger *Rati*, der Naturliebhaber, der einfache, freie Mensch und das Haupt der mächtigsten Kirche der Welt.

Man sieht, wie der Papst Pfadfinder besichtigt, wie er jungen Männern die Hand gibt, Fahnen betrachtet, eine »Front« abgeht und wie er »dreißig Reden in dreißig verschiedenen Sprachen« abhören muß. Der Papst fährt durch die Gärten des Vatikans, durch die stillen, verzauberten Gärten mit den Brunnen, den Bäumen, die so aussehen, als würden sie aus natürlichem Stolz niemals rauschen, sondern immer stille stehen, der Würde bewußt, die repräsentiert. Man sieht schließlich den alten Kutscher, der Tag für Tag *fünf Päpste* gefahren hat, ein ganzes Leben lang, jeden Tag denselben Weg. Dieser Kutscher steht starr vor der Linse, so, wie er auf dem Bock sitzt, von einer Verantwortung erfüllt, die ihm ein freier Entschluß auferlegt; und nichts anderes.

Der Film ist trotz seiner Mängeln sehr aktuell. Er wird, etwas gekürzt und zusammengedrängt, gewiß viele Zuschauer finden. Die Lichtbildgesellschaft »Caritas« will keinen Geldgewinn – – eine Ausnahme in der Filmbranche. Die »Caritas« wendet, wie ihr Name verrät, alle Gewinne wohltätigen Zwecken zu.

Filme.
Zwei deutsche und ein amerikanischer.

Ich beginne mit dem Bericht über den bedeutendsten deutschen Film der letzten Tage: es ist Berthold *Viertels »Perücke«*. Viertel ist Dichter und Regisseur der »Perücke«. Ihm gilt also jedes Lob; aber auch jeder Tadel. Viertels Held ist ein armer glatzköpfiger Schreiber, der sich eines Tages die Perücke kauft. Ein Fürst hat sie einmal getragen. In dem Augenblick, in dem der Schreiber sie anzieht, ist er der Fürst und setzt des Fürsten wunderbares Leben fort. Er kämpft mit seinem jungen grausamen Nebenbuhler um die schöne junge Fürstin; erleidet Niederlagen, Schmähungen, Demütigungen, siegt endlich, will freiwillig in den Tod gehn – – und erwacht. Es war ein Traum. Der Schreiber erwacht in seine Wirklichkeit. Er ist wieder Schreiber.

Es liegt im Wesen des Traums, daß er der irdischen Logik nicht bedarf, daß er eine durchlöcherte, oft gehemmte, willkürlich einsetzende und ebenso abbrechende Logik und kein organisches Ende hat im Sinne irdischen Geschehens. Eine Traumhandlung ist andern, unerforschten, unverständlichen, kaum noch erfühlbaren Gesetzen unterworfen. Der Dichter, der eine Traumhandlung künstlerisch fixiert, schaltet freier, willkürlicher, gesetzloser. Wo immer er den Schlußpunkt setzt, – – der Schluß ist immer berechtigt. Aber auch ebenso unberechtigt. Die Handlung kann tausend Jahre weitergehn. Sie kann eine Sekunde währen. Und niemand trägt die Verantwortung. Jeden Vorwurf erledigt die Tatsache: daß es ein Traum ist.

Aber die Tatsache *selbst* ist ein Vorwurf, den man Viertel nicht ersparen kann. Das Traumthema ist alt, oft gebraucht, abgenutzt. Der Film verführt so sehr zum Traumthema, daß es bereits nicht mehr filmbar ist. Mußte es aber dennoch schon Traum sein, so hätte er nicht acht Akte und viele tausend Meter dauern dürfen. Obwohl auf jeden Meter sehr viel künstlerische Sorgfalt verwendet ist. Sähe man diesen Film in unzusammenhängenden Ausschnitten, man wäre ohne Einwand entzückt, gefesselt, mitgerissen. Aber der Film im Zusammenhang ermüdet, quält und läßt unbefriedigt. Er läßt unbefriedigt wie jeder Traum; wie die Träume, die wir selbst träumen. Im Kino aber wachen wir, obwohl es dunkel ist. Den wachen Menschen befriedigt nur *irdische* Logik, die Konsequenz des wachen Lebens. Die des Traums kann ihn sogar erschüttern. Aber sie wird ihn, wenn sie anhält, sich wiederholt und nicht steigert, leider langweilen.

Schade um diese Verschwendung visionärer Kraft. Schade um diese kostbare Photographie, die auf Nuancen, Zwischenstimmungen, Seelisches, Ahnungen, Luft und Unkörperliches eingestellt ist. Schade um diese liebevolle Regie. Viertel hätte bei sich ein strafferes, mehr geschlossenes, zwingenderes Manuskript bestellen sollen. Leichter kann man es einem Regisseur nicht machen, als, wenn man ihm den Dichter so nahe rückt, daß beide eins sind. – Für das eintönige, aufdringliche, äußerliche, über ein paar klassische Situationen verfügende Spiel Otto *Gebührs* kann Viertel nichts.

Dennoch ist dieser Film technisch eine großartige Leistung. Denn hier gelang Traumhaftes so trefflich, daß wir nicht mehr das Traumhafte ertrugen: so liegen Vorzug und Fehler dieses Werks in einem und sind nicht zu trennen.

*

Die Kulturabteilung der »Ufa« wollte wieder einmal einen ihrer verdienstvollen »Kulturfilme« drehen. »Kulturfilm« ist ein »Lehrfilm«. Beide Bezeichnungen sind falsch, läppisch, geschmacklos. Aber alle »Kulturfilme« sind bezaubernd, fesselnd, geschmackvoll – bis auf die Texte. Wenn man einen »Kulturfilm« in eine »Handlung« einwickelt, wie man Kindern bittere Medizin in süßen Hüllen reicht, dann – – ja, dann möchte man die Wände hinaufklettern, wenn so was nicht polizeilich verboten wäre. Die Kulturabteilung der »Ufa« wollte uns Laien mit der Landwirtschaft bekannt machen. Also hätte sie Misthaufen, Kühe, Milchmägde, Ställe, Schweine, Wälder, Gutsbesitzer kurbeln sollen. Sie aber, die Kulturabteilung, verfilmt Fritz *Reuters »Ut mine Stromtid«*, nennt es billig, patriotisch, mit »Riecher« für die Provinz, wo man jetzt derlei trägt, »Kampf um die Scholle«, degradiert den Dichter zum Firmenverleiher, den Roman zum Vorwand, macht aus einem Epos eine banale Handlung, garniert sie mit Schweinen, Misthaufen und anderen rustikalen Dingen – – und gibt sich zufrieden. Zum Glück kann man die Augen schließen, wenn der »Film« kommt und sie beim Anbruch der »Kultur« wieder öffnen. Man ärgert sich über die Regie und freut sich der guten Linse, die so treulich Schweine aufnehmen kann.

»Bei mir – Niagara« ist der geschmacklose Ha-Ha-Ha-witzige Titel eines amerikanischen Meisterfilms mit *Buster Keaton* (Der Titel ist nicht amerikanisch.) Der Film spielt in der »guten alten Zeit«, der man in Amerika so wenig nachtrauert, daß man sie sogar verspottet. Wer diesen Film sieht, sehnt sich bestimmt nicht mehr in eine Zeit zurück, deren Gemütlichkeit grotesk ist, deren gesellschaftliche Vorurteile barbarisch sind. Es ist ein großes Meisterstück, nicht eine Zeit zu verhöhnen, sondern eine Sentimentalität auszurotten. Das war Sinn und Zweck dieses Films. Nirgends ward ich mir so der Wahrheit bewußt, daß Lächerlichkeit tötet. In diesem Film bricht der neue Mensch endgültig mit der Romantik seiner Vorfahren-Zeit. So ist dieser Film beinahe eine historische Etappe. Wäre er eine geschriebene Satire, er (beziehungsweise sie) käme in die Literaturgeschichte. Eine Filmgeschichte haben wir noch nicht.

Filme.

Man sah im letzten Monat in Berliner Filmtheatern *»Das große, weiße Schweigen«*, ein Film, der kein Film ist und über den vom Standpunkt der zünftigen Filmkritik wenig Fachliches zu sagen wäre. »Das große, weiße Schweigen«

besteht aus den Aufnahmen der englischen Südpolexpedition Scotts, dessen tragischen Untergang man kennt. Der Film wurde also zum Teil von jenen Südpolfahrern aufgenommen, die im Eise gestorben sind. Man fand bei den Toten Scotts letzte Tagebuchaufzeichnungen und ein paar Filmrollen. Die Tapferen filmten gewissermaßen noch ihren eigenen Tod – – im Interesse der Wissenschaft, nicht mit der Absicht, unsterblich zu werden. Es ist keine *Film*tragödie. Es ist eine *menschliche* und eine *historische* Tragödie.

Sie enthält Bilder von der weißen, schweigsamen Ewigkeit des südlichen Eismeeres. Schnee, Eis und Himmel. Wände, Festungen, Städte, Welten aus Schnee. Schlitten, Hunde und einige Menschen. Pinguine, ein Zelt, ein Walfisch. Man sitzt in einem modernen Theater. Es ist alles da, was zu den sogenannten Segnungen der Zivilisation gehört: saubere Mädchen mit Programmheften, in weißen Schürzen; elektrisches Licht; Zentralheizung; eine Filmleinwand. Und man sieht, von allen Seiten, gegen alle Gefahren der Natur geschützt, in eine ganz unwahrscheinliche Welt, in der sich das ganz unwahrscheinliche Schicksal unwahrscheinlicher Kämpfer vollzieht.

Ein paar Menschen wandern zum Südpol. Was ist der Südpol? Ein geographischer Begriff. Auf dem Globus befand sich noch ein weißer Fleck. Jetzt haben die Institute, welche die Globen herstellen, die Genugtuung, einen schwarzen Punkt mitten in das südliche Eismeer zeichnen zu können. Auf dem Südpol sieht es genauso aus wie einige hundert Kilometer vor dem Südpol. Aber man friert, hungert, stirbt, um diesen Punkt zu erreichen. Das ist noch fast wunderbarer als die ganze wunderbare Welt aus Schnee und Eis. Noch merkwürdiger als die rätselhaften Vögel mit den menschlichen Gesichtern, die Pinguine, sind die Menschen. Und noch tragischer als ihr Untergang ist die *Ursache* ihres Untergangs.

Denn der kühne Südpolfahrer Scott starb nicht unmittelbar an Entkräftung, Hunger und Frost – – , sondern er starb infolge der Tatsache, daß vor ihm schon der Kollege Amundsen da gewesen war. Auch diese schmerzliche, tödliche Enttäuschung wurde von den Todbereiten gefilmt. Als sie nach unendlichen Entbehrungen den Südpol erreichten, sahen sie schon die Fahne Amundsens. Der Südpol war schon entdeckt. Ihre Anstrengungen, ihre Opfer, ihre Todesbereitschaft – – alles war »umsonst« gewesen. So, erschüttert, hoffnungslos, traten sie den Rückweg an. Kaum eine Tagereise vor dem Hilfsplatz ereilte sie der Tod, der sie schon so lange vergebens belauert hatte. Aber der Tod kann jenen schwer beikommen, die ihn eines geographischen Begriffes wegen herausfordern. Dagegen hat er leichtes Spiel mit denen, die einer fiktiven Entdeckung wegen enttäuscht sind.

Das ist so unsagbar traurig, daß ein Südpolentdecker, ein Pionier der Wissenschaft, seinen Drang Erkenntnis zu verbreiten, mit dem törichten Bestreben verbindet, der »Erste« zu sein. Er will die englische Flagge hissen. Aber da ist schon die norwegische. In Wirklichkeit gehört der Südpol weder England noch Norwegen. Der Sturm zerreißt, vernichtet beide Fahnen. Hängt tausend Fahnen hin, sie sind nach einem Jahr das, was sie immer waren: Leinwandfetzen. Die Eitelkeit, die Fahne seines Vaterlandes zuerst zu hissen, teilt der große Mann der Wissenschaft mit dem törichten Kadetten, der eine Schanze erstürmt und mit einer letzten Phrase auf den Lippen stirbt. Es ist so trostlos, zu sehen, daß einer, der den Südpol entdeckt, nicht vergißt, eine Fahne mitzunehmen. Noch trostloser, daß es ihn schmerzte, weil eine andere Fahne schon vor der seinigen wehte. …

Ja, die Welt aus Schnee und Eis ist sehr wunderbar, aber zu erforschen, wie man sieht. Wunderbar *und* unerforschlich ist nur die Welt, die sich *in* den Menschen ausarbeitet, in jedem Menschen, im kleinen Kadetten und im großen Gelehrten. …

*

Ein zweiter großer Film: *»Die Karawane«*, hergestellt von der *Paramount-Filmgesellschaft.* »Die Karawane« behandelt das Schicksal der deutschen Auswanderer nach Wildwest in der Mitte des neunzehnten Jahrhunderts. Es ist ein Stück deutscher Geschichte in der Ferne. Endlose Wanderungen durch die endlose Prärie, Wagen, Zelte, Pferde, Ochsen, Kinder, Frauen, Wasser, Himmel, Büffel, Indianer. Kämpfe, Entbehrungen, Feste, Idylle. Feuerschein, roter Präriebrand, Goldgruben in Kalifornien. Auch die sentimentale Liebesgeschichte ist vorhanden. Ich wehre mich nicht gegen die sentimentale Fabel, die nichts mehr ist als ein Anlaß.

Ein ganzer Wagentrain durchquert einen breiten Fluß. Die Pferde, die Ochsen, die Kühe waten durch das Wasser. Die unmittelbare Lebendigkeit der Tiere im unmittelbaren Leben der Wellen; ernste schwere Bewegungen der Körper durch das heiter bewegte silberne Wasser. Wir zittern um jedes Pferd, jeden Stier, jedes Rind. Wie atmen wir erlöst, wenn wir sehen, daß sie am anderen Ufer wieder emporsteigen, schwer, langsam, mächtig – – dem Tod entronnen, ohne zu wissen, wie nahe sie dem Tod waren.

In diesem Film ist nicht *ein* Augenblick verlegener Leere, ereignisloser Handlung, jede Situation hat tausend Bewegungen und jedes Geschehen einen zweckmäßigen Sinn. Jede Episode entstammt dem Grundthema, keine einzige schweift von ihm ab. Der Film ist wie ein großes Haus mit vielen Nebengebäuden, die alle den Zwecken des Hauses dienen und seinen architektonischen Gesetzen unterliegen.

Das sind die zwei Film-»Ereignisse« der letzten Wochen. In beiden Filmen ist nicht die »Handlung« Hauptsache, sondern das *Geschehen*. In beiden Filmen erreichen nicht die Menschen die filmisch beste Bildwirkung, sondern die *Tiere*. Wieviel wunderbare Filme hätten wir, wenn wir kein »Filmmanuskript« verwenden würden, sondern einfach die Welt, die Tatsachen, die Tiere, die Bäume, die Flüsse und die Wälder. Jeder von uns hätte es leicht, seine eigene Tragödie in den Rohstoff zu komponieren, und wir besäßen in einem einzigen Filme soviel dramatische »Handlungen«, wieviel Zuschauer es gibt.

Sieben Lamas sind angekommen.

Sieben Lamas sind nach Berlin gekommen. Es fällt mir schwer, sie nicht zu bedauern. Hatten sie es nötig, nach Europa zu fahren, in Hotels zu wohnen, auf schummerig beleuchteten Bühnen aufzutreten und ihren Gottesdienst zu verrichten vor einem Publikum, das ihnen sieben Himalajagirls auf jeden Fall vorgezogen hätte? Sie lebten, wie ihr Kapitän Noël berichtet (der Mann, der sie auf dem europäischen Gewissen hat), in einer Felsspalte und kasteiten sich und beteten und wuschen sich nicht. Jetzt fahren sie in Automobilen, benützen »fließendes Wasser«, lassen sich photographieren und halten interviewenden Reportern stand. Jede Berühmtheit, der dieser europäische Komfort zugestoßen ist, wird wissen, um wieviel angenehmer das Lamaleben in einer Felsspalte, um wieviel leichter eine freiwillige Kasteiung ist als eine durch Reporter aufgezwungene. Wie erhaben ist eine feierliche Zwiesprache mit Dämonen gegen einen Dialog mit Vertretern der öffentlichen Meinung, die sich mit Auskünften nicht begnügen, sondern alle Gegenstände berühren, um »informiert« zu berichten und ja keinen Leser darüber im Zweifel zu lassen, daß die sich dort befunden haben, wo andern der Eintritt verwehrt ist. Wäre ich ein Lama, ich bliebe in meiner Heimat, in der es mir möglich wäre, die bösen Geister mit Erfolg zu beschwören, statt in die Fremde zu gehen, um sie empfangen zu müssen …

Ich würde all das den Lamas direkt sagen. Aber sie verstehen mich nicht. Sie wohnen in jenem Hotel, das der Dichterin Else Lasker-Schüler als Aufenthaltsort dient, in einem Hotel also, das prädestiniert ist, sieben Lamas eine Herberge zu sein. Sie kamen des Morgens an, und vor dem Bahnhof schon erwartete sie die europäische Kultur, die sich aus Kurbelkästen und Notizblocks zusammensetzt. Es sind sieben gutgewachsene, schöne braune mongolische Männer, majestätisch und fremd, sie schreiten still und leicht; ihre Schritte sind von einer erhabenen Ruhe, wie sie durch keinen Gummiabsatz Europas hervorgerufen wird. Im Hotel versammelte sich die Presse, ein Reporter nahm einen heißen Gegenstand in die Hand, und ein Lama nahm dem Mann der Presse den Gegenstand wieder fort, mit einer Verachtung im Blick, einer Verachtung, derzufolge man hätte glauben können, der Priester hätte schon jemals einen Bericht des Reporters gelesen. Am Nachmittag mußten die Lamas ins Theater, zur Probe; sie setzten sich und verrichteten ihren Gottesdienst, indessen der Kulissen-Himalaja beleuchtet wurde, Wolken aus Pappe vorbeidefilierten und der Beleuchter jenes düstere Rot zustande brachte, das am Abend die Zuschauer in Ekstase für zwei Mark fünfzig versetzen sollte. Gleichzeitig kam ein Photograph und »arrangierte« die Lamas, die alles mit sich geschehen ließen, obwohl sie, ohne Deutsch gelernt zu haben, ja jedes dumme Wort, das die Leute fallenließen, verstehen mußten.

Am Abend, zweimal, um sieben und um neun Uhr, treten die Lamas auf. Die Bühne ist dunkel, Pappewolken ziehen vorbei, der höchste Berg der Welt sendet schaurigen Eiseshauch ins Parkett, und die Scheinwerfer haben alle Scheiben voll zu tun. Zwei Lamas blasen aus riesigen Trompeten dumpfe Töne, ein finsteres Heulen schwarzer Geister, zwei andere blasen aus hellen, gellenden Trompeten aus menschlichen Oberschenkelknochen. Einer benützt eine Trommel, die mit menschlicher Haut bespannt ist, zwei tanzen im Vordergrunde heilige Tänze. Dann sprechen sie alle eine kurze, monotone, sehr einprägsame, unvergeßliche Litanei. Dann greifen sie wieder zu den Instrumenten, der Vorhang senkt sich, und der Film beginnt. Er trägt den Namen *»Zum Gipfel der Welt«* und stellt die Schicksale der dritten Mount-Everest-Expedition vor. Es ist ein grandioser Film. Ein Film von einer Welt aus Göttern und Eis. Die Menschen, die man hier sieht, haben wunderbare Gesichter voller Runen und Zeichen, sorgfältig beschriebene Gesichter, wie alte Manuskripte. Zwei Teilnehmer der Expedition verschwinden für immer in den luftlosen Höhen, man setzt ihnen ein großes und majestätisches Grabmal. Unbezwungen bleibt der Berg, jeden Menschen, der ihn bekämpft, vernichtet er, die Nebel der Ewigkeit lagern über ihm, er gebiert sie, er haucht Eis und Wolken aus Millionen Schlundmäulern, gefräßig und heilig, mörderisch und imposant, der höchste Gipfel der Welt.

Am Schluß vergißt man den Ärger über die Lama-Konjunktur der Europäer, und die Ehrfurcht, die man vor dem Berg empfindet, wird Ehrfurcht vor der menschlichen Leistung und vor diesem Zeitalter, in dem es möglich ist, daß Lamas in Automobilen fahren und am Berliner Nollendorfplatz auftreten. Ja, es ist ein wunderbares Jahrhundert, mit ein paar Schönheitsfehlern, aber mit einer Riesenkraft, die das Entfernte eint, den Berg zum Propheten und beide ins Kino kommen läßt – und es nützt nichts, daß wir uns wehren. Wir müssen anerkennen und uns zu dieser Zeit bekennen. Wir, ihre Söhne, Reporter, Photographen, Automobilisten, Flugzeugpassagiere und Lamas, sind Brüder.

Vom Nollendorfplatz bis zum tibetischen Hochland ist

weniger als ein Katzensprung: nämlich ein Menschensprung …

Die »Branche« mobilisiert.

Die »Branche« (die Filmbranche meine ich) ist im Grunde eine friedfertige Vereinigung von Konkurrenten, an deren natürlichen, angeborenen Pazifismus zu zweifeln ich keinen Grund habe. Dennoch können diese Friedlichen, die ihre Geschäftskämpfe untereinander mit Plakaten, Flüchen und Inseraten ausfechten, auch sehr wild und martialisch werden, sobald es die Situation erheischt, die man in den Kreisen des Films »Konjunktur« nennt. Ja, man glaubt gar nicht, wie mächtig die Kriegslust und die Liebe zum Militär in der Brusttasche so eines Aktionärs der Ifa, der Refa und der Cefa auflodern können – – und wenn man ihn selbst sehen würde, seine Photographie neben seinem militärischen Plakat, so würde man es ihm nicht glauben. Ich weiß nicht, wie viele Männer der Branche im Kriege enthoben waren. Doch weiß ich, daß mir in meiner zweijährigen Kriegsdienstzeit nicht ein einziger Filmunternehmer, ja nicht einmal ein Regisseur begegnet ist. Verschiedene Kriegskameraden haben in ihren Reihen ebenfalls die Männer der Unterhaltungsbranche vermißt. Umso mehr wunderte es mich, als vor ungefähr zwei Jahren ein Mann mit dem deutschen Namen *»Cserepy«* sich berufen fühlte, dem deutschen Volk den ersten reaktionären und kriegerischen Film »Fridericus Rex« zu schenken, einen großen Menschen und einen großen König in einen Otto Gebühr zu verwandeln und mit einem Paradeschritt Geschäfte zu machen, den man, wie ich weiß, in Ungarn niemals geübt hat …

Es gibt nichts Heiligeres als die Konjunktur. Der Cserepy fand Nachfolger. Und durch alle deutschen Kinotheater wandert jetzt die militärische Epidemie, diese Krankheit der

Nation, an der die Branche gesund wird. Hans *Behrendt* und Conrad *Wiene*, zwei Männer, die friedlich aussehn, haben im Auftrag der »Contag-Film G.m.b.H.« Beyerleins Drama *»Zapfenstreich«* verfilmt, eine Kasernentragödie, in deren Verlauf die Tochter des Wachtmeisters ein Opfer ihrer Liebe zu einem Leutnant und alle Beteiligten Opfer der Disziplin werden. Es ist eigentlich ein Anti-Kasernendrama. In jener Zeit, in der wir noch an der »Subordination« zu Grunde gehen mußten, sobald wir das einundzwanzigste Lebensjahr erreicht hatten, war dieses Drama ein Protest. Heute ist das Ganze Angelegenheit eines Panoptikums. Die Herren Behrendt und Wiene aber wissen durch Exerzier-Episoden, Parademärsche und Feldübungen die Tendenz des Dramas zu verwischen und Begeisterung jener, die Soldaten sein möchten, hervorzurufen. Dasselbe bringen Ruth *Goetz* und Gerd *Briese* (Regie: Fritz Kaufmann) mit dem Film *»Reveille«* zustande. Dieser Fall ist sogar schwerer. Denn hier gelang es, einen Schauspieler von Rang, nämlich *Werner Krauß*, in die Uniform eines Rittmeisters zu stecken. Der große Mime fühlt sich dabei wohler als wir, die wir ihn so erleben. Dieselben Szenen, Parademarsch, Exerzieren, begeistertes Klatschen der Kriegsbestie in Zivil.

Die »Ufa« kann dem allen nicht tatenlos zusehen. Ihre *»Wege zu Kraft und Schönheit«* erwähnen ausdrücklich, daß »früher« der Militärdienst zu Kraft und Schönheit ebenso geführt habe, wie jetzt der Sport. Das Gegenteil ist der Fall! Es ist anerkannte wissenschaftliche Wahrheit, daß die meisten Militärübungen dem natürlichen menschlichen Körperbau *widersprechen*. Allein, was tut man nicht für die Konjunktur! Man verwirft zwar das Mieder, aber man lobt den Stechschritt. Und wir wissen doch alle, daß der Stechschritt der preußischen Soldaten nicht besser, nicht gesünder, nicht vernünftiger ist, als das Mieder, das unsere Frauen krank und häßlich gemacht hat.

Wenn einmal die Branche kriegslustig wird, so ist sie schwer zu zähmen. Denn sie *verdient* dabei. Es wird sie nichts von militärischen Manifestationen auf der geduldigen Leinwand zurückhalten. Und die Macht des Inserats wird, wie man sehen kann, die anders gestimmten Zeitungen davon abhalten, Protest zu erheben.

Die Inserate sind groß und der Mut ist klein …

Im mittäglichen Frankreich.

Kino in der Arena.

In der Arena von Nîmes, wo die famosen Stierkämpfe an manchen Nachmittagen stattfinden, hat sich für die Abende ein Kino installiert, das immerhin kultivierter ist als ein Stierkampf. Man gibt die »Zehn Gebote«, den großen amerikanischen Film, den man in Deutschland schon kennt. Am Abend gehe ich in die Arena.

Man rechnet damit, daß es nicht regnet – und man hat's leicht in Nîmes. Es regnet hier sehr selten und sehr kurz. Die Steine werden am Abend kühl. Ein paar Bogenlampen beleuchten die eine Hälfte der Arena. Die andere bleibt im Schatten. Aus ihm wachsen gespenstig und weiß die Konturen der rissigen großen Steinblöcke. Sie haben schon so viel erlebt, diese Steine. Im Mittelalter wohnten 200 Familien in den Mauern der Arena und errichteten (in einem der geräumigen Torbögen) die Kirche.

Im Krieg diente die Arena als Festung. Sie macht den Wandel der Zeiten durch und ist immer wieder der Wahrzeichen jeder Epoche. Im Jahre 1925 ist sie keine Kirche mehr, sondern ein Kino, in dem man allerdings die »Zehn Gebote« spielt. In einer Zeit, in der man sie nicht befolgt, ist das auch schon viel.

In der Mitte der Arena steht die Leinwand wie eine weiße Schultafel. Im gegenüberliegenden Torbogen surrt der Apparat. Die Musik sitzt vor der Leinwand. Die Zuschauer wandeln (für fünfzig Centimes) auf den höchsten und den etwas tieferen Steinsitzen. Manche, die es kühl und etwas frei haben wollen, stellen sich auf den obersten Rand der Mauer, schwarz gegen den blauen Himmel. Es ist ein herrliches Kino, hygienisch, kühl, ohne jede Feuergefahr und erhabener als ein Kino es nötig hat. Wenn ein Amerikaner zufällig darauf kommt, dann baut man im nächsten Jahr in den Vereinigten Staaten für Film-Abende die größte Arena der Welt aus Beton mit Plüschüberzug, Wasserleitung, Klosett und Glasdach.

Ehe die Vorstellung beginnt, tummeln sich die Kinder hinter der Leinwand und spielen Fangen, Vater, leih' mir die Scher' und Verstecken. Alle Kinder von Nîmes – das Volk ist hier fruchtbar – gehen ins Kino. Die Mütter vergessen nicht die Säuglinge mitzunehmen. Die jüngsten Kinobesucher zahlen nichts, sehen allerdings auch nichts, sondern liegen mit offenen Mündern gegen den nächtlichen Himmel, als würden sie Sterne schlucken wollen.

Beinahe könnte man's. In dieser Gegend treibt der Himmel einen überraschenden Luxus mit Sternschnuppen. Sie fallen nicht im Bogen abwärts wie im Norden, sondern seitwärts so, als wechselten Sterne ihre Lage. Es gibt viele Arten von Sternschnuppen. Während auf der Leinwand eine sentimental, mit Ozean verwässerte Bibel gefilmt wird, betrachtet man am besten die Sternschnuppen. Manche sind rot, groß und klobig. Sie wischen langsam über den Himmel, als gingen sie spazieren und hinterlassen eine dünne blutige Spur. Andere sind silbern, klein und hurtig. Sie fliegen wie abgeschossene Kugeln. Andere sind strahlend, wie kleine laufende Sonnen, sie erhellen den Horizont beträchtlich für eine lange Weile. Manchmal ist es, als öffnete sich der Himmel und ließe ein Stück rotgoldenen Unterfutters sehen.

Dann schließt sich schnell der Spalt und die Herrlichkeit ist wieder für ewig verborgen. Von Zeit zu Zeit fällt eine große, nahe Sternschnuppe. Dann ist es wie ein silberner Regen. Alle verschwinden in derselben Richtung. Dann ist wieder die scheinbare Ruhe am tiefen Blau, dieses ewige Stehen der Sterne, von denen man doch fühlt, daß sie wandern, auch wenn man es nicht gelernt hätte. Da sind wieder die alten vertrauten Sternbilder, die jeden Menschen an die Kindheit erinnern, weil man sie nur als Kind mit Inbrunst betrachtet. Sie sind überall. Da ist man so weit von seiner Kindheit fortgefahren und trifft sie doch wieder. So klein ist die Erde. Und wenn man einen Fleck auf ihr für die Fremde hält, so ist es ein Irrtum. Es ist überall Heimat. Der große Bär steht ein bißchen näher – das ist alles.

Es war ein guter Gedanke, in der alten römischen Arena einen Film aufzuführen. In diesem Kino gelangt man zu tröstlichen Resultaten, wenn man nicht auf die Leinwand sieht, sondern auf den Himmel.

Ein Kino im Hafen.

Das Kino liegt gegenüber den Schiffen. Von der See aus kann der Mensch, der die Freuden des Kontinents lange entbehrt hat, die großen bunten Plakate mit dem Feldstecher sehen. Das Kino heißt bescheiden: Kosmos-Theater. Man gibt den Film von den »Roten Wölfen«.

Die »Roten Wölfe« sind eine Räuberbande in den Abruzzen. Sie haben Margot geraubt, ein schönes Mädchen, und haben es in einem unerreichbar hohen Turm verborgen. Aber was ist unerreichbar, was ist hoch? Ein tapferer junger Mann, Cesare mit Namen wird Mitglied der »Roten Wölfe«, aber nur zum Schein, und befreit Margot.

Sie glauben wohl, es wäre eine Kleinigkeit, Mitglied einer Räuberbande zu werden? Sie irren sich! Es ist unendlich schwierig. Man muß eine Aufnahmeprüfung bestehen: im Ringen, im Messerstechen und im Armbiegen.

Diese Aufnahmeprüfung ist der wichtigste Teil des Films. Cesare besteht sie und erobert nicht nur den Beifall der »Roten Wölfe«, sondern auch den der Zuschauer, deren sehnsüchtigster Traum es ist, Räuber in den Abruzzen zu sein.

Von zehn Uhr vormittags bis zwölf Uhr nachts wird im Kino der Film von den »Roten Wölfen« achtmal gegeben. Achtmal im Tag besteht Cesare die Aufnahmeprüfung. Achtmal begeistern sich die Zuschauer, von denen ein Drittel den ganzen Tag im Kino sitzt.

Dieses Drittel sind Frauen und Kinder. Bei Tag ist es im dunklen Kino kühler als in der engen Wohnung und in der noch engeren Gasse. Die Frauen gehen also zur Abkühlung ins Kino. Die Kinder zahlen nichts. Jede Besucherin hat mindestens vier Kinder. Sie zahlt für einen Platz und nimmt fünf ein.

Am Abend kommen die Männer, Arbeiter aus dem Hafen, essen, waschen sich und gehen ins Kino. Sie haben gestern und vorgestern die Taten Cesares gesehen und bejubelt. Aber derlei Helden kann man nicht oft genug sehen, wenn man nichts mehr als ein Hafenarbeiter ist – mit der Sehnsucht im Herzen, Räuber in den Abruzzen zu sein.

Noch romantischer als ein Hafen ist eine Räuberhöhle in den Abruzzen. Dem Tagelöhner, der heute ein Fischer ist, morgen angeheuert wird, übermorgen in einem anderen fernen Hafen zu dem Film von den »Roten Wölfen« geht, ist sein eigenes Leben nicht romantisch genug.

Ich möchte wissen, ob die Räuber aus den Abruzzen in ein Kino gehen, in dem ein Film von den Seelöwen von Marseille gespielt wird. Die Räuber aus den Bergen beneiden die Männer aus dem Hafen. Der Räuber verrichtet sein romantisches Geschäft wie ein nüchternes Handwerk und träumt von einer fremden Romantik. Davon lebt die Filmindustrie.

Dabei haben die Männer aus dem Hafen ungefähr die gleichen Sitten wie die von den Bergen. Auch die Hafenleute stechen mit korsischen Messern, biegen mit Leidenschaft die Arme der Kollegen und ringen mit den besten Freunden. Sie freuen sich, daß in den Abruzzen dieselben Freuden üblich sind. Während sie im Kino sitzen, ziehen sie die Messer und, das Auge noch auf die Leinwand geheftet, strecken sie schon die Hände gegen den Nachbarn aus, um ihm einen kleinen, spielerisch leichten Stich zu versetzen. Der Nachbar, der sich nicht alles gefallen läßt, fordert den Freund auf, vor die Leinwand zu treten und es dem Helden Cesare gleich zu tun.

Man sieht also im Kino nicht nur die Taten der Männer aus den Abruzzen, sondern auch die der Männer aus Marseille.

Indessen hämmert der Klavierspieler immer wieder die »Tochter des Regiments«. Kein Wunder, daß sich die Zuschauer langweilen. Sie verlangen ein anderes Lied. Der Klavierspieler erhebt sich, geht hinaus und der Film läuft ohne Musik weiter.

Nach einer Weile sieht man einen großen ergrimmten Mann. Er läßt sich die Frechheit eines Klavierspielers nicht gefallen. Man weiß, was es bedeutet, wenn ein sehr großer, sehr breiter Mann, mit einem breiten, roten Gürtel um die Hüften, mit einer zwei Zentimeter kurzen Stirn und mit Händen wie eiserne Schaufeln, sich die Frechheit eines winzigen Klavierspielers mit Regenschirm und Cutaway nicht gefallen lässt.

Nach fünf Minuten zappelt der Klavierspieler in der eisernen Faust des erbitterten Besuchers, es wird hell und die Gäste lachen. Der Riese winkt mit der Linken zum Publikum, setzt den Klavierspieler vor das Instrument und befiehlt das von der Mehrheit gewünschte Lied.

Dann läuft der Film weiter.

Ich sitze zwischen zwei Kindern, die auf meinen Knien mit Glaskugeln spielen. Es sind zwei schöne, schmutzige

Kinder. Ich möchte sie streicheln. Die Kinder stehlen einander die Kugeln und verbergen sie in meinen Rocktaschen. Ihr Vater zündet ein Streichholz an und leuchtet mir ins Gesicht. Er will wissen, ob seine Kleinen gut aufgehoben sind.

»Schöne Kinder!« sage ich.

»Geben Sie acht!« – sagt er, »daß sie sich nicht schlagen!«

Ich glaube, ich bin ihm sympathisch. Er hat gefunden, daß ich Kinder sehr gut bewachen kann und er wendet sich jetzt sorglos den Ereignissen zu, die sich teils auf der Leinwand, teils im Saal abspielen.

Bekehrung eines Sünders im Berliner Ufa-Palast.

Nicht nur in den Zeitungen, sondern auch auf hundert Plakaten, bunten und lauten, war der heiterste Film Amerikas angekündigt, der stärkste Lacherfolg garantiert. Draußen, vor den drei hohen und weiten Portalen, stand ein goldbetreßter Portier, hingen die komischen Anzeigen und ein sehr bekanntes Clowngesicht in Rot und Gelb. Eine große Schar fröhlicher Menschen drängte sich vor den Schaltern und löste Billetts. Nichts verriet den tiefen Ernst, der mich drinnen im Saale erwartete und ich hatte keine Ahnung von den Erschütterungen, denen meine unfromme Seele ausgesetzt werden sollte ...

Längst hatte ich schon die Gewohnheit abgelegt, in jeder Berliner Moschee ein mohammedanisches Gotteshaus zu sehen. Ich wußte, daß hierzulande die Moscheen Kinos sind und der Orient ein Film. Und einmal, vor vielen Jahren, als ich noch fromm war, wollte ich zu einer Frühmesse. Ich trat in eine Kirche – – aber es war ein Bahnhof. Später erfuhr ich, daß die Bauart nichts besagen will und daß es in den mit Blitzableitern versehenen Magazinen aus roten Backsteinen die Altäre stehn und Gottes Wort vernommen wird ...

Diesmal kam es anders:

Ich saß in der dritten Reihe vor dem Vorhang aus grünem Samt. Plötzlich verdunkelte sich der Saal, der Vorhang teilte sich langsam, und ein geheimnisvolles Licht, das Gott nicht erschaffen haben konnte und das die Natur in tausend Jahren nicht zustande bringen wird, rann in weichen Strömen über die silbern verschleierten Mauern des Saales und über die Bühnenfront. Es war, als hätte man Wasserstürze in langen Jahren gezähmt und für den Hausgebrauch abgerichtet und an den Wänden dieses Palastes angebracht, von denen sie ganz behutsam rannen, zivilisiert, den Bedürfnissen des Menschen dienstbar gemacht, Elementargewalten mit guten Manieren, Naturkräfte, denen man gut zugeredet hat. Die Beleuchtung bestand aus Morgendämmer und Abendröte zugleich, aus Himmelsklarheit und Höllendunst, aus Stadtatmosphäre und Waldesgrün, aus Mondenschein und Mitternachtssonne. Was die Natur in langweiligem Nacheinander und auf weite Entfernung zustande bringt, war jetzt in *einem* Raum und in *einer* Minute komprimiert. Und also war es klar, daß hier eine unbekannte und mächtige Gottheit ihre Hand im Spiel, beziehungsweise im Ernst hatte. Es war zu eng, um auf die Knie zu sinken, denn wir saßen dicht gedrängt beieinander. Aber, wenn das Bild möglich ist: die Knie sanken gleichsam auf sich selber. …

Ringsum saßen, so weit man Konfessionen an Gesichtern sehen kann, Vertreter aller Glaubensarten, Dissidenten und Gottlose auch. Alle waren ergriffen. Und als ein junger schwarzer Mann auf einer Orgel zu beten begann und die mächtigen Klänge des göttlichen Instruments die geöffneten Herzen der Anwesenden füllten, wurde es so still im Saal, daß man in den Pausen nur den Atem der Menschen hören konnte, wie bei einer ärztlichen Untersuchung beim Kommando: Tief atmen! ..

Dann läutete ein silbernes Glöckchen und aus Gewohnheit senkte ich den Kopf und blickte dennoch, wie ich es als Knabe getan habe, nach vorn. Da teilte sich der Vorhang rechts und links und aus den Spalten tropften schwarze Männer einzeln die Stufen vor der Bühne herunter, Männer mit Musikinstrumenten. Zum Schluß, sehr eilig und wie ein Lehrer die Klasse betritt, sprang ein schmächtiger, junger Mann mit Brille in den Orchesterraum und vor ihm wehte sein langes Haar im Wind, den es selbst angerichtet hatte.

Es war der Kapellmeister ...

Und nun war es herrlich, zu sehen, wie er große Pfauenräder mit den Armen schlug, wie er mit seinem hurtigen Stab gegen die ganze Kapelle Florett focht, die Geigen reizte und den Baß zum ernsten Protest brachte, die Seele der Trommel erschütterte und den Flöten silberne Serpentinen entlockte – – – – und alles war von Offenbach.

Je nach der Schwere und Leichtigkeit der Melodie wechselte der Scheinwerfer von Blau zu Rot und Gelb, Gespenster waren die Musikanten und des Kapellmeisters Haar brannte manchmal, eine heilige Flame, zum Sulfit. Immer noch rannen die Hauswasserfälle. Und schließlich entlud sich unsere Andacht in heftigem Klatschen und am lautesten klatschten die Dissidenten. Alle erkannten wir den Willen einer überirdischen Macht, einer metaphysischen Kinodirektion, einer himmlischen Branche ...

Dann begann der Operateur den Film von Harold Lloyd zu zelebrieren. Aber wer konnte lachen? Kein Spaß mehr drang zu meinem Zwerchfell. Ich dachte an den Tod, an das Grab und an das Jenseits. Und während jener eine glänzende komische Idee ausführte, beschloß ich, mein Leben Gott zu weihen und ein Einsiedler zu werden.

Nach Schluß der Vorstellung wanderte ich schnell in einen großen, dichten Wald, den ich seitdem nicht verlassen habe ...

Das aufgedeckte Grab.

In der Wochenschau der Kinotheater kann man den russischen Zaren sehen, die kaiserliche Familie auf einem ihrer letzten Ausgänge in Petersburg, die Zarin, den kleinen Thronfolger, das ganze Hofgesinde, die erstarrte Front der Ehrenkompanien. Diesem Bild folgt die Aufnahme der roten Truppenparadeschau, die Trotzki in Moskau vorgenommen hat. Aus beiden gefilmten Ausschnitten der Weltgeschichte lernt das Publikum den Wandel der Zeiten kennen.

Man hätte es umgekehrt machen müssen: zuerst das Bild von den roten Millionen zeigen, die Einer ohne Generalstabsschule und mit der Vorbildung eines Literaten befehligt und dann erst, dann erst den letzten russischen Zaren mit seiner Familie. Nach diesem Zarenbild müßte die Leinwand weiß bleiben, weiß und klar wie ein Leichentuch, und ein erstarrtes Schweigen müßte auf ihr liegen, demgegenüber die Stille einer sibirischen Schneewüste laut und lärmend wäre. Denn nicht einmal eine unwissende und gefühllose Filmleinwand kann ohne jede Rückwirkung die Bilder dieser zehn mal zehn Toten und Aber-Toten getragen haben; diese Moment-Auferstehung von Gespenstern, die tot waren, als sie noch frisch und fröhlich kinematographiert wurden und die man nicht ermordete, als man sie mordete: man hatte kein Leben in ihnen ausgelöscht, sondern eine Unwirklichkeit, deren Hauch einem Leben täuschend ähnlich ist. Der letzte Zar hat regiert, verbannt, gehängt, er hat sengen lassen, plündern und töten. Ja, er wurde sogar für den Film gekurbelt. Aber gelebt hat er nicht, wie eben der Film beweist. Auch von Gräbern geht ein Atem aus. Der wehte so täuschend durch die Körper der Zarenfamilie, daß man glaubte, sie lebten alle, der Fürst, die Fürstin, die erstarrte Garde und der kleine Thronfolger.

Zuerst schreitet der Zar. Er trägt einen reich bestickten und verschnürten Rock, eine Art Husaren-Uniform, sein Gesicht steckt auf einem Spitzbart, wie mittels einer durch das Kinn durchgebohrten Schraube. Seine schweren Augenlider sind wie halb herabgelassene Jalousien aus hölzerner Haut. Der glasige Blick ist wahrscheinlich gegen die Linse gerichtet. Es ist wie ein Starren gegen die Mündung eines Gewehrlaufs, der erst ein paar Jahre später funktionieren sollte. Der Zar geht ziemlich schnell, mit den Bewegungen eines Wesens, das sich aus Puppenmaterie und Gespensterschatten zusammensetzt. Er verschwindet bald rechts, dort wo die weiße Leinwand in schwarzen Abgrund getaucht ist. Und es ist keinen Augenblick das Bewußtsein wach, daß hinten im Apparat ein Filmstreifen zu Ende gelaufen ist. Sondern es ist wie eine Ungeister-Beschwörung bei einer spiritistischen Séance.

Die Zarin und alle Damen des Hofs tragen die Kleider der Vorkriegsmode, die großen Hüte mit den breiten Krempen, die vorn hinunter und rückwärts aufgebogen, die auf hohen Frisuren mit Spießen befestigt sind, damit sie nicht schaukeln. Die Hüte sitzen schief und beschatten das eine Profil, um das andere ganz schutzlos preiszugeben, sie sehen so kühn aus und haben die falsche Verwegenheit der Räuberhüte auf Maskenbällen und eine vergebliche Koketterie wie ein Moderduft, der verlocken möchte. Die Kleider sind lang und oben hochgeschlossen, Fischbeinstäbchen umgittern den Hals wie ein zu enger Gartenzaun und die Busen, züchtig, aber betont, wölben sich unter sehr viel undurchdringlichem Stoff. Die Haare sind schmerzlich über den Ohren hochgezogen.

Diese Damen sind noch älter, noch verstorbener, als die Husaren-Uniformen. In der schnellen Bewegung des Zuges bilden die Damen das Wallende, und obwohl sie alle weiß gekleidet sind, sehen sie aus wie Trauerschleier mit weiblichen Formen.

Das alles dauert kaum drei Minuten. Es ist nichts als einer jener zahlreichen und furchtbaren Augenblicke der Weltgeschichte, in denen die Festlichkeiten der gekrönten Häupter stattfinden. Diesen einen hat der Filmapparat festgehalten und der Nachwelt überliefert. Der Filmstreifen ist etwas abgenutzt, die Bilder flimmern, aber man weiß nicht, ob es die Löcher sind, die der Zahn der Zeit verschuldet hat, oder die Moleküle des natürlichen Staubs, der die scheinbar lebendigen Objekte umgeben hat wie eine Wolke. Es ist die furchtbarste Unwirklichkeit, die jemals der Film erfunden hat; ein historischer Totenreigen, ein aufgerissenes Grab, das einmal wie ein Thron ausgesehen hat …

20 Minuten vor dem Kriege.

In einem *Pariser Kino* zeigt man Aktualitäten der tausendfach vergangenen, weil durch den Krieg von uns geschiedenen Wochen, die Aufnahmen der altgewordenen Neuigkeiten, der Moden, der Tänze, der Fünf-Uhr-Tees einer Epoche, die aus ihrer läppischen Lächerlichkeit unmittelbar in ein blutiges Grauen hineintänzelte – eine Epoche, die so verlogen war, daß sie die Wahrheit ihres eigenen Untergangs gar nicht mehr erlebte. Sie war vor ihrem Tode schon tot. Ihre Kinder waren zu Lebzeiten schon Gespenster, in Gartenlauben aus Pappe gezeugt.

Die regelmäßig bei jedem Programmwechsel sich erneuernden alten Filme laufen unter dem ständigen Titel: *»20 Minuten vor dem Krieg«*. Ihretwegen ist das Kino täglich ausverkauft, manchmal überfüllt. Alle Söhne gehen hin, ihre Väter auszulachen. Das große Familienalbum der Vergangenheit wird vor ihnen aufgeblättert. Es besteht aus Gräbern, die kein Grauen ausströmen, sondern unwiderstehliche Komik. Die Wirkung der Bilder gleicht ungefähr jener, die durch zwanzig Zylinder bei einer Leichenfeier hervorgerufen wird: über der Lächerlichkeit der Hüte verliert man den Schauer vor dem Sarg. Es entsteht eine merkwürdige Art von Grauen, das nicht die Seele, sondern das Zwerchfell tangiert.

Wir sitzen vor der Leinwand und sehen eine jener alten preußischen Militärparaden, den Stechschritt der Regimenter zu Ehren des Kaisers, die wedelnden Pferdeschwänze an ihren natürlichen Orten und auf den Helmen, die fetten, dienstbeflissenen Gesichter, aus steifen Kragen hervorgepreßt und um künstliche Doppelkinne bereichert, Lakaien in Bratröcken, Bärte aus blondem Zwirn. Von Stolz und Eifer gezeugter Schweiß tropft auf knarrende Hemdbrüste, glänzende Manschetten aus leinwandähnlichem Blech rutschen über verlegen geschäftige, Hüte abreißende, Fähnchen schwenkende Hände. – Wir sehen die *Pariser Menge von 1910*, die den französischen Präsidenten erblicken möchte, Männer mit zusammengerollten Würsten aus schwarzer Seide, die Regenschirme im Ruhestand sind, mit Zwickern an breiten Halsbändern, die im Winde schaukeln wie Hängematten für Sommerfliegen, mit Krawatten, die wie Matratzen über Brüste gebettet sind. Wir sehen Frauen in langen Schleppen, die wie unabsichtlich mitgezogene Teppiche sind, in Überziehern, die an den Hüften plötzlich Glocken werden, in kleinen Kapotthütchen, vielfach gefalteten, auf hohen Haartürmen sitzenden, mit Bratspießen befestigten. Alle Frauen haben die Form runder Türme, unten breit, oben schmal, wenn sie stehen, verdeckt das Kleid ihre Füße, es ist im Straßenpflaster eingepflanzt, im Innern von einem Drahtgerüst gehalten. Auf der Spitze des Turms wimmern drei Kirschen aus Glas …

Man sieht den allerneuesten Pariser Tanz von 1908, vom berühmtesten Tanzprofessor jener Zeit vorgetrippelt. Der Professor trägt einen Cutaway mit blonder Weste, einen geschlossenen Stehkragen, der den Hals umgibt wie eine geschliffene Festungsmauer, ein kleines, schwarzes, gezwirbeltes Schnurrbärtchen. Er hat winzige Füßchen, er tanzt auf den Füßche-Spitzen, mit Daumen und Mittelfinger hält er Daumen und Mittelfinger seiner Dame. Er trippelt zwei Schrittchen vor, eines zurück, dreht sich um seine Achse, legt das Köpfchen kokett auf die Schulter, betrachtet seine Füßchen, und klappert mit schamhaften Augenlidern den Takt zu seinen Bewegungen.

Man sieht die Modeschöpfungen eines alten, großen Ateliers: Vom Hals bis zu den Hüften sind die Mannequins Atlaspanzer, von den Hüften bis zum falschen persischen Teppich sind sie Vorhänge von Provinzbühnen. Manchmal, wenn es hoch und schamlos hergeht, entblößten sie unzüchtig einen Ellenbogen, die Verworfenen! Und wenn sie sich setzen, heben sie mit zwei Fingern das Kleid und locken mit sinnlich verderbten Knöcheln. Oh, wie kupplerisch sind die Moden! Große aus Draht geflochtene, mit Samt und Tüll überzogene Teller wackeln auf den Köpfen, Straußfedern schaukeln auf den Tellern, fallen als Fliegenwedel ins Gesicht. Über die Kleider gehängt sind Bettvorleger, dreieckige, die in einer Troddel endigen. Alle Frauen legen, wenn sie lächeln, den Kopf auf eine Schulter. Und wann lächeln sie nicht, die Neckischen? Sie schlagen die Augen auf und zu, wie kostbare Schreine, in denen Versprechungen liegen …

Man sieht Filme, die vor dem Kriege gedreht wurden, zum Beispiel den von den Banknotenfälschern. Der junge Mann verbreitet das falsche Geld, um die Ansprüche seiner verworfenen, bis zum Hals zuchtlos zugeknöpften Geliebten zu befriedigen. Er wird entdeckt, seine Mutter kommt, er stand verborgen hinter einem Paravent. Jetzt stürzt er hervor, vom moralischen Impetus seiner Wandlung fällt die chinesische Wand um, er selbst folgt ihr und legt sich, mit steifem Oberkörper, in einem Winkel von 90 Grad auf die Knie, erhebt sich, von einer göttlichen, unsichtbaren Schnur hochgezogen, fällt mit hebelartig ausgestreckten Armen seiner Mutter um das Federboa, das ihr Hals ist.

Vor solch erschütternden Ereignissen sitzen wir da, die Kinder der Gegenwart, die Überwinder Darwins und Ibsens, der unverstandenen Frau mit der »Pleureuse«, der Suffragette sogar, der Paradeuniform, des Regenschirms, des Vollmannes und des Suderbarts, der Schleppe und der Turmfrisur aus Zopf und Spießen; wir, die Betrachter der Neger-Revuen, der nackten Mädchen, wir, im Trommelfeuer Gehärteten und Gezeugten, Verächter der schönen Lüge, Bekenner der sozusagen häßlichen Wahrheit. Vor dem ganzen verlogenen Jammer unserer Väter, die den Film erfunden zu haben scheinen, um uns ihre Lächerlichkeit zu überliefern, lachen wir, lachen wir. Wir haben Boxer und Sportidioten, Amerika und Dauerläufer, Girls, die von Pastoren gezüchtet werden, eine Internationale sonntäglich wehender Windjacken. Aber wir haben keine Mieder statt der Brüste, keine Federboas statt der Hälse, keine Vorhänge statt der Beine und statt der Tragik keine Zylinder! Wo der Stechschritt noch ertönt, ist er *bewußt* verstorben, die Paraden dieser Zeit weihen schlimmstenfalls lebende Denkmäler ein (und nicht tote). Wir sind keine Optimisten, aber wir erwarten das Selbstverständliche. Wir wissen, daß die »Pleureusen« zum Stahlhelm führen mußten, daß ein gerader Weg sich zieht vom züchtigen Schleier zur Gasmaske und von der Gartenlaube zum Schützengraben. Und jenen Landsturm ohne Waffe, der die Felder der Ehre gepflügt hat, um uns dann hinzusäen mit weinerlichem Segen – – diesen verlogenen Vorabend des Krieges verlachen wir jeden Abend zwanzig Minuten lang, nicht länger, aus voller Brust. –

Bemerkungen zum Tonfilm.

Der sprechende Film verstärkt nicht etwa die Täuschung, daß die beweglichen Schatten lebendige Menschen sind, sondern überzeugt viel eher von der Tatsache, daß sie Schatten sind. Die Stimme kommt gleichsam aus einer anderen, uns, den lebendigen Zuschauern, näheren Dimension. Die menschliche Stimme scheint eine sehr körperliche Demonstration zu sein, körperlicher als der Körper, dem sie entströmt. Die Stimme des Sängers im Konzertsaal überwölbt, verhüllt, ja verdrängt manchmal die Erscheinung des Sängers. Schon der sprechende Mensch ist eine *doppelte* körperliche Existenz. Oft verwandelt sich der Schweigende vollkommen, sobald er zu sprechen beginnt. Was wir von ihm hören, *verändert* den Eindruck, den wir hatten, als wir ihn nur sahen. Die Stimme »geht uns näher«. Sie scheint unmittelbarer zu sein, als das Angesicht, die Hand, die ruht. Ja, die Stimme ist eine direkte *körperliche Berührung*. Es nützt wenig, daß im Tonfilm die Bewegungen der Lippen, der Gesichtsmuskeln, der Hände genau mit den gehörten Lauten übereinstimmen. Ja, man könnte sagen: je genauer die sichtbare Artikulierung ist, desto deutlicher wird der Eindruck, daß ein Schatten artikuliert, desto größer wird die Distanz zwischen der Unmittelbarkeit der gehörten Laute und dem Schattenhaften der gleichzeitigen Bewegung.

Zwar ist die Stimme ebenso nur »aufgenommen«, wie der lebendige Schauspieler. Da aber schon die originale Stimme direkter war, als der originale Körper, ist auch die Wirkung der »aufgenommenen« unmittelbarer. Ihr kommt die Bereitwilligkeit zu statten, mit der wir gewohnt sind, uns den Sprecher (den Sänger) »vorzustellen«, wenn wir nur seine Stimme hören (durch das Telephon oder aus dem Grammophon); beinahe den Blitz zu sehn, wenn wir nur den Donner hören: jene natürliche Eigenschaft also, demzufolge der Gehörsinn die visuelle »Vorstellungskraft« stärker und flinker in Funktion setzt als jeder andere Sinn.

Im Tonfilm erscheint also die Stimme näher, als das Photo, als das bewegte Photo. Sie erfüllt den ganzen Raum, berührt jeden Zuschauer körperlich, gelangt fast gleichzeitig stark an jeden Platz im Saal. Das Bild bleibt gefesselt an die Leinwand, gefangen in seiner Zweidimensionalität. Als ihm die Stimme noch fehlte, als nur die Musik noch seine Bewegungen begleitete, befruchtete die *Beweglichkeit* dermaßen unsere »Vorstellungskraft«, daß wir selbst die fehlende dritte Dimension dem Schatten ausliehen, also »andichteten«. Nun aber scheint nicht die Stimme die Bewegung zu begleiten, sondern umgekehrt die Aktion der Schatten die Modulationen der Stimmen. Und erst, da wir den Tonfilm haben, wissen wir, wie viel der Film der Begleitmusik zu verdanken hat. Sie macht nicht nur die Stimme überflüssig, sie ersetzt gleichsam die dritte Dimension (im Verein mit unserer Phantasie) – weil sie aus einer »andern« Welt kam, um eine nachbarliche zu unterstützen. Eine nachbarliche, aber doch eine fremde. Die Begleitmusik kommt also gewissermaßen aus einer solchen Fremde her, daß sie in der Tat »nur« begleiten kann und die wichtigste Funktion der Beweglichkeit und der Täuschungsfähigkeit des Schattens verbleibt. *Die Stimme aber ist die siegreiche Konkurrenz des Bildes.*

Nur gelegentlich vermag der Eindruck des sprechenden Bildes ebenso unmittelbar zu sein, wie der seiner Stimme; in der »Großaufnahme« etwa. Also das Bild des sprechenden Munds muß schon einen erheblich großen Teil der Leinwandfläche ausfüllen, um mit seinen eigenen Lauten zu konkurrieren. Man brauchte im Tonfilm etwa die normale Aufnahme eines rollenden Wagens und vergleiche den Anblick der Räder mit dem Geräusch des Rollers. Dieses scheint von den Rädern gelöst zu sein, weil artikulierende

Bewegungen nicht vorhanden sind. Die Räder rollen lautlos, wie im gewöhnlichen Film, über die Leinwand. *Neben* dem Bild von den Rädern ertönt das Rollen, nicht *aus* dem Bild selbst. Das Ohr des Zuschauers wird empfindlicher, als sein Auge. Neben dem suggestiven, betäubenden Lärm wird die Suggestionskraft der gesehenen Drehung bedeutungslos. Das Geräusch erweist sich als körperlich, die Drehung als nicht genug täuschend.

Aktuell scheint also die Frage: Was muß der Film tun, um das Bild ebenso suggestiv zu machen, wie seine akustische Äußerung?

Der »Film«, der bewegte Bilder enthält, wie wir gesehen haben, keine Unterstützung vom gleichzeitig aufgenommenen und wiedergegebenen »Ton«, sondern im Gegenteil eine Abschwächung. Die Herstellung des beweglichen Bildes hat also nichts zu erwarten von der neuen Erfindung. Das Bild wird versuchen müssen, selbstständig eine Perfektion zu erlangen, die ihm eine Konkurrenz, also eine Übereinstimmung mit seiner eigenen akustischen Äußerung gestattet. Vielleicht ist die Zeit gekommen, wo der Maler den Photographen zu ersetzen beginnt. Beziehungsweise, wo sich die Photographie die körperliche Wirkungskraft von der »Kunst« leihen muß.

»Das Menschengesicht«

»Das Bewegliche, Eilige, Provisorische, Verschwindende des Gesichts von heute ins Mechanische übertragen: das ist das Kinogesicht. Das Kino konnte überhaupt nur darum erfunden werden, weil es das Gesicht von heute gab. Vor der Monumentalität eines Menschengesichtes, wie es früher war, hätten sich die Bewegungen auf der Kinoleinwand niemals getraut, sich in ein Bild, das einem Gesicht gleicht, zusammenzufassen. Die Bewegungen wären auseinandergefahren und zerflattert vor dieser Monumentalität.«

Mir scheint, daß es auch unter denen, die von Geburt oder moderner Denkart gezwungen sind, in den schmalspurigen Geleisen der angeblichen Logik Zeit ihres Lebens zu wandeln, manche geben wird, die, von der oben zitierten Behauptung erschreckt, einen Moment an sie glauben werden: und zwar wörtlich, wie es ihnen gemäß ist. Ihr Schrekken wird eine Art des Glaubens sein, die einzige Art vielleicht, in der sie glauben können. So furchtbar überzeugend scheint mir der Satz zu sein, der mit einem Schlage die Situation von Ursachen und Wirkungen umkehrt. Ja, es ist kaum ein Satz, es ist ein Schlag. Es ist wie ein Ruck, mit dem der unsichtbare Vorhang von den scheinbar sichtbaren Dingen und Verhältnissen weggezogen wird, damit wir sie richtig erblicken. Ich habe aus einem Buch, in dem auf mehr als 200 Seiten fast unaufhörlich Vorhänge gelüftet, weggezogen und gelegentlich sachte wieder zugezogen werden, nicht auf's Geradewohl jenen oben zitierten Satz an die Spitze gestellt. Er vermittelt, glaube ich, am schnellsten und, soweit dies gleichzeitig möglich ist, am gerechtesten eine Ahnung von dem Buch: *»Das Menschengesicht«* von Max *Picard* (erschienen im *Delphin-Verlag, München*). Mir wenigstens gab er auf einmal eine Erklärung für zwei Phänomene, denen ich immer wieder begegnet bin. Das erste: daß ich, eingeladen in einem beliebigen Haus eines Zeitgenossen und das zufällige Bild seines Großvaters an der Wand oder auf dem Tisch betrachtend, von einer unbekannten Gewalt gezwungen war, es mit dem lebendigen Antlitz des Enkels zu vergleichen. Erschüttert stellte ich fest, daß dieser nicht die Züge von jenem trug, sondern die Schatten der Züge, als wäre der Enkel nicht der Nachfahr, sondern der Schatten seines Ahnen. Das zweite: daß ich, noch stundenlang nach Verlassen eines Kinos, mich von der Körperlichkeit der

Dinge, Menschen, Vorfälle, denen ich begegnete, keineswegs überzeugen konnte. Immer noch waren Straßen und Plätze »gestellt«, Lokale »aufgenommen«, Menschen geschminkte Schatten. Seitdem ich jenen Satz von Picard kenne, fühle ich mich in einer Art befreit, in der man – nicht ein Gefundenes, sondern ein Wiedergefundenes, lange Vermißtes begrüßt. Denn das Kennzeichnende der echten Wahrheiten ist: daß man sie nicht zum ersten Male zu hören, sondern sich an sie zu erinnern vermeint. Sie kommen gleichsam aus der großen Schatzkammer der Wahrheit, in die wir einmal alle – vor unserer Geburt – haben blicken dürfen, um sie sofort zu vergessen. Immerhin scheint uns dieser eine Blick die Fähigkeit geschenkt zu haben, nach der Wahrheit zu suchen – – nicht um sie als etwas Neues zu finden, sondern als etwas Altes, Ewiges wieder zu entdecken. Daran allein ist zu erkennen, ob ein Buch Wahrheiten mitteilt. Das Buch Max Picards teilt sie mit, wie man etwas Verschüttetes ausgräbt.

Jenen, die von der Frage nach der Kategorie nicht loskommen, sei mitgeteilt, daß dieses Buch das Muster einer neuen, in Wahrheit uralten, literarischen Form ist: eine Verschmelzung von Dichtung und Wissenschaft. Man stelle sich etwa gesungene »Theorien« vor, gedichtete, und denke – es ist keine Blasphemie – an die mystischen Schriften, in denen die Weisheit mit der Schönheit identisch ist. Dies nur nebenbei – und als Übergang zu einer Bemerkung über den Picardschen Stil: sein Satz erinnert an den Flug bestimmter Vögel. Es ist ein Kreisflug. Seine Sätze sind wie große Kreise, von einem Gedanken gezogen, der, also kreisend, der Erde immer näher zu kommen scheint, um schließlich auf dem irdischen Objekt zu verharren, nach dem er gezielt hat. Es ist ein stilles, weites Schweben, fast ohne Flügelschlag. In einem schönen Gleichmaß liegen die Kreise der Sätze, in denen der Absätze und deren Kreise in den runden Kapiteln. So entsteht in diesem Buch eine weite, schwebende und bewegte Stille, in der sich ein bereits vorhandener Zusammenhang sichtbarlich neu vollzieht: der Zusammenhang zwischen dem konkreten Objekt der Darstellung und der hoch über ihn schwebenden Hand, im kleinen Raum ein Verwandter des Zusammenhangs, den jeder zur Erde heimkehrende Vogel zwischen dieser und dem Himmel immer wieder und aufs neue herstellt.

Man wird nun ohne weiteres begreifen, daß in einem derart gebauten Buch der sogenannte »Inhalt« völlig identisch wird mit dem »Gegenstand« – will sagen: daß das menschliche Angesicht immer wieder und immer auf's neue umkreist, gefunden, beschrieben und wieder emporgezogen wird. Es wird deutend besungen und von oben her und von innen her illuminiert. Seine Beziehung zu Zeit, Raum, Ewigkeit und zum Tiergesicht wird geklärt. Dargestellt, man möchte sagen: wiederhergestellt erscheint in seinen ursprünglichen Maßen und gedeutet in seinen Zielen das Frauengesicht und das Kindergesicht; die ewige Einheitlichkeit der Gesichts-Architektur an ihren Partien erwiesen, so daß gleichsam durch die Analyse der Details die Synthese der Gesamtheit nachkomponiert erscheint. Die klagenden Gesänge über die entschwindende »Monumentalität« des Gesichts erheben sich auf dem weiten Hintergrund eines Trostes, der blau ist wie der Himmel. Es gibt bis heute keine stärkere Abwehr des wissenschaftlichen Aberglaubens an die unmittelbare Abkunft des Menschlichen vom Tierischen. Es ist, als wären die Sätze von Picard die literarische Nachfolge jenes Ursatzes: Gott schuf den Menschen nach seinen Ebenbilde; nach seinem Ebenbilde schuf er ihn.

Die Generallinie

Der Russe S.M. *Eisenstein* – ein atavistischer Mechanismus zwingt mich manchmal, die Initialen seiner beiden Vornamen für die übliche Abkürzung eines bereits historischen Prädikats zu halten – gilt unter den Sachverständigen des Films als einer der genialsten Regisseure dieser Zeit. Wenn ich in den nachfolgenden Zeilen über seinen letzten Film *»Die Generallinie«* einiges zu schreiben gedenke, so wage ich damit keineswegs, sein Werk, wie man zu sagen pflegt, »vom sachlichen Standpunkt aus« zu beurteilen und mir die Rechte jener Kenner zu usurpieren, die infolge einer Neigung oder Notwendigkeit in den Zeitungen regelmäßig Filme kritisieren. Ich vertraue den Sachverständigen, die mir versichern, die »Generallinie« sei »filmisch« hervorragend, und traute ich mir selbst ein Urteil zu, ich traute mich kaum, es auch drucken zu lassen. Immerhin erinnere ich mich noch genau der Ergriffenheit, mit der ich zum erstenmal den Eisensteinfilm »Potemkin« abrollen sah, und der leidenschaftlichen Empörung, die in mir einige seiner Bilder – man war versucht, sie »geharnischte Bilder« zu nennen – wachgerufen haben. Andere, von den Kritikern besonders gerühmte Stellen, sogenannte »photographische Meisterleistungen« war ich geneigt, eher als kunstgewerbliche Meisterstücke zu betrachten. Verdienste des Apparats ebenso, wie desjenigen, der ihn dirigierte. Folgen eines Einfalls und eines Spieltriebs, dessen Resultate sehr oft überschätzt werden – im Film wie auf anderen Gebieten. Die sogenannte »künstlerische Wirkung« eines auf ungewöhnliche Weise photographierten Kanonenlaufs beruht zum Teil auf dem psychologisch wichtigen Moment der Überraschung, die der Zuschauer nur selten als gesonderte Empfindung erlebt, die er vielmehr mit Ergriffenheit verwechselt. Die karikierenden und auf eine sehr direkte Wirkung berechneten Stellen, wie jene von dem physisch lächerlichen Marinearzt und den Maden in den Fleischrationen der Matrosen, glaubte ich als künstlerische Billigkeiten agnoszieren zu müssen und – künstlerisch betrachtet – vorausgesetzt, daß ich es als Nichtfachmann überhaupt durfte – als fehlerhaft und verlogen. Denn innerhalb dieser durchaus, sogar erschreckend realistischen Welt des meuternden Kriegsschiffes durften die Maden in den Fleischrationen nicht größer erscheinen, als sie wirklich waren, und es war außerdem billig, den Marinearzt in dem Maß winzig erscheinen zu lassen, in dem man die Würmer vergrößerte. Ein so lächerlich kleiner Doktor wirkte schon durch seine Physis aufreizend, besonders, wenn er so große Würmer als gar nicht vorhanden bezeichnete. Und je besser mir der Film im ganzen gefiel, desto sehnlicher wünschte ich, sein trefflicher Regisseur hätte in mir die gleiche Empörung hervorzurufen vermocht, wenn der Doktor mittelgroß und die Maden winzig geblieben wären. Sogenannte Kunstmittel sind selten auch Mittel der Kunst. Und also sah ich den »Potemkin« zum zweitenmal bereits mit wacheren Sinnen und ermüdeter Leidenschaft.

Immerhin: der »Potemkin« war ein Riesenerfolg, und die »Generallinie« mußte nach einigen Tagen abgesetzt und aus einem großen Kino in ein kleineres verbannt werden. Nun ist für mich, einen ziemlich erfolglosen Schriftsteller, der Erfolg zwar keineswegs ein Kriterium, und die Zahl imponiert mir so wenig, daß sie mich sogar mißtrauisch zu machen imstande wäre. Allein, den Sowjets imponiert die Zahl, imponiert auch der Erfolg. Wer eine Massenwirkung zu erzielen bestrebt ist, wer sogar Konzessionen macht, wer diese Konzessionen, sein Talent und die Kunst überhaupt mit seiner Weltanschauung erklärt, ja, wer die Kunst und sein Talent und sein Werk nur entschuldbar findet, wenn sie in den Dienst seiner sogenannten Weltanschauung getreten sind – der ist allerdings verpflichtet, aus der Erfolglosigkeit seines Werkes Konsequenzen zu ziehen. Er gestatte mir für einen Augenblick, es für ihn zu tun – und ich will versuchen, den Erfolg des »Potemkin« und die Erfolglosigkeit der »Generallinie« aus dem Thematischen zu erklären: im ersten Film Eisensteins handelte es sich um eine Anklage gegen das zaristische Rußland. Dieses war, jedenfalls nach westeuropäischen Begriffen, eine verdammenswürdige Angelegenheit. Man mag vor Westeuropa so wenig Respekt haben, wie zum Beispiel ich selbst: Kosakenstiefel und Nagajkas waren ihm immer eben so peinlich gewesen, wie ihm heute die Weltrevolution peinlich sein mag. Diese direkte Tyrannenmethode, diese osteuropäische Nagajkatradition hätte das sogenannte »westeuropäische Gewissen« (vor dem Kriege scheint es eine Art Verantwortung für europäische Kultur im Westen gegeben zu haben) auf jeden Fall gegen Rußland revolutionieren können. Der Potemkinfilm fand also eine allgemeine Anerkennung, weil er die (angeblichen oder wirklichen) Abscheulichkeiten des zaristischen Rußlands anklagte. Die »Generallinie« findet keinen Beifall, *weil sie die Vorzüge Sowjetrußlands verherrlicht.*

Worum handelt es sich in der »Generallinie«? *Um die Segnungen der Zivilisation.* Maschinen kommen in ein Dorf. Das Dorf ist mißtrauisch gegen Maschinen. Allmählich aber überwinden es, überzeugen es die Maschinen. Die Maschinen erobern das Dorf. Und wo die Sense mähte, arbeitet der Traktor. Und wo der Traktor arbeitet, fließt der Segen. Und der Sinn der »Generallinie« ist der: die Zivilisation ist eine herrliche Sache. Die sturen Bauern gehn hinter dem blöden Pflug. Sie bebauen ihre Felder höchst mangelhaft. Sie haben also wenig Getreide. Das ganze Dorf hat wenig zu essen. Da aber das Dorf ein Teil der Sowjetunion ist, hat die Sowjetunion weniger zu essen. Wenn die Sowjetunion weniger zu essen hat, leidet das Weltproletariat Mangel. Das Proletariat aber soll keinen Mangel leiden, denn es muß siegen. Also muß das Dorf Maschinen haben. Das ist natürlich nicht der Inhalt des Films, wohl aber seine Tendenz und besonders der Sinn seines Titels. Dieser Titel will heißen: dies ist die Generallinie, auf der Sowjetrußland zu marschieren hat, die Stalin uns vorzeichnet. Weg mit den Pflügen! Traktoren her! Gesteigerte Produktion! Alle Räder gehen laut, Rußland wieder aufgebaut! Der Film ist, er gesteht es selbst, ein Propagandaplakat für die Industrialisierung des russischen flachen Landes.

Nun – was Industrialisierung betrifft, so sind wir im Westen die geborenen Fachleute. Die Maschinen haben *wir* erfunden, und die Segnungen der Zivilisation sind eine von den Schmonzes, an denen unser westliches Vokabular so reich ist und die in Sowjetrußland ein »Programm« werden. Wir wissen beinahe nicht mehr, wie ein Pflug aussieht, vor lauter Traktoren, Melkmaschinen und landwirtschaftlichen Geräten. Unsere Milch schmeckt nach Elektrizität, unsere Butter nach Pappendeckel, seit Jahrzehnten haben wir kein Brathuhn gegessen, das eine richtige Henne ausgebrütet hätte, unsere Dörfer stinken nicht nach Dünger, sondern nach Asphalt, unsere Bauern haben Telephon und Normaluhren und fahren mit Aktentaschen im Auto auf die Felder, wie Bankbeamte ins Büro. Wenn bei uns zu Lande irgendwo ein Hahn kräht, fragen wir uns, ob's nicht ein Tierstimmenimitator im Radio ist, und es fehlt nicht viel, so geben die strotzenden Euter unserer Kühe keine flüssige Milch mehr, sondern Konservenbüchsen aus Blech. Mit Maschinen also imponiert man uns nicht. So weit wären wir bereits industrialisiert und aufgebaut. Ja, allmählich beginnt unser Widerwille gegen Konserven so stark zu werden, wie es unser Abscheu vor Kosakenstiefeln war.

Man gestatte mir an dieser Stelle ein kleines privates Geständnis, damit sachliche Mißverständnisse vermieden werden: mein Mangel an Begeisterung für landwirtschaftliche

Maschinen, elektrisch erzeugtes Brot und chemische Eierspeisen resultiert nicht etwa aus einer Veranlagung zum Schollendichter oder aus einer Vorliebe zur Landwirtschaft. Niemals habe ich auch nur in zehn Zeilen bukolische oder romantische Talente verraten, niemals öffentlich eine der beliebten Jahreszeiten besprochen, ja, selbst einen kurzfristigen Sommeraufenthalt vermeide ich gern, fließendes Wasser, warm und kalt, im Zimmer, scheint mir eines der wichtigsten Erfordernisse der Existenz. Dennoch ist ein Hahnenschrei meinem Ohr angenehmer als eine Autohupe, eine Kuhglocke freundlicher als eine Telephonklingel, und der Gesang der Sensen sympathischer als das Gedröhn eines Traktors. Ich begreife selbstverständlich, daß die Autohupen, die Telephonklingeln und die Traktoren die Hähne, die Kühe und die Sensen allmählich zum Schweigen bringen werden, und ich mache mir wenig aus einer so selbstverständlichen, wenn auch peinlichen Entwicklung der Welt. Aber lächerlich wie der Bukoliker erscheint mir der Romantiker der Technik, der den Traktor imposant findet und dem die Konservenmilch besser schmeckt, der sich an Chemikalien delektiert und auf den Motor stolz ist. Und die »Generallinie«, die Stalin dem russischen Volk und dem Weltproletariat vorzeichnet und die Eisenstein uns vorfilmt, propagiert nicht nur den Traktor, sondern auch den naiven Stolz auf den Traktor. Sie preist nicht nur die Resultate des Fortschritts, sondern auch den Fortschritt. Sie wünscht nicht nur die Zivilisation, sie betet auch zu ihr. Sie macht in der Tat aus der Zivilisation die neue Religion, kein Opium für das Volk mehr, kein Schlafmittel, sondern ein Wachmittel, ein Putz- und Nutzmittel vielleicht auch. Stehe ich aber vor der Wahl, ein übermächtiges Walten zu erkennen: im Brutofen oder in der brütenden Henne, so ziehe ich die Henne vor, und obwohl ich mich noch an das Gedröhn der russischen Kirchenglocken sehr wohl als an eine Störung meiner privaten Ruhe erinnern kann, fällt es mir schwer, das nützliche Wunder einer Telephonklingel als eine Art Garantie für eine segensreiche Gegenwart anzuhören oder als eine frohe Botschaft für die Zukunft. Und da nach der offiziellen Kunsttheorie der Sowjets der Inhalt und die Tendenz eines Kunstwerks seinen Wert *allein* bestimmen, Eisenstein selbst dieser Meinung sein dürfte, bin ich, ein Nichtkenner der Filmgesetze, ausnahmsweise einmal in der Lage, frank sagen zu können: die Generallinie ist ein schlechter Film. Und Eisenstein muß mir recht geben. Der Mißerfolg des Films zeugt gegen ihn (fast ebenso, wie zum Beispiel meine materiellen Mißerfolge für mich zeugen).

Der Potemkinfilm fand eine günstige Bereitschaft: das humane Gewissen Europas, das immer ein Feind des Zarismus gewesen war. Die »Generallinie« findet überhaupt keine Bereitschaft: erstens, weil unsere Maschinenmüdigkeit zu groß ist; zweitens, weil uns Stalins (und selbst Lenins) Programm zu banal ist. Wir haben ganz andere, viel kompliziertere Sorgen. Und allerdings auch noch einen Rest von romantischer Zuneigung zum »rätselhaften Osten«, der sich so lächerlich krampfhaft bemüht, alle seine Rätsel zu erklären, nach der Methode der beliebten Ecke in der Zeitung: Auflösung folgt in der nächsten Nummer ..

Verfilmung eines Mordprozesses

Einen Mordprozeß, der in diesen Tagen vor dem Schwurgericht in Potsdam stattfindet, wollte eine Berliner Filmgesellschaft filmen lassen. Der Vorsitzende war damit nicht einverstanden. Er meinte, daß die Geräusche des Apparats die Verhandlung stören könnten. Die Verfilmung des Mordprozesses unterblieb also.

Sie unterblieb, wie man sieht, aus rein akustischen Gründen. Und nicht aufgehoben ist die Befürchtung, daß ein anderer Vorsitzender, mit einem weniger empfindlichen Gehör, dieses den neuerlichen Bitten jener Filmgesellschaft leihen könnte, damit in der Meßter-Woche zwischen einem Wettrudern und einem Sechstagerennen Ausschnitte aus dem interessanten Mordprozeß gezeigt werden können. Und da wir bereits die neueste Segnung der Zivilisation, nämlich den Tonfilm besitzen, kann es geschehen, daß von nun an alle sensationellen Prozesse in den deutschen Kinos abrollen, in Bild und Wort, neben einem jener amerikanischen Lustspiele, deren Humor ebenfalls eine Folge dieser todernsten Zivilisation zu sein scheint und deren Wesen erschöpft wird von der Antwort des Mannes, der gefragt wurde, wie das Theaterstück gewesen sei: »Nun, man lacht!« lautet sie.

Es ist nicht leicht, dieser Welt, in der Takt und Taktlosigkeit keine Argumente sind, klarzumachen, weshalb eigentlich die Verfilmung eines Mordprozesses weniger statthaft sei als die Öffentlichkeit, in der er sich ohnehin abspielt. Es ist umso schwieriger, als ja diese Welt den Maßstab für den Ernst und die Tragik des Lebens seit mehr als einem Jahrzehnt aus dem Kino bezieht und ihr ganzes Gefühlsreservoir immer wieder mit den Leidenschaften nachfüllt, die von der Filmregie gepachtet sind und verwaltet werden. Man muß sich hier schon unzweideutig gegen die wachsende Zudringlichkeit der publizistischen Photographie aussprechen, auf die Gefahr hin, einer altmodischen und sogar einer reaktionären Haltung verdächtigt zu werden und vor diesen kleinen düsteren Apparaten, die vor gar nichts Halt machen können, die Unantastbarkeit gewisser Regionen verteidigen. Die Verfügung, derzufolge an bestimmten Orten, wie im Reichstag, in den Landtagen und in den Gerichten, nicht photographiert werden darf, scheint nämlich, ohne daß es ihre ausdrückliche und bewusste Tendenz wäre, eher den Geboten des guten Geschmacks zu entsprechen als praktischen Notwendigkeiten. Es liegt außerdem in dieser Weigerung des Gerichts, sich photographieren zu lassen, ein wohlberechtigtes Mißtrauen gegen die falsche Authentizität der Photographie, der mit Recht sogenannten »Moment-Aufnahme« (der Aufnahme eines jedenfalls mißverständlichen Moments), gegen die Degradierung einer feierlichen Situation zu einem interessanten Tagesbericht oder einem sensationellen Spektakels, allen zugänglich gegen Entgeld. Es liegt in diesem Widerstand mancher Behörden gegen das zivilisatorische Instrument des Fortschritts und der neuen Zeit ein ihnen selbst vielleicht unbewußtes, aber außer Zweifel richtiges Mißtrauen gegen die Fähigkeit des Apparats, wirklich dokumentarisch zu sein und nicht die Wahrheit zu entstellen. Denn gegen die Stupidität eines Mechanismus aus Glas und Pappendeckel kann sich die menschliche Würde nicht verteidigen. Wird sie ihm einmal preisgegeben, so muß sie sich in Lächerlichkeit verwandeln. Es ist nämlich nicht richtig, daß die Photographie die Wirklichkeit wiedergibt, so »wie sie ist«. Die photographische Aufnahme enthält nur einen zufälligen Augenblick der Wirklichkeit, weniger als einen Ausschnitt, die dünnste Schicht einer Oberfläche eines Moments, – ganz abgesehen von ihrem Fluch, den Körper nur als einen Schatten wiederzugeben zu müssen. Die Photographie gibt keineswegs die Wirklichkeit, so wie sie ist, sondern so, wie sie der Linse erscheint. Bei der Betrachtung einer Photographie sind wir nicht mehr imstande, wie die Wendung lautet: unsern Augen zu trauen, sondern höchstens in der Lage, der Linse trauen zu müssen.

Ich weiß nicht, ob es ein Gesetz gibt, das die Verfilmung einer Gerichtsverhandlung verbietet, oder ob es nur eine instinktsichere Sitte ist, die den letzten Rest einer öffentlichen Würde vor der falschen Authentizität eines Apparates rettet. Ich weiß nur, ich fürchte beinahe, daß es dieser fixen Technik gelingen wird, einen geräuschlosen Filmapparat herzustellen, der das Argument eines Vorsitzenden, die Geräusche bei der Verfilmung würden den Gang der Verhandlung stören, zunichte machen müßte. Wenn die Justiz keine anderen Gründe gegen ihre Verfilmung gehabt hat, dann verdient sie es, in einen Tonfilm verwandelt zu werden.

Silberfüchse

Man zeigte im Kino eine Silberfuchs-Farm in den Bergen Österreichs. Ich erfuhr, daß die Silberfüchse, die in Alaska zu Hause sind, in haltbaren Kisten verpackt, nach Österreich geschickt werden und daß sie im Klima und im Panorama der Alpenwelt ihr heimatliches Alaska wieder zu finden glauben. (Auch die Schlauheit der Füchse hat ihre Grenzen.) Ich sah, wie man die Tiere in dem kleinen Bahnhof eines Bergortes auslud, auf einen Wagen legte und in die Farm brachte. Hier packte ein braver Mann einen Silberfuchs nach dem anderen aus. Er zog die Tiere dermaßen ans Tageslicht, daß sie mit den Köpfen nach unten hingen, vollkommen wehrlos waren und nicht einmal »ja« sagen konnten. Dann ließ er sie ein bißchen im Alpenschnee herumlaufen. Hinter feinmaschigen Drahtnetzen standen die soliden hölzernen Häuschen, deren Innenarchitektur einem Silberfuchsbau genau nachgebildet war, so daß die Füchse glauben mußten, sie hätten ihre neuen Wohnräume selber gebaut. In einer Küche (die eigentlich keine Küche war, weil in ihr nichts gekocht, sondern nur rohes Fleisch zubereitet wurde, in einer Rohküche also) hackte ein Mann fleißig Klümpchen rohen Fleisches, eine Art Naturschnitzel für die Silberfüchse. Dann schob man die Portionen in sauberen Blechgeschirren den Füchsen zu. Aus einem verborgenen Fenster beobachtete ein Mann mit einem Operngucker das Leben und Treiben der Tiere, die nicht erfahren durften, daß sie beobachtet werden. Sonst wäre nämlich ihr Glaube an Alaska dahin gewesen. Ein Tierarzt (oder ein Chemiker) untersuchte die Ausscheidungen der Silberfüchse. Entdeckte er Spulwürmer (oder andere), so unterzog er den kranken Fuchs einer radikalen Behandlung. Durch Tätowierungen wurden die Füchse als Eigentum der Farm für alle Zeiten gekennzeichnet. Die Tätowierung sah also aus: der Fuchs wurde ebenso gehalten wie bei der Ankunft, die Schnauze nach unten. Dann mit einem schnellen Wurf auf den Tisch gelegt und an allen Vieren festgehalten. Hierauf band der Tierarzt um den Unterkiefer des Tieres ein weißes Bändchen, das die Zunge festhielt und hinunterdrückte. Jetzt schon war der Fuchs wehrlos. Noch wehrloser wurde er, als die Enden des weißen Bändchens um seine Schnauze in einer tadellosen Schleife verknotet wurden. Nun lag er auf dem Tisch, sah mit hilflosen Augen, wie der Arzt die Zange ergriff und dem Ohr näherte. Den Rest konnte das Tier nicht mehr sehen, nur fühlen. Ähnlich wie ein Schaffner eine Fahrkarte durchlocht, zwickte der Arzt das Ohrläppchen des Tieres. Schon war es tätowiert. Es trug das Monogramm des Farmbesitzers im Ohrläppchen, ähnlich wie manche der Damen, für die ja die ganze Farm eigentlich bestand, ihre Ohrringe tragen mochten.

Schließlich wurde das Tier getötet. Das zeigte der Film nicht. Im Text nur wurde versichert, daß die Füchse schnell und schmerzlos getötet werden, damit … damit der Pelz nicht schaden leide. Man sah erst wieder die Entpelzung der Kadaver. Ein solid gebauter Mann mit dem Aspekt eines Jägers löste mit der kleinen Klinge seines großen Taschenmessers den Pelz sehr vorsichtig, vom Schweif zuerst, vom äußersten Ende des Schweifs. Dann stülpte er das Fell um, mit behutsamen Fingerspitzen, so daß das Skelett sichtbar wurde, die dürre armselige Verlängerung der Wirbelsäule, die an eine nackte winterliche Erlen-Rute erinnerte. Hierauf begann die Herstellung jener toten Silberfüchse, die unsere lebendigen Frauen um ihre meist schönen Schultern zu legen gewohnt sind. Ja, man zeigte zum Schluß den sogenannten »Detailverkauf« beim Kürschner und eine wirklich hübsche Käuferin dazu. Nicht unerwähnt soll ferner die Tatsache sein, daß der Herr, der die Texte zu diesem Silberfuchsfilm verfaßte, sich in wohlgewählten Worten auszudrücken verstand. Er machte sogar von seiner poetischen Veranlagung Gebrauch und darauf aufmerksam, daß der Pelz der Silberfüchse das Dunkel der Nächte von Alaska mit dem Silberglanz der Seen von Alaska zu verbinden imstande sei.

Nun, es war ein Samstagabend und das Kino gut besucht. Obwohl ich die Leute ringsum nicht sehen konnte, war ich doch überzeugt, daß die Silberfüchse schöner, heiterer, angenehmer waren, als die Besucher des Kinos und daß unter diesen sich wohl der oder jener befinden mochte, dem ich so eine Tätowierung mit einem weißen Bändchen um die Schnauze gegönnt hätte. Aber da war nichts zu machen. Die Silberfüchse schätzen das Fell der Menschen nicht, und selbst wenn sie es täten, sie wären nicht imstande, Boas aus Menschenhäuten herzustellen und zu tragen, geschweige denn, eine Menschenfarm einzurichten. Und man konnte auch sonst nichts gegen eine Tötung der Silberfüchse einwenden. Das Leben ist hart, die Frauen müssen Füchse tragen, die Jäger in Alaska müssen leben, die Farmer müssen leben. Ja, ich konnte mir sogar eine Situation vorstellen, in der ich aus purer Verliebtheit imstande wäre, einen Silberfuchs tückisch großzuziehen, um ihn dann zu erschießen und sein Fell der geliebten Frau zu schenken. So ist es nun in der Welt. Wir müssen töten, nicht nur um zu essen, sondern auch, um unsere Frauen zu schmücken. Die Jäger schießen tagaus, tagein in den Wäldern, Krieg ist in der Welt, und es wäre, da wir doch wichtigere und aktuellere Sorgen haben, eine banale Sentimentalität, uns wegen der

Silberfüchse aufzuregen. Ja, es wäre ein Gemüts-Luxus, genau so, wie der Silberfuchs ein Mode-Luxus ist! – Und dennoch wüßte ich gerne, warum mich die herzlose Spannung, mit der die Zuschauer im Kino das Leben und Sterben, die Fürsorge und die Marter, die Ernährung und die Tätowierung, die Ankunft der Tiere und ihren Detailverkauf verfolgten, eigentlich empört hat. Ich erhob, um ganz gerecht zu sein, sogar den Farmer zu einem Wohltäter der Menschheit und schrieb ihm das Verdienst zu, die teuren Silberfüchse für die Frauen auch minder bemittelter Männer erschwinglich gemacht zu haben. Glückliche Herzensbünde kamen sogar vielleicht durch die mittelbare Hilfe jener Farm zustande. Auch war ich nicht so roh, etwa das Leben eines Silberfuchses höher einzuschätzen als den Wunsch einer auch nur relativ hübschen Frau. Und dennoch ist die Solidarität, die ich für die Silberfüchse empfand, eine Tatsache. Ich schäme mich ihrer. Aber ich kann sie nicht leugnen.

Ehre den Dächern von Paris!

Seit einigen Wochen läuft in Frankfurt der französische Tonfilm: Unter den Dächern von Paris, und, obwohl an dieser Stelle, anläßlich der Uraufführung in Berlin, unser Berichterstatter in besonders auszeichnender Ausführlichkeit das außergewöhnliche Werk bereits gewürdigt hat, erscheint es uns dennoch notwendig, noch einmal darauf hinzuweisen. Uns ist, als müßte man durch wiederholtes Lob die noble Diskretion dieses Tonfilms all jenen liebenswert zu machen versuchen, die seit der Erfindung der tönenden Schatten in den Kinos der europäischen und amerikanischen Städte gezwungen werden, zu vergessen, wie edel heute noch die Stille sein kann und wie golden das Schweigen. Aber es bedürfte auch dieser propagandistischen Nebenabsicht nicht, damit wir die Stimme erheben, um den Preis der Stille zu verkünden; allein schon, um ihr zu danken, müßten wir sprechen.

Die Handlung dieses Tonfilms entsteht ebenso aus der Atmosphäre der Stadt Paris, wie etwa ein Volkslied entsteht aus der Seele einer bestimmten Landschaft. Es ist, als gebäre der zitternde, ewig bewegte Nebel über den Dächern von Paris die Geschehnisse, die sich unter ihnen abspielen. Der leichte, graue Dunst über dem tänzelnden Gewirr der Schornsteine, der das erste Bild des Films überschwebt, gleicht einem Vorhang, der sich auflöst und in das Spiel verwandelt, das er in sich geborgen hat. Ist das Spiel dann zu Ende, so hat es nicht etwa aufgehört, sondern es ist wieder eingekehrt in den fruchtbaren Nebel, der sein Ursprung ist und seine Heimat. Ähnlich entstehen im Kosmos die Welten und gehen wieder unter. Ähnlich entstehen Lieder und tauchen zurück in die ewigen Gründe der Melodien der Welt. Die Mustergültigkeit dieses Tonfilms beruht denn auch auf der Parallelität und der gesetzmäßigen Gleichnamigkeit des Films und des Gassenhauers, der die Handlung durchwirkt, begleitet und umsäumt. Die Bilder erheben sich aus der Flut der Melodie, und sacht und ohne Aufhören umschmeichelt sie die Konturen der Bilder. Alle alte, verfallene, ewig verfallene Süße des Pariser Volkslebens entströmt ihnen: der heitere Moder der kleinbürgerlichen Wohnungen hinter den langen Fenstern von schlanker, fürstlicher Noblesse; der Kaffee- und Schnapsgeruch der engen Bistros, der anmutigsten Sündenpfüle der Welt, dieser Schenken, die keine Lasterhöhlen sind, sondern gleichsam Lastergrotten aus dem Märchen. Die lächelnde Anmut der kleinen Mädchen überstrahlt die Gefährlichkeit ihrer kleinen Apachen, aus der Baufälligkeit der Mauern, die allein durch die Gnade des Wunders erhalten werden, blüht das alte neue Leben, und über dem hitzigen Zorn der Kämpfer leuchtet schon die Sonne der Versöhnung. Im lauschigen Rund der kleinen Plätze des Montmartre erklingt die Ziehharmonika, das Instrument der Armen. Ein Bettler, hockend im Winkel, handhabt es. Die langgedehnten Seufzer der Verlorenheit entlockt er ihm nicht, sie scheinen dem vielgefältelten Leib der Harmonika von selbst zu entweichen, und der Musikant ist eher bemüht, sie zu dämmen, als sie hervorzurufen. Sie aber, die melodischen Stimmen der Armut, können gleichsam den Lauschern nicht widerstehen, die den Sänger und Verkäufer des Gassenhauers umringen, für alle Herzen im Rund, in denen die echten, aber stummen Seufzer verborgen sind, erklingen sie als Echo. Und die falschen Stimmen, die das Lied singen, und der kreischende Wohllaut des Instruments, der die Sänger ebenso begleitet, wie er den bewegten Tanz der Schornsteine auf den Dächern von Paris zu kommandieren scheint, ergeben zusammen den heiligen Choral der kleinen, heiteren Armut. Geeinigt durch den Gesang, die Ziehharmonika, die lauschende Andacht sind sie alle, und eingeschlossen im Ring des kleinen Platzes, der die Strophen des Gassenhauers ebenso zärtlich umrandet, wie das Rund der Zuhörer. Auch den Taschendieb noch, der die Versunkenheit der fetten Portiersfrau schmählich, aber auch schelmisch mißbraucht, um ihr Handtäschchen zu leeren, bindet die Musik an sein Opfer. Und mehr noch sein Verrat an die Kameradschaft der Lauscher, als sein Diebstahl beleidigt unser Gewissen. Er macht sich weniger eines Verbrechens schuldig, als gleichsam eines Privilegs: er stört die Andacht, er unterbricht die Weihe des Orts und der Begebenheit; er schändet die Religiosität dieses»Milieus«.

Sieh, wie sie die letzte Zigarette teilen, um gleich darauf in Streit zu geraten, um wiederum gleich darauf einander in die Arme zu fallen! Welch zärtlicher Pomp der Pantoffeln, die der Verliebte seinem Mädchen kauft! Wieviel Jahre des Ekels und der Gleichgültigkeit im Ehebett der alten Portiersleute und wieviel sinnliche Süße in jener ersten Liebesnacht zwischen den jungen Leuten, die aus Keuschheit das Bett verachten, um beide am Boden zu schlafen! Wieviel rührende Treulosigkeit in dem kleinen Herzchen des kleinen Mädchens, das aus der Verzweiflung über die Verhaftung des Freundes unmittelbar in die Flitterwochen mit dessen Kameraden fällt; ja, fällt! Denn es ist ein schönes, sachtes Fallen in ihrem Leben, sie gehorcht den Gesetzen der Schwerkraft, die sie lächelnd befehlen, ein reizendes Geschöpf der Torheit, die vollkommenste Personifikation der weiblichen Schwäche. Es ist, als hörte man das sündige dünne Stimmchen ihres roten Blutes. Sie fällt, sie fällt! Sie liebt, sie tanzt, man würfelt um sie, den lieben Gegenstand! Heute läßt sie sich erobern und morgen lediglich gewinnen. In ihrer schönen kleinen Brust sind ihres Zufalls Sterne.

Die ganze Armut der Verlorenheit ist in diesem Tonfilm. Keiner von allen, die hier spielen, wird diese Welt verlassen. Immer tiefer werden sie hinabsinken, eintauchen in den Berg der Jahre, die anrollen, unaufhörlich, lächelnd, im Gesang der Ziehharmonika. Die Wehmut wird immerdar die Schwester ihrer Freuden sein. Sie werden immer trinken, lieben, würfeln, stehlen. Ihr Schicksal ist unerbittlich. Das gibt dem Film die Trauer. Aber die Unerbittlichkeit ist eingetaucht in Milde, sie ist gleichsam geradezu erbittlich. Deshalb ist der Film so heiter.

Das Hellsehen.

Im Kino Kamera-Lichtspiele Frankfurt trat die Hellseherin auf, eingeschoben ward sie, wie man in der Vergnügungsbranche zu sagen pflegt, zwischen das »Beiprogramm« und den Hauptfilm, und also erschien sie zwischen den sogenannten Wundern des Fortschritts als eines aus alter Zeit. Es machte ihr anscheinend gar nichts aus, ob sie in die Zukunft oder in die Vergangenheit blickte, in allen Richtungen wurde es hell, in die sie vordrang, eine Hellseherin war sie eben. Ihr Manager war ein kleiner schwarzer, beleibter Herr im Smoking und mit Brille. Die weiße Leinewand wurde weggezogen, ein Bühnenvorhang ging auf, und siehe da: Es war eine Bühne vorhanden. Hinter der Leinewand lebte sie ihr dunkles Leben, schon seit Jahren war sie da, im Schatten der Schatten hatte sie leben müssen, und ihre plötzlich offenbarte Existenz war ein eigenes kleines Extrawunder. Der Manager sprach auf das Publikum ein. Seine Hellseherin, so sagte er, sei nicht mit andern zu vergleichen, geschweige denn zu verwechseln. Andere Hellseher hörten aus dem Tonfall des fragenden Managers schon die Antwort heraus, die sie zu geben hätten, und mit Hilfe verschiedener kleiner Tricks, von denen wir hier gar nicht reden wollen, würde es ihnen möglich, dies und jenes zu erraten, ohne eigentlich hellzusehen. Seine Hellseherin aber sei lange Monate von echten deutschen Professoren auf ihre Hellsichtigkeit beobachtet worden, ja sogar von den Professoren Moll und Dessoir, die, wie man wisse, die »zwei größten Skeptiker Deutschlands« seien. Man nahm seine Ausführungen ohne Widerspruch hin. Bald brachte er die Hellseherin auf die Bühne, eine weißgekleidete Dame, wie eine Braut aus dem Jenseits trat sie auf, in einer überweltlichen und geheimnisvollen Reinheit, mit einem metaphysischen Schleier. Sie setzte sich auf einen gewöhnlichen Stuhl. Der Manager stellte sich vor sie hin, streckte ihr beide Hände entgegen und versetzte sie so in Schlaf. Dann drehte er sie mit dem Rücken zum Publikum. So saß sie nun, mit verbundenen Augen. Der Manager lief in den Saal. In der und jener Reihe des Parketts zogen die Zuschauer verschiedene Gegenstände aus den Taschen, Uhren, Ringe, Schlüssel, Ketten, Medaillons und Legitimationen, fragten, jeder in seiner Art, mit lauter oder leiser Stimme, was sie in Händen hielten, und die Hellseherin erriet in der Tat, ob es ein Schlüssel war oder eine Kette, und selbst Legitimationen von Presse-Vertretern und deren Vornamen flüsterten ihr die geheimen Mächte der Überwelt zu. Es geschahen wirklich Wunder. Freilich fragte ich mich, obwohl ich mich als deutscher Skeptiker lange nicht mit den Professoren Moll und Dessoir vergleichen darf, wozu denn der Manager durch die Reihen ging, wenn es den Zuschauern möglich war, selber Fragen zu stellen. Aber es war mir auch keineswegs unangenehm, seine Geschäftigkeit zu sehen und wie er angetrieben wurde von dem Bedürfnis, die geheimnisvollen Fähigkeiten seines Mediums immer wieder zu beweisen, und von der Angst, es könnte hie und da versagen. Und eigentlich war ich erschüttert von der leiblichen Behendigkeit eines Mannes, der doch soeben die magische Gewalt gezeigt hatte, eine Frau in einen jenseitigen Schlaf zu versetzen, und wunderbarer noch, als die Hellsichtigkeit der weißen Dame erschien mir die durchaus irdische Erscheinung dieses Managers und seine Beziehung zur Magie. Ja daß eine Hellseherin eines Managers bedarf, um zu leben, das heißt jeden Tag zu essen, Eisenbahn zu fahren und ein Dach über dem armen Kopf zu haben, bewies mir so recht die ganze Armseligkeit der menschlichen Wesen, selbst jener, die mehr als fünf Sinne haben. Was nutzt uns der sechste, wenn der Gebrauch der fünf gewöhnlichen so viel Geld kostet? Und wenn unsere Fähigkeit, mit geistigen Augen zu sehen, uns nichts mehr bietet als den Anblick von Schlüsseln und Legitimationen, die wir jeden Tag mit unverbundenen körperlichen Augen erblikken können? Ach, es ist ein Jammer um den Menschen, sogar um den ungewöhnlich begabten! Manche Zuschauer im Parkett schrieben Zahlen auf Papier – und zu gleicher Zeit schrieb die Hellseherin auf der Bühne die gleichen Zahlen auf. Und nachdem sie sich also gewissermaßen an gewöhnlichen Gegenständen und zwecklosen Zahlen immer hellsichtiger geschliffen hatte, ging sie dazu über, Nachrichten über vermißte und im Weltkrieg gefallene Personen zu geben. Und die Hinterbliebenen schrieben auf Zettel die Namen der Gefallenen, und hie und da erriet die Hellseherin, daß der oder jener in den Argonnen, in Flandern, in Rußland, in Polen gefallen ist. Daß es ihr passierte, den Ort Zloczow, der in Galizien gelegen ist, nach Russisch-Polen zu versetzen, sei nur nebenbei bemerkt und ohne Gehässigkeit; denn es wäre unbillig, von einem Hellseher geographische Kenntnisse zu verlangen. Und es wäre ebenso unbillig, ihr den Irrtum anzukreiden, den sie beging, als sie auf die Frage des Managers (der neben mir stand), was ich denn von Beruf sei, zur Antwort gab, ich sei ein Redakteur; denn, wie sollte sie mir mißtrauen, der ich doch mit der fremden Legitimation eines Redakteurs hereingekommen war? Und die gewöhnliche logische Erwägung, daß sich der Manager aus Zweckmäßigkeit lieber neben Redakteure stellt, als neben Konditoren zum Beispiel, die noch nie in einer Zeitung geschrieben haben, muß so stark gewesen sein, daß sie die arme Hellseherin aus der kataleptischsten Tiefe des Schlafs aufgeschreckt haben mag und zurückgerissen in die platte irdische Überlegung – – die eben eine falsche war. Wenn man Ahnungen hat, soll man sich lieber auf sie allein verlassen und die Überlegungen gering schätzen! Und wenn man Gefallenen nachtrauert, sollte man lieber von ihnen schweigen, und wenn man irgendwelche Toten ruhen lassen soll, dann ganz bestimmt die Toten des Krieges! »Wann ist er weg?« – fragte der Manager immer wieder. Und dieses »weg«, so unüberlegt es auch gesprochen war und so unabsichtlich geschäftig, offenbarte in seiner grauenhaften Nebensächlichkeit das ganze vergebliche »Weg sein« der Gefallenen, deren

Hinterbliebene aus ihrer Trauer ein Rätsel für Hellseherinnen machten. Ach, Geschäft ist Geschäft, morgen ordiniert die Hellseherin im Hotel soundso, und heute muß sie beweisen, daß sie was kann. Während sie den jenseitigsten Gründen entgegendämmert, wird es ihr klar wie der Tag, daß sie leben muß, leben! Und der Manager muß es auch! Und nur die Gefallenen des Krieges dürfen es nicht mehr. Sie brauchen es nicht. Sie haben es gut!

Sie haben es gut, daß sie nicht mehr in diesem Kino sitzen und den Metro-Goldwyn-Film sehen namens: »Männerfang«. Das ist ein sogenannter amerikanischer Gesellschaftsfilm, er handelt von Frauen, die kaltherzig auf Männerfang ausgehen, der Verfasser des Films ist gewiß dagegen – und von Anfang an war es deutlich, daß er durch geschickte Verknüpfung der Schicksale, wie des dramatischen Knotens, am Schluß beweisen würde, daß es falsch sei, Männer fangen zu wollen, ohne ein Quentchen Liebe. Jeder Hellseher hätte es voraussagen können. Und unter doppeltem Mißbrauch der Legitimation verließ ich das Theater, lange vor dem Schluß.

Schluß mit den Kriegsfilmen!

Der letzte deutsche Kriegsfilm heißt »Douaumont«. Sein Regisseur, Heinz *Paul*, hat ihn »unter persönlicher Mitwirkung ehemaliger Mitkämpfer«, ja, des Erstürmers des Forts selbst, hergestellt. Dies zeugt von einer gewissen Vorsicht, die ohne Zweifel lobenswert ist, aber auch ohne Zweifel verdächtig. Vor der Aufgabe, einen Film vom Weltkrieg herzustellen, scheinen die Hersteller selbst ein wenig zu erschrecken. Sie suchen autoritative Unterstützung bei den Mitkämpfern. Deren »persönliche Mitwirkung« ist nun allerdings eine Frage ihres privaten Geschmacks; obwohl man sich vorstellen könnte, daß es auch den Einzelnen nicht ohne weiteres gestattet ist, über ein großes und grauenhaftes Erlebnis, das man mit Millionen Bluts- und Schicksalsgenossen geteilt hat, nach Belieben zu verfügen. Ja, wir gestehen, daß wir nicht ohne Bedenken das Tun und Treiben der Kriegs-Romanschriftsteller beobachten, obwohl doch das Material, in dem sie schaffen, nämlich die menschliche Sprache, dem großen Gegenstand des Krieges adäquater ist als etwa das Zelluloid der Filmstreifen, die Jupiterlampen in den Ateliers, die Megaphone der Regisseure und all die Tausend technischen Mittel der Filmbranche. Der Gedanke, daß man Statisten als Todeskandidaten verkleidet und in künstlichen Schützengräben herumlaufen und zum Schein sterben läßt, hat für sensible Kriegsteilnehmer etwas Schnödes und Verletzendes. Es gibt eben Grenzen. Es gibt ein ungeschriebenes, aber sehr klares Gesetz von den Rechten, die sich der gute Geschmack in gewissen Fällen gegenüber der Kunst herausnehmen darf, und von den Schranken, die eine so zweifelhafte Kunst, wie es die filmische ist, einhalten müßte. Nicht die künstlerischen Leistungen der Einzelnen im Film wollen wir bezweifeln. Und wenn wir auch gestatten würden, daß etwa ein Schauspieler den Tod eines einzelnen Soldaten im Weltkrieg darstellte, und also (wenn so etwas überhaupt möglich wäre) die große und unbegreifliche Tragödie von Millionen einmalig und infolgedessen gültig nachschüfe, so bleiben wir doch zweifelnd und sogar gekränkt von den Versuchen, beliebig viele namenlose Darsteller zu Schein und Spiel kämpfen und sterben zu lassen und auf diese läppische Weise das große Entsetzen kümmerlich wiederholen zu wollen. Alle Kriegsfilm-Versuche sind einfach unglaubhaft. Und es handelt sich wahrhaftig nicht darum, ob ein Kriegsfilm »Tendenz« hat oder nicht. Alle Kriegsfilme geben eine falsche Vorstellung vom Krieg, weil die Hersteller glauben (und was sollen sie anderes), eine möglichst dokumentarische geben zu sollen. Und wenn da noch tausend oder zehntausend blinde Granaten explodieren, um möglichst viel glaubwürdiges Getöse und authentischen Rauch zu erzeugen; und wenn da noch hundert oder fünfhundert Statisten mit zerschossenen Leibern liegen bleiben; so verstärkt all dieser Realismus in uns nur den latent vorhandenen Wunsch, die schreckliche Wirklichkeit, die wir erlebt haben, mit dieser nachgemachten zu vergleichen, und keinen Augenblick vermögen wir, dieser zu trauen. Immer wieder aber drängt es uns, die wir aus dem Weltuntergang heimgekehrt sind, zu den Schlachtfeldern, zu den Kriegsgräbern und selbst zu den Kriegsfilmen. Und unser unerklärliches, geheimnisvolles Heimweh nach den Stätten und den Zeugnissen unseres großen Erlebens (des größten, wenn nicht des einzigen, das wir hatten) entschuldigt zwar uns, wenn wir einen Kriegsfilm sehen wollen, keineswegs aber diesen und seinen Erzeuger. In unserem liebenden treuen Gedächtnis ruhen sie, die bleiernen Tage aus Regen und Matsch, die roten und weißen Nächte aus Blut, Feuer und Dreck, das Zischen, das Pfeifen, das Sausen und das Knattern, der zerfetzte Rumpf, die zerbeulte Mütze, das rostige Bajonett, die kleine, liebe, blecherne Totenkapsel, die Armeeplakette und das Ordensbändchen, das Koppel und die Ledergamasche und die Handgranate, die man warf und jene, die daneben explodierte, und die letzte Zigarette, die man in Stücke brach, auf der Latrine, und Du selbst, Dein Schnurrbart und Dein verlauster Rock und die Schweinereien, die Du sagtest, und die große, große, unnennbare Gleichgültigkeit gegen morgen und übermorgen, und die satte, strotzende Lebensfülle des jeweiligen Augenblicks, den wir noch lebten oder schon wieder lebten, und der wundgeriebene Fuß, der da unbarmherzig eingesperrt war in längst verdreckten Fetzen und im naßkalten Stiefel, und die eintönige Musik der klappernden Menageschale, die sachte und regelmäßig an das Bajonett anstieß und die unsere eigentliche, einzige Schlachtenmusik war und uns in den Tod begleitete, und das Knirschen der Bagagewagen auf den holperigen Landstraßen, und das Frieren der Pferdeleiber im nächtlichen Regen und ihr gepeinigtes, aufheulendes Gewieher, alles Dies und Das noch und Du und Der und Jener: alles ist in uns beschlossen, begraben liegt es, wie in gläsernen Särgen, die niemals mehr aufgehn werden. Das Elendige von damals, das Blutige und das Aschgraue, das »Lausige« eben, wir haben einen billigen, armen, goldenen, wehmütigen Schimmer darum gemalt, den Kränzchen ähnlich, die um Gefallenenbilder auf kleinbürgerlichen Konsolen gewoben sind.

Nun, was uns an den Kriegsfilmen verletzt und stört, ist der fatale Umstand, daß es »klappt«, wie es in der Tat nie geklappt hat, ein Umstand, der bei der mächtigen Apparatur der Filmbranche unvermeidbar ist. Ach, uns standen eben nicht Hilfsregisseure mit Megaphonen zu Verfügung und, wenn Einer von uns wirkungslos, sozusagen vergeblich, oft ganz unsichtbar und außerhalb des Kegels der Jupiterlampe hinfiel und kaputt war, so war es ein endgültiger Tod, und es war ihm leider beim besten Willen nicht mehr möglich, »die Szene zu wiederholen«. Ja, es klappt in den Filmen! Die Röcke und Hosen sind neu und lediglich nach bestellten Maßen und Graden verdreckt, und selbst, wo einer nach Läusen sucht, sind es fiktive Insekten, sie beißen nicht, und das Publikum lacht, Marke: »Humor im Schützengraben«. Und wenn alte echte Aufnahmen aus dem Krieg in den neuen Film hineingewoben werden (wie es in den Film »Douaumont« der Fall ist, wissen wir uns wohl zu erinnern, wo sie aufgestellt waren, die Herren aus dem Kriegspressequartier, mit ihren Apparaten und Notizblöcken: nämlich mindestens zehn Kilometer hinter der Front. An ihnen vorbei sind wir marschiert oder zu fünfundzwanzig auf offenen Lastautos vorbeigerollt; sie knipsten uns und brachten die Bilder heim, ins Kriegs-Archiv und in die Redaktionen. Nein, wir hatten damals nicht die leiseste Möglichkeit, uns Mitkämpfer zu engagieren, damit sie unsere Echtheit überwachen, unter »persönlicher Mitwirkung«. Deshalb wohl klappte es nicht. Und wir glauben, sagen zu dürfen, daß wir endlich auf alle und jede Kriegsdarstellung verzichten: ob die Filme »gut« sind, »besser« oder »schlecht«. Es gibt ihrer schon zu viele. Blut und Fleisch und menschliche Herzen haben dort die »Hauptrolle« gespielt. Dieses Material ist etwas ganz anderes als Zelluloid. Eines vom andern ist genau so weit entfernt wie die Front von der Branche und weiter als Neubabelsberg von Verdun! Sie mögen es weiter mit Harry Liedtke treiben und den Krieg in Frieden lassen …

Chaplin und Gandhi.

»In Wort und Bild« verbreiten die Zeitungen die Begegnung des *Mahatma Gandhi* mit dem Komiker *Charlie Chaplin*. Es ist die übliche Begegnung für die »Wochenschau«, mit dem üblichen, zu gar nichts verpflichtenden Wochenschau-Lächeln, das die Rennfahrer, die Propheten, die Opfer der Justiz, deren Minister, die Scharfrichter, die Massenmörder und überhaupt alle interessanten Persönlichkeiten unserer Tage zu zeigen gewissermaßen verpflichtet sind. Es scheint in der Tat, daß eine gewisse, den ahnungslosen Objekten der Popularität noch gar nicht bewußte Kraft von der Institution der Wochenschau ausgeht und alle Ereignisse und Persönlichkeiten in den Bann der Jupiterlampen zieht und daß, was man heutzutage »Weltgeschichte« nennt, gleichsam von den »Operateuren« nicht nur gekurbelt, sondern auch angekurbelt wird. Es ist, als flögen die historischen Persönlichkeiten geradezu wie die Motten in die Lichtkegel der Aufnahme-Apparate, von denen sie sich (in einer Art Öffentlichkeit und Taumel) verwandeln, umlügen und verleumden. Und ebenso, wie heutzutage die Gerüchte den Ereignissen vorauseilen und die Berichte das Ereignis zu ersetzen scheinen, so wird vielleicht die Begegnung zweier berühmter Persönlichkeiten von der *Wochenschau einfach absorbiert*, und statt sich zu ereignen, wird sie lediglich photographiert. Zu dieser phantastischen Annahme könnte man wirklich neigen, wenn man den modernen Heiligen mit dem Komiker zusammen sieht. Denn wäre es etwa merkwürdiger anzunehmen, daß der Heilige sich profanieren läßt und der Spaßmacher den Humor verliert? Was in aller Welt zwingt die beiden, einander vor den aufgerissenen Augen und Ohren der Welt zu begegnen, statt in aller Stille, wie es sich gebührt, wenn zwei ausgesprochene Gegensätze zusammenkommen? Fast hat es den Anschein, als hätten beide Männer (mit wenig Würde und desto mehr Eitelkeit) mit der Tatsache kokettiert, daß sie Gegensätze seien und wohl gemeinsam einen sozusagen »pikanten« Anblick bieten wollen. Es mag dahingehen, daß der Mahatma, weil es vielleicht im Interesse seiner, der indischen Sache gelegen ist, wohl ein dutzendmal aufgenommen wird: wie er ein Schiff besteigt und wie er es verläßt; wie er Marseille betritt und wie er sein selbstgesponnenes Linnen zusammenrafft; wie er in London bei Tische sitzt und wie er aus einem Coupéfenster lächelt. Der simpelste gute Geschmack aber hätte es ihm verbieten müssen, aus einer Begegnung mit Chaplin eine öffentliche Angelegenheit machen zu lassen – – und noch dazu eine Angelegenheit dieser Öffentlichkeit, vor deren hurtigem Blick der Prophet, der Scharfrichter und der Rennfahrer, alle drei zu gleichen zweidimensionalen Schatten plattgedrückt und verflüchtigt, zehn Minuten vor dem heißersehnten Auftritt Lya de Puttis und Mia de Nuttis vorbeihuschen müssen. Und wenn Chaplin dieser Begegnung auch nur ein Hundertstel jener ironischen Aufmerksamkeit gewidmet hätte, die er für seine Lustspiele verwendet, so hätte er empfunden, daß er, der eine ganze Welt zum Lachen gebracht hat, sich selbst nicht so feierlich nehmen darf, wie er – vielleicht mit Recht – von andern ernst genommen wird. Und wenn er der auferstandene Molière selbst wäre – aber er ist es keineswegs – so hätte er es wissen müssen, daß Gelächter an seine Erscheinung gebunden ist wie an die Erscheinung Gandhis der große Kummer. Einmal schon hat Chaplin mit Entsetzen Scherz getrieben: in seinem barbarischen Kriegsfilm »Charlot Soldat«, der leider immer noch durch alle Kinotheater der Welt läuft – mit Ausnahme der deutschen – und in dem die deutschen Soldaten in einer unübertrefflichen schäbigen und geistlosen Weise verhöhnt werden. Selbst, wenn man einem komischen Genie das traurige Recht zugestehen wollte, einer Massen-Psychose ebenso zu erliegen, wie es den Pathetikern recht und billig ist, so darf man es einem Millionär übelnehmen, daß er einen bestialischen Film nicht zurückzieht. Dennoch ist Chaplin in Deutschland empfangen und bejubelt worden. (Es wäre nichts dagegen einzuwenden gewesen, wenn man ihm vorher die Bedingung gestellt hätte, seinen Kriegsfilm zu annullieren.) Und ist es schon peinlich zu sehen, daß ein Pallenberg furchtbar ernst wird, wenn es um Geld geht, und ein Chaplin knauserig, und also ein guter Prozentsatz der zeitgenössischen Komik in Wirklichkeit von tragischen Bankkonten bestritten wird, so ist der Anblick einer tragischen Persönlichkeit aus Indien, die, anmutig plaudernd mit der Clownerie, nichts anderes beweist, als daß sie auch eine »Berühmtheit« sei, tatsächlich ein Zeichen dieser Zeit, über deren Trauer man weinen muß, wie über ihre Kritik! Oh, Heiliger im selbstgewebten Linnen! Du rückst in die Nähe des Ironikers Bernard Shaw, der auf Sowjetkanonen reiten kann, und stehst Schulter an Schulter mit dem klugen Narren, den der Teufel reitet, eine offizielle Persönlichkeit zu werden!

Das ist die große Epoche der Wochenschau, in der wir leben! Sie saugt den Ernst der Heiligen auf und den Humor der Komiker. Sie macht Witze, diese Zeit, und weiß es nicht. Wer lacht da noch? Wer kann da noch lachen?!...

Eine Filmrundfrage.

Wir haben uns mit der bündigen Frage »*Welches halten Sie für den besten Film?*« an bedeutende Schriftsteller und Maler gewandt, nicht aus der Illusion heraus, daß eine solche Diskussion von Berufenen die Produktion beeinflusse, sondern in der Meinung, daß sie zur Klärung filmkünstlerischer Begriffe beitrage. [Joseph Roth antwortete:]

Am besten gefällt mir *Chaplin's »The Kid«*.

Vielleicht haben andere Chaplin-Filme (filmtechnisch und künstlerisch) mehr Bedeutung als dieser. Aber ich urteile weder als »Filmfachmann«, noch als ständiger Besucher des Kinos. Betrachte ich Filme, so ist es mir unmöglich, vom Stofflichen, vom »Sujet« abzusehen. *Alle* Chaplin-Filme sind (meiner laienhaften Meinung nach) zum Unterschied von anderen Filmen nicht bereits musterhaft bearbeiteten Werken entnommen, sondern *a priori* von Chaplin selber primär gestaltete Filmstoffe. Ein guter künstlerischer Film kann ohne dichterische Grundlage nicht bestehen. Alle anderen »Künstlerisch« genannten Filme bleiben Kunstgewerbe.

In »The Kid« halte ich für originell und einmalig dargestellt: die Liebe, die nicht nur das zweifelhafte Gesetz des Blutes leugnet, sondern auch die Liebe eines Mannes zu einem Kinde ausgestaltet, die so ist, wie die Liebe einer natürlichen Mutter zu ihrem natürlichen Kind.

Wenn ich von einem 14 Jahre alten, stummen Film spreche, so möchte ich damit den Leser nicht von der Produktion der Gegenwart ablenken. Sobald man für den Film künstlerische Kriterien postuliert, dürfen Alter und Entstehungszeit eines Werkes nicht in Betracht gezogen werden.

Im Lande der Wolkenkratzer.

Ich ging in das Land, wo die Häuser so hoch gebaut werden, dass sie die Wolken kratzen. Man nennt sie deshalb Wolkenkratzer.

Das Land ist gross und weit, aber teuer. Infolgedessen bauen die Menschen dort nicht ein Haus neben das andere, sondern ein Haus über das andere, denn die Luft kostet dort noch immer nichts.

Also kratzen die Leute lieber die Wolken, als dass sie sich an die Erde schmiegen.

Und daraus noch beziehen sie ihren Hochmut.

In diesem Land kann ein Mensch, wenn er eine gelbe oder schwarze Hautfarbe hat, nicht in dem gleichen Zimmer mit einem Menschen sitzen, der von weisser Farbe ist.

In diesem Land gibt es Tausende von Kirchen. Aber in diesen Kirchen sammelt man Geld mit Hilfe von Andachten. Die Menschen führen Gott im Munde, wie man von einem reichen und vornehmen Onkel spricht, der dem Kredit erhöht, wenn man erwähnt, dass man sein Neffe sei.

Manche Menschen in diesem Lande sind auch gar nicht die Kinder, sondern die Neffen Gottes; die Erbneffen Gottes.

Die Armen bitten Ihn um Geld, und die Reichen bitten Ihn um noch mehr Geld.

Und manchmal tut Gott in diesem Lande so, als ob Er ein Erbonkel wäre. Manchen Armen gibt er Geld, und manchen Reichen gibt Er noch mehr Geld.

Er mehrt die Schornsteine der Fabriken und die Almosen der Bettler, und Er verhärtet manchmal die Herzen der Harten und er zerbricht manchmal die Herzen der Weichen, und Er gibt denen, die etwas haben und Er nimmt jenen, die gar nichts haben.

Das sind Seine besonderen Gesetze in jenem Lande. Die Würde des Menschen liegt in der Macht begründet. Die Freiheit steht als Statue vor den Toren des Landes: man hat sie ausgesetzt. Und die ist versteinert.

Ich kam nach Hollywood, nach Hölle-Wut, nach dem Orte, wo die Hölle wütet, das heisst, wo die Menschen die Doppelgänger ihrer eigenen Schatten sind. Das ist der Ursprung aller Schatten der Welt, der Hades, der seine Schatten für Geld verkauft, die Schatten der Lebenden und Toten, an alle Leinewände der Welt. Dort kommen die Träger der brauchbaren Schatten zusammen und verkaufen die Schatten für Geld und werden selig und heilig gesprochen, je nach Bedeutung ihrer Schatten.

Die lebendigen Mädchen und Knaben in der ganzen Welt, die diese Schatten sehen, nehmen den Gang, das Antlitz, die Gestalt und die Haltung dieser Schatten an. Daher kommt es, dass man manchmal Männer und Frauen, lebendige Menschen in den Strassen trifft, die nicht selbst Doppelgänger ihrer Schatten sind, wie die Schauspieler des Kinos, sondern noch weniger: nämlich die Doppelgänger fremder Schatten.

Es ist also ein Hades, der nicht nur seine Schatten an die Oberfläche schickt, sondern auch aus den Lebendigen der Oberfläche, die ihre Schatten gar nicht verkaufen, Doppelgänger seiner Schatten macht.

Das ist Hollywood.

Die Hölle wütet. Dort tummeln sich die Unternehmer der Schattenspieler, die Schattenhändler und die Schattenmakler und die Schattenarrangeure, die man die Regisseure nennt, die Schatten-Beschwörer und die Schattenverleiher. Und es gibt welche, die verkaufen ihre eigenen Stimmen dem Schatten eines Anderen, der eine andere Sprache spricht.

Auch sah ich dort, nämlich in den Fabriken, welche die Schatten ankaufen, in grossen Zimmern an die zwanzig Leute sitzen, jeder vor einem Telephonapparat. Und jede zweite oder dritte Minute surren ein paar Apparate, und die Männer nehmen die Rohre zur Hand und sagen: »Nothing«. Und das heisst: Nichts zu machen.

Denn den ganzen Tag melden sich Menschen in der Schattenfabrik, die ihre Schatten verkaufen möchten. Und da es so viele gibt, die ihre Schatten anbieten wollen, hat die Fabrik zwanzig Neinsager angestellt. Und sie sagen jede dritte Minute: nothing – den ganzen Tag.

Sonst sagen sie gar nichts.

So zahlreich sind Jene in dem Lande, die danach dürsten, ihre Schatten zu verkaufen.

Und es sind nicht etwa Besitzer gewöhnlicher Schatten, wie Du und ich, sondern Besitzer merkwürdiger Schatten. Der ist ein Riese, der andere ein Buckel, der dritte ein Zwerg, der vierte hat das Antlitz eines Pferdes oder eines Esels, der fünfte kann klettern wie ein Affe, der sechste tanzt auf Stelzen, der siebente auf einem Seil und so weiter. Andere sind Doppelgänger berühmter Männer, die man gelegentlich in geschichtlichen Schaustücken brauchen kann, und also doppelte und dreifache Doppelgänger. Sie sind nicht nur die Doppelgänger ihrer eigenen Schatten, sondern auch die fremder Schatten, die merkwürdiger Weise auch ihre eigenen sind. Manche sehen aus, wie Napoleon und Caesar. Und sie verkaufen den Schatten ihrer Nasen, die gar nicht ihre eigenen Nasen sind, sondern Nasen der berühmten Toten. – Braucht man nun gerade diese Nasen nicht, so antworten jene zwanzig Neinsager. Braucht man aber gerade einen derartigen Nasenschatten, so antworten die Jasager, die in einem andern Zimmer sitzen, ebenfalls vor Telephonapparaten. Auf den Plätzen und Strassen dieser Stadt stehen manche Denkmäler berühmter Männer, wie in anderen

Städten auch. Aber in allen Städten der Welt haben die Denkmäler keine andere Aufgabe, als den Ruhm dessen zu bezeugen, den sie darstellen. In dieser Stadt aber haben manche Denkmäler die Aufgabe, verschiedene Ware anzukündigen und anzupreisen. Manche berühmten Persönlichkeiten in Stein und Marmor oder Erz und Bronze trinken aus einer Schale einen preiswerten und schmackhaften Kaffee zum Beispiel, oder sie essen Hustenbonbons gegen die Heiserkeit. Und während man in dieser Stadt dem lebendigen Menschen den Schatten nimmt mitsamt der Lebendigkeit und also den ursprünglichen Besitzer des Schattens zum Schatten dieses Schattens macht, stattet man die toten Denkmäler mit den Bedürfnissen lebendiger Menschen aus, sodass man eigentlich sagen könnte, in dieser Stadt, die von lauter Schatten bewohnt wird, seien nur die Denkmäler Menschen; ohne Geschmack zwar, aber immerhin Menschen.

Und wie die Menschen Schatten sind und die Denkmäler Menschen, so sind auch die Pflanzen in dieser Stadt Denkmäler. Die Palmen von Hollywood zum Beispiel wachsen nicht in dem Boden, in dem sie zu wurzeln scheinen, sie sind in diesen Boden lediglich eingegraben, wie Denkmäler. Es sind Pflanzen, die statt der Wurzeln Fundamente haben. Aber während Denkmäler für gewöhnlich längere Zeit auf dem Fleck bleiben, auf den man sie einmal gestellt hat, ist es keineswegs also mit dem Palmen. Denn die Menschen, die sich mit dem Palmen-Verleih beschäftigen, tragen die Bäume bald in diesen, bald in jenen Garten, und während die Bäume, was ihre Eigenschaft betrifft, in den Boden eingestampft zu werden, den Denkmälern ähnlich sind, so gleichen sie dank ihrer Eigenschaft, den Aufenthalt zu wechseln, auch den flüchtigen Schatten. Und also ist es erreicht, dass eines der beständigsten Wesen der Erde, nämlich der Baum, fast ebenso flüchtig ist, wie die flüchtigste Erscheinung der Erde, nämlich der Schatten. Überdies müssen auch diese Palmen hie und da ihre Schatten an die Leinewand abgeben. Und da sie wandern können von Ort zu Ort, wie wir eben gesehen haben, kann man auch von ihnen, wie von den Menschen sagen, sie seien ebenfalls die Doppelgänger ihrer Schatten. Und selbst der natürliche Schatten, den sie spenden müssen, in ihrer Eigenschaft als Bäume, auch er wird nun der Doppelgänger seines Schattens.

Auch Schatten von Wolken und also auch von Wolken-Schatten werden in dieser Fabrik angekauft und in irgendeinem passenden Zusammenhang verwendet. Es ereignet sich nun, dass Männer und Frauen kommen, denen es gelungen ist, in schwer zugänglichen Bergen oder sonst in gefährlichen Gebieten Wolken aufzunehmen. Und diese Leute verkaufen der Fabrik die Wolkenschatten zu bestimmten Preisen.

Und wie man das Leben zu Schatten verwandelt, so auch das Sterben. Denn in manchen Schaustücken müssen die Schatten sterben. Und ist es schon sehr schwierig, genau so zu leben, wie es die besonderen Gesetze der Schattenwelt erfordern, so ist es noch schwieriger, ihren Gesetzen gemäss zu sterben. So schwer ist auch der schwerste ehrliche Tod nie und nimmer.

Denn ich habe gesehn, dass der Herr der Schatten die Doppelgängerin einen hübschen Schatten neunzehnmal sterben liess, bevor er ihren Tod für echt und wahr erklärte. Und er verlangte von ihr, sie solle ihren Schatten nicht allein in Schönheit, sondern auch in Eitelkeit sterben lassen. Sie legte sich also hin und entblösste ihre Beine, die schöne Doppelgängerin der Beinschatten. Denn der Herr der Schatten war immer noch derselbe, der damals vor vielen Jahren, als ich noch ein Knabe gewesen war, die badenden Ägypterinnen und die toten Soldaten gezeigt hatte, dermassen unsere Wollust kitzelnd, die ebenso auf das Grauen des Todes gerichtet ist, wie auf das blühende Fleisch. Und wie dem

Tode, so ist man in dieser Stadt, auch der Geburt gegenüber gesinnt.

Wenn ein Kind geboren wird, erwacht in der Mutter die Hoffnung, dass es ein anständiger, gutbezahlter Schatten werde.

Denn es kommt in der Tat da und dort ein Säugling dazu, seinen winzigen Schatten und seine Stimme an die Leinwand abzugeben.

In dieser Stadt leben auch viele fromme Schatten-Anbeter. Und da es ihnen nicht genügt, lediglich die Schatten anzubeten, ist ihr Sinnen und Trachten darauf gerichtet, die Doppelgänger der angebeteten Schatten zu erblicken, zu sprechen, zu umarmen und zu bejubeln. Diese Anbeter wissen nämlich nicht, dass die Urheber der Schatten nur noch Doppelgänger sind. Diese Anbeter glauben, die Schauspieler seien noch die Herren ihrer selbst und ihrer Schatten. Und ebenso wie manche Bücher- und Literaturgläubige die Sehnsucht haben, die Urheber der von ihnen geliebten Werke zu sehen, wie sie lieben und leben, so möchten auch die Schattenanbieter die angeblich lebendigen Schauspieler sehen und hören und fühlen. Indessen begegnen sie lediglich den Schatten berühmter und geliebter Schatten.

…

Alle Schatten haben in Hollywood ihre Residenz. Ja, als ich diese Stadt verliess und in andere Städte kam, glaubten meine Augen nicht mehr der Wirklichkeit der Dinge und Menschen in anderen Städten.

Und betrachtete ich einen Wolkenkratzer, so glaubte ich, er sei nur für die Dauer einer Woche aufgerichtet, um seinen Schatten an die Leinewand abzugeben, für ein bestimmtes Schauspiel, in das Wolkenkratzer gerade passen.

Und in der Tat sagte man mir, dieses Haus würde jetzt abgerissen und jenes dort sei erst vor einer Woche aufgeführt worden.

Flink und flüchtig wie Schatten und noch flüchtiger als die Wolken, die sie kratzen, sind in jenem Lande die Häuser.

Und auch die Denkmäler werden abgetragen, denn die Menschen bedürfen keiner Erinnerungen. Gutherzige Menschen haben wir dort zu Lande auch gesehen, aber Menschen ohne Zeit.

Und wie der Schatten keinen Raum hat, so hat dort zu Lande der Mensch keine Zeit.

Die Güte aber bedarf der Zeit und des Raumes.

Auch die Wahrheit ist in diesem Lande ein Schatten.

Die Gesetze der Wahrheit werden von der Hauptstadt der Schatten aus verkündet.

Das ist die Wahrheit der Schatten und nicht die der Menschen.

Aber auch in diesem Lande traf ich einen Gerechten. Er mahnte mich, Geduld zu zeigen und nicht so hastig zu sein, wie die Schatten, von denen Schlechtes sprach.

Dieses Land, sagte der Gerechte, wird vielleicht all seine Schatten und Wolkenkratzer den anderen Ländern abgeben und selbst zum Leben und zur Wahrheit kommen. Vielleicht wird man hier eines Tages Zeit haben und kleine Häuser bauen und jeden Menschen jeder Farbe und die Beständigkeit lieben und die Flüchtigkeit hassen und das Geld verachten. Dieses Land ist ein junger Erbe alter Länder Und die Erben haben geerbt, noch ehe die Alten tot waren. Liegen sie erst einmal unter der Erde, die Alten, so kann es sein, dass die Jungen prächtige Kerle werden.

Sie müssen Geduld haben!

Ich aber, der ich kein Gerechter bin, habe nicht die Tugend der Geduld.

Ich bin ein schwacher Mensch; und ich fürchte mich vor dem Antichrist.

Anschluss im Film?

In diesen Tagen ist ein »Filmabkommen« zwischen dem Dritten Reich und Österreich geschlossen worden. Dieses »Film-Abkommen« kann man nicht anders bezeichnen als: *den vollendeten »Anschluss« der österreichischen Filmproduktion an die deutsche.*

Es ist anzunehmen, dass der »Bund der österreichischen Filmindustriellen« seinen Anschluss an die »Deutsche Reichsfilmkulturkammer« vollzogen hat, ohne die österreichische Regierung über die einzelnen Punkte des Paktes genau zu informieren. Sonst hätte er wahrscheinlich nicht geschlossen werden können.

Esist schwer denkbar, dass die österreichische Regierung (vor kaum zwei Wochen) ein österreichisches Kultur-Institut in Rom, unter dem Protektorat Mussolinis einweiht und gleichzeitig einen Filmvertrag zwischen Österreich und Deutschland gutheisst, der nicht nur eine Art von »kulturellen Anschluss« bedeutet, sondern auch dem mit so viel Blut und Mühsal erzeugten »österreichischen Bewusstsein« empfindlichen Schaden zufügt.

Die Verhandlungen wurden in *Berlin* – nicht in Wien – geführt. Die österreichische Delegation präsidierte der Herr Reich; die deutsche Reichsfilmkammer vertraten Herr Scheuermann und Herr Corell. Dies nebenbei: weil nämlich die Phonetik dieser Namen mehr an die alte gute »Branche« denken lässt, als etwa an die deutschen Heldensagen.

Wichtiger sind die Bedingungen des Film-Abkommens. Denen zufolge kann Österreich jährlich nach Deutschland mindestens zwölf Grossfilme ausführen, frei und ohne Abgaben. Gesichert ist die Einfuhr österreichischer Kultur-, Wirtschafts- und anderer Kurzfilme. Österreichische Schauspieler können unbehindert in Deutschland spielen – *aber sie müssen arischer Abkunft sein, (allerdings)*, österreichische

Filmproduzenten erhalten, wenn sie auf deutschem Reichsgebiet »drehen«, »volle Unterstützung«. Schliesslich – und dies ist die wichtigste Bedingung: *verpflichten sich die österreichischen Filmproduzenten, keine Produktion zu unterstützen, deren Inhalt und Ensemble in Deutschland als tendenziös oder irgendwie verletzend wirken könnten.*

Die wirtschaftlichen Gründe dieses Film-Abkommens sind leicht erkennbar: der stärkste Abnehmer österreichischer Filme ist Deutschland. Die österreichische Filmproduktion braucht den deutschen Markt. 3 000 Arbeiter, Techniker und Schauspieler sind in der österreichischen Filmindustrie beschäftigt, und Österreich kann sich keine Arbeitslosen mehr leisten.

Aber die Angst vor dreitausend neuen Arbeitslosen der Filmindustrie kann zu verheerenden politischen Folgen für ein Land führen, das den Kampf um seine Unabhängigkeit mit allen Mitteln führen muss, unter Umständen auch mit den Mitteln des Films.

Nach dem Vertrag aber, – man kann ihn auch schon ein »Bündnis« nennen, – den die österreichischen mit den deutschen Filmproduzenten geschlossen haben, kann praktisch in Österreich kein österreichisch-patriotischer Film mehr gedreht werden, der, zum Beispiel, Preussen oder das Neu-Heidentum des Nationalsozialismus angreift. Denn was anderes bedeutet dieAbmachung, dass sich die Filmproduzenten Österreichs verpflichten, keine Produktion zu unterstützen, deren »Inhalt und Ensemble in Deutschland tendenziös oder irgendwie verletzend wirken könnten«?

Man darf also in Österreich, wo der ermordete Bundeskanzler Dollfuß als Märtyrer verehrt wird, keinen Film herstellen, in dem sein tragischer Tod mitsamt den politischen Hintergründen dargestellt würde, das heisst: mit dem Nachweis, – *den die österreichische Regierung selbst erbracht hat*, – dass Dollfuß das Opfer des Dritten Reiches ist.

Man kann in Österreich nicht mehr einen Film über Maria Theresia herstellen, in dem Friedrich, der König von Preussen, gemäss der österreichischen Auffassung, als der Räuber Schlesiens dargestellt würde.

Also handelt der »Bund der österreichischen Filmindustriellen« genau *gegen* die Tendenzen der österreichischen Regierung – des »Marktes« wegen – aber mit Zustimmung der österreichischen Regierung.

Auf Grund dieses Filmabkommens werden die Deutschen jährlich mit Dutzenden Propagandafilmen Österreich überschwemmen, die gewiss nicht formal gegen die österreichischen Zensur-Gesetze verstossen, aber das Dritte Reich als Paradies schildern werden, dem sich durch Plebiszit anzuschliessen höchste Zeit für die armen Österreicher wäre.

An der Spitze des »Österreichischen Instituts für Filmkultur« steht der Kardinal Innitzer, ein heftiger Gegner des Nationalsozialismus. Hat der Herr Reich in seinem Namen verhandelt? Weiss die österreichische Regierung nicht, welch ein wichtiges Propagandamittel sie aus den Händen gibt, wenn sie sich von der deutschen Reichsfilmkammer Gesetze für die österreichische Produktion diktieren lässt?

Es ist möglich, dass sich der Herr von Papen in diese Angelegenheit gemischt hat. Nicht umsonst ist er ein »besonderer Beauftragter«.

Treatments

Kinder des Bösen.

Les Fils du Mal (Les fils maudits)
Ein Film von Joseph Roth und Leo Mittler

Es ist ein heißer, sommerlicher Sonntagnachmittag. Im Park des Schlosses Konopitsch. Unter den alten und hohen Bäumen des Parkes spielen die Kinder des Erzherzogthronfolgers von Österreich. Heute sind sie ungewöhnlich froh. Sie haben Besuch bekommen. Ihr 18-jähriger Freund Friedrich von Sonnenfels. Er trägt die Uniform eines Kadetten der Militärakademie in Wien. Er spielt mit den Kindern, als wäre er so jung wie sie, Fangen und Verstecken, Ball und Reifen. Zwischen den Bäumen tollt die wilde Jagd und Kinderlachen und die Stimme des Freundes erfüllen den Park. Plötzlich erscheint ein Diener und ruft Friedrich ins Schloß. In der Vorhalle fühlt er schon, daß etwas Furchtbares geschehen sein muß. Mit bestürzten Gesichtern stehen die Angestellten herum, und ein Ordonanzoffizier berichtet ihm von der Ermordung Franz Ferdinands und dessen Gemahlin … »Und Vater?« fragt der junge Mann zögernd … Schweigen … Auch dieser ist dem Attentat zum Opfer gefallen. Er war der Adjutant des Thronfolgers und dessen einflußreichster Berater gewesen. Der junge Mann hat verstanden. Alles Blut ist aus seinem Gesicht gewichen.

Indessen kommen die Kinder, die ihren Freund vermissen, an die Schloßtreppe gestürzt und rufen nach Friedrich. Der sieht die Hofdame ratlos an. Sie flüstert ihm zu: »Die Kinder dürfen nichts erfahren!« Friedrich steht erschüttert, Tränen rollen über sein Gesicht, aber seine Fäuste ballen sich in Empörung. Er unterdrückt mit großer Beherrschung seine Tränen, läuft hinaus, spielt mit den Kindern weiter, bis er sich nicht mehr beherrschen kann, in einen abgelegenen Teil des Parkes läuft, sich dort zu Boden wirft und in heißes Schluchzen ausbricht.

Dieses Schluchzen geht über in Schreie, in Rufe. Schwarzgelbe Fahnen flattern, die Militärkapellen spielen, Soldaten marschieren, die österreichischen Truppen ziehen in Belgrad ein ... es ist der 18. August 1914 ... und der General Potiorek telegraphiert dem Kaiser Franz Josef:

Meinem Allerhöchsten Kriegsherrn habe ich die Stadt Belgrad heute zu Füßen gelegt.

Die Gesichter der einmarschierenden Soldaten sind fröhlich und strahlend. An jeder Straßenecke von Belgrad wird Lisserwein und Rakischnaps aus großen Fässern verteilt. Aber sämtliche Gasthäuser sind geschlossen, die Fensterläden sind zu, die Häuser sind blind und finster. An manchen Fenstern hängen sogar schwarze Trauerfahnen, und die Gesichter der Menschen, die hie und dort dem militärischen Spektakel zu sehen, sind bitter und vergrämt und von sichtbarem Haß geprägt. Hier und dort werden in Furcht Läden geschlossen, Rollbalken heruntergelassen, Türen verrammt. Abseits von den theatralisch einmarschierenden Truppen durchwandern Patrouillen abgelegene Stadtteile, um Hausdurchsuchungen vorzunehmen ... und außerhalb der Stadt Belgrad, im Walde, sieht man serbische Bauern an den Bäumen hängend, gehängt von dem österreichisch-ungarischen Militär Honveds.

Eine Patrouille, kommandiert von Leutnant Friedrich von Sonnenfels, betritt das Haus der Familie Zirkowitz. Das Haus scheint ausgestorben zu sein. Nur ein gelähmtes Mädchen, sie hat glühende, fanatische Augen, sitzt in einem Rollstuhl. Friedrich, bestürzt darüber, hier eine Gelähmte allein in dem Hause zu finden, verlangt sichtlich wider Willen die Öffnung aller Türen und Schränke. Kira reicht dem Leutnant die Schlüssel. Die Patrouille öffnet alle Türen. Schweigend rollt Kira ihren Rollstuhl neben dem jungen Leutnant her. Eine einzige Zimmertüre läßt sich nicht aufsperren. Der Leutnant verlangt den Schlüssel. Kira sagt, sie habe ihn verloren. Der Leutnant kommandiert den Soldaten, die Tür mit dem Gewehrkolben einzuschlagen. Nach den ersten Stößen wird sie vom Inneren des Zimmers aus geöffnet. Ein junges Mädchen tritt aus dem Zimmer. Drinnen brennt ein Kaminfeuer und ein großes Porträt liegt schon zur Hälfte verkohlt in der glühenden Asche. Schnell an dem Mädchen vorbeigehend, bückt sich Friedrich zum Feuer. Die Situation erscheint ihm verdächtig, aber schon züngeln die Flammen über das Porträt eines schönen Jünglingkopfes ... Friedrich richtet sich auf, steht dem Mädchen gegenüber und sieht in zwei wundervolle dunkle, erschreckte Augen. Sein Blick ruht betroffen auf diesem Angesicht. Auch ihr Auge schaut gebannt in das Seine. ... Schweigen ... Dann wendet er sich zum Gehen – aber an der Tür bleibt er stehen und fragt: »Was für ein Bild haben Sie da verbrannt?« Sie flüstert: »Das Bild meines Bruders.« Mühsam wendet sie den Blick ab von dem jungen Offizier, dem Fremden ... dem Feinde ...

Dieser grüßt schweigend und ohne seine Hausdurchsuchung fortzusetzen geht er an Kira, der Braut des Mannes, der auf dem Porträt abgebildet war, vorbei und verläßt das Haus. Kalt und schweigend sieht Kira ihm nach. Kaum hat er das Zimmer verlassen, stürzt Mila zum Kamin, auch Kira rollt sich heran, und beide suchen in der Asche nach den Überresten des Bildes. Vor dem Haus notiert sich Friedrich Straße und Nummer und den Namen ...

Und diese Straße und Nummer finden wir auf ungezählten Feldpostkarten wieder aus Frankreich, aus der Türkei, aus Albanien. Der Stempel: »Unbestellbar« ist darauf gedrückt. Die Worte: »Ich möchte Sie wieder sehn« werden verwischt von Staub, aufgewirbelt von marschierenden Füßen, verschwinden in Schmutz und Dreck, in prasselndem Regen, der die in Elend und Auflösung zurückflutende österreichische Armee überschüttet ...

Serbien 1918

Im Straßengraben liegt ein Offizier, ein Hauptmann. Die abgemagerten, entstellten Züge lassen kaum mehr das junge, schöne Gesicht von Friedrich von Sonnenfels erkennen. Er ist bewußtlos. In einem Feldlazarett schlägt er die Augen wieder auf. Und in der Nacht, als die serbischen Schwestern ihren Dienst wechseln, sieht er plötzlich in das seit langem sehnsüchtig gesuchte Gesicht des jungen Mädchens, dem er bei Beginn des Krieges in Belgrad während einer Hausdurchsuchung zum ersten Mal begegnet war, das er sofort hat verlassen müssen und nicht mehr hat wiederfinden können. Auch sie hat den jungen Offizier nicht vergessen. Der Haß ihrer Umgebung, das rücksichtslose Auftreten der Okkupationsarmee, die Zerstörung ihrer Heimat konnten nicht den ersten tiefen Eindruck, den der junge Mann auf sie gemacht hatte, verwischen ... und während der Donner der Kanonen die Luft erschüttert, das Wehklagen der Verwundeten nicht aufhören will, sintflutartiger Regen auf das Zelt niederprasselt, finden sich zwei Herzen jenseits von Haß und Krieg. Aber die Wirklichkeit ist gebieterisch nahe. Die französisch-serbische Armee rückt näher. Die österreichischen Verwundeten sind von einer wilden Panik gepackt. Für die Krankenschwester Mila handelt es sich darum, den Hauptmann Friedrich zu retten. Aber wie soll sie ihn retten? Sie kennt einen Bauern in einem nahen Ort. Zu dem geht sie und borgt sich bei ihm einen Wagen mit Maulesel aus. Sie fährt den Hauptmann durch die Schluchten der vertrauten serbischen Berge nach Österreich zurück. Sie muß den Ohnmächtigen verlassen in einer Bauernhütte, ohne seinen Namen und Wohnort zu wissen, und als sie in der Hast und Eile über die Berge nach Serbien zurückkehrt, fühlt sie mit Entsetzen, daß keiner den andern wiederfinden wird ...

Hierauf kommt Friedrich nach Wien zurück ... an einem finsteren Bahnhof in der Nacht. Er wird von revolutionären

Soldaten durchsucht, und ein Matrose nimmt ihm die Pistole aus der rückwärtigen Hosentasche und reißt ihm die Sterne ab.

Indessen entlädt sich ein nächtliches Gewitter über der Stadt Wien, die spärlichen Karbidlampen erlöschen. Es gibt keine Straßenbahnen und überhaupt kein Vehikel. Man sieht lediglich die wildrasenden Autos der italienischen Besetzungsarmee und von Zeit zu Zeit einen überfahrenen Bürger. Friedrich geht langsam zu Fuß zu seiner Mutter. Es ist bereits 3 Uhr Nachts. Er zieht den Klingelzug an der Tür. Der alte Diener Jean kommt im Nachthemd und in Pantoffeln heraus mit einer Kerze in der Hand und fällt ihm in die Arme. Friedrich stürmt die Treppe hinauf und weckt seine Mutter. Der Morgen graut schon, sie sinken sich in die Arme … Welch ein Wiedersehn! – Vier lange Kriegsjahre hat diese Frau auf den Sohn gewartet, der den Namen des ermordeten Gatten trägt, dessen Tod sie zu rächen sich entschlossen hat. Tag für Tag, Stunde für Stunde hat sie die Rache vorbereitet mit ihren Beziehungen, ihren Einflüssen, ihrem Geld, mit Herz und Hirn … Nach dem Zusammenbruch der Monarchie, nach der Vernichtung der militärischen Macht Österreich-Ungarns steht die Frau allein da mit ihrem Rachegedanken! … Den geliebten Sohn, den sie erwartete, hat sie wiedererhalten, und ehrgeizig und zügellos, blind und besessen will sie den von Krieg und Schlachten Ermüdeten aussenden zu einem neuen persönlichen und gefährlichen Feldzug gegen die Mörder … Nach den ersten Worten der Wiedersehensfreude sagt die Mutter: »Du wirst den Vater rächen – Du mußt!« Friedrich, zum Sterben müde, hört die Mutter an, er versteht kaum den Sinn der Worte, er sagt: »Ja, Mutter, ja.« Die Mutter fährt fort: »Du bist das Haupt unserer Bewegung. Du mußt wissen, daß unsere Feinde ebenso unerbittlich sind wie ich. Du mußt auch bereit sein, zu sterben!« »Ja, Mutter«, sagt Friedrich und sein

Kopf sinkt todmüde auf die Schultern der Mutter, die ihn an sich zieht.

Indessen entlädt sich draußen vor den Fenstern des Palais in Donner und Blitz das Gewitter über Wien. Es stürzen die Adler aus den Wappen, die österreichische Volkshymne wird von den Klängen der Marseillaise übertönt, und in einem zerstückelten und lebensunfähigen Österreich findet sich Friedrich von Sonnenfels einer Bewegung gegenüber, die ihn um seines Namens und seiner Stellung wegen zum Führer ausgewählt hat. Diese Gruppe von ehrgeizigen Menschen hat nicht nur persönliche Rachegelüste wie Friedrichs Mutter, sondern sie sammeln sich in einem großen Bestreben: der Restaurierung der alten österreich-ungarischen Monarchie. Vielleicht eine Phantasie, vielleicht ein Hirngespinst, aber ein Gedanke, der verzweifelte Menschen aufrechterhält.

Für Friedrichs Mutter als für eine alte Frau, bei der sich private Sentiments auf eine kuriose Art mit Politik verbrämen, aber auch in einer echten Sehnsucht nach der Wiederherstellung alter Zeiten, gilt die mütterliche Liebe gleichermaßen um den geliebten Sohn wie den zu großen Plänen ausersehenen und zur Rache prädestinierten Mann. Vergeblich wehrt sich Friedrich gegen die ungeheuerliche Aufgabe, die man ihm zumutet. Er ist lebensfroh, er möchte ein junger Privatmann sein. Er kann auch nicht an die erfolgreiche Wiederherstellung längst verschollener Tatsachen und Zustände glauben, aber er ist in jeder Beziehung abhängig von seiner Mutter. Sie ist die einzige Frau, die er wirklich liebt, außer jenem Mädchen, dem er bei Beginn des Krieges begegnet war. So folgt er ohne Überzeugung den gefährlichen Machinationen seiner Umgebung.

Auch die Gegner dieser Bewegung sind auf ihrer Hut. Gut unterrichtet und straff organisiert, verfolgen glühende Patrioten in Belgrad die ehrgeizigen Bestrebungen der Gruppe um Friedrich von Sonnenfels in Wien. Die Seele der Belgrader Organisation ist Kira, die gelähmte Freundin Milas. Mila trägt jetzt ihren richtigen Namen, sie trägt ihn stolz, es ist der Name Pranza, der Name ihres Bruders Michael. Er war einer der Patrioten gewesen, die durch die Ermordung des österreichischen Thronfolgers Serbien befreien wollten. Der Adjutant Baron von Sonnenfels, Friedrichs Vater, der gefürchtetste Gegner der serbischen Freiheitsbewegung, war seiner Kugel zum Opfer gefallen. In dem berüchtigten Gefängnis im Spiegelberg in Mähren ist Michael zu einem langsamen Martertod getrieben worden. Kira war Michaels Braut. Jedem seiner Pläne folgte sie glühenden Herzens. Bei einer Schießerei in den Straßen Belgrads hat eine Kugel sie getroffen. Für Lebzeiten ist Kira zum Krüppel gemacht und an den Rollstuhl gefesselt. Aber ihre geistige Energie ist nur gewachsen. Kira hat alle Photos aufbewahrt und aneinandergereiht, die in den Zeitungen von Michaels Leben erschienen sind. Sie besitzt außerdem das einzige Testament, das ihr Bruder [*Bräutigam*] hinterlassen hat und das mit den Worten schließt: … ich werde wahrscheinlich gefangen genommen werden. Man wird mich zu Tode martern. Ich wünsche, ja, ich verlange, daß mein Martertod gerächt wird.

Michaels Schwester Mila dagegen weiß nichts von der Tätigkeit ihrer Freundin. Jung und unbeschwert, voll Lebenslust und Lebenssehnsucht versucht sie die schrecklichen Eindrücke der Kriegsjahre zu vergessen. Sie ist umschwärmt und angebetet von den jungen Männern Belgrads. Und in stiller Hingabe geliebt von dem jungen Major, dem früheren Oberleutnant der österreichisch-ungarischen Armee, Simon Tarka. Ein Mann von 35 Jahren, ein Verehrer des Bruders Michael, ist von Kiras unermüdlicher Arbeit aufs Genaueste unterrichtet. Kira will unbedingt den Kopf des jungen Sonnenfels haben. Mit dem Verschwinden seiner Person würde die Bewegung ihren Namen und ihren tieferen Sinn verlieren und ihre innere Uneinigkeit würde sie in sich selbst zerfallen lassen. Kira will vor allem Simon für ihre Pläne benützen. Aber der ist keineswegs mit ganzem Herzen an der Verschwörung beteiligt. Er sieht ganz genau, daß es sich hier um eine Art Familienangelegenheit und Blutrache handelt und nicht um eine politische Gefahr.

Durch die Weinberge tollt eine Schar junger Mädchen und Burschen den Abhang herunter. Unten auf dem Marktplatz der Belgrader Vorstadt spielt die Musik, Guirlanden wehen, Gesang ertönt. Erntefest! Von ihrem Rollstuhl aus beobachtet Kira die Freundin Mira, die von einem Tänzer zum anderen fliegt. Kiras Augen verfolgen auch Simon, der abseits steht. Ein Gedanke läßt Kira nicht los: Mila ist die Frau, die sich Friedrich von Sonnenfels in Wien nähern muß, um den Auftrag der Organisation auszuführen. Schnell rollt sie ihren Stuhl an die Seite Simons und flüstert dem fast Erschreckten ihren Plan zu. Da zeigt der Major offenen Widerstand. Er fürchtet, daß das Mädchen, das er liebt, in eine unmittelbare Lebensgefahr geraten könnte. Aber Kira läßt nicht nach. Ihr Plan ist fertig. Noch am selben Abend versammelt sie ihre Freunde um sich, und in einer stürmischen Versammlung muß Simon den Argumenten seiner Freunde weichen. Man ruft Mila. Man liest ihr einige Sätze aus dem Testament ihres Bruders vor. Man stellt ihr die Aufgabe vor Augen, die ihrer harrt, und versucht, sie mit brennendem Patriotismus von der Notwendigkeit zu überzeugen, mit Kira nach Wien zu fahren und die Sendung auf sich zu nehmen. Entsetzt wehrt sich das Mädchen. Sie schreckt vor dem Gedanken eines neuen Mordes zurück. Sie fürchtet, daß aus Bösem nur Böses entstehen kann. Man überschüttet sie mit Vorwürfen, bei niemand findet sie Unterstützung. Simons schwache Einwände werden überstimmt, und letzten Endes wird ihr der unentrinnbare Eid abgenommen.

Nach kurzen Reisevorbereitungen treffen Kira und Mira unter ihrem in der Okkupation angenommenen Namen Zirkowitz in Wien ein. Simon Tarka begleitet sie. Er ist in allen Kreisen des österreichischen Adels bekannt und wird zwischen ihnen am leichtesten die Verbindung herstellen können.

Die heiteren Klänge der Fledermaus-Ouvertüre erfüllen den prunkvollen Zuschauerraum der Wiener Oper. Mila und Simon betreten eine Loge. Viele Augen wenden sich der schönen Unbekannten zu. Der Vorhang hebt sich, und das Licht der Bühne erhellt die gegenüber liegende Loge. Simon beugt sich zu Mila und flüstert ihr zu (mit einer Bewegung des Kopfes zeigt er auf einen Mann) »...das ist Er!« Mila führt das Opernglas an die Augen und sieht hinüber. Ihre Hände fangen zu zittern an, ihr Gesicht erbleicht, und sie flüstert vor sich hin: »Das ist unmöglich!« Sie hat in dem schönen ebenmäßigen Profil des Mannes den Freund gefunden, den sie jahrelang vergeblich gesucht hat, dessen Bild aus ihrem Herzen nie entschwunden war. Nun soll sie ihm gegenübertreten, eine Verschwörerin, eine Attentäterin auf sein Leben. Simon hat ihre Erregung nicht gemerkt und sagt leise: »In der Pause werde ich ihn Ihnen vorstellen. Er ist unser gefährlichster Feind.«

Der Vorhang fällt. Der Saal erhellt sich. Mila muß sichtlich ihre ganze Kraft zusammennehmen, um ihre Erregung zu verbergen. Im Wandelgang steht sie auf einmal Friedrich gegenüber. Sie erkennen einander sofort. Schon will Friedrich auf sie zustürzen, da tritt Simon hinzu und stellt formell Mila Zirkowitz vor. Seine Lippen berühren ihre Hand, seine Augen sehen in die ihren, Jahre des Wartens und des Suchens sind vergessen, alles ist wie ein Tag, sie lieben sich wie früher. Sie sprechen die üblichen konventionellen Sätze. Nach einem Augenblick aber begrüßt ein Bekannter Simon, und Friedrich benutzt die Gelegenheit, um Mila zuzuflüstern: »Ich muß dich wieder sehn!«, und er nennt ihr eine Adresse.

Am nächsten Tag ... man sieht die Sonne zwischen den Bäumen des Parkes rötlich verglühn, steht Mila vor dem

Schlößchen Friedrichs am Rande Wiens. Friedrich öffnet ihr selbst. Ohne daß sie einen Satz gesprochen haben, liegen sie sich in den Armen. Sie weiß nicht, daß draußen Simon Tarka in einem kleinen dörflichen Wirtshaus gegenüber auf sie wartet. Es ist seine Pflicht als Mitverschwörer, als Beobachter, aber es ist auch die Leidenschaft eines Liebenden, die Mila behüten und bewachen läßt. Den ganzen Tag über hat Mila, allen Fragen der Freunde ausgewichen, ihnen vorerzählt, daß Friedrich sie zu einem Thee zu sich eingeladen hätte, daß man zu ihr Vertrauen haben, ihr Zeit lassen müsse, ihre Mission zu erfüllen. Simon ahnt Zusammenhänge. Kein anderer Gast ist gekommen. Und nun erwacht sowohl sein berufliches Mißtrauen als auch seine Eifersucht.

Die Nacht bricht herein, die Laternen entzünden sich, und da sie in dieser Vorstadtgegend sehr spärlich sind, sieht man auch deutlich die Sterne. Der langsam aufsteigende Mond gleitet durch das hohe Schloßfenster über das Gesicht des Geliebten. Mila betrachtet ihn mit großer Zärtlichkeit. Da er die Augen aufschlägt und sie eine lange Weile schweigend anschaut, glaubt sie, in seinem Blick allein schon Mißtrauen zu spüren, und da er sie gar noch fragt: »Wieso kommst du her? Wieso kennst du den Mann, der dich mir vorgestellt hat? Ist es dein Mann? Dein Geliebter?«, verneint sie heftig. Niemand liebt sie, nur ihn, ihn ... seit jenen Tagen in Belgrad ... nur ihn ... ihn. Da zieht er sie glücklich an sich und überschüttet ihr Gesicht mit Küssen ... daß er sie gefunden habe! Endlich gefunden habe! Da kann sie nicht anders, sie bricht in Tränen aus und in sich überstürzender Rede gesteht sie ihm alles, ihre Aufgabe, in die sie das verhängnisvolle Schicksal hineingetrieben habe, ihre Identität. Auch seine Verzweiflung ist deutlich. Nach einer langen Weile erstarrten Schweigens sagt er: »Wir sind wahrhaftig Kinder des Bösen.« Er spricht von der Rachsucht seiner Mutter, und sie erzählt von der Rachsucht Kiras.

Aber was tun und wie sich retten? Denn es steht für beide jetzt fest, daß sie vor allem ihre Liebe retten müssten. Sie wollen leben, sich lieben und nicht die Werkzeuge einer Rache sein, die ihnen beiden gleichmäßig sinnlos erscheint. Weder sieht sie ihren im Spiegelberg gemarterten Bruder, noch er seinen von diesem Bruder erschossenen Vater. Sie leisten einander gegenüber einen neuen, stärkeren Eid, sie wollen einander lieben und zusammen sterben. Aber Gefühle und die Pläne der Liebe stoßen sich hart an der Wirklichkeit. Weder er noch sie haben die nötigen Geldmittel zur Flucht. Es gibt nur einen, der helfen kann … Simon. Schon hat Mila einen festen Plan. Sie denkt praktisch, wie jede naive Frau in einem entscheidenden Augenblick der Liebe. Sie weiß sofort, was sie tun wird. Sie wird lügen.

Stunden sind vergangen, Simons Ungeduld ist aufs Äußerste gestiegen. Je ungeduldiger er wird, um so mehr bestellt er zu trinken. Aus dem Gefühl der Angst um Mila und einer immer rasenderen Eifersucht, hat er sich schon mehrere Male dem Tore genähert. Jetzt öffnet sich die Tür des Schlößchens und Friedrich begleitet Mila hinaus und führt sie über die Straße. Langsam gehen sie an dem Wirtshaus vorbei, wo, hinter dem Weinlaub des Vorgartens versteckt, Tarka sitzt. Er sieht, wie sie sich küssen. Er belauscht die Verabredung für heute Nacht. Er weiß genug. Er verschwindet durch den rückwärtigen Ausgang, nimmt einen Wagen und fährt schnell nach Hause.

Es kommt, wie er es erwartet hat. In der Nacht klopft Mila an seine Zimmertür. Sie ist scheinbar ganz ruhig. Sie erzählt ihm, daß zuviel Menschen um Friedrich wären, die jeden Anschlag auf dessen Leben in seinem Haus, in seiner Stadt, in seinem Land, unmöglich machen würden. Es wären so viele Leute zum Thee geladen gewesen. Friedrich würde bewacht auf Schritt und Tritt. Man hätte nicht an ihn heran können … Simon sieht sie lange schweigend und fast traurig an … Wie sie lügt …! Sie bittet Simon um Geld, sie wolle mit Friedrich fortreisen und ihn in eine Falle locken. Simons Eifersucht wird immer qualvoller. Er kann sich nicht mehr beherrschen. Er packt sie am Hals und würgt sie. Er sagt ihr, sie müsse gestehen, er wisse alles. Er habe gesehen, gelauscht und gehört. Schließlich beschuldigt er sie, in Friedrich verliebt zu sein und die Sache verraten zu haben. Sie erwidert, sie habe alles um des gemeinsamen Zieles willen getan. Da glaubt er ihr nicht mehr. Er fordert von ihr, diesmal nicht mehr als kluger Verschwörer, sondern als trunkener Eifersüchtiger, sie möge ihre Aufrichtigkeit beweisen. Innerhalb der nächsten 24 Stunden müsse sie Friedrich umbringen, wenn es nicht geschehe, werde er selbst es tun.

In höchster Panik eilt Mila durch die nächtlich leere Hotelhalle, durch nächtlich leere Straßen, in das kleine Nachtlokal, in dem sie sich mit Friedrich verabredet hat. Es ist ein billiges Lokal, in dem billige Mädchen eng angeschmiegt an ihre Tänzer zu den Klängen Wienerschrammelmusik tanzen. Kein Mensch kümmert sich um den einsamen Friedrich, der in einer Ecke wartet. Mila setzt sich zu ihm. Schon fordert ein Tänzer das schöne Mädchen auf. Friedrich weist ihn ab. Sie tanzen beide. Sie erzählt ihm das Geschehene. Es gibt nur eine Rettung für sie beide: von der Mutter Friedrichs das Reisegeld zu erhalten.

Er bringt zuerst Mila in sein Haus, damit sie dort auf ihn warte.

Dunkel und drohend liegt das große Palais, in dem Friedrichs Mutter lebt. Er klopft … er läutet … Der Diener öffnet. – »Wenn die Baronin schläft, muß man sie wecken!« und an dem erschrockenen Diener vorbei, schreitet Friedrich durch die Halle und tritt in den hohen und kalten Empfangsraum … Eine gestorbene, vergessene Welt, die seine Mutter wiedererwecken will mit allen Mitteln und gegen alle Hindernisse. Gespenstisch sehen seine Ahnen aus den

Bildern auf ihn herab ... Rüstungen, Gewänder aus dem 18. Jahrhundert, Hellebarden, Schwerter, Säbel bis zu den Uniformen aus dem letzten Krieg, alle haben Waffen in den Händen. Alle kennen nur eine Losung: die Gewalt! Dort hängt auch das Bild des Vaters. Die ehrgeizigen Züge scheinen zu leben. Wie Vorwurf liegt es in den schönen Augen. Rasch wendet Friedrich sich ab. Sein Blick trifft einen Glasschrank, dort liegt der Handschuh, den der Vater am Tage der Ermordung getragen ... mit ihm hat er nach der Wunde gegriffen. Ein großer, schon verblassender Fleck auf der weiß-grauen Rückfläche. Entsetzt vergräbt Friedrich das Gesicht in die Hände. Dann reißt er sich los und mit energischen Schritten geht er auf und ab. »Was geht mich das alles an, das ist vorbei. Ich liebe und werde geliebt. Das ist alles und ist mehr.«

Die Mutter tritt ein. Im Schlafrock noch königlich. In der Nacht noch mit dem kalten unbeweglichen Gesicht, das er so gut kennt, das er liebt und das er zugleich fürchtet. Er küßt ihr die Hand, und sie gibt ihm wie üblich einen Kuß auf die Stirn. Sie setzt sich und wie üblich bleibt er vor ihr stehen und im Stehen begreift er sofort, daß es vor diesem Angesicht keine zögernde Erklärung und keine Ausflucht geben kann. Er *muß* die ganze Wahrheit sagen. Und er sagt sie auch. Standhaft vor seiner Mutter und fest. Vielleicht zum ersten Mal in seinem Leben.

Er erzählt von diesem Mädchen, wie er sie gesucht und wie er sie gefunden. Die Mutter lächelt, etwas verwundert über sein Ungestüm. Lange schon hätte sie ihm im Stillen den Vorwurf gemacht, daß er sich zu wenig um Frauen kümmere. Aber wer ist eigentlich diese Frau, die solches Ungestüm und ein Wecken mitten in der Nacht notwendig gemacht habe? Erst zögernd, dann immer überzeugender und beredter werdend, schüttet er sein Herz aus. Er schildert die Gefahr, das schicksalhafte Zusammentreffen, das ihm das Leben retten kann. Er sagt alles, er sagt den verhaßten, verhängnisvollen Namen, den Namen: Pranza. … Schweigen … Entsetzt sieht ihn die Mutter an … sie findet keine Worte. Sie bäumt sich gegen das schreckliche Walten eines Schicksals, das alle Pläne zunichte machen will, das den Sohn des Ermordeten in die Arme der Schwester des Mörders treibt. Die Mutter, unerbittlich, erhebt sich groß und mächtig. Sie versündigt sich bis dahin, daß sie lieber den Sohn opfern als das Andenken des Gatten, das Werk ihres Lebens besudeln will. Aber Friedrich bleibt stark. Er findet Worte, die den Ehrgeiz der Mutter zu Nichts werden lassen vor der Stärke seiner Liebe, vor dem Glück, das er in allen Farben des Liebenden malt. Die Mutter geht wortlos zu einem geheimen Safe, das in die Wand eingebaut ist, und ist schon im Begriffe ein paar Scheine herauszuholen, aber in diesem Augenblick fällt ihr Blick auf ein Bild mit einem schwarzen Lederrahmen, das in einer Ecke des Safes steht. Es ist ihr eigenes Porträt und das ihres Mannes, aus der Zeit, wo sie noch Braut und Bräutigam waren. Sie schlägt die Safetür wieder zu und sagt vor sich hin, mit ungeheurer Überwindung: »Ich kann nicht, ich kann nicht.«

Mit harten Worten weist sie dem geliebten Sohn die Tür. Seine Schritte entfernen sich, die alte Frau fällt weinend in einen Stuhl.

Friedrich fährt sofort in sein Haus, wo Mila bereits in höchster Angst so lange wartet. Keiner schläft in dieser Nacht. Mila geht wie gehetzt in dem kleinen Rokokosaal des Schlößchens auf und ab im flackernden Schein der Kerzen. Kira liegt hilflos in ihrem Bett. Das Bild eines jungen Mannes, ihres Bräutigams Michael, steht auf dem Nachttisch. Simon hat gehorcht, als Mila von ihm wegging, und da sie zuerst auf ihr Zimmer ging, da sie sich verfolgt wußte, hatte er weiter keinen Verdacht geschöpft und sich angekleidet aufs Bett geworfen. Indessen bleibt die Mutter

Friedrichs in dem kalten Saal ihres Hauses verzweifelt am Schreibtisch sitzen, den Kopf in die Hände vergraben. Nach langen Jahren, seit dem Tod ihres Mannes, weint sie wieder.

Mila liest sofort auf Friedrichs Gesicht, daß alle seine Bemühungen vergeblich waren. Sie sind sich klar darüber, daß sie wie gehetzte Tiere unentrinnbar den Jägern ausgeliefert sind. Sie sind die Kinder des Bösen, das nur Böses gebären kann.

Plötzlich läutet im Zimmer des Dieners die Glocke. Der Diener läuft erschreckt die Treppe hinunter. Friedrichs Mutter ist schon fertig zum Ausgehen. »Schnell einen Wagen!« Und mit ihrem Krückstock schlägt sie auf den Rükken des Kutschers und treibt ihn zu größerer Eile an. Sie kommt vor das Haus ihres Sohnes Friedrich. Sie läutet. Mila stürzt sich in die Arme des Geliebten. Sie glauben, ihre Verfolger seien schon da. Friedrich zieht seinen Revolver, hält ihn schußbereit und geht zur Tür, um zu öffnen. Da steht die Mutter. Sie tritt ein. Sie sagt kein Wort. Sie geht an den Tisch heran und legt ein Bündel Banknoten darauf. Sie sieht sich langsam im Zimmer um … sieht Mila, sieht die stolzen dunklen Augen, wendet wieder den Blick von ihr. Nimmt den Kopf des Sohnes zwischen die Hände und küsst ihn lange auf die Stirn. Tränen fließen aus seinen Augen. Sie kehrt um zur Tür, Mila eilt ihr nach, will ihre Hand fassen, um sie zu küssen, aber die Mutter zieht die Hand weg. Auf ihren Stock gestützt, verläßt sie das Haus. Draußen wartet der Wagen. In diesen steigt jetzt eine verlassene alte Frau …

Über den stillen Spiegel des Thunersees gleitet eine Barke. Milas Kopf ruht seelig im Schoß ihres Geliebten. Herrliche unbeschwerte Tage! Fern von allen, unauffindbar, seelige Tage voller Liebe und ohne Gefahr.

Trotzdem kann Mila die Angst vor ihrer rachsüchtigen Freundin Kira nicht unterdrücken. Aber sie ist zu aufrichtig und zu stolz, um ihren Eidesbruch nicht freimütig zuzugeben. Also entschließt sie sich, an Kira zu schreiben: Sie an die innigen Bande zu erinnern, die sie aneinanderbinden, sie um Verzeihung zu bitten, ihr zu erklären, daß sie nicht anders handeln konnte und daß ihre Liebe zu diesem einzigen Mann stärker sei als ein Eid. Sie ist aufrichtig genug, so schreibt sie, sogar noch ihre Adresse anzugeben, denn sie rechnet mit der Menschlichkeit und dem Verständnis der Freundin.

In ihren blutleeren Händen hält Kira den Brief. Simon sitzt ihr gegenüber. Er sieht, daß es ein entscheidender Brief sein muß. Er fragt Kira, woher er käme. Kira überlegt eine lange Weile, bevor sie antwortet. Endlich zerknüllt sie den Brief in der Faust und wirft ihn vom Rollstuhl auf den Boden. Simon Tarka fragt nochmals, was ist das für ein Brief? Eine böse Ahnung erfüllt ihn. Plötzlich rollt Kira ihren Stuhl gegen das Fenster, daß Simon ihr Gesicht nicht sehen kann: »Sie gehört nicht mehr zu uns, ich schäme mich ihrer. Sie soll sterben!«

Simon hebt den zerknüllten Brief auf, glättet ihn, liest ihn, dann sagt er: »Wir werden sie stellen!«

Plötzlich bricht Kira in Tränen aus, und sie wagt zum ersten Mal in ihrem Leben, das Schicksal zu verfluchen, das sie getroffen hat. Und ein jäher Haß gegen die schöne Freundin wird deutlich. Wie eine Nemesis ruft sie Simon auf, sie zu Mila zu bringen. Simon schreckt zurück vor diesem elementaren Ausbruch des Hasses …

In dem hochgelegenen Park, der zur Villa herunterführt, in dem die Liebenden wohnen, erscheint Mila. Sie hat einen Brief von ihrer Freundin bekommen, die zu einer bestimmten Stunde zu einem Rendez-Vous bestellt. Mila, von einer bösen Ahnung erfüllt, möchte keineswegs ihren Geliebten mit Kira zusammenbringen. So geht sie allein. Sie weiß nun, man verzeiht ihr nie …

Kira empfängt sie mit dem Wort: Verräterin! In unerbittlicher Anklage bezichtigt sie Mila der Fahnenflucht, der Desertion zum Feinde, des Verrates an dem Bruder. Mila wehrt sich mit aller Kraft und Wärme ihres Herzens. »Was hat das Leben des Sohnes mit den Taten des Vaters zu tun?« Sie fleht die Freundin an, doch endlich abzustehen von diesen Rachegedanken, die nur neue Rachegedanken wecken können. »An seine Stelle wird ein anderer treten, wie an meine eine andere, und so wird es endlos weitergehen.« – Aber Kira bleibt unerbittlich. – »Ich hasse Dich und ihn«, antwortet Kira. »Du hast recht, ein anderer wird die Aufgabe, die Du verraten hast, erfüllen, aber noch gebe ich Dir Zeit. Willst Du oder nicht?« Lange sieht Mila die so verwandelte Freundin traurig und hoffnungslos an, dann sagt sie leise: »Ich kenne nur eine Aufgabe: Mit ihm zu leben oder mit ihm zu sterben.« Sie wendet sich ab, schnellen Schrittes verschwindet sie zwischen den hohen Bäumen des Parkes.

Simon hat alles gehört. Er tritt vor Kira und erklärt ihr, daß er niemals die persönlichen Rachegelüste geteilt habe. Er wäre ihr nur gefolgt aus Liebe zu Mila und um Mila zu schützen. Mila liebe ihn nicht, für ihn ist sie verloren. Aber er liebt sie so sehr, daß er sie verteidigen werde gegen jedermann und nur einen Wunsch habe, sie glücklich zu sehen. Mit diesen Worten läßt Simon die Gelähmte allein im Park zurück. Er eilt hinab zu Milas Haus. Er steht der tödlich Erschrockenen gegenüber, aber mit wenigen Worten hat er sie beruhigt, seinen Plan ihr verständlich gemacht, ihr und Friedrich mit falschen Papieren zur Flucht vor allen Verfolgern zu verhelfen. Abends um 10 Uhr werde er ihr die Papiere am Rondell im Park einhändigen.

Die Nacht bricht ein. Kira sitzt noch immer in ihrem Rollstuhl an der gleichen Stelle im Park, wo Simon sie verlassen hat. Plötzlich fängt sie an ihren Stuhl langsam den vom Mond beschienenen Weg herunter zu rollen. Wie magnetisch angezogen, starren ihre Augen auf ein bestimmtes Ziel: Die erleuchteten Fenster der Villa, wo Mila und Friedrich wohnen. Schon kann sie durch die hohen Glasfenster in den Saal sehen. Kira ist erstaunt über die Heiterkeit Milas. Sie weiß nicht, daß diese ihrem Geliebten alles Bedrohliche verschwiegen und ihn unter tausend Vorwänden zu einer schnellen Abreise überredet hat. Koffer werden gepackt, Friedrich und Mila legen selbst Hand an. Alles ist fertig. Mila und Friedrich schreiten durch die Glasveranda. Da hebt Kira den Revolver, splitternd klirren die Scheiben. Lautlos sinkt Friedrich in die Arme der Frau …

Kira hat nicht die Kraft, nochmals abzudrücken, ihre Hände sind bleischwer und wie von bösen Geistern gejagt, dreht sie ihren Rollstuhl herum … die Räder drehen sich … der Abhang ist steil … sie verliert die Gewalt über den Wagen … durch das gespenstische Mondlicht rollt er immer schneller und schneller, stößt an einen Stein, verliert die Richtung, verliert den Weg, und durch Gestrüpp jagt er dem Rande des Abhanges zu. Unten liegt der See, ein dunkler Fleck durchschneidet die Luft, das weiße [*weiter nach Q2:*] *Kleid der Frau weht im Winde nun ein Aufschlagen und Stille, Stille …*

… Stille auch um Simon, der auf Mila und Friedrich wartet. Beunruhigt wendet er sich nun dem Weg zu, der zur Villa führt, da kommt ihm schon die alte Dienerin entgegengelaufen die er dort vor einigen Stunden getroffen »Der Herr ist angeschossen worden …« Simon läuft hinauf, Die Dienerin läuft nach dem Arzt; oben liegt Friedrich ohnmächtig in den Armen seiner Geliebten.

und als er die Augen wieder aufschlägt, sind Tage vergangen. Tage eines vergeblichen Kampfes mit dem sich nähernden Tode. An seinem Bette sitzt seine Mutter, an seinem Kopfende die Geliebte und Simon, der Freund, steht am Fenster. Und mühsam spricht Friedrich wie sein Testament. Er nimmt der Mutter den Eid ab, abzustehen von ihren ehrgeizigen Plänen … er drückt Simon die Hand und legt die Hand seiner Geliebten in die seiner Mutter …

und vor dem Altar der Kirche brennen feierlich Kerzen und ihr flackernder Schein beleuchtet das Gesicht einer Mutter, die in tiefer Trauer aber mit lächelndem Gesicht in einer der Bänke sitzt. Die Orgel ertönt. Worte des Friedens singen helle Knabenstimmen und zwischen anderen Frauen kniet Mila in Nonnentracht. Und vor den sich schließenden schweren Türen des Klosters tritt die Mutter Friedrichs und wird von Simon, der auf sie gewartet hat, die Stufen heruntergeführt … langsam schreiten sie herab … und der junge Serbe stützt die Mutter seines größten Feinds.

Der letzte Karneval von Wien.

Ein Film von Joseph Roth und Leo Mittler.

PERSONEN :

Robert Hammerling:	Kapellmeister und Komponist, internationale Berühmtheit. Interessanter, moderner Mensch. Nimmt die Kunst sehr ernst, alle andern Dinge sehr leicht. Sehr einsam, 36 Jahre alt.
Kathrin Gruber, geborene Fröhlich:	Typische Wienerin, 30 Jahre alt. Sehr graziös und charmant. Witzig und unsentimental. Das Herz am rechten Fleck. Aufopfernde Mutter. Gute Kameradin des Sohnes. Zärtlichste Geliebte.
Franz Gruber :	Großes musikalisches Talent. Außer in seiner Musik noch außerordentlich kindlich.
Fürstin Ditrichstein:	Dame von Welt. Große Allüren, über 65 Jahre alt. Äußerst witzig, gütig, liberal. Kann aber auch grob werden. Frau von representativer Kultur.
Oberst Meyerhofer:	Sehr gut aussehender älterer Herr. Ewiger Hochzeiter. Grand Seigneur.
Karwendel.:	Musiker, Lehrer von Franz. Mißtrauisch. 65 Jahre. E.T.A. Hoffmannsche Figur. Schweigsam, Geheimnisvoll.

Das Alter der Personen ist für die Handlung 1938 angegeben.

1925.
Dichter Schnee fällt über das nächtliche Wien. Seine Flokken tanzen um die matterleuchteten Straßenlaternen im Wiener Rathaus Park. Hinter den dunklen Bäumen ragt die Silhouette einer der Wahrzeichen Wiens – das Rathaus. Hinter erleuchteten Fenstern drehen sich die Paare in diesem Fasching von 1925. Der Park liegt still und menschenleer. Da hört man das Pfeifen einiger Walzertakte, dann Stille ... dann wieder das Aufnehmen derselben Melodie, etwas verändert, aber schon sicherer und geformter ... Jetzt kommt ein junger Mann unter die Laterne. Robert Hammerling sucht ein Schreibheft in seinen Taschen und im Lichte der Laterne beginnt er die letzten Noten und Verse einer Liederstrophe zu schreiben:

Ich lieb dich schon lange, Kathrin
Obwohl ich Dich gestern zum ersten Mal sah,
So fremd ich Dir bin, Du bist mir nah.
Seitdem ich Dich sah, Kathrin ....

Mit glücklichem Lächeln schreibt er über das Lied die Worte: »Für Kathrin!«

Von Ferne kommt Singen und Musik, ein bunter Faschingszug zieht an den Gittern vorbei, der Wartende wird bemerkt. Lustige Mädchenstimmen rufen ihm zu: »Komm mit uns! Sie hat Dich sitzen lassen! Sie kommt nicht!«

Lachend wirft er einen Schneeball dem Mädchen ins Gesicht. Der Zug ist vorbei. Die Musik verklingt. Die Rathausuhr schlägt 10 Uhr, ... und als der Zeiger um eine weitere Stunde vorgerückt ist, steht Robert noch immer allein. Er verläßt schnell und aufgeregt den Park.

Schon läuft er die Treppe eines kleinen Vorstadthauses hinauf. Er läutet ... er läutet wieder ... Endlich schlürfende Schritte ... eine brummige Stimme hinter der Tür.

»Ist Fräulein Kathrin Fröhlich zu Hause?« fragt Robert.

»Nein, sie ist vor zwei Stunden weggefahren.«

»Hat sie nichts für mich hinterlassen?«

»Nein, nichts.«

Robert will noch etwas fragen, aber schon entfernt sich die Stimme fluchend und schimpfend über die Störung.

Robert zieht das Heft aus der Tasche, streicht wütend das Wort: »Für Kathrin« aus und schreibt »Adieu Kathrin«, und schiebt das Blatt unter der Türe durch.

Im Palais Ditrichstein sitzt eine resolute ältere Dame an dem kostbaren Schreibtisch. Auf ein großes Couvert schreibt die Fürstin Ditrichstein die Adresse:

»AN DEN HERRN DIREKTOR DES PARISER KONSERVATORIUMS.«

Über einer Kerze wärmt ein älterer Herr den Sigellack, um die Briefe der Fürstin zu verschließen. Seit 30 Jahren dient dieser Mann, ewig verliebt und nie erhört, der Fürstin. Seit 30 Jahren folgt er ihr, ein treuer Freund auf Schritt und Tritt. Nie hat er den Zusammenbruch der österreichisch-ungarischen Monarchie überwunden, und nur in dem geistreichen Kreise der ewig lebenslustigen alten Dame gewinnt Oberst Alexander Meyerhofer die Lebenslust und das Draufgängertum seiner Leutnantsjahre wieder. In jedem Gespräch wendet sich die Fürstin an ihn mit einem entwaffnenden Lächeln und mit [dem] in ganz Wien bekannten Ausspruch:

»Ich habe doch recht, Xandl?!«

»Zu Befehl, Fürstin, wie immer!« ist die ständige Antwort des Obersten.

Mit unendlicher Bewunderung hängt er an dieser Frau. Sie ist das Symbol der alten Wiener Kultur geworden. Ihr Haus ist der Brennpunkt des künstlerischen Lebens in der alten Monarchie gewesen und ist es geblieben in dem neuen Österreich. Trotz aller Stürme hat sie und diese Stadt es verstanden, die internationalen Bewunderer Wiens an sich zu ziehen. Künstler und Gelehrte der ganzen Welt begrüßt sie in ihrem Salon, und wie [sie] die Freundin und Ratgeberin aller Prominenten ist, ist sie die Beschützerin und Mäzenin aller junger Talente … So hat sie auch Robert Hammerling, den verliebten jungen Mann aus dem Wiener Rathaus Park, seit Jahren Musik studieren lassen. Glücklich will sie jetzt das Studium des jungen Mannes an der Pariser Hochschule für Musik beenden lassen. Die Empfehlungsbriefe sind fertig und sprechen voll tiefer Überzeugung von dem großen Talent und der großen Zukunft Roberts.

Robert kommt wie immer unangemeldet. Er ist bedrückt und mißgestimmt. Als die Fürstin ihm die Empfehlungsschreiben geben will, nimmt er sie nicht und erklärt, er fahre nicht. Die kluge Frau kann das nicht ernst nehmen, gleich errät sie die Ursache;

»Ja, ja der Fasching … wer ist denn jetzt die ewig Geliebte? Jedes Jahr ist dasselbe, und am Aschermittwoch ist alles vergessen.«

Aber er widerspricht, er scheint wirklich zu lieben, und er will nicht fahren. Aber da wird die Fürstin ernst, ja geradezu grob, wenn man ein solches Talent besitze wie er, habe man andere Verpflichtungen als Liebesgeschichten. Wenn er Angst um das Mädel habe, solle er ihr den Namen und die Adresse lassen, sie werde sich schon um es kümmern. Als Robert zaghaft äußert, daß das junge Mädchen ihn schon betrogen habe, da es nicht zum Rendes vous gekommen sei, dem ersten nach ihrer kurzen, aber leidenschaftlichen Begegnung, versichert ihm die Fürstin, dafür werde sie sicher auch den wahren Grund herausfinden. Und nach einigem Zureden, streng und doch voll Güte, gibt ihr der junge Mann das Wort, daß er fahren würde. Er setzt sich ans Klavier, während die Fürstin an ihren Schreibtisch zurückkehrt. Mit den Worten: »Ich hab doch recht, Xandl?!« – »Zu Befehl, Fürstin, wie immer.« – ist das Liebeserlebnis Roberts für sie abgeschlossen. Der sucht am Klavier die Takte des neukomponierten Walzers zusammen. Mit traurigem Lächeln streicht er die Worte: »Adieu Kathrin« aus und schreibt darüber »Souvenir du Carnaval de Vienne« ... Die Melodie eines unsterblichen Wiener Walzers, noch zögernd auf dem Klavier zusammengesucht, wird zu einer rauschenden Symphonie und über den Lichtreklamen, Affichen, den Bildern der Opernhäuser von Paris, Berlin, London, New-York, Philadelphia und über allen Symbolen einer aufsteigenden glanzvollen Karriere ertönen die Worte zu diesem Walzer in allen Sprachen der Welt ... und die letzten Takte spielt das große Symphonieorchester in Philadelphia, dirigiert von seinem gefeierten Kapellmeister Robert Hammerling.

Dreizehn Jahre sind vergangen seit er die ersten Takte dieses Walzers im Wiener Rathauspark vor sich hin pfiff.

Es ist 1938.

Stürmischer Beifall. Ermüdet verbeugt sich Robert und im Künstlerzimmer sinkt er völlig erschöpft in seinen Stuhl. Ein Manager weist die Zuschauer ab, und während Robert sich langsam umzuziehen beginnt, spricht Monsieur Kalkowsky, der Manager, seine Unruhe und Besorgnis aus. In komischer Aufregung, die Worte übersprudelnd eine Zigarette nach der anderen rauchend, in allen Accenten und Sprachen der Welt schreiend, hat Kalkowsky seit Jahren alle Konzert Arrangements für Robert überwacht, ihn behütet wie einen Augapfel. Mit Schrecken sieht er jetzt den körperlichen Verfall seines Lieblings. Robert ist verzweifelt. Er findet keine Zeit mehr, zu komponieren. Zwar wiederholen sich täglich die Beifallsstürme, wenn er dirigiert, aber er selbst und einige ernste Freunde und Kritiker finden seine Kraft und Ursprünglichkeit erlahmen. Ein Konzert jagt das andere. Er muß ausspannen, sich erholen. Kalkowsky stimmt ihm zu. Er schlägt ihm vor Miami, Palm Beach, Florida ... Aber Robert lehnt alles ab. Wie er seinen Rock anzieht, greift er plötzlich an die Tasche, ein Brief ist aus Wien eingetroffen, und er hat ihn noch nicht einmal geöffnet. Es ist das fürstliche Wappen und die Handschrift seiner alten Freundin, der Fürstin Ditrichstein. Sie schreibt ihm, daß sie besorgt sei über seine letzten Briefe, sie klängen nervös und unruhig, er solle doch ausspannen. Sie schlage ihm vor, doch wieder mal nach Wien zu kommen. Seit der Salzburger Festspiele seit [vor] fünf Jahren habe sie ihn nicht wiedergesehen. Wien wäre das alte geblieben, der Fasching stände vor der Tür, und es wäre wunderbar, mit ihm den Tag zu feiern, an dem sie ihn vor Jahren in die Welt hinausgeschickt habe, um seine Karriere zu beginnen und den Ruhm Wiens in die Welt hinauszutragen …

»Sag alles für die nächsten vier Wochen ab!« ruft Robert dem verblüfften Kalkowsky zu, »ich fahre nach Wien!«

Der Briefumschlag ist auf den Tisch liegen geblieben, und aus der Briefmarke mit dem Kopf Beethovens steigt das Bild Wiens..

Robert hat niemand seine Ankunft angezeigt. Wien soll allein auf ihn wirken. Und schon nach den ersten Worten, die der Träger, der das Gepäck an den Wagen bringt, spricht, fühlt er sich heimisch.

»Was bekommen Sie?«

»Was der Herr wünschen.«

»Haben Sie keinen Tarif?«

»Einen Tarif haben wir schon, aber wir ziehen vor, was der Herr wünschen.«

Wie ein Kind freut sich Robert auf dem Weg zum Hotel, die alten geliebten Straßen und Plätze wieder zu sehen.

Im Salon der Fürstin Ditrichstein, der sein Aussehen nicht verändert hat, klingelt das Telephon. Vor Überraschung schreit die Fürstin auf. Sie bittet Robert, sobald er sich ausgeruht hat, zu ihr zu kommen. Sie ruft den Diener Johann herein. Mit Tränen in der Stimme stellt sie ein Menue zusammen … Backhändl und Faschings-Krapfen. Johann, der den

Robert schon vor 13 Jahren gekannt hat, wird vor Aufregung wieder jung und bringt das ganze Haus in Rebellion.

Indessen äußert die Fürstin ihre Ratlosigkeit dem Oberst gegenüber, der noch immer ihr treuer Gefährte ist wie früher. Als sie Robert vor 13 Jahren weggeschickt hatte, trotz des aufflammenden kurzen Liebesabenteuers mit Kathrin Fröhlich hat die erfahrene Frau das Mädchen kennengelernt. Sie erfuhr, daß Kathrin nach jener Faschingsnacht plötzlich ihren alten Vater außerhalb Wiens besuchen mußte. Als sie zurückgekehrt war, war Robert verschwunden, ohne seine Adresse hinterlassen zu haben, und trotz aller Bemühungen konnte sie ihn nicht wiederfinden. Die Fürstin hat eingesehen, daß es für Kathrin nicht nur ein kurzes Liebesabenteuer war, sondern die erste und einzige Liebe ihres Lebens war. Sie hat, freidenkend und großzügig wie die Menschen dieser Generation, das verzweifelte Mädchen in ihre Obhut genommen und als das Kind dieser Liebesnacht zur Welt kam, hat sie es mit Kathrin zusammen großgezogen … Ein Junge von großer Begabung, von der genialen Musikalität seines Vaters, mit 12 Jahren schon ein großer Geigenvirtuose. Mit langen Kämpfen mit sich selbst, hat die Fürstin verhindert, daß Kathrin mit Robert in Verbindung tritt, denn keine privaten bürgerlichen Bindungen sollten dessen Karriere hemmen. Nach der Geburt des Jungen hat die Fürstin Kathrin mit dem viel älteren Postbeamten Gruber verheiratet. Kathrin war bereit um ihres Sohnes willen diese Ehe einzugehen und Gruber gab dem unehelichen Kinde gegen einen reichen Zuschuß der Fürstin gerne seinen Namen. Das Versprechen, Roberts Leben nie durch kleinliche Sorgen zu beschweren, die Ehe mit dem einfältigen, aber bemühten Manne ließen letzten Endes den immer wieder auftauchenden Wunsch Katharinas, Robert zu finden, völlig in Vergessenheit geraten. Es würden nur neue Konflikte entstehen und das ruhige und sich reich entfaltende

Leben ihres Jungen würde gestört werden. Gruber tyrannisierte die Frau und oft warf er ihr die Jugendsünde vor; verständnislos und uninteressiert stand er der Entwicklung des Jungen gegenüber … An all das erinnert sich nun die Fürstin. Wie immer ist der direkte Weg der sicherste, denkt sie und sie beschließt, zu Kathrin zu fahren, um mit ihr den Weg zu beraten, der jetzt der richtige ist.

»Ich hab doch recht, Xandl?«

»Zu Befehl, Fürstin, wie immer!« antwortet ihr der Oberst.

Und beim Abschied fragt er sie wie immer: »Und wir, Fürstin?«

(Immer wieder erinnert er sie mit dieser Frage an sein Heiratsangebot seit 40 Jahren), und er küßt ihr resigniert die Hand, als sie wie immer antwortet: »Aber es ist doch noch zu früh.«

An den beschneiten Hügeln des Kahlenbergs liegt ein kleines Vorstadthäuschen. Dort wohnt Kathrin Gruber geborene Fröhlich. Hier treibt sie ihre Schneiderei, hier hat sie vernünftig und resolut, wie ein guter Kamerad, ihren Jungen erzogen. Nur kurz hat die Ehe gedauert mit dem Postbeamten Gruber. Nach einigen Jahren starb er und Kathrin war wieder mit ihrem Jungen allein.

Als die Fürstin ihr mitteilt, daß Robert Hammerling in der Stadt ist, ist Kathrin zutiefst erschüttert. Sie will ihn sehen, ihn sprechen. Aber mit klugen Worten weiß die Fürstin die junge Frau von ihrem Vorhaben abzubringen … vor allem soll er den Jungen, den Franz, spielen hören. Unbeeinflußt von privaten Bindungen soll er beurteilen, ob wirklich in ihm der geniale Funke glüht, der bei allen, die den Jungen hören, immer wieder die große Begeisterung entflammt. Ängstlich fürchtend, daß Robert Kathrin schon völlig vergessen habe, sagt die Fürstin, daß alles andere sich nachher ergäbe …

Und Kathrin, tapfer und entschlossen, verspricht bis zuletzt im Hintergrunde zu bleiben. Morgen während eines kleinen Thee soll der Junge bei ihr spielen, und mit einem mütterlichen Kuß auf die Stirn verläßt die Fürstin Kathrin. Die läßt die angefangene Arbeit stehen, zieht aus dem Schreibtisch ein großes Album und blättert die Seiten durch ... Bilder Roberts seit dem Beginn seiner Karriere, Kritiken, Notizen usw. und daneben geklebte Bilder ihres Jungen seit seiner frühesten Kindheit. Dann setzt sie sich mit dem Notenblatt »Adieu Kathrin« an das Klavier und fängt an den Walzer zu spielen ... Plötzlich begleitet sie eine Geige aus dem Nebenzimmer ... Ein Junge von 12 Jahren kommt ins Zimmer ... da erzählt sie ihm, daß er morgen dem großen Dirigenten Robert Hammerling vorspielen soll, und mit einem wehmütigen Lächeln fügt sie hinzu, daß sie Jahre auf diesen Augenblick gewartet hätte. Sie würde nicht dabei sein, um ihn in seinem Spiel nicht zu stören, nur sein Lehrer Karwendel würde ihn begleiten. Während Kathrin anfängt für den glückstrahlenden Jungen den Anzug aufzubügeln für den kommenden Tag, rinnen Tränen aus ihren schönen Augen.

In einer Taxe fährt Robert nachdem er sich etwas ausgeruht hat, aber noch immer furchtbar abgespannt und ermüdet, zur Fürstin. Er nennt die Adresse, worauf der Chauffeur, ein älterer Mann, sofort antwortet: »Ach, zur Piano Fürstin!« und gleich zu erzählen beginnt: Als ich noch mein eigener Fiaker war, habe ich sie jeden Abend in die Oper oder ins Burgtheater geführt [gefahren]. Und er erzählt, daß sie viele Liebhaber gehabt haben muß und alle wären Genies gewesen, nur einer der kein Genie gewesen ist, sei geblieben, der Oberst. Die zwei Rösser vom Fiaker wären schon längst am Schindacker, er säße am Volant des Autos, aber der Oberst sei wie immer seit 40 Jahren, an der Seite der Fürstin und warte wie immer.

Robert muß über diese Menschen lächeln, die wie eine große Familie sind, und er fühlt sich wie zu hause und wie geborgen, als er der Fürstin gegenüber an dem blumengeschmückten Tisch sitzt unter dem großen Bild des Kaisers Franz Joseph. Ihr kann er sein Herz ausschütten, von seinen Enttäuschungen und seinen Erfolgen erzählen … und wie ein Kind zurückgekehrt ins Vaterhaus, schläft er mitten in seinen Erzählungen über Amerika und ferne Länder ein. Die Fürstin lächelt, sie ruft den Diener Johann, sie deckt Robert zu.

»Schau her, Johann, so müde macht der Ruhm!« Johann zieht dem Schlafenden die Schuhe aus und sagt: »Jessas, gut, daß ich kein Kapellmeister geworden bin.«

Durch die hohen Fenster des Palais scheint eine kalte Wintersonne. Die Türme der Votivkirche schauen auf eine kleine Gesellschaft, die andächtig dem Spiel von Franz lauscht. Sein Lehrer Karwendel begleitet ihn auf dem Klavier. Der ist ein merkwürdiger mißtrauischer Mann, eine E. T. A. Hoffmannsche Figur, schweigsam und geheimnisvoll, verliebt in Musik und Kunst und unerbittlich streng in seinen Anforderungen an seine Schüler. Franz spielt Schubert. Roberts Gesicht drückt immer größere Bewunderung aus. Die Fürstin und der Oberst beobachten ihn.

Über die Hintertreppe des Hauses ist Kathrin bis vor die Tür des Musiksalons gekommen. Dort steht sie neben der Köchin und zwei Dienern, die andächtig aber kritisch dem Spiel des Jungen lauschen. Nun ist das Spiel zu Ende … Totenstille … Kathrin drückt die Hand an ihr Herz. Was wird er sagen? Werde ich seine Stimme wiedererkennen?… Plötzlich hört man nur ein Wort: »Wundervoll!« Kathrin lauscht … Seine Stimme … Roberts Stimme … die Stimme, auf die sie gewartet hat. Nun sprechen alle drin im Salon durcheinander. Kathrin hat genug gehört und mit glücklichem Lächeln geht sie die Treppe wieder herunter, während die Dienerschaft mit sachverständigen Bemerkungen in die Küche zurückgeht.

Robert ist von dem Jungen begeistert. Er gratuliert dem Lehrer Karwendel, der sehr abweisend und arrogant zu dem berühmten Dirigenten ist. Robert bittet den Jungen, morgen zu ihm ins Hotel zu kommen, dort würden sie alles weitere beraten, aber die Fürstin verschiebt dieses Rendez-Vous auf den übernächsten Tag um fünf Uhr, denn morgen sei der große Faschingsball.

Und einen Faschingsball wie diesen kann ein echter Wiener nicht versäumen, und für ihn bereitet sich auch Kathrin vor. Ihr Junge war begeistert nach Hause gekommen, hat ihr alle Einzelheiten erzählt, was vorgefallen ist, was Robert gesagt habe, daß er ihn übermorgen wiedersehen werde, denn morgen ginge er auf den Faschingsball. Da beschließt Kathrin, aus dem Munde Roberts sein Urteil über das Talent des Jungen zu hören.

Wie ein Kind freut sich Robert auf den Ball. Der Einfluß dieser Menschen, die er wiedergesehen und neu kennengelernt hat, das Zusammentreffen mit dem genialen Jungen, hat ihn verjüngt, und er fühlt in den wenigen Tagen seine alte Schaffenskraft langsam wiederkommen.

Unter den rauschen Klängen eines Alt Wiener Walzers kommt ein Zug von Fiakern durch den Riesensaal …

… Schönbrunn 1903! …

Festlich ist der Saal ausgeschmückt. Die Türmchen der Gloriette bilden die heitere Silhouette gegen einen blauen Himmel und die Front des Schloßbrunnerschlosses [Schönbrunnerschlosses] begrüßt den Zug der unbekümmerten Gäste. Die Fürstin ist als Columbine [Pierrot] verkleidet, der Oberst trägt die Uniform seiner Leutnantszeit. Robert trägt den altertümlichen Fraque und Klaque. Schon hat Robert beschlossen, nicht nach drei, sondern nach sechs Wochen Wien zu verlassen, schon tanzt und tollt er wie ein Jüngling mit den schönen Frauen Wiens durch den Saal, den Dominos, den Märchenprinzessinen, den Wäschermädeln … und immer wieder intrigiert ihn der lächelnde Mund einer schönen Maske, die immer wieder auftaucht, wieder verschwindet, bis er sie endlich festhält, und während sie beide eine tolle Quadrille tanzen, sich immer wieder verlieren und sich immer wieder finden müssen, entspinnt sich zwischen den beiden ein heißer Flirt. In einem der Nebensälle, wo Heurigen Musik spielt, trinken sie Wein. Sie frägt ihn, wer er ist, was für einen Beruf er habe, er antwortet ihr, er habe nur einen Beruf, zu leben! Er erzählt ihr von dem letzten Fasching, den er in Wien vor 13 Jahren verbracht hat, aber ohne die Frau zu erwähnen, die er damals geliebt hat.

Auf einem Karussell, in einem der Nebensälle sitzt die Fürstin in einem von Schwänen gezogenen Wagen, während der Oberst auf einem weißen Holzpferd neben ihr reitet. Als die Fürstin ihn an die Zeit erinnert, da er noch auf einem echten Pferd neben ihr geritten hat, wiederholt er seinen schon tausendmal ausgesprochenen Heiratsantrag. Aber mit einem: »Es ist doch noch viel zu früh!« weist ihn die Fürstin lachend ab.

Aber in einzelnen Gruppen flüstern Männer miteinander. Die ernsten und erregten Gesichter stehen im groteskem Gegensatz zu ihren Fastnachtskostümen und dem unbekümmerten Treiben um sie. Sie sprechen besorgt und halb ungläubig von einer Gefahr die unausweislich scheint. Aber es erheben sich auch unversöhnliche Stimmen Stimmen die diese geheimnisvolle Macht begrüßen, ja herbei wünschen, denen die Kultur, die sich selbständig und österreichisch in ihrem Geist und Ausdruck erhalten will, morsch und hinfällig erscheint, die Österreich eingegliedert sehen wollen in ein größeres gewalttätigeres Reich.

Indessen hat das Wäschemädelballett im großen Saal begonnen. Die heiteren Weisen klingen herüber in einer [eine] der Logen, in der durch einen Vorhang vom großen Saal abgetrennt, Robert mit der schönen Maske Champagner trinkt. Er drängt in sie, sich zu demaskieren ... endlich sagt sie es ihm zu ... Sie komme gleich wieder ... Sie läuft in die Spiegelgalerie. Sie nimmt die Maske ab ... Kathrin ... beginnt sich die Lippen zu schminken, das Gesicht zu pudern, die Augenbrauen nachzuziehen. Sie ist fast ohnmächtig vor Erregung. Wird er sie wiedererkennen? Wird er sich ihrer erinnern? Wird er begreifen wie sie auf ihn gewartet hat? Dann nimmt sie die Maske wieder vor und eilt zurück in die Loge. Der Augenblick ist da, auf den sie Jahre gewartet hat. Langsam nimmt sie die Maske ab ... und entzückt sieht Robert in das reizende Gesicht der jungen Wienerin. Bewunderung und Verliebtheit malt sich auf seinen Zügen, aber kein Erinnern. Dreizehn Jahre voll wechselnder Erlebnisse haben die flüchtigen Stunden einer Faschingsnacht, die ihm dem Jüngling damals als ein großes Erlebnis erschienen [war], völlig vergessen gemacht.

Gezwungen lächelt sie. Gespannt sieht sie ihn an. »Was für ein süßes Wiener Mädel!« flüstert er ihr zu. Klug und humorvoll wie sie ist, geht Katharina sofort auf diesen Ton ein. »Für wie alt halten sie mich?« fragt sie. »Höchstens für zwanzig!« antwortet er überzeugt, und er überschüttet ihre Hände mit Küssen. Sie zieht seinen Kopf an sich. Sie hält den geliebten Mann in den Armen. Nun will sie ihn nicht mehr fragen, was er von seinem und ihrem Jungen hält, nun will sie diesen Faschingstraum zu Ende träumen, das süße Wiener Mädel für ihn weiter sein. Sie trinkt Champagner, der Kopf dreht sich ihr, sie singt zur Musik, die aus dem Saal hereindringt den blauen Donauwalzer. Den Vorhang öffnend trinkt sie der Menge singend zu. Eine nahe Gruppe wird aufmerksam, stimmt in den Gesang ein. Die Stimmung teilt sich dem ganzen Saale mit, und in einem berauschendem Wiegen und Schweben tönt der unsterbliche Walzer durch den Saal. Papierschlangen werden geworfen. Ballone steigen … es ist ein Fest voller Leichtigkeit und Schönheit. In einer entfernten Ecke des Saales beobachtet die Fürstin beunruhigt Kathrin: »Was macht das Mädel für Dummheiten?« flüstert sie dem Oberst zu und drängt sich durch die singende Menge zur Loge. Kathrin kommt eben mit Robert die Treppe herunter. Sie fangen an zu tanzen … an der Fürstin vorbei.

Ein fragender Blick: »Hat er Dich erkannt?« Ein Schütteln des Kopfes von Kathrin über die Schultern des Mannes hinweg. Ihre Augen füllen sich mit Tränen. Sie flüstert der Fürstin zu: »Ich halt mein Versprechen!« und setzt verschmitzt hinzu, »wenn das Herz auch bricht …«, dann schnell wieder gefaßt lächelt sie den Mann an und schmiegt sich glücklich an ihn … Wieder steht sie neben der Fürstin, die Kathrin begrüßt, als hätte sie sie erst jetzt gesehen.

»Natürlich kenne ich die Gruber Kathi!« … und als Robert einen Augenblick von Oberst Meyerhofer, der schon einen tüchtigen Schwips hat, ins Gespräch gezogen wird, flüstert Kathrin der Fürstin zu: »Er hat mich vergessen!«

Die Fürstin tröstet sie: »Was macht das denn? Er scheint sich wieder aufs Neue in Dich zu verlieben!«

»Er glaubt, ich bin zwanzig. Da kann ich doch nicht erzählen, daß ich einen großen Jungen hab … Einmal möchte ich einen Traum zu Ende träumen. Was soll ich tun?«

Da zieht die Fürstin sie liebevoll an sich und sagt mit dem charmantesten Lächeln: »Maul halten und Abwarten!«

Das Orchester beginnt einen hinreißenden Galopp. Die Fürstin, Kathrin, der Oberst und Robert werden mitgerissen … und diese Musik geht über die nächtlichen schneebedeckten Dächer von Wien … überall ist Fasching! … und leiser und leiser wird die Musik bis sie hinter den Fenstern eines kleinen Hauses verklingt und dem Spiel einer Violinsonate Beethovens weicht … In dem mit Büchern und Instrumenten, Notenblättern und dicken Notenpartituren angefüllten Raum kniet der Lehrer von Franz, Karwendel, vor einer Truhe. Die Maske Beethovens sieht auf ihn herunter und die Bilder Mozarts, Schumanns, Haydns, deren dickleibigen Partituren im Zimmer aufgereiht sind, betrachten das geheimnisvolle Gehaben des skurrilen Musikers. Er zieht einen großen Briefumschlag aus der Truhe, versiegelt, mit der Aufschrift:

»ZU ÖFFNEN 100 JAHRE NACH MEINEM TOD
AUF WUNSCH LUDWIG VAN BEETHOVENS.
Cornelius Karwendel.«

Heute ist der Tag, Karwendel öffnet mit zitternden Händen das Couvert ... ein Paket beschriebener Notenblätter ... die unverkennbare Handschrift Ludwig van Beethovens ... ein vergilbter Zettel liegt dabei:

»Meinem Freunde Karwendel.

Lassen Sie diese Noten zum ersten Mal in Wien spielen, in meiner wirklichen Heimat. Ich widme dieses Musikstück Ihnen, dem einzigen, den ich in meiner Taubheit verstanden habe. In dem festen Glauben, daß 100 Jahre nach Ihrem Tode sich der Begriff der Freiheit über die ganze Welt verbreitet habe, bitte ich Sie, werter Freund, dieses Musikstück erst 100 Jahre nach Ihrem Tod, in Wien, veröffentlichen zu lassen.

Ihr
Ludwig van Beethoven.

Mit ergriffener Stimme hat Karwendel laut diesen Brief gelesen. Wie ein kostbares Kleinod legt er nun das Notenblatt auf den Tisch, immer größer wird dessen Überschrift: »AN DIE FREIHEIT«.

Robert hat wie verabredet den jungen Geiger Franz um fünf Uhr in seinem Hotel empfangen. Mit einer Begeisterung, die er schon seit Jahren nicht mehr gefühlt hat, beglückt und verjüngt durch die Atmosphäre Wiens, verliebt wie ein Jüngling in die entzückende Kathrin, konzentriert er sich enthousiasmiert auf das Talent und die Zukunft dieses Jungen. Es ist eine strenge Debatte über die Kunst zwischen den Beiden. Nicht mit allem ist Franz einverstanden, schon sieht er eine eigene Welt vor sich … Da unterbricht sie ein Telegramm aus New-York die Unterhaltung. Ungeduldig verlangt Monsieur Kalkowsky genaue Termine für die kommenden Monate. Robert will sich nicht festlegen. Er will seine Abreise noch möglichst lange hinausschieben, und in einem plötzlichen Entschlusse sagt er zu dem glückstrahlenden Jungen, daß er ihn unterrichten werde, und wenn er verreisen müsse, nähme er ihn mit …

Indessen wartet Kathrin in der berühmten Konditorei Dehmel auf Robert. Für fünf Uhr hatten sie sich verabredet. An allen Tischen hinter Bergen von Kuchen und Schlagsahne sitzen junge Pärchen. Alles lacht und unterhält sich. Nur Kathrin sitzt allein an einem Tisch …

… Und Robert musiziert mit Franz versunken in die Musik Schuberts und Haydns. Sie sind richtige Freunde geworden. Schon bricht der Abend herein. Robert erinnert sich, daß er »Figaros Hochzeit« dirigiert … Er konnte diese gastfreundliche Einladung des Wiener Opern-Hauses nicht abschlagen …

… Kathrin, beunruhigt, telephoniert das Hotel an. Robert ist gerade beim Anziehen des Frackes und bittet den Jungen ans Telephon zu gehen …

… Als Kathrin die Stimme ihres Jungen hört, lächelt sie schmerzlich, als hätte der Junge ihren Platz eingenommen, und ohne zu antworten, legt sie den Hörer auf die Gabel. Dann eilt sie vor das Hotel und wartet an der Ecke, bis ihr Junge herunterkommt, auf seine erstaunte Frage sagt sie, sie wäre zu ungeduldig zu erfahren, was der Dirigent Hammerling denn über ihren Jungen gesagt habe …

Statt zu dem Geliebten zu gehen, geht die Mutter mit ihrem Sohn wie zwei gute Kameraden nach Hause.

Mit allen möglichen Ausreden will Kathrin den schönen Orchesterplatz, den Robert dem Jungen gegeben hat, nicht annehmen. Sie schämt sich, denn zum ersten Mal lügt sie ihren Jungen an. In ihrer Handtasche hat sie den Logenplatz, den ihr Robert auf dem Faschingsball gegeben hat …

… und von dieser Loge, hinter einem Vorhang versteckt, fast über dem Pult des Dirigenten, sieht sie zum ersten Mal den geliebten Mann dirigieren, sieht den Sohn mit begeisterten Augen vom Parkett aus der genialen Stabführung Hammerlings folgen, sieht die Fürstin mit ihrem unzertrennlichen Kavalier, dem Obersten, mit Tränen in den Augen dem Crescendo der Musik lauschen.

Die göttlichen Klänge des letzten Aktes von »Figaros Hochzeit« verklingen, nachdem sie eine begeisterte Menge in eine eigene und glücklichere Welt versetzt hat.

Ein völlig Gewandelter, in dem man nicht mehr den zusammengebrochenen Mann nach dem Konzert in Philadelphia erkennen kann, verbeugt sich Robert Hammerling vor dem begeisterten Publikum. Er lächelt zu Kathrin hinauf, um Entschuldigung bittend für das versäumte Rendez-Vous.

Im Künstlerzimmer läßt sich ein Herr melden, ein Abgesandter des Berliner Konzerthauses. Er lädt Robert ein, dort zu dirigieren. Robert nennt sein Programm … es enthält unter anderen Offenbach und Mendelsohn. Erstaunt sieht der Abgesandte Robert an Und hinter den höflichen Phrasen von zwei Weltmännern enthüllen sich zwei Welten, zwischen denen es keine Brücke und keine Verständigung gibt. Mit einer versteckten Drohung vor den Folgen dieser Ablehnung, entfernt sich der Herr. Lachend schüttelt Robert den unangenehmen Eindruck ab. Jetzt öffnet sich die Tür und Karwendel eilt herein, noch gestern zurückhaltend und hochmütig, stürzt er heute begeistert auf Robert zu. In unbegreiflicher Aufregung flüstert er geheimnisvoll, daß er ihn unbedingt sprechen müsse. Robert verabredet sich mit ihm morgen bei der Fürstin. Diese kennt Roberts leichte Nervosität, wenn er gerne dem Sturm der Enthousiasten entrinnen möchte und mit einer Anspielung auf das Liebesabenteuer vom Faschingsball verhilft sie Robert unbemerkt zu entwischen. Lächelnd sagt sie zu dem Obert: »Jugend muß sich austoben. Ich habe doch recht, Xandl?!«

»Zu Befehl, Fürstin, wie immer!«

Und während Karwendel den begeisterten Jungen durch die leeren Straßen Wiens nach Hause begleitet und ihm geheimnisvoll von den Begegnungen seines Vaters und Großvaters mit den großen Meistern der Musik erzählt, fährt Kathrin mit Robert im Auto über eine verschneite Landstraße außerhalb Wiens. Er entschuldigt sich bei Kathrin für das versäumte Rendez-Vous, er erzählt begeistert von dem Jungen, über dessen geniale Begabung er alles Private vergessen habe. Er erzählt von seinen Plänen mit ihm, daß er ihn mitnehmen möchte, daß er durch diesen Jungen selbst wieder jung geworden ist. Auf ihre ängstliche Frage, ob er denn bald wegführe, kann er keine Antwort geben. Und immer wieder spricht er zwischen Küssen und Liebesworten von der Aufgabe mit der ihn dieser Junge erfüllt. Sie schmiegt sich an ihn und sagt leise: »Ich möchte auch so einen Jungen haben …«. Da zieht er sie an sich und küßt sie. Draußen fliegt die Landschaft im glitzernden Mondlicht vorbei, und die Töne des »Karneval-Walzers« gehen über in dieselbe Melodie, die ein Leierkastenmann am frühen Morgen spielt.

Am nächsten Nachmittag sitzt Robert mit der Fürstin beim Teetisch und dankt ihr dafür, daß ihr Brief ihn nach Wien gebracht habe, das ihn jetzt so glücklich macht. Da läutet das Telephon. Monsieur Kalkowsky ruft von New-York an, im selben Augenblick tritt Franz ins Zimmer, und als er hört, daß Robert mit New-York spricht, ist er aufgeregt und neugierig wie ein echtes Kind. Robert hält ihm die zweite Ohrmuschel hin und Franz dröhnt in die Ohren das aufgeregte Kauderwelsch Kalkowskys. Je wütender Kalkowsky wird, der in seinem amerikanischen Lehnstuhl sitzt, die Beine auf dem Tisch, desto ausgelassener wird Robert. Er schüttelt sich vor Lachen. Er kann gar nicht begreifen wieso er sich über all diese Konzerttermine jemals so hatte aufregen können. Letzten Endes beruhigt er ihn und verspricht, ihm morgen ein endgültiges Telegramm wegen seiner Rückreise zu schicken. Nach diesem Gespräch über das die Fürstin auch sehr gelacht hat, sagt sie auf Franz deutend: »Na, den Jungen wirst du doch nicht hier lassen!?«

»Natürlich nicht, das ist doch beschlossene Sache, nicht wahr Franz!«

»Nein, ich fahre nicht mit!« antwortet Franz plötzlich ganz ernst.

Allgemeines Erstaunen. »Warum denn nicht?«

»Ich lasse Mutter nicht allein!«

Die Fürstin sieht Robert bedeutungsvoll und ironisch an, sie sagt, sie habe so ähnliche Worte schon einmal gehört. Damals habe sie darauf gedrungen, daß jedes Privatgefühl zurückgesetzt werden müsse vor der Kunst und … »Hab ich nicht recht behalten, Xandl?!« wendet sie sich fast wütend zu Meyerhofer.

»Zu Befehl, Fürstin, wie immer!«

Auch Robert unterstützt die Fürstin. Er sagt zu Franz, daß auch die Mutter glücklich sein würde, wenn er berühmt sein wird, und da sie ihn sicher von ganzem Herzen liebe, werde sie ihn mit Freuden gehen lassen … und was ihn heute schmerze, würde morgen Früchte tragen. Aufgewühlt in seinen Gefühlen, bricht Franz in Schluchzen aus.

Karwendel, der diesem Auftritt beigewohnt hat, erhebt sich plötzlich und in seiner würdevoller Art sagt er geheimnisvoll und langsam: »Gestatten Sie, Fürstin, daß ich mit Herrn Hammerling unter vier Augen spreche? Vielleicht bleibt Herr Hammerling nach dieser Unterredung hier, und du brauchst nicht mehr zu weinen, mein Junge.«

Erstaunt sehen die Anwesenden den merkwürdigen Mann an ...

... Im Nebenzimmer erzählt Karwendel von der Hinterlassenschaft seines Großvaters – von der neuentdeckten Partitur Beethovens mit dem Titel: AN DIE FREIHEIT. Und von der Bedingung, daß dieses Musikstück zuerst in Wien aufgeführt werden soll. Robert ist ergriffen wie ein Kind, das ein herrliches Geschenk erhalten hat, und der große Dirigent dankt dem unbekannten kleinen Musiker für die Ehre, die er ihm mit seinem Vertrauen beweist. Da sagt Karwendel ihn streng ansehend: »Dazu hab ich mich erst entschlossen, als ich Sie gehört habe unseren Wolfgang Mozart dirigieren ...« ... und noch zur selben Stunde noch sitzt Robert in dem niedern Zimmer Karwendels über Beethovens Partitur gebeugt. Die Umwelt ist vergessen.

An diesem Abend findet ein großer zeremonieller Ball in der Hofburg statt. Die Würdenträger des Staates, die Spitzen der Diplomatie, der Gesellschaft, der Wissenschaft und Kunstwelt sind versammelt. Die Damen sind in großem Abendkleid, die Herren in Frack und Uniform. Zu den gedämpften Klängen der Musik drehen sich die Paare langsam durch den Saal. Man scheint nicht sehr tanzlustig zu sein. Die einzelnen Gruppen sprechen im Flüsterton miteinander. Beunruhigende Gerüchte sind aufgetaucht. Die Fürstin Ditrichstein, elegant noch als alte Frau, ist der Mittelpunkt einiger ausländischer Bewunderer der Wienerstadt. Das Gespräch wird in verschiedenen Sprachen geführt. Die Fürstin erzählt fast amusiertaber doch mit leiser Beunruhigung, daß sie heute einen jungen Diener hätte entlassen müssen. Er hätte brutal und renitent ihren alten Johann angegriffen, dann gedroht und erklärt, daß es ein Ende haben müsse mit diesen Müßigängern, diesen Aristokraten. Das hat sich die Fürstin doch nicht gefallen lassen können und so habe sie ihn einfach hinausgeworfen. Das Unbegreifliche wäre, daß der alte Johann sie vor den Folgen ihrer Handlung gewarnt hätte. Aber das wäre doch wohl lächerlich, es gäbe doch wohl noch eine Gerechtigkeit und eine Polizei die unschuldige Menschen vor Beleidigungen und gar Tätlichkeiten zu schützen wisse. Doch die Fürstin findet wenig Beifall mit ihrer Erzählung, auch ihre Umgebung warnt sie und geheimnisvolle Andeutungen wiederholen sich. Mit überzeugender Wärme sagt die Fürstin, Wien werde nie untergehen. Es sei das Herz Europas, das nicht aufhören darf zu schlagen. Wien werde allem trotzen und immer wieder auferstehn. Aus Achtung vor dem hohen Alter stimmen alle ihr zu, aber peinlich ergriffen ziehen sich die Herren unbemerkt zurück. Sich plötzlich allein findend, nur den Oberst an seiner Seite, sieht sie ihn groß an und mit bebendem Zweifel in der Stimme sagt sie: »Ich hab doch recht, Xandl?«

Meyerhofer, durch diesen merkwürdigen Ton wie aus einem bösen Traum aufgeschreckt, blickt sie mit versteinertem Lächeln an und sagt mit tonloser Stimme: »Zu Befehl, Fürstin, wie immer!«

Robert hat die Partitur zu Ende gelesen. Es ist schon spät. Er dankt Karwendel und verspricht ihm morgen zur frühen Stunde wiederzukommen. Auf der Straße reißt ihn ein Frühlingszug mit sich. Fröhliche Jungen und Mädchen singen ein Lied vom sterbenden Prinzen Karneval. Vor einer Vorstadtkirche bleibt der Zug stehen, verstummt. Die Türen der Kirche sind offen. Die Menge zieht ihre Faschingsmützen. Unter den Klängen der Aschermittwochsmesse sinken die Leute ins Knie. Die Ministranten streuen Asche aufs Haupt der Gläubigen. Robert ist aufs Tiefste beeindruckt und ergriffen … eine dunkle Altstimme singt eines der halbtraurigen weinseeligen Wienerlieder. In dem verräucherten Lokal sitzen wie ein junges Liebespaar Kathrin und Robert. Er ist etwas zerstreut. Zaghaft fragt sie ihn, was er denn mit dem begabten Jungen, den Franz zu tun beschlossen habe. Da erzählt er ihr ganz aufgeregt von der Auseinandersetzung mit ihm; wie sehr er bedaure, daß dieser so begabte Junge scheinbar eine so engherzige Mutter habe, denn sicher sei er von ihr beeinflußt. Robert könne nicht verstehn, wie eine Mutter einer so außergewöhnlichen Begabung im Wege stehen könne, selbst wenn sie ihn Jahre nicht bei sich haben könnte, müßte es doch das größte Glück für sie sein, ihren Sohn berühmt zu sehen. Da bemerkt er, daß sich die Augen Kathrins mit Tränen füllen. Erschrocken frägt er sie, was sie habe, da sagt sie ihm leise: »Franz ist mein Junge» und sie erzählt ihm alles: daß sie die Fürstin kenne, daß sie ihm nicht sagen wollte, daß sie einen so großen Jungen habe, da er sie doch für ein süßes Wienermädel [von] zwanzig Jahren gehalten habe. Da zieht er sie stürmisch an sich und ihr Gesicht mit Küssen bedeckend, beruhigt er sie:

Ergriffen zählt er die kostbaren Funde auf, die er in den kurzen Faschingstagen in Wien gemacht hat: Kathrin, die er lieben gelernt, die ihn durch ihre Klugheit und Zärtlichkeit wieder jung macht; Franz, in dem er seine eigene Begabung verjüngt sieht, und endlich das neuentdeckte Beethovenmanuskript, das ihn, den Musiker, zu neuem Schaffen anspornt ... Er ginge nicht fort, er bleibt bei ihr und dem Jungen, denn er habe hier durch den Zauber dieser Stadt und ihrer Menschen alles das wiedergefunden, wonach er sich in der Hast und Jagd der letzten Jahre so schmerzlich gesehnt hat.

Indessen hat die Sängerin Roberts Walzer »Carnaval de Vienne« zu singen angefangen, und als nach der letzten Strophe die Musik die Melodie weiter spielt, schmiegt sich Kathrin eng an Robert, und mit ganz leiser Stimme singt sie die Strophe, die nur sie und er kennt, die er ihr nach jener Liebesnacht im Fasching vor 13 Jahren gewidmet hat:

Ich lieb Dich schon lange, Kathrin.
Obwohl ich Dich heute zum ersten Mal sah,
So fremd ich Dir bin, Du bist mir nah,
Seitdem ich Dich sah, Kathrin …

Lange sieht Robert in das geliebte Gesicht, dann sagt er leise mit unendlicher Zärtlichkeit: »Kathrin Fröhlich …«

In die leisen Walzertöne voll Zartheit und Innigkeit ertönt fernes Grollen. Es wird stärker und stärker. Die Harmonien der Walzermusik müssen vor den Mißtönen einer so stampfenden Marschmusik weichen, in deren gewalttätigen Ansturm Bücher verbrannt, Bilder zerrissen werden, Statuen in Scherben stürzen, während klobige Stiefel über alles hinweggehen. Plötzlich gespensterhaft Stille. Endlose leere Straßenzüge. Plötzlich sind alle Straßen von Zetteln wie von Schmutz bedeckt. Ängstliche Hände lassen die Rolläden herunter. Ein Sturm erhebt sich. Die Zettel fliegen wie aufgescheuchte Vögel. Durch eine der leeren Straßen rennt Franz. Er will nach seinem Lehrer Karwendel sehen, merkwürdige Gerüchte sind zu ihm gedrungen. Nur spärlich sind die Straßen beleuchtet. Die Bogenlampen schaukeln im Winde. Franz öffnet die Tür zu Karwendels Behausung. Erstarrt bleibt er stehen … die Totenmaske Beethovens ist auf dem Kamin aufgestellt. Zu beiden Seiten stehen flakkernde Kerzen. Rauch füllt schon das Zimmer. Geschäftig und lautlos huscht Karwendel herum … ein Wahnsinniger! Er häuft Notenblätter und Partituren auf das brennende Kaminfeuer. Er zieht aus der Schublade das Notenblatt mit der Aufschrift: »AN DIE FREIHEIT.« winkt Franz heran, als hätte er schon lange sein Eintreten bemerkt. Er sagt mit leiser, aber grauenhaft eindringlicher Stimme, indem er mit dem Finger nach draußen deutet:

»Die Saiten der Geigen sind gesprungen, die Instrumente liegen in Scherben … Jetzt ist Beethoven tot, jetzt!«

Stumm vor entsetzen starrt Franz auf Karwendel, der ihn plötzlich an sich zieht und ihn heftig in die Arme preßt, dann läßt er ihn los, und ehe Franz ihn zurückhalten konnte, stürzt er ins Freie, in den Schneesturm. Lautlos und behände, mit einer unerwarteten Schnelligkeit und Kraft läuft er, läuft, als wolle er etwas besonders Kostbares in Sicherheit bringen. Franz folgt ihm, aber der Alte läuft schneller als der Knabe. Karwendel, mit einem Ausdruck, der nicht mehr von dieser Welt ist, sieht nicht mehr wohin er tritt, läuft gegen den Abhang des Hügels, der zur Donau herabfällt, und immer weiter rasend, stürzt er ins Schwarze dieser schrecklichen Nacht … Ein Zweig bricht, man hört ein leises Knacken in den Büschen und der schwere Körper Karwendels rollt nach unten, wo die Donau langsam dahin gleitet zwischen Eis und Schnee …

Die Notenblätter hat er verloren. Keuchend erreicht Franz den Abhang. Er starrt ins Leere. Nichts ist mehr zu sehen. Der Sturm übertönt alle andern Geräusche. Franz dreht sich um und rennt der Stadt zu … Der Sturm trägt die Notenblätter in alle Richtungen. Sie drehen sich, dann fallen sie wie tote Vögel verstreut in den Schnee. Ein Notenblatt wird gegen einen Baum getrieben … Die Flocken decken es immer mehr und mehr zu und langsam verschwinden die Worte: AN DIE FREIHEIT …

Indessen beraten sich in der Wohnung der Fürstin die Freunde. Die Fürstin drängt darauf, daß Robert mit Kathrin und dem Jungen weg reisen soll. Sie sieht Robert durch sein unvorsichtiges Verhalten gegenüber dem Abgesandten aus Berlin in Gefahr. Sie drängt und drängt. Sie selbst wolle bleiben. Ihr Geschlecht hätte Jahrhunderte überdauert, und es hätte immer zu sterben gewußt. Robert küßt Katharina und sagt ihr, er habe vieles an ihr gut zu machen und wie unendlich dankbar er ihr sei, daß sie ihm diesen Jungen aufgezogen habe. Wien sei nicht verloren, solange es in solchen Talenten unter freierem Himmel weiterlebe. Da hört man Schritte über das Treppenhaus jagen. Alle stürzen hinaus. Franz, mit einem Gesicht von Angst und Schrecken verzerrt, stürzt ohnmächtig zu Boden. Sie betten ihn im Salon auf den Diwan. Langsam schlägt er die Augen wieder auf. Leise sagt die Fürstin zu Robert:

»Robert, hast du das verstanden?«

»Ja, wir müssen weg.«

Da sagt der Junge sich aufrichtend voll Angst: »Und Mutter?«

»Die kommt natürlich mit!«

Als nach einem ergreifenden Abschied Robert, Katharina und ihr Junge längst das Palais verlassen haben, verabschiedet sich auch der Oberst von der Fürstin. Wie immer frägt er sie: »Und wir Fürstin?«

Lange blickt sie in diese treuen Augen und mit Tränen in der Stimme sich zu einer leisen Ironie zwingend, sagt sie:

»Jetzt ist es wohl zu spät, Xandl.«

Er küßt ihre Hand länger als gewohnt …

… und in seinem einfachen Zimmer steht der Oberst Alexander Meyerhofer in seiner alten Paradeuniform. Er blickt auf die Türe. Von draußen hört man Marschschritte. Da legt der Oberst den Revolver auf den Tisch. Schwere Schritte kommen die Treppe hinauf. Der Oberst schaut kalten Blicks auf die Tür …

… und Marschschritte ertönen unaufhörlich vor dem Palais der Fürstin. In dem großen Salon, der Glanz und Freude so viele Jahre gekannt hat, sind die Rolläden heruntergelassen, die wenigen übriggebliebenen Möbel sind überzogen. Von den Gemälden ist nur das Bildnis des alten Kaisers Franz Joseph geblieben. Unverletzbar in ihrer Würde hat die Fürstin beschlossen zu sterben. Mit ruhiger Hand führt sie das Glas mit dem Gift an den Mund. Mit festen Schritten geht sie zum Klavier. Klar wie immer fängt sie zu spielen an … die Marschschritte ertönen disharmonisch … das Spiel der Fürstin wird stärker, die Melodie schwillt an, kämpft gegen das Gedröhne der Schritte von draußen … immer mächtiger … immer stärker …

nun hat das Crescendo der »Carnaval de Vienne-Symphonie« alle andern mißtönenden Geräusche siegreich verdrängt. Die Hände der Fürstin gleiten von den Tasten … das Bild Franz Josephs an der Wand verblaßt … Die Melodie rauscht in harmonischen Tönen über die Wellen des Ozeans. Ein Schiff trägt Kathrin, Robert und Franz einem neuen Leben zu.

[Die Eiffel ist eine sehr entlegene …]

A.

Die Eiffel ist eine sehr entlegene und zivilisationsfremde Gegend in Deutschland. Das Klima ist hart, auch die Menschen dieses Landes sind hart, kalt und schweigsam. Es sind lauter fromme und weltfremde Bauern. Sie kümmern sich nicht um Politik, sie lesen kaum eine Zeitung. Sie wissen nicht, was im Lande, geschweige denn, was in der Welt vorgeht. Es sind naive, harte, wortkarge Menschen.

B.

In einem Eiffeldorf lebt, ein Bauer unter Bauern, ein jüdischer Viehzüchter, namens David Fried. Er bebaut seinen Acker und züchtet Vieh. Seine Familie ist seit Jahrhunderten im Rheinland, beziehungsweise in der Eiffel, ansässig. Er hat zwei Söhne und eine Tochter. Diese Tochter ist aber nicht seine eigene, sondern eine angenommene. [*gestrichen:* Es ist die uneheliche Tochter eines hohen Beamten, der zwanzig Jahre früher in der Eiffel gewirkt hat und dessen Frau, um ihre]. Vor 20 Jahren hat in dieser Gegend ein sittenstrenger hoher Staatsbeamter gewirkt. Seine Tochter hatte sich, wie man sagt, »vergessen«. – und das Kind, die Frucht dieses »Fehltritts« hat der jüdische Viehzüchter an Kindesstatt angenommen und aufgezogen. Er ist der seltene Typ des kräftigen, des »bodenständigen«, des »ungeistigen« Juden. Kurz: *der* bäurische Jude, ohne Vorurteile religiöser oder anderer Art; ohne schwächliche Ressentiments, ohne städtische Bildung.

C.

Jede zweite Woche fährt dieser Viehzüchter in die nächste größere Stadt, auf den Viehmarkt. Immer war er dort als einer der ehrlichsten und redlichsten Händler bekannt und geschätzt.

Eines Tages aber – er hat natürlich keine Zeitungen gelesen und hat keine Ahnung von der großen »nationalen Revolution« – erlebt er auf dem Viehmarkt in der größeren Rheinstadt etwas für ihn und seine Naivität Unbegreifliches: seine alten Geschäftsfreunde grüßen ihn nicht. Seien Ansprachen beantworten sie nicht. Er [*gestrichen:* versteht] begreift gar nichts. Er versucht, Den und Jenen zu fragen, er erfährt gar nichts.

Bekümmert, erschüttert und ratlos treibt er am Abend seine Tiere heim.

Er wird von uniformierten jungen Menschen auf Fahrrädern verfolgt, ohne, daß er versteht, warum. Sie bedrohen ihn. Sie erschießen seine Tiere. Sie verschwinden plötzlich. Verängstigt, erschüttert, voller Schmerz und in ohnmächtiger Wut, kommt er endlich spät abends nach Hause.

D.

Hier, in seinem bäuerlichen Haus, erwartet ihn, außer der Familie und dem Gesinde, ein Gast: nämlich der Pfarrer.

Dieser erzählt [*gestrichen:* ihm und den] und erklärt die Vorgänge, die David Fried so unbegreiflich gewesen waren: die »nationale Revolution« und das »Dritte Reich« und das »Rassengesetz«. Zum ersten Mal erfahren die weltfremden Eiffelländer etwas von den merkwürdigen, neumodischen Sitten und Geboten.

E.

Während der Pfarrer noch spricht, hört man draußen Tumult. Uniformierte dringen ein, in das Haus David Frieds. Sie fordern, Waffen in den Händen, den Pfarrer auf, ihnen zu folgen. Er gehorcht. Beim blutroten Schein von Fackeln zwingen sie ihn, den greisen Geistlichen, auf eine Leiter zu steigen, die an dem großen Kreuz vor dem Eingang zum Kirchhof und zur Pfarre steht. Sie zwingen den Greis, von den 4 Buchstaben, die in das Kreuz eingraviert sind, nämlich: J. N. R. J. (das heißt: Jesus Nazarenus Rex Judaeorum) die letzten zwei auszukratzen.

F.

Seit diesem Tage fängt in dem stillen Eiffeldorf ein schreckliches Treiben an. Fremde uniformierte Halbwüchsige durchstreichen das Dorf. Sie verteilen Zettel und Zeitungen. Sie lärmen in der sonst so stillen Schenke. Sie schießen, aus Übermut, in später Nacht, ohne Zweck und Ziel in die Luft. Ihre Flugzettel erzählen, daß der Jude David Fried ein gefährlicher rassefremder Feind des Dorfes sei. Das ist den Dorfbewohnern neu. Zum ersten Mal hören sie, daß ein Jude rassenfremd und gefährlich sei.

G.

Die Adoptivtochter David Frieds liebt einen der Söhne. Sie waren eben im Begriff, zu heiraten. Die fremden politischen Hetzer, von denen es plötzlich wimmelt, verleumden den Juden Fried, daß er ein deutsches Mädchen aufgenommen habe, um sie zu schänden. Der alte Pfarrer versucht vergeblich, den Juden und die Wahrheit zu verteidigen. Er wird zum zweiten Mal gezwungen, auf die Leiter zu steigen und auch die ersten zwei Buchstaben am Kreuz auszulöschen.

H.

Von all den uniformierten fremden Eindringlingen irritiert, lebt die bodenständige Bevölkerung in ständigem Schrecken.

Eines Tages kommt ein Befehl der [*korrigiert aus:* des] [*gestrichen:* Sturmschar] Soldateska in das Haus David Frieds: er müßte das Dorf verlassen; weigerte er sich, so würde ihm Vieh und Acker genommen; ginge er freiwillig, so könnte er den Acker an den Meistbietenden verkaufen, das Vieh aber verkaufen.

Er entschließt sich, auszuwandern.

Er verkauft seinen Acker für einen lächerlichen Preis. Er treibt den Restbestand seines Viehs zusammen. Er nimmt Abschied von seinen Landsleuten. Die terrorisierten Bauern wagen nicht, ihm und seiner Familie das Geleit zu geben. Nur der Pfarrer kommt, um von ihm Abschied zu nehmen. Die Uniformierten überwachen diesen Abschied.

In dem Augenblick, in dem der Pfarrer wieder heimkehren will, zwingen ihn die Uniformierten, mit dem Juden mitzugehen. Sie wollen keinen Geistlichen mehr dulden und auch keinen Juden.

Dem greisen Pfarrer bleibt nichts mehr übrig, als, sich der Familie Fried anzuschließen und mit ihr über die nahe Grenze zu gehn.

J.

Im fremden Lande (es könnte Holland sein) warten viele Schicksalsgenossen. Man hat ihnen gesagt, daß ein menschenfreundlicher Kapitän [*gestrichen:* von] eines [*gestrichen:* englischen] portugiesischen Dampfers schon viele Emigranten ohne Papiere in sichere gute Länder gebracht habe. Alle warten auf die Ankunft des Schiffes »Columbia«.

Dieser Dampfer kommt auch. Der Kapitän nimmt alle auf und fährt weiter.

Aber es ist für all diese Leute ohne Papiere unmöglich, irgendwo zu landen. Am wenigsten in den strengen Häfen Palästinas. Das Schiff, gefüllt mit verborgenen Flüchtlingen, irrt Monate lang durch die Meere der Welt, an allen Häfen der Welt vorbei. Der Kapitän lädt nur seine Ware ab: zum Beispiel: Kohle, Munition, Waffen; niemals die Menschen, die er verbirgt und verpflegt.

K.

Eines Tages gelingt es dennoch. Man landet (irgendwo, in einem südamerikanischen Hafen z.B.). Man landet unbemerkt. Ein protestantischer Pfarrer nimmt alle auf. Alle fühlen sich gerettet.

L.

Aber kaum 3 Tage später entsteht in dieser entfernten – von Deutschen bewohnten – südamerikanischen Kolonie eine von einem Nazi-Propagandisten hervorgerufene Emeute gegen die neuen Ankömmlinge. Und, ehe noch die Behörden des Landes im stande sind, einzugreifen, belagern die Kolonisten das Haus des Pfarrers. Alle verteidigen sich. Alle fallen: die Juden und die Christen.

M.

Das Ende des Films: Gräber.
Über allen Gräbern, beziehungsweise im Hintergrund das Kreuz und Christus und die 4 Buchstaben:

J. N. R. J.

Anhang

Editorische Notiz

Dieser Band enthält alle bisher ermittelten journalistischen Arbeiten Joseph Roths zum Themenkomplex »Film und Kino«. Angefügt sind außerdem zwei Filmtreatments und ein Filmexposé, die Roth in den Jahren 1938/39 verfasste bzw. an denen er mitwirkte.

Textgrundlage für den Abdruck der journalistischen Arbeiten sind die jeweils ermittelten Erstdrucke. Die Wiedergabe folgt in Orthographie und Interpunktion den zugrunde gelegten Vorlagen, wobei offenkundige Druckfehler (z. B. *Seeel* statt *Seele*) stillschweigend korrigiert wurden. Auch die häufigen Fehlschreibungen von Eigennamen sind bei relevanten Abweichungen (z. B. *Lulu Pick* statt *Lupu Pick*, *Ginner* statt *Czinner*) im Text korrigiert, die Fehlschreibung in den Anmerkungen jeweils dokumentiert. Beim Verdacht einer bewussten Abweichung von den damaligen orthographischen und syntaktischen Regeln oder bei der Verwendung historischer Schreibweisen wie *litterarisch*, *todtkrank*, *Zilinder*, *Photographie*, *Films* (als Plural von *Film*) folgt der Text immer der Vorlage. Belassen wurden außerdem sowohl häufig wiederkehrende, für Roth als auch für die Zeit typische Eigenheiten betreffend die Getrennt- und Zusammenschreibung und die Groß- und Kleinschreibung. Ebenso erhalten bleibt Roths eigenwilliger Gebrauch von Kommata, die bei Reihungen von Adjektiven häufig fehlen (*ein merkwürdiger mißtrauischer Mann*), dafür bei vergleichenden Konjunktionen umso häufiger gesetzt werden (*genau, wie im Kino*). Die drucktechnisch bedingte Wiedergabe der Umlaute durch Ae, Oe, Ue in einigen der Druckvorlagen wird hier einheitlich zu Ä, Ö, Ü normalisiert. In den Erstdrucken durch Sperrungen, halbfett, Unterstreichungen oder Schriftwechsel markierte Hervorhebungen werden einheitlich *kursiv* wiedergegeben. Zusätze der Herausgeber stehen in eckigen Klammern.

Die im Anhang gegebenen Kurzbiographien von Persönlichkeiten der Filmgeschichte verdanken sich zu einem großen Teil Kay Wenigers vorzüglichem »Personenlexikon des Films« (Berlin 2001) sowie der umfangreichen Internet-Filmdatenbank zum deutschen Film (www.filmportal.de).

Werke Roths, die nicht Bestandteil unserer Auswahl sind, werden im Anhang nach der im Verlag Kiepenheuer & Witsch, Köln 1989-91 erschienenen Ausgabe der »Werke«, hrsg. von Fritz Hackert und Klaus Westermann (= Werke 1989-91), zitiert; wenn dort nicht enthalten, nach der späteren Sammlung »Unter dem Bülowbogen. Prosa zur Zeit«, hrsg. von Rainer-Joachim Siegel, Köln 1994 (= Roth 1994). Auf die große Ausgabe bezügliche Stellenangaben verzeichnen lediglich Band (römische Ziffer) und Seite (arabische Ziffer).

Zur Textgeschichte der Treatments und des Exposés zu nicht realisierten Filmprojekten siehe ausführlicher die Anmerkungen S. 342-351. Zu den Druckvorlagen der drei Texte ist Folgendes zu sagen:

1. Kinder des Bösen: Von diesem Treatment von Joseph Roth und Leo Mittler finden sich in Archiven zwei voneinander abweichende Fassungen: Die Deutsche Kinemathek in Berlin verfügt über ein 24-seitiges Typoskript (wobei die letzten beiden Seiten teilweise zerstört sind) mit dem Titel »Kinder des Bösen« aus dem Nachlass des Filmagenten Paul Kohner. Diese Fassung wurde abgedruckt in Jacobsen/Klapdor 2013, S. 289-306, dort wurden Textrekonstruktionen der zerstörten Textteile vorgenommen. – Ein zweites, 22-seitiges Typoskript (»Les Enfants du mal«) mit handschriftlichen Korrekturen findet sich in der Joseph-Roth-Collection des Leo Baeck Institute, New York. – Nach Ansicht der Herausgeber handelt es sich bei der Fassung in New York um eine frühere und weniger ausgearbeitete Fassung. Im vorliegenden Band wurden die Textrekonstruktionen durch die Schlussabschnitte der New Yorker Fassung ersetzt, gekennzeichnet durch Kursivierung.

2. Der letzte Karneval von Wien: Auch von diesem Treatment von Joseph Roth und Leo Mittler finden sich in Archiven zwei voneinander abweichende Fassungen: Das Exilarchiv der Deutschen Bibliothek, Frankfurt a. M. verfügt über ein Typoskript mit 28 Seiten mit dem Titel »Der letzte Karneval von Wien« aus dem Nachlass des Theateragenten Dr. Edmond Pauker. – Die Deutsche Kinemathek in Berlin verfügt über ein Typoskript von 27 Seiten (wobei der Text auf der letzten Seite abbricht) mit dem Titel »Der letzte Karneval von Wien.« /»Le dernier carnaval de Vienne. (Nuits de Vienne)« aus dem Nachlass des Filmagenten Paul Kohner. Diese Fassung wurde ebenfalls in Jacobsen/Klapdor 2013, S. 266-288 abgedruckt. In der Frankfurter Fassung finden sich Textteile, die in der Berliner Fassung fehlen, außerdem ist der Text offenbar vollständig. Allerdings sind in der Berliner Fassung einige inhaltlich sinnvolle sowie orthographische Verbesserungen zu erkennen. Deshalb liegt dieser Edition die Frankfurter Fassung zugrunde, einige Übernahmen aus der Berliner Fassung [*Q2*] werden zum besseren Verständnis in eckigen Klammern dokumentiert.

3. [Die Eiffel ist eine sehr entlegene…]: Dieses fünfseitige Manuskript von Roths Hand befindet sich in der Joseph-Roth-Collection im Leo Baeck Institute, New York. Der Abdruck folgt dem Manuskript, Streichungen werden in eckigen Klammern dokumentiert.

Der Titel des Bandes »Drei Sensationen und zwei Katastrophen« ist Roths Filmbesprechung aus der *Frankfurter Zeitung* vom 14. Mai 1924 entnommen.

Abgekürzt zitierte Literatur

Briefe 1970: Joseph Roth, Briefe 1911-1939. Hrsg. und eingeleitet von Hermann Kesten. Köln, Berlin 1970.

Briefe 1991; Aber das Leben marschiert weiter und nimmt uns mit. Der Briefwechsel zwischen Joseph Roth und dem Verlag De Gemeenschap 1936-1939. Hrsg. und eingeleitet von Theo Bijvoet und Madeleine Rietra. Köln 1991.

Briefe 2005: Geschäft ist Geschäft. Seien Sie mir *privat* nicht böse. Ich brauche Geld. Der Briefwechsel zwischen Joseph Roth und den Exilverlagen Allert de Lange und Querido 1933-1939. Hrsg. und eingeleitet von Madeleine Rietra. In Verbindung mit Rainer-Joachim Siegel. Köln 2005.

Briefe 2011: »Jede Freundschaft mit mir ist verderblich«. Joseph Roth und Stefan Zweig Briefwechsel 1927-1938. Hrsg von Madeleine Rietra und Rainer Joachim Siegel. Mit einem Nachwort von Heinz Lunzer. Göttingen 2011.

Büttner/Dewald 2002: Elisabeth Büttner / Christian Dewald, Das tägliche Brennen. Eine Geschichte des österreichischen Films von den Anfängen bis 1945. Salzburg, Wien 2002.

Bronsen 1974: David Bronsen, Joseph Roth. Eine Biographie. Köln 1974.

Capovilla 1994: Andrea Capovilla, Der lebendige Schatten. Film in der Literatur bis 1938 (Literatur in der Geschichte, Geschichte in der Literatur, Bd. 32). Wien, Köln, Weimar 1994.

Carbone 2010: Mirella Carbone, Joseph Roths Filmrezensionen als literarische Reportagen. In: Thomas Eicher (Hrsg.): Joseph Roth und die Reportage. Heidelberg 2010. S. 49-67.

Düllo 1994: Thomas Düllo, Möglichkeiten im Reich der Schatten. Der Filmkritiker Joseph Roth. In: *Filmexil* Nr. 5 / 1994. Berlin. S. 11-32.

Düllo 2010: Thomas Düllo, Joseph Roths Reportagen zwischen Denkbild und »writing culture«. In: Thomas Eicher (Hrsg.): Joseph Roth und die Reportage. Heidelberg 2010. S. 25-48.

Frank 2007: Nicole Frank, Mich zu fixieren, ist unmöglich. Schreibstrategien von Joseph Roth. Eine Analyse neu entdeckter Zeitungsartikel aus seiner Berliner Zeit 1920-1923. Dissertation zur Erlangung der Doktorwürde an der Philosophischen Fakultät der Universität Freiburg (CH), 2007.

Jacobsen/Klapdor 2013: In der Ferne das Glück. Geschichten für Hollywood. Hrsg. von Wolfgang Jacobsen und Heike Klapdor, Berlin 2013.

Kaes 1978: Anton Kaes (Hrsg.), Kino-Debatte. Texte zum Verhältnis von Literatur und Film 1909-1929, München, Tübingen 1978.

Kerr 1991: Alfred Kerr, Essays. Theater – Film. Hrsg. von Hermann Haarmann und Klaus Siebenhaar, Berlin 1991.

Kracauer 2004: Siegfried Kracauer, Kleine Schriften zum Film. Bd. 6.2. 1928-1931, hrsg. von Inka Mülder-Bach. Unter Mitarbeit von Mirjam Wenzel und Sabine Biebl. Frankfurt/Main 2004.

Kramer/Prucha 1994: Thomas Kramer / Martin Prucha, Film im Lauf der Zeit. 100 Jahre Kino in Deutschland, Österreich und der Schweiz. Wien 1994.

Loacker 1999: Armin Loacker, Anschluß im ¾ Takt. Filmproduktion und Filmpolitik in Österreich 1930-1938. Trier 1999.

Pinthus 2008: Kurt Pinthus: Filmpublizist. Mit Aufsätzen, Kritiken und einem Filmskript von Kurt Pinthus. Essay von Hanne Knickmann (Film & Schrift, Bd. 8, hrsg. von Rolf Aurich und Wolfgang Jacobsen). München 2008.

Quaresima 1990: Leonardo Quaresima, Der Schatten der Stimme. Joseph Roth als Filmkritiker. In: Michael Kessler/Fritz Hackert (Hrsg.): Joseph Roth. Interpretation – Rezeption – Kritik. Akten des internationalen, interdisziplinären Symposions 1989. Tübingen 1990 S. 245-260.

Roth 1994: Joseph Roth, Unter dem Bülowbogen. Prosa zur Zeit. Hrsg. von Rainer-Joachim Siegel. Köln 1994.

Roth 2010: Joseph Roth, »Ich zeichne das Gesicht der Zeit«. Essays – Reportagen – Feuilletons. Hrsg. und kommentiert von Helmuth Nürnberger. Göttingen 2010.

Roth 2012: Joseph Roth, Heimweh nach Prag. Feuilletons – Glossen – Reportagen für das »Prager Tagblatt«. Hrsg. und kommentiert von Helmuth Nürnberger. Göttingen 2012.

Siegel 1995: Joseph Roth-Bibliographie. Bearbeitet von Rainer-Joachim Siegel. Morsum/Sylt 1995.

Werke 1989-91: Joseph Roth, Werke. Köln 1989-1991. [Bd. I: Das journalistische Werk 1915-1923. Hrsg. von Klaus Westermann. Mit einem Vorwort zur Werkausgabe von Fritz Hackert und Klaus Westermann. Köln 1989. – Bd. II: Das journalistische Werk 1924-1928. Hrsg. von Klaus Westermann. Köln 1990. – Bd. III: Das journalistische Werk 1929-1939. Hrsg. und mit einem Nachwort von Klaus Westermann. Köln 1991. – Bd. IV: Romane und Erzählungen 1916-1929. Hrsg. und mit einem Nachwort von Fritz Hackert. Köln 1989. – Bd. V: Romane und Erzählungen 1930-1936. Hrsg. und mit einem Nachwort von Fritz Hackert. Köln 1990. – Bd. VI: Romane und Erzählungen 1936-1940. Hrsg. und mit einem Nachwort von Fritz Hackert]

Weniger 2001: Kay Weniger, Das große Personenlexikon des Films. Die Schauspieler, Regisseure, Kameraleute, Produzenten, Komponisten, Drehbuchautoren, Filmarchitekten, Ausstatter, Kostümbildner, Cutter, Tontechniker, Maskenbildner und Special Effects Designer des 20. Jahrhunderts (8 Bde.). Berlin 2001.

Joseph Roths Schaffen als Filmkritiker und Beobachter der Kinoszene lässt sich in drei Phasen unterteilen.

In den Wiener Jahren 1919/1920 scheint sich Roth nicht nur als Kritiker und Feuilletonist für das neue Medium interessiert zu haben, sondern auch für die entstehende Fachliteratur.

Zu Beginn seiner Berliner Jahre, in den Jahren des Aufstiegs zum gefragten Journalisten, ist dieses Interesse weniger zu erkennen. Man kann vermuten, dass Roth, von dem jeweiligen Blatt ins Kino geschickt wurde und seine Filmkritiken nun ausschließlich als Broterwerb betrachtete, auch wenn er darin ab und an treffende Skizzen der Berliner Gesellschaft zeichnete.

Als etablierter Journalist der *Frankfurter Zeitung* Mitte der 1920er-Jahre setzte er sich seltener mit dem Film auseinander, was mit der Spartenaufteilung der Redaktionen oder mit mangelndem Interesse begründet sein könnte. Roths Kritik am Film und insbesondere an der Filmindustrie fließt auch in sein literarisches Werk ein, wie in »Zipper und sein Vater«, und gipfelt in Passagen seines großen Essays »Der Antichrist«.

Film im Freistaat.

D: Die Filmwelt. Wien. Jg. 1 Heft 5 vom 21.3.1919, S. 2. »Josef Roth«.

Politische Beziehungen sind stets zu vermeiden] Roth scheint sich vor Beginn seiner Laufbahn als Filmkritiker in Fachliteratur zum Thema Film eingelesen zu haben. Das angeführte Zitat konnte nicht ermittelt werden. Möglich auch, dass Roth das Original ein wenig verändert hat. Laut Auskunft der beiden Filmwissenschaftler Prof. Dr. Elisabeth Büttner und Dr. Christian Dewald häuften sich von Beginn des Ersten Weltkriegs an bis weit in die 1920er-Jahre hinein solche Veröffentlichungen mit Ratschlägen für Drehbuchautoren.

Die Typen des Detektivdramas.

D: Die Filmwelt. Wien. Jg. 1 Heft 7 vom 18.4.1919, S. 12. »J.«

Roth beschrieb gerne »Typen« des Alltagslebens, so für die Tageszeitung *Der Neue Tag* am 19.5.1919 »Interviews mit Straßentypen« oder für dieselbe Zeitung »Alte und neue Berufe«, 31.7.1919, und »Abschied von der Schaffnerin«, am 19.10.1919.

Eine ähnliche Beschreibung von »Filmtypen« gibt die Berliner Schauspielerin Resi Langer in ihrem Bändchen »Kinotypen. Vor und hinter den Filmkulissen. Zwölf Kapitel aus der Kinderstube des Films«, Hannover 1919. Unter den von ihr beschriebenen Typen finden sich »Das Kinogirl«, »Die Helden des Films«, »Die Filmdiva« oder »Die Braut von Filmes Gnaden«.

Der Tendenzfilm.

D: Die Filmwelt. Wien. Jg. 1 Heft 8 vom 2.5.1919, S. 9. »Jos. R.«

Das Kino wird als moralische Schaubühne betrachtet] Ein direkter Bezug zu Friedrich Schillers »Die Schaubühne als moralische Anstalt betrachtet. Vorgelesen bei einer öffentlichen Sitzung der kurfürstlichen deutschen Gesellschaft zu Mannheim im Jahr 1784«.

glatte und plumpe Illustrierung … die Fortsetzung des Lesebuches in Illustrationen] Hier kann man einen Bezug zum Aufklärungsversuch des alten Trotta in Roths *Radetzkymarsch* sehen, der sich über den falschen, kitschigen Bericht in den Schulbüchern, wie sein Vater in der Schlacht bei Solferino dem Kaiser das Leben gerettet haben soll, empört: »Hauptmann Trotta ging, das Lesebuch in der Hand, in den kleinen Obstgarten hinter das Haus, wo sich seine Frau an linderen Nachmittagen beschäftigte, und fragte sie, die Lippen blaß, mit ganz leiser Stimme, ob ihr das infame Lesestück bekannt gewesen sei. Sie nickte lächelnd. ›Es ist eine Lüge!‹ schrie der Hauptmann und schleuderte das Buch auf die feuchte Erde. ›Es ist für Kinder‹, antwortete sanft seine Frau. Der Hauptmann kehrte ihr den Rücken. Der Zorn schüttelte ihn wie der Sturm einen schwachen Strauch.« (Werke 1989-91, V, S. 145f.) – So sehr erzürnt ist Hauptmann Trotta, dass er in dieser Sache um eine Audienz bei Seiner Majestät ansucht, die ihm gewährt wird. – »Dank dem gelegentlich geäußerten Wunsch des Kaisers verschwand das Lesebuchstück Nummer fünfzehn aus den Schulbüchern der Monarchie.« (Werke 1989-91, V, S. 149)

Knigge im Film.

D: Die Filmwelt. Wien. Jg. 1 Heft 9 vom 16.5.1919, S. 1. »Jos. R.«

Der Film hat für Roth mehr Einfluss auf die Mode als jede noch so gute und seriöse Broschüre, er ist überzeugender und soll die »Rolle einer Erziehungsanstalt übernehmen«. Für Roth zeigt sich hier der pädagogische Einfluss des Kinos als neue Institution. Die Filmschauspieler mögen Idol und Vorbild der Rezipienten sein, ihnen Sitten und Geschmack vorspielen, dem Filmpublikum gleichsam ein »Knigge« in laufenden Bildern sein.

kleines deutsch-mährisches Städtchen] Welche Stadt Roth hier meint, ist nicht eindeutig zu ermitteln, vgl. Roth 2010, S. 410.

Asta Nielsen] Asta N. (1881-1972), dänische Filmschauspielerin, die zwischen 1910 und 1930 neben Henny Porten zu einem der populärsten Stummfilmstars in Deutschland wurde.

Henny Porten] Henny P. (1890-1960), deutsche Filmschauspielerin; die Tochter eines Opernsängers und Filmregisseurs wurde vom Produzenten Oskar Messter ab 1910 zum ersten deutschen Filmidol aufgebaut. 1921 gründete sie eine eigene Filmproduktionsgesellschaft, die 1923 bereits in Konkurs ging.

Harry Walden] Harry W. (1875-1921), deutscher Schauspieler; hatte um 1900 in Berlin seinen Durchbruch am Theater, zwischen 1908 und 1910 spielte er auch unter der Regie von Max Reinhardt; zwischen 1913 und 1919 war er festes Mitglied des Ensembles am Wiener Burgtheater; zu dieser Zeit spielte er auch mehrere Hauptrollen in österreichischen Filmen, vor allem Adlige (Barone, Grafen, Fürstensöhne).

Psylander] Valdemar Einar Psilander (1884-1917), beliebter dänischer Filmschauspieler, der bereits in den 1910er-Jahren von der Filmgesellschaft Nordisk zu einem internationalen Star aufgebaut wurde.

R. M. Meyer] Richard Moritz M. (1860-1914), deutscher Literaturwissenschaftler und -historiker aus dem Umfeld Friedrich Nietzsches.

Dialoge.

D: Die Filmwelt. Wien. Jg. 1 Heft 10 vom 30.5.1919, S. 11. »Jos. R.«

Mit dieser Form des Dialogs verwendet Roth eine auf der Bühne des Kabaretts bevorzugte Dramaturgie des Für und Wider, des Frage- und Antwortspiels, worin hier noch dazu der Film gegen die Operette und die Operette gegen den Film ausgespielt werden.

Die Diva

D: Die Filmwelt. Wien. Jg. 1 Heft 10 vom 30.5.1919, S. 6. »Von Joseph Roth«

Siehe auch »Die Typen des Detektivdramas«, S. 9-11.

Der Regisseur.

D: Die Filmwelt. Wien. Jg. 1 Heft 10 vom 30.5.1919, S. 13. »J. R.«

Siehe auch »Die Typen des Detektivdramas«, S. 9-11.

Dialoge.

D: Die Filmwelt. Wien. Jg. 1 Heft 12 vom 27.6.1919, S. 11. »Jos. R.«

»Kinorundschau«] Vermutlich handelt es sich um die »Neue Kino-Rundschau. Offizielles Organ des Reichsverbandes der Kinematographenbesitzer in Österreich, der Landesfachverbände in den früheren Kronländern, des Verbandes der Filmdarsteller in Österreich und der Wiener Filmbörse.«, die bei J. Roller & Co. in Wien erschien.

»Kinowoche«] »Die Kinowoche. Illustrierte Zeitschrift für das gesamte Kinowesen« wurde von Ernst Karl Finaly im Beck Verlag, Wien, herausgegeben und erschien von 1919 bis 1922.

»Filmwelt«] »Die Filmwelt. Illustrierte Kino Revue« erschien zwischen 1922 und 1925 im Zeitungsverlag Universale, Wien.

Noch eine Episode

D: Die Filmwelt. Wien. Jg. 1 Heft 14 vom 25.7.1919, S. 12. »J.«

Kinobesucher zweiter Kategorie nach P.O. Filmplausch Nr. 7] Roth bezieht sich auf den Beitrag »Filmplausch« von Paul Ollop in Nr. 7 der Zeitschrift *Die Filmwelt* vom 18.4.1919, S. 10. Dort heißt es über die zweite Kategorie von Kinobesuchern: »Die zweite Kategorie umfaßt jene Menschen, deren Tastsinn gut entwickelt ist, die nur Interesse für die nähere, d. h. für die nächste Umgebung zeigen und denen es ganz gleichgültig bleibt, ob auf der Leinwand eine reizende Liebesszene vor sich geht, oder ob ein Mann verkehrt von einer Brücke in einen reißenden Strom springt, bekanntlich die beiden Kulminationspunkte kinomatographischer Stimmungsmache.«

vom Mädchen reißt sich … richtend im Verborg'nen wacht…] Roth entlehnt hier Verse aus zwei Balladen von Friedrich Schiller: die ersten vier Zeilen aus »Das Lied von der Glocke«, die beiden letzten aus »Die Kraniche des Ibykus«.

Zufälle.

D: Die Filmwelt. Wien. Jg. 1 Heft 15 vom 8.8.1919, S. 4. »J.«

»Toska«] In dieser Zeit liefen mindestens zwei »Tosca«-Verfilmungen. Der Spielfilm mit dem Originaltitel »La Tosca«, USA 1918. Regie: Edward Jose; Drehbuch: Charles E. Whittaker; Kamera: Ned Van Buren; Darsteller: Pauline Frederick, Frank Losee, Jules Raucourt, Henry Hebert, W. H. Forstelle u. a.; Produktionsfirma: Paramount Pictures; sowie »Tosca«, Italien 1918. Regie: Alfredo de Anton; Darsteller: Francesca Bertoni u. a.; Produktionsfirma: Caesar Film. Der Letztere wurde am 14.3.1919 in Wien (Central-Kino; Kärntner Kino) erstaufgeführt.

»Maria Magdalena«] Spielfilm, Österreich 1919. Regie und Drehbuch: Otto Kreisler nach Friedrich Hebbel; weitere Darsteller: Karl Ehmann, Josef Viktoria, Richard Kubla u. a.; Produktionsfirma: Wiener Film Kunst (W. F. K.), Wien. Erstaufführung: 14.3.1919 in Wien. Der Film lief in Deutschland auch unter dem Titel »Arme Maria«.

Thea Rosenquist] Thea R. (1896-1959), deutsche Schauspielerin, die seit 1917 vorrangig in österreichischen Filmen spielte. Sie starb im Exil in Kanada.

Benke] Hermann B. (1866-1937), österreichischer Theater- und Filmschauspieler; arbeitete seit 1901 an verschiedenen Wiener Theatern, wichtigere Filmrollen spielte er hauptsächlich während des Ersten Weltkrieges, danach oft nur noch unbedeutende Nebenrollen.

Edthofer] Anton E. (1883-1971), österreichischer Schauspieler, vor allem am Theater; arbeitete ab 1918 regelmäßig auch für den Film.

Das Kinodrama von Mayerling.

D: Der Neue Tag. Wien. Jg. 1 Nr. 140 vom 12.8.1919, S. 4, »Josephus«

Das Kronprinz Rudolf-Drama wird aller Wahrscheinlichkeit nach verboten werden] Dieser Film wurde tatsächlich auf »Rekurs der Elisabeth Maria Windischgrätz«, nach einer »Verw. Ger. Hof-Beschwerde«, wie es im Protokoll lautet, verboten. Offenbar scheiterten weitere Versuche, eine Zulassung zu erreichen. So kann man in *Der Filmbote*, Wien, Nr. 54 vom 16.8.1919, S. 119 lesen: »... Radiumfilms-Monopol-Vertrieb- und Verleih-Gesellschaft: ... zur gefälligen Kenntnis, daß der Kronprinz Rudolf Film trotz der bereits vor einem Monate erfolgten Zensurfreigabe seitens der Wiener Polizeidirektion, von dieser zur neuerlichen Zensurierung abverlangt wurde und bis heute der diesbezügliche Beschluß noch aussteht.« Dieses Verbot galt natürlich nicht für das Ausland. So meldet in derselben Nummer der Zeitschrift eine Anzeige der BIORAMA-FILM: »Monopol für die Tschechoslowakische Republik: MAYERLING (Die Tragödie des Kronprinzen Rudolf)/ Erscheint in Prag am 19. August 1919«.
In *Neue Kino-Rundschau* Nr. 132 vom 13.9.1919, S. 78 kann man unter der Spalte »Von der Zensur« bei Punkt 8. lesen: »Der unter Zahl 81272 vom 4. Juli 1919 zugelassene Film ›Das Drama von Mayerling‹ ›Die Tragödie des Kronprinzen Rudolf‹ (Astoriafilm, Wien) wird über Erlaß der n.-ö. Landesregierung vom 18. August 1919, Zahl VIIa-2181 *nicht* zugelassen.«
Der Film durfte in Österreich erst ab 1924 öffentlich vorgeführt werden.

Das Kinodrama von Mayerling] Kronprinz Rudolph oder: Das Geheimnis von Mayerling, Spielfilm, Deutschland 1919. Regie und Drehbuch: Rolf Randolf (1878-1941, eigentlich Rudolf Zanbauer), österreichischer Schauspieler. Neben Rolf Randolf spielten u. a. Thea Sandten und Niels Jensen. Produktionsfirma: Rolf Randolph-Filmgesellschaft, München.

Perolin] Perolin: Luftdesinfektor. Mit Perolinspritzen sorgten Kinoangestellte für angenehme Luft.

Das in einem Wiener größeren Filmunternehmen hergestellte Mayerlingdrama] »Mayerling. (Die Tragödie des Kronprinzen Rudolf.)«,

Spielfilm, Österreich 1919. Regie: Hans Otto Löwenstein; Darsteller: Eugen Neufeld, Midy Elliot u. a.; Produktionsfirma: Astoria Film, Wien. Uraufführung: 7.11.1919. Auch dieser Film wurde verboten, Löwenstein verwendete einige Aufnahmen daraus in seinem Film »Leibfiaker Bratfisch« (1925). Aufführung in Prag: 18.8.1919 (vgl. Der Filmbote, Wien, Nr. 54 vom 16.8.1919, S. 58).

verboten] Auch 1924 bestanden noch entsprechende Verbote für einschlägige Filme. So schreibt *Die Bühne*, Wien, Jg. 1 Nr. 1 vom 6.11.1924, dass der Film »Tragödie im Hause Habsburg« von Ludwig Biró mit Maria Corda und Julius Zatory, Deutschland 1924, in Österreich verboten wurde.

Frau Windisch-Grätz] Elisabeth Petznek (1883-1963; Erzherzogin Elisabeth Marie), Tochter des Kronprinzen Rudolf. 1902 Heirat mit O. W. Fürst Windisch-Graetz, 1924 Trennung der beiden. 1925 geht sie eine Lebensgemeinschaft mit dem Sozialdemokraten und Lehrer Leopold Petznek ein. Erst 1948 wird die Ehe mit Windisch-Graetz geschieden, noch im selben Jahr heiratet sie ihren Lebensgefährten. Sie wurde als »Rote Erzherzogin« bekannt.

Herr Dr. Bell] Dr. Erwin Bell, Rechtsanwalt der Frau Windisch-Graetz.

Mein Kinodrama.

D: Die Filmwelt. Wien. Jg. 1 Heft 18 vom 19.9.1919, S. 10. »J.«

Professor Jonathan Oberchochem] Sprechender Name: jidd. Professor Neunmalklug.

Musik: »Seemannslos«.] »Seemanns Los«, Lied von Henry W. Petrie-Martell, Musik: Carl Heins (1879).

Gerngroß] Damals das größte Kaufhaus Wiens (erbaut 1902-04) im 7. Bezirk in der Mariahilfer Straße 42-48.

Streiflichter

D: Die Filmwelt. Wien. Jg. 1 Heft 19 vom 3.10.1919, S. 12. »Jos. R.«

Peter Schlemihl] Die Figur aus der 1814 erschienenen Erzählung von Adelbert von Chamisso tauscht mit dem reichen und sonderbaren Herrn John, einer Inkarnation des Teufels, seinen Schatten gegen ein Glückssäckel aus, das immer mit Dukaten gefüllt sein wird. Durch diesen Tausch, den Verlust seines Schattens, wird Schlemihl aus der Gesellschaft ausgeschlossen. Ähnlich ergeht es, nach Roth, den Kinoschauspielern, die ihren Schatten an die Filmproduzenten und Regisseure verkaufen, womit Peter Schlemihl für ihn ein Vorgänger der Filmschauspieler ist. Hier verwendet Roth zum ersten Mal den Begriff »Schatten« für Schauspieler. Vermutlich der erste Schriftsteller, der von »Schatten« im

Kino spricht, war Maxim Gorki: »Gestern war ich im Reich der Schatten« schreibt er in »Flüchtige Notizen« am 4. Juli 1896 nach seinem Besuch im Cinématographe Lumière auf dem Jahrmarkt von Nischni-Nowgorod. (Vgl. Büttner/Dewald 2002, S. 106.) Gorki empfand diese technische Neuheit als verstörend und deprimierend.

Typen aus dem Glashaus

D: Die Filmwelt. Wien. Jg. 1 Heft 20 vom 24.10.1919, S. 7-8. »Jos. R.«

Der Operateur] Kameramann.

Kino

D: Wiener Woche. Wien. Heft 3 vom 25.1.1920, S. 8. »Josephus«

»Herzog von O.«] Dieser Film konnte nicht ermittelt werden. Wahrscheinlich handelt es sich um eine Erfindung Roths.

Perolin] Siehe die Anm. auf S. 274.

Und warum, frage ich, kostet ein Platz zehn Kronen?] Ein zu dieser Zeit relativ hoher Betrag: Laut der Zeitungsmeldung vom gleichen Tag ein Gegenwert von knapp zwei Laib Brot, obwohl die Mehrheit der Zuschauer aus den Arbeiterkreisen kam.

Praterkino.

D: Der Neue Tag. Wien. Jg. 2 Nr. 94 vom 4.4.1920, Morgen-Ausgabe, S. 9. »Josephus«

Praterkino] Vermutlich das Tegetthoff-Kino am Praterstern im Wiener 2. Bezirk.

zwischen Nur-Jugendlichen und Schon-Sechzehnjährigen zu unterscheiden] Die Zensurbehörde erklärte laut *Der Filmbote*, Wien, Heft 13 vom 27.3.1920, S. 50 die Episoden I-VI von »Das rote Aß« als zur Vorführung in Jugendveranstaltungen nicht geeignet.

»Sporteln«] »Sport«: österreichische Zigarettenmarke.

Das rote Aß] Abenteuer-Serie mit dem Originaltitel »The red ace«, USA 1917/1918. Regie und Drehbuch: Jacques Jaccard; Kamera: Fred Leroy Granville; Darsteller: Marie Walcamp, Lawrence Peyton u. a.; Produktionsfirma: Universal Film Manufacturing Co. 16 Folgen. Uraufführung der ersten Folge in den USA: 22.10. 1917. Erstaufführung in Wien: 1. Teil (mit 4 Episoden) 30.3.1920 (Imperial-Kino, Opern-Kino, Tegetthoff-Kino, Tuchlauben-Kino, Central-Kino, Haydn-Kino). – Laut *Arbeiter-Zeitung* vom 3.4.1920 laufen in zwei Filmtheatern die Episoden V-VIII des amerikanischen Sensationsdramas.

Scheinwelt

D: Wiener Woche. Wien. Nr. 14 vom 11.4.1920, S. 11. »Josephus«

Die Aufgabe des Kinos sei es nicht, dem »Theater Konkurrenz zu machen«, es müsse mit dieser neuen Kunst möglich sein, »das Unsichtbare darzustellen«, wie zum »Beispiel das Wachstum einer Pflanze«. Diese Metamorphose abzubilden sei einzig und allein dem Film gegeben und dem Theater unmöglich. Ähnlich wird er später in seinem Artikel »Argiope, die Tigerspinne« (siehe S. 113-115) argumentieren, über einen Film, der ihn stärker fesselt als der darauffolgende Spielfilm. Ein erstes Beispiel dafür, dass Roth den Dokumentarfilm und nicht den Spielfilm als wichtig für die Zukunft dieses neuen Mediums ansieht.

U 35. Irrungen, Wirrungen eines Films.

D: Neue Berliner Zeitung – 12-Uhr-Blatt. Berlin. Jg. 2 Nr. 150 vom 9.7.1920, S. 2. »–th.«

»U 35«] Dokumentarfilm, auch unter dem Titel »Der magische Gürtel«, Deutschland, 1917. Regie: Hans Brennert; Produktionsfirma: BUFA (Bild- und Filmamt), Berlin. Film von einer Feindfahrt mit U35 von März bis Mai 1917 im Mittelmeer und im Ostatlantik.

Kitchener statt Tirpitz] Horatio Herbert (seit 1914: Earl) Kitchener (1850-1916), britischer Feldmarschall und Alfred (seit 1900: von) Tirpitz (1849-1930), deutscher Großadmiral.

Die Tragödie eines Großen

D: Freie Deutsche Bühne. Berlin. Jg. 1 Nr. 46 vom 11.7.1920, S. 1091-1092. »Joseph Roth«

Hier geht Roth erstmals auf einen Spielfilm genauer ein und verfasst seine erste eigentliche Filmkritik.

Die Tragödie eines Großen] Spielfilm, Deutschland 1920. Regie Arthur Günsburg; Drehbuch: Helmuth Ortman, Paul Gruner; Kamera: Arpad Viragh; Darsteller: Carl de Vogt, Wilhelm Diegelmann, Dora Bergner, Sybil Morel u. a.; Produktionsfirma: A. G. Filmfabrikation Arthur Günsburg, Berlin. Erstaufführung: 24.6.1920 in Berlin.

»Marmorhaus«] Das Marmorhaus am Kurfürstendamm 236 in Berlin-Charlottenburg war ein 1912/1913 nach Entwürfen des Architekten Hugo Pál erbautes Kino. Namensgebend war die edle Fassade aus Marmor.

Paul Gruner] Nicht ermittelt.

Slezak] Leo S. (1873-1946), bekannter österreichischer Opern- und Liedsänger (Tenor) und (nach 1930) Schauspieler.

Günsburg] Arthur G. (1872-?), österreichischer Regisseur und Produzent im deutschen Stummfilm; zeichnete zwischen 1913 und

1925 mit seiner Produktionsfirma »A. G. Filmfabrikation [ab 1919 auch: A. G. Films] Arthur Günsburg (Berlin)« für knapp 40 Filme verantwortlich, in denen er ab 1920 auch ausschließlich selbst Regie führte.

Ein Experiment

D: Freie Deutsche Bühne. Berlin. Jg. 1 Nr. 50 vom 8.8.1920, S. 2088. »Joseph Roth«

Carl Mayer] [korrigiert aus »Karl Mayer«] Carl M. (1894-1944), bedeutender österreichischer Drehbuchautor des expressionistischen Films in Deutschland; nach erfolglosen Versuchen seit 1917, in Berlin als Filmproduzent Fuß zu fassen, schrieb er ab 1919 Drehbücher für Regisseure wie Paul Czinner, F. W. Murnau und Lupu Pick.

Caligari-Film] »Das Cabinet des Dr. Caligari«, Spielfilm, Deutschland 1920. Regie: Robert Wiene; Drehbuch: Carl Mayer, Hans Janowitz; Kamera: Willy Hameister; Darsteller: Lil Dagover, Conrad Veidt, Werner Krauß u. a.; Produktionsfirma: Decla-Film Ges. Holz & Co., Berlin. Erstaufführung: 26.2.1920.

den Fuldaschen »Dummkopf«] Ludwig Fulda (1862-1939), deutscher Schriftsteller; seine Komödie *Der Dummkopf* erschien 1907 bei Cotta in Stuttgart.

für den Film] »Der Dummkopf«, Spielfilm, Deutschland 1921. Regie: Lupu Pick; Drehbuch: Carl Mayer nach dem gleichnamigen Lustspiel von Ludwig Fulda; Darsteller: Max Adalbert, Paul Heidemann u. a.; Produktionsfirma: Rex-Film GmbH, Berlin. Erstaufführung: 7.1.1921 in Berlin.

Meistersaal in der Köthenerstraße] Ehemaliger Kammermusiksaal in der Köthener Straße 38 in Berlin, in dem Lesungen und Filmvorstellungen stattfanden.

Lupu Pick] Lupu P. (1886-1931), rumänischstämmiger Stummfilmregisseur und -schauspieler in Deutschland. Seit 1915 zunächst Darsteller, 1918 nach Mitbegründung der Rex-Film GmbH zunehmend auch als Regisseur erfolgreich. Seit 1912 verheiratet mit der Filmschauspielerin Edith Posca.

Mosaik aus Ostpreußen.

D: Neue Berliner Zeitung – 12-Uhr-Blatt. Berlin. Jg. 2 Nr. 176 vom 9.8.1920, S. 2. »Von unserem Sonderberichterstatter Joseph Roth.«

Im August 1920 berichtet Roth für die *Neue Berliner Zeitung, 12-Uhr-Blatt* von einer Reise durch Ostpreußen, wobei er auch den Besuch eines Kinos in Königsberg beschreibt und eine kurze Inhaltsangabe des Films gibt. »Kino« ist ein Teil dieser Berichte. Auch später, im November 1925, wird er auf einer seiner Reisen durch

Frankreich ins Kino gehen. (Siehe »Im mittäglichen Frankreich«: »Kino in der Arena.«, S. 155-157, und »Ein Kino im Hafen.«, S. 157-160).

»Die Sucht nach Luxus«] Spielfilm, Deutschland 1920. Regie: Cornelius Hintner; Drehbuch: Paul Forro; Darsteller: Carmen Cartellieri u. a.; Produktionsfirma: Saturn-Film AG, Berlin. Erstaufführung: 28.5.1920 in Berlin.

Puppchen, du bist mein Augenstern] Lied von Jean Gilbert aus der Operette *Die keusche Susanne* (1910), Text von Alfred Schönfeld.

Die goldene Krone

D: Freie Deutsche Bühne Berlin. Jg. 1 Nr. 52 vom 22.8.1920, S. 2132-2133. »Joseph Roth«

Die goldene Krone] Spielfilm, Deutschland 1920. Regie: Alfred Halm; Drehbuch: Alfred Halm, Hans Brennert nach dem Roman von Olga Wohlbrück; Kamera: Willibald Gäbel; Darsteller: Hugo Pahlke (bzw. Palke), Paul Hartmann, Maria Reisenhofer, Henny Porten, Hermann Thimig u. a.; Produktionsfirma: Universum Film AG (= Ufa), Berlin. Erstaufführung: 6.8.1920.

Berliner Woche] Gemeint ist die 1899 von August Scherl gegründete illustrierte Zeitschrift *Die Woche*, die seit 1916 zum nationalkonservativen Hugenberg-Konzern gehörte.

Olga Wohlbrück] Olga W. (1865?-1933), österreichische Schriftstellerin und Schauspielerin, vermutlich die erste Frau, die in Deutschland Filmregie führte (bereits 1912). Ihr Roman *Die goldene Krone* erschien 1920 im Berliner Scherl-Verlag.

Universum Film-A.-G.] Die Universum Film AG (Ufa) wurde im Dezember 1917 gegründet. Neben der Reichsregierung und der Deutschen Bank war insbesondere das Kriegsministerium daran beteiligt, wo man die Bedeutung des Films für die psychologische Kriegsführung erkannt hatte. Die kriegsbedingte Isolation Deutschlands ermöglichte dem Unternehmen schnell, weite Teile des deutschen Filmmarktes zu erobern. Nach Kriegsende setzte die Deutsche Bank die finanziell lukrativere Produktion von Unterhaltungsfilmen durch.

Mozartsaal am Nollendorfplatz] Der Mozartsaal befand sich im Neuen Schauspielhaus, auch als Theater am Nollendorfplatz bekannt, erbaut 1905/1906. Dieser Konzertsaal war vollständig mit Mahagoniholz verkleidet.

Courths-Mahler] Hedwig C.-M. (1867-1950; geb. Mahler), deutsche Schriftstellerin; schrieb über 200 erfolgreiche Unterhaltungsromane.

Hebbelsche Notwendigkeit] »Es gibt nur eine Notwendigkeit, die, daß die Welt besteht, wie es den Individuen aber in der Welt ergeht, ist gleichgültig. Das Böse, das sie verüben, muß, indem es die Existenz der Welt gefährdet, bestraft werden; aber zur Entschädigung für das Unglück, das sie erleiden, ist kein Grund vorhanden.« (Zitiert nach: Friedrich Hebbel, Tagebücher II, 2828 und 2881.)

Henny Porten] Siehe die Anm. auf S. 272.

Der Nabel der Sittlichkeit. Wie Plakate zensiert werden.

D: Neue Berliner Zeitung – 12-Uhr-Blatt. Berlin. Jg. 2 Nr. 191 vom 26.8.1920, S. 2. »R-th.«

Mit Werbung und vor allem Plakatwerbung hat Roth sich in seinen Feuilletons immer wieder auseinandergesetzt. Schon früh hatte er die Werbewirksamkeit von Plakaten auch in der Filmindustrie erkannt und sah in der Plakatkunst eine eigene Kunstform, wie sich etwa in seiner Besprechung einer Ausstellung des Plakatkünstlers Jupp Wiertz (1888-1939) zeigt, über den es heißt: »Seine Plakate und Gebrauchsgraphiken sind Plakate und erfüllen den praktischen Zweck, ohne unkünstlerisch zu werden. Verve, Stil und maßvoll gebändigte künstlerische Laune in jedem Gegenstand, den Wiertz zeichnet: eine Seifenschachtel, eine Dose, eine Alltäglichkeit. Vielleicht ist hier zum erstenmal das Problem, das jeden Künstler, der verdienen muß, beschäftigt, glücklich gelöst: Wie ein auf Wirkung, also intellektuelle Pointe, berechnetes Werk geschaffen werden kann, ohne daß das Gewissen des Schöpfers beunruhigt wird.« (Neue Berliner Zeitung – 12-Uhr-Blatt, 8.2.1921, S. 3)

»Das Skelett des Herrn Markutius«] Spielfilm aus der Joe-Deebs-Serie, Deutschland 1920. Regie: Victor Janson; Drehbuch: Curt Goetz; Kamera: Fritz Arno Wagner; Darsteller: Curt Goetz, Hermann Vallentin u. a.; Produktionsfirma: Projektion-AG »Union« (PAGU), Berlin. Erstaufführung: 13.8.1920 in Berlin.

einem Herrn, namens Langner] Nicht ermittelt.

Sumurun-Filmplakat] Siehe die Anm. auf S. 296.

Matejko] Theo M. (1893-1946), österreichischer Zeichner, Werbegrafiker und Illustrator; seit 1920 in Berlin lebend, arbeitete er als Pressezeichner vor allem im Sportressort u. a. für die *Berliner Illustrierte* des Ullstein Verlages. Für die Ufa gestaltete er in den 1920er-Jahren auch viele Filmplakate.

Lit.: Joseph Roth »Plakate« (Werke 1989-91, I, 237-239); »Sowjetausstellung in Berlin. Nur Plakate und Porträts« (Werke 1989-91, I, 387-389); »Das Plakat« (Werke 1989-91, I, 527-528); »Plakatkunst« (Werke 1989-91, II, 61-62).

Katharina, die Große. Richard-Oswald-Lichtspiele.

D: Neue Berliner Zeitung – 12-Uhr-Blatt. Berlin. Jg. 2 Nr. 235 vom 23.10.1920, Beilage, S. 2. »– th.«

»Katharina, die Große«] Spielfilm, Deutschland 1920. Regie: Reinhold Schünzel; Drehbuch: Bobby E. Lüthge, Reinhold Schünzel, Hans Berendt; Kamera: Karl Freund; Darsteller: Fritz Kortner, Paul Hartmann, Albert Steinrück, Ilka Grüning u. a.; Produktionsfirma: Cserépy-Film Co., Berlin. Erstaufführung: 3.9.1920 in Hamburg und Berlin.

Richard-Oswald-Lichtspiele] Richard Oswald (1880-1963; eigentlich: Richard W. Ornstein), österreichischer Filmregisseur und Drehbuchautor. Im ehemaligen Prinzess-Theater in der Kantstraße 163 richtete er im September 1919 sein eigenes Kino ein.

Lüthge] Robert (Bobby) Erwin L. (1891-1964), deutscher Drehbuchautor des Unterhaltungskinos, Mitbegründer der Zeitschrift *Film-Kurier*; war beteiligt an den Drehbüchern der »Fridericus Rex«-Filme (1920-1923) und schrieb 1932 das Drehbuch zum NS-Propagandfilm »Hitlerjunge Quex«. Anfang der 1950er-Jahre wieder erfolgreich im Heimatfilm-Genre.

Schünzel] Reinhold S. (1888-1954), deutscher Theater- und Filmschauspieler, Filmregisseur und Drehbuchautor; spielte seit 1915 in Filmen von u. a. G. W. Pabst und Richard Oswald, nach 1918 führte er auch Regie, zunächst in Literaturverfilmungen, Historien- und Sozialdramen; mit »Katharina die Große« verfasste er 1920 erstmals auch ein Drehbuch zu einem seiner Filme, ab Mitte der 1920er-Jahre dann regelmäßig; mit Beginn des Tonfilms in den 1930er-Jahren Regisseur beliebter Kinokomödien.

Lucie Höflich] Lucie H. (1883-1956), deutsche Theater- und Filmschauspielerin; 1903 bis 1932 wichtiges Ensemblemitglied am Deutschen Theater in Berlin, ab 1919 übernahm die gefeierte Bühnendarstellerin auch Filmrollen, konnte darin aber weniger überzeugen als auf dem Theater und bekam oft nur Nebenrollen.

Pathos.

D: Berliner Börsen-Courier. Berlin. Jg. 53 Nr. 177 vom 17.4.1921, 1. Beilage, S. 5. »Von Joseph Roth.«

Hier verstärkt sich Roths Meinung, dass die Menschen im Film zu Schatten werden. Das wahre Leben spielt sich für ihn anderswo ab: »Das größte Ereignis dieses Jahrhunderts: Likörstube a. C.«.

Operettenpremiere] Roth besuchte offenbar die Uraufführung der Operette *Der Vetter aus Dingsda* von Eduard Künneke (1885-1953), Libretto: Herman Haller und Fritz Oliven. Premiere war am 15. 4.1921 im Theater am Nollendorfplatz.

Atropin] Hochgiftiges Alkaloid, gewonnen aus Nachtschattengewächsen; bewirkt eine Erweiterung der Pupillen, in Renaissance und Barock von Frauen als Schönheitsmittel geschätzt, deshalb der Beiname »Belladonna«.

Pleureusen] Trauerbesatz an Kleidern, z. B. Trauerflor oder Trauerbinden.

Schauspieler, der den Roderich gab] Die Rolle des Roderich de Weert spielte in der Berliner Uraufführung von Künnekes Operette der Berliner Theater- und Filmschauspieler Eugen Rex (siehe die Anm. auf S. 294).

Rehabilitierung der Schwarzen

D: Berliner Börsen-Courier. Berlin. Jg. 53 Nr. 223 vom 15.5.1921, 2. Beilage, S. 9-10. »Joseph Roth«

Nach der Niederlage Deutschlands im Ersten Weltkrieg besetzten Truppen der Siegermächte entsprechend den Verträgen von Compiègne (1918) und Versailles (1919) Teile des deutschen Rheinlands. Damit wollte man Frankreich vor einem erneuten deutschen Angriff schützen und die festgelegten Reparationsleistungen Deutschlands an die Siegermächte absichern. Diese Besetzung wurde ebenso wie andere Folgen der Verträge, die auf der alleinigen Kriegsschuld des Deutschen Reiches basieren, in der deutschen Öffentlichkeit als Unrecht empfunden. Besonders große Empörung rief der Einsatz von Truppen aus den afrikanischen Kolonien und Besitzungen Frankreichs hervor. Das Schlagwort »Schwarze Schmach« wurde zum Ausdruck dieser Empörung, die sich in breiten Kreisen der Gesellschaft regte, getragen von rassistischen Vorurteilen. Insbesondere unterstellte man diesen Soldaten, sie würden besonders häufig deutsche Frauen vergewaltigen. Das wurde auch in diesem Film, der das Schlagwort als Titel übernahm, zum Thema.

Der Film lief in mehreren deutschen Städten, bis er auf Gesuch der französischen Botschaft und auf Antrag des preußischen Innenministeriums im August 1921 offiziell von der Film-Ober-Prüfstelle verboten wurde. Im *Film-Kurier* vom 15.8.1921 (S. 1) kann man am Ende eines Berichts über den Antrag auf Widerruf der Zulassung dieses Films unter dem Titel »Die Zulassung der ›Schwarzen Schmach‹ widerrufen! Auf Antrag der französischen Botschaft« lesen:

> »Nach weiteren Ausführungen von beiden Seiten (Deutschlands und Frankreichs) und nach langer Beratung verkündete der Vorsitzende, Oberbürgerregierungsrat Bulcke, die Entscheidung dahin, daß mit Stimmenmehrheit die Zulassung des Filmes für das Deutsche Reich widerrufen, der Film also verboten worden sei. Die Mehrheit sei bei ihrer Entscheidung insbesondere von der

Erwägung ausgegangen, daß auch jede mögliche Verschlechterung der Beziehungen zu Frankreich verhindert werden müsse, zumal im gegenwärtigen Augenblick, und daß ein Propagandamittel wirken könne nur, wenn es ehrlich sei; hier seien indes verschiedene unrichtige Tatsachen verwendet worden. Das aber könne leicht dazu führen, daß sich die Propaganda für Deutschland in einen Schaden für Deutschland umkehre. Anderseits aber habe die Oberprüfstelle die guten und vornehmen Absichten dieses Filmwerks und seine überzeugende Kraft voll anerkannt, die sich auch in einer geradezu erschütternden Wirkung einzelner Teile offenbare.«

»Die schwarze Schmach«] Spielfilm, Deutschland 1921. Regie: Carl Boese; Drehbuch: John Freden und Heinrich Diestler; Darsteller: Anna von Palen, Grete Hollmann, Kurt Vespermann, Fritz Schulz u. a.; Produktionsfirma. Bayerische Film-Gesellschaft Fett & Wiesel, München. In Österreich lief der Film unter dem Titel »Der Schrecken am Rhein«.

Ludendorff] Erich L. (1865-1937), preußischer General; ab 1916 bis Kriegsende faktisch Leiter der militärischen Kriegsführung des Deutschen Reichs; nach 1919 Politiker des völkischen Flügels der deutschen Rechten.

Marlitt] Eugenie M. (1825-1887; eigentlich E. John), deutsche Schriftstellerin; ihre zahlreichen naiv-sentimentalen Romane erschienen vor allem in der Familienzeitschrift *Die Gartenlaube*.

Poincaré] Raymond P. (1860-1934), französischer Politiker; 1913-1920 Staatspräsident Frankreichs. 1920 Vorsitzender der Reparationskommission; veranlasste als französischer Ministerpräsident (1922-1924) die Besetzung des Ruhrgebiets.

Lloyd George] David L. G. (1863-1945), britischer Staatsmann: im Ersten Weltkrieg verantwortlich für die britische Kriegsführung; 1916 bis 1922 Premierminister Großbritanniens.

Mitrailleuse] Vorform des modernen Maschinengewehrs.

Devastationsmaschinen] Devastation = Verheerung bzw. Zerstörung.

Lit.: Iris Wigger *Gegen die Kultur und Zivilisation aller Weißen. Die internationale rassische Kampagne gegen die »Schwarze Schmach«*. In: Fritz Bauer Institut (Hrsg.) *Grenzenlose Vorurteile. Antisemitismus, Nationalismus und ethnische Konflikte in verschiedenen Kulturen*. (Frankfurt a. M.): Campus, (2002). (Jahrbuch 2002. Zur Geschichte und Wirkung des Holocaust) – Weitere Texte von Joseph Roth zur Rheinland-Besetzung: »Wie sie einmarschierten« (Roth 1994, S. 109); »Unter französischen Fahnen« (Werke 1989-91, I, 494); Die Schwarzen im Ruhrgebiet« (Werke 1989-91, I, 947); »Vergebliche Ruhrpropaganda« (Werke 1989-91, I, 977); »In der Region des Hungers« (Roth 1994, S. 200); »Bilder aus Düsseldorf« (Roth 1994, S. 215); »Die deutsche Revanche« (Roth 1994, S. 234); »Der Schrei des Wilden und des Weißen« (Werke 1989, I, 1081).

Die Welt in der Stadt.

D: Neue Berliner Zeitung – 12-Uhr-Blatt, Berlin. Jg. 3 Nr. 130 vom 7.6.1921, S. 3. »R-th.«

Cserepy-Film-Gesellschaft] Arsen von Cserépy (1881-1946; Pseudonym: Konrad Wieder), Filmregisseur, -produzent und Drehbuchautor ungarischer Herkunft. Seine Cserépy-Film Co. GmbH wurde 1922/23 mit den vier Teilen der monarchistisch-nationalistischen »Fridericus Rex«-Filme (1920-1923), bei denen Cserépy selbst die Regie führte, bekannt.

Filmstadt] Die Filmgesellschaft plante offenbar eine große Filmstadt am Stadtrand von Berlin, wovon auch in *Der Filmbote*, Wien, Jg. IV Nr. 20 vom 14.5.1921, S. 49f. berichtet wird. Es ist wohl bei dem Modell dieses großangelegten Projekts geblieben.

Harry Piel im Deutschen Künstlertheater.

D: Berliner Börsen-Courier. Berlin. Jg. 53 Nr. 333 vom 20.7.1921, 1. Beilage, S. 5. »R-th.«

Roth sieht im Deutschen Künstlertheater die Premiere des Theaterstücks »Der Herr Verteidiger« (1910) von Alfred Halm und Franz Molnar. In seiner Besprechung beschreibt er diesen Theaterabend wie einen Kinobesuch. In seiner Kritik geht er davon aus, dass seine Leser auch mit der Welt des Kinos seiner Zeit vertraut waren: Weder wurde hier ein Detektivfilm gezeigt, noch trat der damals überaus bekannte und nicht unumstrittene Schauspieler Harry Piel auf. In diesen Jahren wurden dessen Detektivfilme, deren Inhalte auch in nummerierten Groschenheftchen vertrieben wurden, reihenweise produziert. Bei Roth kaschiert der Titel nur die Ähnlichkeit und Parallelität mit diesen Sujets.

»Der Herr Verteidiger«] Satirische Groteske von Alfred Halm und Ferenc Molnár aus dem Jahre 1910, die am 19.7.1921 im Deutschen Künstlertheater aufgeführt wurde. Die Inszenierung wurde zu einem überwältigenden Publikumserfolg, die Rolle des Verbrechers spielte Erich Kaiser-Titz (siehe die Anm. auf S. 289).

Harry Piels 23. Abenteuer] Harry P. (1892-1963; eigentlich Heinrich P.), deutscher Kinostar, Drehbuchautor, Filmregisseur und -produzent. Mit seinen in den 1920er und 1930er-Jahren produzierten Actionfilmen, in denen er die waghalsigsten Stunts selbst durchführte, wurde er zum vielbewunderten Jugendidol.

Franz Molnar] Ferenc Molnár (1878-1952), ungarischer Schriftsteller und Journalist; Verfasser von Romanen und Novellen sowie unterhaltsamer und zum Teil sozialkritischer Bühnenstücke.

Alfred Halm] Alfred H. (1861-1951), österreichischer Regisseur und Theaterleiter, auch Schauspieler und Drehbuchautor. 1906 bis

1912 leitete er das Berliner Theater am Nollendorfplatz, ab 1913 wechselte er zum Film, wo er zunächst vor allem Lustspiele und Patriotisches, später auch melodramatische Geschichten drehte.

»Deutschen Künstlertheater«] Das Theater wurde 1911 von dem deutschen Schriftsteller und Juristen Max Epstein (1874-1948) ursprünglich als Opernspielstätte gegründet. Das Gebäude stand in der Nürnberger Straße 70-71 (heute Budapester Straße 35).

Otto Gebühr] Otto G. (1877-1954), deutscher Bühnen- und Filmschauspieler, im Kino vor allem bekannt durch die Rolle des »Alten Fritz« in dem Vierteiler »Fridericus Rex« (1920-1923).

Georg Schnell] Georg Heinrich S. (1878-1951), deutscher Sänger und Theaterschauspieler, spielte in Operetten und Gesellschaftsdramen u. a. erfolgreich in Inszenierungen von Max Reinhardt; seit 1919 auch immer wieder (Neben-)Rollen im deutschen Film.

Ludmilla Hell] Ludmilla H. (1886-1966), österreichische Schauspielerin.

Molnar-bacsi] (ungar.) bácsi = Onkel.

Marie Ackers] Gemeint ist vielleicht Maximiliane »Maxi« A. (1896?-1982), deutsche Schriftstellerin, Drehbuchautorin und Schauspielerin.

Berta Monnard] Berta M. (1875-1966), deutsche Theater- und Filmschauspielerin.

Lit.: Renate Richter. Das Deutsche Künstler-Theater unter Victor Barnowsky (1915-1924). Berlin: Colloquium, 1970. (Theater und Drama; Band 33)

Anabasis.

D: Berliner Börsen-Courier. Berlin. Jg. 53 Nr. 364 vom 6.8.1921, 1. Beilage, S. 7. »R-th.«

»Zug der Fünftausend«, die Anabasis Lubitsch's] Roth war mit vielen anderen Journalisten und Mitgliedern der High Society aus dem In- und Ausland zu einer Präsentation der Dreharbeiten für den Film »Das Weib des Pharao« von Ernst Lubitsch eingeladen. Roth vergleicht den monumentalen Aufwand für Film und Präsentation mit dem von Xenophon in der »Anabasis« beschriebenen »Zug der Zehntausend« (401 v. Chr.).

Lubitsch] Ernst L. (1892-1947), deutscher Filmregisseur, Drehbuchautor und Schauspieler; Bühnenausbildung bei Max Reinhardt; schuf als Filmregisseur ab 1916 zunächst Komödien, nach 1918 auch immer aufwendigere Spielfilme mit Starbesetzung (Pola Negri, Henny Porten, Asta Nielsen, Emil Jannings); ab Ende 1922 arbeitete Lubitsch erfolgreich in den USA.

Gosener Bergen] Die Dreharbeiten fanden teilweise 25 km östlich von Berlin in den Sandgruben bei Gosen statt.

im Film] »Das Weib des Pharao«, Spielfilm, Deutschland 1922. Regie: Ernst Lubitsch; Drehbuch: Hanns Kräly, Norbert Falk; Kamera:

Theodor Sparkuhl, Alfred Hansen; Darsteller: Emil Jannings, Harry Liedtke, Dagny Servaes, Paul Wegener, Albert Bassermann u. a.; Produktionsfirma: Ernst Lubitsch-Film-GmbH; E.F.A., Berlin. Erstaufführung: 21.2.1922 in New York, Erstaufführung in Berlin: 14.3.1922.

U. T. Friedrichstraße. [»Grausige Nächte«]

D: Berliner Börsen-Courier. Berlin. Jg. 53 Nr. 401 vom 28.8.1921, Filmschau. »-th.«

U. T. Friedrichstraße] Dieses Premierenkino wurde am 30. Mai 1913 in der Friedrichstraße 180 eröffnet.

»*Grausige Nächte*«] Spielfilm, Deutschland 1921. Regie: Lupu Pick; Drehbuch: Carl Mayer; Kamera: Theodor Sparkuhl; Darsteller: Edith Posca u. a.; Produktionsfirma: Rex-Film GmbH, Berlin. Erstaufführung: 28.8.1921 in Berlin.

Carl Mayer] Siehe die Anm. auf S. 278.

Lupu Pick] Siehe die Anm. auf S. 278.

Edith Posca] Edith P. (1892-1931), deutsche Filmschauspielerin; seit 1912 verheiratet mit dem Regisseur Lupu Pick, spielte sie oft die weiblichen Hauptrollen in dessen Filmen.

Korff] Arnold K. (1870-1944), deutsch-österreichischer Schauspieler, zunächst am Theater, seit 1916 gelegentlich, ab 1920 regelmäßig auch Nebenrollen in Filmen von u. a. G. W. Pabst und F. W. Murnau.

Abel] Alfred A. (1879-1937), deutscher Schauspieler, einer der wichtigen Charakterdarsteller des Kinos der Zwischenkriegszeit; spielte u. a. in Filmen von Fritz Lang, Ernst Lubitsch und F. W. Murnau.

Walker] Paul W. (1893-?; auch: Paul Wolka-Walker), kleinwüchsiger deutscher Schauspieler.

Sandrock] Adele S. (1863-1937), niederländischstämmige Theater- und Filmschauspielerin, 1889 bis 1905 in Wien, danach in Berlin an verschiedenen Bühnen; von 1919 bis zu ihrem Tod 1937 wirkte sie in über 150 Filmen mit.

Richard-Oswald-Lichtspiele. [»Die fremde Frau«]

D: Berliner Börsen-Courier. Berlin. Jg. 53 Nr. 401 vom 28.8.1921, Filmschau. »–th.«

Richard-Oswald-Lichtspiele] Siehe die Anm. auf S. 281.

»*Die fremde Frau*«] Originaltitel »Madame X«, USA 1920. Regie: Frank Lloyd; Drehbuch: J. E. Nash und Frank Lloyd nach dem Theaterstück »Madame X« von Alexandre Bisson (Paris, 1908); Kamera: J. D. Jennings; weitere Darsteller: William Courtleigh, Casson Ferguson, Maud Louis, Hardee Kirkland, Albert Roscoe, John Hohenvest, Correan Kirkham u. a.; Produktionsfirma: Goldwyn Pictures Corp. Erstaufführung: August 1921 Berlin.

Alexander Bisson] Alexandre B. (1848-1912), französischer Dramatiker und Librettist; sein Drama »Madame X« wurde in den USA bis in die 1960er-Jahre hinein noch mehrfach verfilmt.

Pauline Frederick … ein amerikanischer Star] Pauline F. (1883-1938), amerikanische Theater- und Filmschauspielerin; schon ihre erste Filmrolle machte Frederick 1915 zu einem der ersten großen weiblichen Filmstars in den USA. Ihre Darstellung der Madame X in dem gleichnamigen Film, sollte ihre erfolgreichste Rolle werden, welche sie später auch in der Bühnenfassung zum Theater zurückführte.

Ufa-Lichtspiele Tauentzienpalast. [»Die kleine Dagmar«]

D: Berliner Börsen-Courier. Berlin. Jg. 53 Nr. 425 vom 11.9.1921, 1. Beilage, S. 8. »-th.«

Ufa-Lichtspiele Tauentzienpalast] Der Tauentzienpalast, damals ein bekanntes Premierenkino der Ufa, befand sich von 1913 bis 1945 in der Nürnberger Straße 57-59, Ecke Tauentzienstraße. Es war mit 995 Sitzplätzen nach dem Ufa-Palast am Zoo zeitweise das zweitgrößte der mehr als 300 Kinos in Berlin.

Marlitt] Siehe die Anm. auf S. 283.

Anna Elisabeth Weirauch] Anna Elisabeth W. (1887-1970), rumänischstämmige Schauspielerin und Schriftstellerin. Ihr Roman *Die kleine Dagmar* stand am Beginn ihrer literarischen Laufbahn, zu deren Gunsten Weirauch ihre 1903 begonnene Karriere als Schauspielerin aufgab.

Alfred Halm] Siehe die Anm. auf S. 284.

»Die kleine Dagmar«] Spielfilm, Deutschland 1921. Regie und Drehbuch: Alfred Halm, nach dem gleichnamigen Roman von Anna Elisabeth Weirauch; Kamera: Axel Graatkjær; Darsteller: Grete Reinwald, Albert Bassermann, Margarete Kupfer u. a.; Produktionsfirma: Hermes-Film GmbH, Berlin. Erstaufführung: 9.9.1921.

Bassermann] Albert B. (1867-1952), bedeutender deutscher Theater- und Filmschauspieler; seit 1900 an verschiedenen Berliner Bühnen u. a. 1909 bis 1914 bei Max Reinhardt; 1911 mit dem Iffland-Ring ausgezeichnet. Übernahm als einer der ersten populären Theaterschauspieler bereits 1912 erste Filmrollen und wirkte von den 1910er- bis in die 1930er-Jahre in über 40 Filmen mit. Ging 1933 bis 1946 ins Exil (seit 1939 in den USA).

Kupfer] Margarete K. (1881-1953), deutsche Filmschauspielerin; die vielbeschäftigte Nebendarstellerin hatte ihre Karriere 1915 begonnen und seitdem (bis 1921) bereits in 45 Filmen vor der Kamera gestanden.

Theodor Loos] Theodor L. (1883-1954), deutscher Theater- und Filmschauspieler; von 1904 ab Engagements an verschiedenen

Theatern in Deutschland, ab 1911 in Berlin. Seit 1915 spielte er Hauptrollen in vielen deutschen Stummfilmen neben Stars wie Henny Porten oder Asta Nielsen. Bekannt vor allem auch durch diverse Rollen in Filmen von Fritz Lang.

Grete Reinwald] Grete R. (1902-1983), deutsche Filmschauspielerin; nach Anfängen am Theater spielte sie seit 1919 die gesamten 1920er-Jahre hindurch oft Rollen in vielen künstlerisch weniger bedeutenden Filmen.

Georg Langer] Georg L., Filmschauspieler, Näheres ist nicht zu ermitteln; wirkte 1920/21 noch in zwei weiteren Filmen mit (»Die Liebschaften des Hektor Dalmore«, Regie: Richard Oswald und »Schieber«, Regie: Manfred Noa).

Ufa-Lichtspiele Tauentzienpalast. [»Das Rätsel der Sphinx«]

D: Berliner Börsen-Courier. Berlin. Jg. 54 Nr. 473 vom 9.10.1921, 1. Beilage, S. 8. »-th.«

Ufa-Lichtspiele Tauentzienpalast] Siehe die Anm. auf S. 287.

»Das Rätsel der Sphinx«] Spielfilm, Deutschland 1921. Regie: Adolf Gärtner; Drehbuch. Willi Wolff, Arthur Somlay; Kamera: Eugen Hamm; Darsteller: Albert Patry, Irmgard Bern, Kurt Rottenburg u. a.; Produktionsfirma: Ellen Richter Film GmbH, Berlin. Erstaufführung: 7.10.1921 in Berlin.

Dr. Willi Wolff] Willi W. (1883-1947), deutscher Drehbuchautor, Filmregisseur und -produzent; nach Anfängen als Liedtexter humoristischer Chansons begann er seit 1917 erfolgreich Drehbücher zu verfassen. Schrieb vor allem rasante Abenteuergeschichten, die an exotischen Schauplätzen spielten. Seit 1920 arbeitete er hauptsächlich mit seiner späteren Ehefrau Ellen Richter (s. u.) zusammen, die er zum Star aufbaute.

Arthur Somlay] Artúr S. (1883-1951), ungarischer Theater- und Filmschauspieler, Drehbuchautor und Regisseur; seit 1900 auf den Bühnen und ab 1912 auch im Film des k. u. k. Ungarn außerordentlich erfolgreich, ging Somlay 1918 nach Berlin. Er schrieb auch einige Drehbücher u. a. für die Ellen Richter Film GmbH, konnte sich jedoch als Darsteller im deutschen Film nicht durchsetzen. 1923 kehrte er nach Ungarn auf die Theaterbühne zurück, ab den 1930er-Jahren übernahm er dort auch wieder Filmrollen.

Adolf Gärtner] Adolf G. (1870-1958), deutscher Filmregisseur; kam nach erfolglosen Versuchen als Theaterschauspieler und -regisseur 1910 zum Film. Bis 1913 arbeitete er für den Produzenten Oskar Messter, danach für verschiedene andere Produktionsfirmen, ab 1920 auch für die Ellen Richter Film GmbH. Zwischen 1910 und 1925 führte er bei über 90 Filmen Regie.

Ellen Richter] Ellen R. (1893-1969), österreichische Filmschauspielerin und -produzentin; seit 1923 Ehefrau des Regisseurs Willi

Wolff (s. o.), mit dem gemeinsam sie 1920 die Ellen Richter Film GmbH gegründet hatte.

Erich Kaiser-Titz] Erich K.-T. (1875-1928), deutscher Schauspieler, seit 1900 an verschiedenen Theaterbühnen, ab 1911 auch Filmschauspieler; erfolgreich in tragischen Rollen, ab 1915 auch in beliebten Krimiserien sowie als Filmpartner von Henny Porten. Der außerordentlich produktive Kaiser-Titz soll in über 300 Stummfilmen mitgewirkt haben.

Lubitsch] Siehe die Anm. auf S. 285.

Wegener] Paul W. (1874-1948), deutscher Theater- und Filmschauspieler, Drehbuchautor, Filmregisseur und -produzent; Wegener war einer der bekanntesten Charakterdarsteller auf Deutschlands Bühnen. Wie Albert Bassermann stand er als bekannter Theaterschauspieler schon sehr früh, ab 1913, vor der Kamera; er führte oft selbst Regie, arbeitete aber auch als Darsteller für Regisseure wie Ernst Lubitsch und Richard Oswald.

Karl Huszar] Karl Huszar-Puffy (1884-1942), ungarischer Schauspieler; kam nach dem Weltkrieg nach Berlin und wurde in den 1920er-Jahren im deutschen Film bekannt als Komiker; wegen seiner Leibesfülle war er auf die Rolle des »lustigen Dicken« festgelegt.

Hermann Picha] Hermann P. (1865-1936), deutscher Theater- und Filmschauspieler; kam nach dem Weltkrieg zum Film und spielte dort in zahlreichen zumeist Nebenrollen mit großem Erfolg kauzige und skurille Typen.

Georg Baselt] [korrigiert aus »Georg Boselt«] Georg B. (1869-1928), deutscher Schauspieler; zwischen 1915 und 1927 in etwa 30 Filmen als Nebendarsteller zu sehen.

Mozartsaal. [»Von Brillanten und Detektiven«]

D: Berliner Börsen-Courier. Berlin. Jg. 54 Nr. 485 vom 16.10.1921, 1. Beilage, S. 8. »–th.«

Mozartsaal] Siehe die Anm. auf S. 279.

»Von Brillanten und Detektiven«] Originaltitel: »Peggy does her darndest«, Spielfilm, USA 1919. Regie und Buch: George D. Baker; weitere Darsteller: Frank Currier, Robert Ellis. Rosemary Theby u. a.; Produktionsfirma: Metro Pictures, New York. Im *Film-Kurier*, Berlin. Jg. 3 Nr. 242 vom 17.10.1921, S. (2) kann man lesen: »Wer übertrieben neugierig ist, wird nichts Rechtes über den Film, der aus Amerika gewandert kam, erfahren.«

May Allison] [korrigiert aus »May Ellison«] May A. (1890-1989), amerikanische Theater- und Filmschauspielerin; von 1915 bis zum Ende des Weltkrieges erfolgreich als Filmpartnerin des 1918 an der Spanischen Grippe verstorbenen Harold Lockwood; heiratete 1920 den Filmschauspieler Robert Ellis (1882-1974).

Nosferatu.

D: Berliner Börsen-Courier. Berlin. Jg. 54 Nr. 485 vom 16. 10.1921, 1. Beilage, S. 8. »–th.«

Dass Joseph Roth über den Film »Nosferatu«, der Filmgeschichte schrieb und von allen Kritikern der Zeit ausführlichst besprochen wurde, nur einen sehr kurzen Text für den *Berliner Börsen-Courier* verfasste, mag zwar verwundern, hat seinen Grund aber darin, dass bei der Pressevorführung, an der Roth teilnahm, der Film nur mit Standfotos präsentiert wurde.

Prana-Filmgesellschaft] Die Prana-Film GmbH, Berlin, trat nur mit dieser einen, aber äußerst wichtigen Produktion hervor.

Nosferatu-Film] »Nosferatu«, Spielfilm, Deutschland 1921/1922. Regie: Friedrich Wilhelm Murnau; Drehbuch: Henrik Galeen nach dem Roman »Dracula« von Bram Stoker; Kamera: Fritz Arno Wagner, Günther Krampf; Darsteller: Alexander Granach, Max Schreck u. a.; Produktionsfirma: Prana-Film GmbH, Berlin. Erstaufführung: 4.3.1922 in Berlin.

H. Galeen] Henrik G. (1881-1949; eigentlich: Heinrich Wiesenberg), in Galizien geborener Regisseur und Drehbuchautor; seit 1906 Assistent von Max Reinhardt, seit 1911 eigene Inszenierungen am Theater. 1913 vom Schriftsteller Hanns Heinz Ewers (1871-1943) zum Film geholt, seitdem in den 1920er-Jahren immer wieder maßgeblich an Klassikern des Genres ›Phantastischer Film‹ beteiligt, u. a. »Der Golem, und wie er in die Welt kam« (1920), »Das Wachsfigurenkabinett« (1923/24), »Der Student von Prag« (1926) und »Alraune« (1927).

Hans Erdmann] Hans E. (1882-1942; eigentlich: Hans Erdmann Guckel), deutscher Filmmusikkomponist; Erdmann war 1921 zum künstlerischen Leiter der Prana-Film GmbH ernannt worden. Die Komposition für »Nosferatu« war seine erste Arbeit für den Film und soll wesentlich zum Erfolg des Films beigetragen haben.

Terra-Theater. [»Der vergiftete Strom«]

D: Berliner Börsen-Courier. Berlin. Jg. 54 Nr. 497 vom 23.10.1921, 1. Beilage, S. 8. »–th.«

Terra-Theater] Das ehemalige Vereinshaus des »Akademischen Vereins Motiv« in Berlin, Knesebeckstraße 100, Ecke Hardenbergstraße, wurde 1919 von Otto Berlich zum Kino »Terra-Theater« umgebaut.

»*Der vergiftete Strom*«] Spielfilm, Deutschland 1921. Regie: Urban Gad; Drehbuch: Bobby E. Lüthge und Hans Behrendt; Kamera: Mutz Greenbaum; Darsteller: Emmy Denner, Erich Pabst u. a.;

Produktionsfirma: Corona-Film, Berlin. Erstaufführung: 18.10.1921 in Berlin.

B. E. Lüthge] Siehe die Anm. auf S. 281.

Hans Behrendt] Hans B. (1889-1942), deutscher Filmregisseur, Drehbuchautor und Schauspieler; schrieb in den 1920er-Jahren zusammen mit Bobby E. Lüthge Drehbücher für die Cserépy-Film GmbH, u. a. für die »Fridericus Rex«-Filme (1921-1923), später auch leichte Komödien. Verließ wegen seiner jüdischen Herkunft 1933 Deutschland, Aufenthalte in Spanien, Österreich und Belgien; vermutlich in Auschwitz ermordet.

Diegelmann] Wilhelm D. (1861-1934), deutscher Theater- und Filmschauspieler; seit 1881 zunächst in Frankfurt, nach 1900 auf Berliner Bühnen oft in großen klassischen Rollen zu sehen; 1913 von Max Reinhardt für dessen Film »Die Insel der Seligen« engagiert, spielte Diegelmann seitdem immer wieder tragende und (Neben-)Rollen in mehr als 100 Filmen.

Carl de Vogt] Carl de V. (1885-1970), deutscher Schauspieler; seit 1909 zunächst am Theater, ab 1916 auch beim Film, zwischen 1916 bis Ende der 1920er-Jahre in über 100 Filmen als Haupt- und Nebendarsteller zu sehen.

Esther Hagan] Esther H., Filmschauspielerin; Näheres nicht zu ermitteln; spielte zwischen 1915 und 1922 meist kleine und mittlere Rollen in 24 Filmen, zuletzt in »Hanneles Himmelfahrt« (1922).

Emmy Denner] Emmy D. (auch: Emma Denner-Moser), Filmschauspielerin; Näheres nicht ermittelt. Zwischen 1919 und 1922 spielte sie kleinere Rollen in sieben Filmen.

Christus im Film. Pressevorführung.

D: Berliner Börsen-Courier. Berlin. Jg. 54 Nr. 511 vom 1.11.1921, S. 6. »-th.«

Philharmonie] Erste feste Heimstätte der Berliner Philharmoniker an der Bernburger Straße 22a/23 in Berlin-Kreuzberg. Die Vorführung fand laut *Film-Kurier*, Berlin, am 25.10.1921 statt.

Cinesgesellschaft] Diese Produktionsgesellschaft gehörte zu den wichtigsten Filmproduktionsfirmen Italiens, gegründet 1905 von Filoteo Alberine und Dante Santoni unter dem Namen »Alberini & Santoni« in Rom, 1906 umbenannt in »Società Italiana Cines«.

Christusfilm] Spielfilm »Christus«, Italien 1916. Regie: Guilio Antamoro, Ignazio Lupi (ungenannt), Enrico Guazzoni (ungenannt) (nachgedrehte Szenen); Drehbuch: Guilio Antamoro, Ignazio Lupi; Kamera: Renato Cartoni; Darsteller: Alberto Pasquali, Amleto Novelli, Leda Gys u. a.; Produktionsfirma: Società Italiana Cines, Rom. Erstaufführung: 8.4.1916 in Spanien.

Firma Straßburger & Co.] Lichtspielgesellschaft Straßburger & Co., Berlin.

Scharwenka] Walter S. (1881-1960), deutscher Komponist und Organist, von 1919 bis 1960 war er Organist und Chorleiter an der Lukas-Kirche in Berlin-Steglitz.

Kantlichtspiele. [»Der Friedhof der Lebenden«]

D: Berliner Börsen-Courier. Berlin. Jg. 54 Nr. 533 vom 13.11.1921, 1. Beiblatt. »-h.«

Kantlichtspiele] Dieses Kino befand sich in der Kantstraße 54, Berlin-Charlottenburg. Es wurde am 16.11.1912 eröffnet und hatte damals 800 Plätze.

»Der Friedhof der Lebenden«] Spielfilm, Deutschland 1921. Regie: Gerhard Lamprecht; Drehbuch: Luise Heilborn-Körbitz, Gerhard Lamprecht; Kamera: Walter Weisse; Darsteller: Eduard Rothauser, Guido Herzfeld u. a.; Produktionsfirma: Pharus-Film, Berlin. Erstaufführung: 12.11.1921 in Berlin.

Gerhard Lamprecht] Gerhard L. (1897-1974), deutscher Drehbuchautor, Filmregisseur und -historiker; seit 1919 Chefdramaturg bei der Rex-Film GmbH von Lupu Pick; 1923 erster größerer Regieerfolg mit seiner »Buddenbrooks«-Verfilmung nach Thomas Manns Roman, seit 1925 drehte Lamprecht zusammen mit dem Maler Heinrich Zille Berliner »Millljöh«-Filme, Ende der 1920er-Jahre auch Preußen-Filme (»Der alte Fritz« mit Otto Gebühr); 1931 verfilmte er erfolgreich Erich Kästners »Emil und die Detektive«. Während der NS-Zeit beschränkte er sich filmisch auf neutrale Themen, nach dem Zweiten Weltkrieg verstärkt historische Arbeiten über die Frühzeit des deutschen Films.

Hanni Weisse] Hanni Weisse (1892-1967), deutsche Theater- und Filmschauspielerin; ursprünglich von der Bühne kommend, stand sie seit 1912 zunächst oft für den Regisseur Max Mack (1884-1973), einen Pionier des deutschen Stummfilms, vor der Kamera; bis Mitte der 1920er-Jahre vielbeschäftigter und erfolgreicher Kinostar, arbeitete sie ab Anfang der 1930er-Jahre wieder häufiger am Theater.

Peter Esser] Peter E. (1886-1970), deutscher Filmschauspieler; Näheres nicht ermittelt; spielte 1923 in Lamprechts »Buddenbrooks«-Verfilmung die Rolle des Christian Buddenbrook.

Wilhelm Diegelmann] Siehe die Anm. auf S. 291.

Marmorhaus. [»Der Roman eines Dienstmädchens«]

D: Berliner Börsen-Courier. Berlin. Jg. 54 Nr. 543 vom 20.11.1921, S. 8. »-th.«

»Der Roman eines Dienstmädchens« war … von der Filmprüfstelle verboten worden.] Das Urteil mit dem Aktenzeichen B. 92.21 vom 27.7.1921 der Filmoberprüfstelle Berlin lautet: »Die Zulassung des Bildstreifens ist aus folgenden Gründen zu beanstanden:

das tragische Schicksal des Mädchens ist mit einer derart bedachten Sinnfälligkeit und Glaubhaftigkeit geschildert, daß die Wirkung nicht etwa erschütternd, sondern in hohem Maße peinigend und quälend ist. Hierdurch wird die öffentliche Ordnung und Sicherheit verletzt. Hinzu kommt die Brutalität des Ereignisses, die verrohend zu wirken geeignet wäre. Denn diese Brutalität wird außerhalb der vorgegebenen Inhaltsangabe dadurch empfindlich gesteigert, daß alle tragischen Akzente der Handlung willkürlich mit Scenen komischen und drastischen Inhalts durchsetzt sind.« (Zitiert nach Frank 2007, S. 55)

Regie Reinhold Schünzels] Siehe die Anm. auf S. 281.

Marmorhaus] Siehe die Anm. auf S. 277.

Robert Liebmann] Robert L. (1890-1942), vielseitiger deutscher Drehbuchautor; begann noch während des Weltkrieges in Berlin zunächst als Theater- und Filmkritiker; ab 1919 verfasste er Drehbücher, bis 1933 für mehr als 120 Filme, von denen viele kommerziell sehr erfolgreich waren; u. a. war er Co-Autor der Drehbücher von »Der blaue Engel« (1930) und »Der Kongreß tanzt« (1931). Wegen seiner jüdischen Herkunft schon früh von der rechtsradikalen Presse angefeindet, wurde der Ufa-Mitarbeiter Liebmann 1933 entlassen und emigrierte u. a. nach Frankreich; 1940 wurde er in Auschwitz ermordet.

»Der Roman eines Dienstmädchens«] Spielfilm, Deutschland/Österreich 1921. Regie: Reinhold Schünzel; Drehbuch: Robert Liebmann; Kamera: Theodor Sparkuhl; Darsteller: Olga Engl, Leonhard Haskel, Mizzi Schütz u. a.; Produktionsfirma: Micco-Film GmbH, Berlin – Wien. 2078 m, Erstaufführung: 13.5.1921 in Wien, 17.11.1921 in Berlin.

Treßler] Otto T. (1871-1965; eigentlich Otto Karl August Mayer), deutscher Theater- und Filmschauspieler, hauptsächlich in Österreich tätig; von 1896 bis zu seinem Tod 1965 als Schauspieler und Regisseur am Wiener Burgtheater; ab 1914 auch Filmrollen, zunächst als Hauptdarsteller, mit Beginn des Tonfilms eher in Nebenrollen zu sehen.

Korff] Siehe die Anm. auf S. 286.

Liane Haid] Liane H. (1895-2000), österreichischer Stummfilmstar; trat bereits als Kind auf Wiener und Budapester Bühnen auf; ab 1915 von der Wiener Kunstfilm GmbH verpflichtet und zum Filmstar aufgebaut. Von Robert Liebmann 1921 nach Deutschland vermittelt, verkörperte sie in Ufa-Filmen oft das charmante »Wiener Mädel«. Ab Mitte der 1930er-Jahre zog sie sich vom Film zurück und widmete sich wieder verstärkt dem Theater.

Kupfer] Siehe die Anm. auf S. 287.

Huszar] Siehe die Anm. auf S. 289.

Trude Hesterberg] Trude H. (1892-1967), deutsche Schauspielerin, Kabarettistin, Chansonnière und Operettensängerin; begann mit 20 Jahren in Berliner Theatern und Kabaretts aufzutreten und wirkte gleichzeitig auch schon in ersten Filmen mit, dort allerdings in eher kleineren Rollen; 1921 gründete sie ihr literarisch-politisches Kabarett »Wilde Bühne« (mit Autoren wie Klabund, Walter Mehring und Kurt Tucholsky), das bis zu seiner Schließung 1923 zur festen Institution im Berliner Nachtleben wurde.

Eugen Rex] Eugen R. (1884-1943), deutscher Schauspieler. Seit 1905 am Theater, seit Ende 1918 erste Filmrollen, einer der bestbeschäftigten Nebendarsteller im deutschen Film, spielte oft kauzige Kleinbürger- und Beamtentypen; ab 1933 Mitglied der NSDAP, bekleidete Rex in der NS-Zeit viele Funktionärsposten im Bühnen- und Filmbereich.

Ufa-Lichtspiele Tauentzienpalast. [»Die Jagd nach Wahrheit«]

D: Berliner Börsen-Courier. Berlin. Jg. 54 Nr. 555 vom 27.11.1921, 1. Beilage, S. 8. »–th.«

Ufa-Lichtspiele Tauentzienpalast] Siehe die Anm. auf S. 287.

J. Sternheim] Julius S. (1881-1941?), deutscher Drehbuchautor, Filmproduzent und Produktionsleiter; verfasste zwischen 1917 und 1924 Drehbücher für 13 Filme, danach bis Ende der 1920er-Jahre Produzent und Produktionsleiter.

»Die Jagd nach Wahrheit«] Spielfilm, Deutschland 1921. Regie: Karl Grune; Drehbuch: Julius Sternheim; Kamera: Karl Hasselmann; Darsteller: Rudolf Forster, Fritz Schulz, Frida Richard, Vera Skidelsky u. a.; Produktionsfirma: Gloria-Film GmbH, Berlin. Erstaufführung: 25.11.1921 in Berlin.

Karl Grune] Karl G. (1890-1962; eigentlich: Berthold Grünwald), österreichischer Filmregisseur; ab 1910 Bühnenschauspieler in Deutschland und Österreich, kam er 1919 nach Berlin ans Residenztheater, schrieb erste Drehbücher für den Film und führte schließlich auch Regie; sein größter Erfolg war das expressionistische Großstadtdrama »Die Straße« (1923) mit den Dekorationen von Ludwig Meidner (1884-1966).

Kortner] Fritz K. (1892-1970), bedeutender österreichischer Theater- und Filmschauspieler; spielte seit seinem Debüt mit 18 Jahren auf Bühnen in Berlin, Wien, Dresden und Hamburg, schließlich ab 1919 wieder in Berlin, wo er bis 1933 blieb; ab 1915 erste Filmrollen; dominierender Charakterdarsteller in Filmen von u. a. F. W. Murnau, Richard Oswald und G. W. Pabst. Schon früh Angriffsziel der Nazis wegen seiner jüdischen Herkunft, ging er 1933 ins Exil. 1947 kehrte er nach Deutschland zurück und arbeitete seit 1949 wieder sehr erfolgreich als Schauspieler und Regisseur.

Erika Glässner] Erika G. (1890-1959), deutsche Schauspielerin; ab 1915 intensive Filmarbeit bis in die 1920er-Jahre, anfänglich Haupt-, später eher kleinere (Neben-)Rollen.
Margarete Kupfer] Siehe die Anm. auf S. 287.

Ufa-Lichtspiele Tauentzienpalast. [»Das zweite Leben«]

D: Berliner Börsen-Courier. Berlin. Jg. 54 Nr. 567 vom 4.12.1921, 1. Beilage, S. 8. »r-th.«

Ufa-Lichtspiele Tauentzienpalast] Siehe die Anm. auf S. 287.
Alfred Halm] Siehe die Anm. auf S. 284.
»Das zweite Leben«] Spielfilm, Deutschland 1921. Regie: Alfred Halm; Drehbuch: Alfred Halm, Gernot Bock-Stieber; Kamera: Axel Graatkjær; Darsteller: Carl Rückert, Max Pohl, Heinrich Schroth, Ilka Grüning u. a.; Produktionsfirma: Hermes-Film GmbH, Berlin. Erstaufführung: 2.12.1921 in Berlin.
Dr. Kurt Ollendorf] Facharzt für Nervenkranke und gerichtliche Medizin.
Grete Reinwald] Siehe die Anm. auf S. 288.
Margarete Kupfer] Siehe die Anm. auf S. 287.

Zwei Monumentalfilme.

D: Berliner Börsen-Courier. Berlin. Jg. 54 Nr. 574 vom 9.12.1921, S. 2. »Von R-th.«

Einer von jenen Fällen, in denen Roth einen Wochenschaubericht oder einen Dokumentarfilm, die die Realität des Lebens zeigen, höher schätzt als einen Spielfilm, der dem Zuschauer ein falsches Leben vorgaukelt.

Abenteurerin von Monte Carlo] Die Filmserie »Die Abenteurerin von Monte Carlo« bestand aus drei Folgen: »Die Geliebte des Schahs«, »Marokkanische Nächte« und »Der Mordprozeß Stanley«, die 1921 von der Ellen Richter Film GmbH produziert wurden. Regie: Adolf Gärtner; Drehbuch: Willi Wolff, Arthur Somlay; Darsteller: Anton Pointner, Robert Forster-Larrinaga, Martha Hoffmann u. a.; Erstaufführungen: 25.11.1921 (Teil 1); 9.12.1921 (Teil 2); 16.12.1921 (Teil 3) in Berlin.
Meßterwoche] Diese erste deutsche Filmwochenschau wurde vom deutschen Filmpionier und -produzenten Oskar Messter (1866-1943) geschaffen und erstmals am 23. Oktober 1914 gezeigt. Vgl. auch Roths Artikel »Ruhr-Totenfeier mit Shimmyklang« (Werke 1989-91, I, 993-994). In »Chaplin und Gandhi« schreibt Roth gar, man lebe in der »große Epoche der Wochenschau«. (S. 200)
das Kabinett der Madame Bovary, oder ihr indisches Grabmal … die Sumurun Roswolskys … Golem des Doctor Caligari] Mit diesen durcheinandergewürfelten Filmtiteln von Monumentalfilmen und

der ersten Verfilmung des Flaubert-Romans »Madame Bovary« (1920) sowie Felix Baschs »Die Geliebte Roswolskys« (1921) will Roth offenbar seine Meinung verdeutlichen, dass diese Streifen der aktuellen Produktion für ihn so austauschbar wie belanglos sind.

Das indische Grabmal] Zweiteiliger Monumentalfilm, Deutschland 1921. Teil I unter dem Titel »Die Sendung des Yoghi«, Teil II unter dem Titel »Der Tiger von Eschnapur«. Regie: Joe May; Drehbuch: Fritz Lang und Thea von Harbou nach dem gleichnamigen Roman von Thea von Harbou. Produktionsfirma: Richard-Eichberg-Film GmbH, Berlin. Erstaufführung: 22.10.1921 (Teil 1) bzw. 19.11.1921 (Teil 2) im Ufa-Palast am Zoo in Berlin.

Sumurun] Spielfilm, Deutschland 1920. Regie: Ernst Lubitsch; Drehbuch: Hanns Kräly, Ernst Lubitsch; Kamera: Theodor Sparkuhl, Fritz Arno Wagner; Darsteller: Pola Negri, Paul Wegener, Harry Liedtke, Jenny Hasselquist u. a.; Produktionsfirma: Projektions-AG »Union« (PAGU) für Universum Film AG, Berlin.

Der Golem] »Der Golem, wie er in die Welt kam«, Spielfilm, Deutschland 1920. Regie und Drehbuch: Paul Wegener, Carl Boese; Drehbuch: Henrik Galeen, Paul Wegener; Kamera: Karl Freund, Guido Seeber; Darsteller: Paul Wegener, Albert Steinrück, Lyda Salmonova, Ernst Deutsch, Otto Gebühr u. a.; Produktionsfirma: Projektions-AG »Union« (PAGU), Berlin. Erstaufführung: 29.10.1920.

Das Cabinett des Doctor Caligari] Spielfilm, Deutschland 1920. Regie: Robert Wiene; Drehbuch: Carl Mayer, Hans Janowitz; Kamera: Willy Hameister; Darsteller: Werner Krauß, Conrad Veidt, Lil Dagover, Friedrich Feher u. a.; Produktionsfirma: Decla-Film-Ges. Holz & Co. Erstaufführung: 27.2.1920.

Kantlichtspiele. [»Das Haus des Vergessens«]

D: Berliner Börsen-Courier. Berlin. Jg. 54 Nr. 591 vom 18.12.1921, 1. Beilage, S. 8. »-th.«

Kantlichtlichtspiele] Siehe die Anm. auf S. 292.

»Das Haus des Vergessens« oder *»Ich hatte ihn so lieb«*] Originaltitel »L'orchidea fatale«, Spielfilm, Italien 1920. Regie: Alessandro (= Aleksandr) Uralski, Alessandro Rosenfeld; Buch: Giuseppe Runitsch (= Osip Runich); weitere Darsteller: Michael Vavitsch, Giuseppe Runitschj u. a.; Produktionsfirma: Ambrosiofilm, Turin. Erstaufführung in Berlin: 13.12.1920.

Tatiana Pawlowna] Tatiana Pavlova (1890-1975), russische Filmschauspielerin im italienischen Film.

G. Runitsch] Ossip Iwanowitsch R. (1889-1947; auch Osip Runich bzw. Giuseppe Runitsch), russischer Schauspieler und Regisseur.

Ufa-Palast am Zoo. [»Der Mann aus Neapel«]

D: Berliner Börsen-Courier. Berlin. Jg. 54 Nr. 606 vom 28.12.1921, Abendausgabe, Beilage, S. 6. »-th.«

Ufa-Palast am Zoo] Dieses Filmtheater befand sich in der Hardenbergstraße 29, Berlin-Charlottenburg. Das Haus wurde am 18. September 1919 mit einer Kapazität von 1740 Sitzplätzen eröffnet.

Gloriafilmgesellschaft] Hans Liepmann gründete 1919 die Gloria-Film GmbH, Berlin.

»*Mann aus Neapel*«] »Der Mann aus Neapel«, Spielfilm, Deutschland 1921. Erster Teil der Filmserie »leni«. Regie: Ewald André Dupont; Drehbuch: Ewald André Dupont, Julius Urgiß und Max Jungk; Kamera: Helmar Lerski, Karl Freund; Darsteller: Grit Hegesa, Hans Mierendorff, Sibyl Smolowa, Karl Huszar-Puffy u. a.; Produktionsfirma: Gloria-Film GmbH, Berlin. Deutsche Erstaufführung: 30.12.1921. Der zweite Teil lief unter dem Titel »Kämpfende Welten«.

Max Jungk] Max J. (1872-1937), österreichischer Theaterschauspieler und Drehbuchautor; ab 1897 am Theater, von 1917 bis 1933 Verfasser von mehr als 50 Drehbüchern, zwischen 1919 und 1926 oft gemeinsam mit Julius Urgiß (s.u.); schrieb vor allem Sensations- und Kriminalgeschichten u. a. für Fritz Lang, in späteren Jahren auch Lustspiele. Musste Deutschland wegen seiner jüdischen Herkunft 1933 verlassen und ging nach Prag.

Julius Urgiß] Julius U. (1873-1948), deutscher Drehbuchautor; ursprünglich Filmkritiker und leitender Redakteur der Zeitschrift »Der Kinematograph« in Berlin, lieferte Urgiß seit 1918 Drehbücher für alle gängigen Genres, von 1919 bis 1926 in Zusammenarbeit mit Max Jungk (s.o.). Nach Machtübernahme der Nazis musste Urgiß 1933 Deutschland verlassen und emigrierte in die USA.

E. A. Dupont] Ewald André D. (1891-1956), deutscher Filmregisseur und Drehbuchautor; arbeitete ab 1911 als Journalist für verschiedene Berliner Zeitungen, seit 1915 als Drehbuchautor für beliebte Detektivserien; ab 1918 eigene Filme mit Max Landa als Detektiv; auch mit Henny Porten arbeitete er zusammen. Sein erfolgreichster Film »Varieté« (1925) mit Lya de Putti und Emil Jannings spielt im Milieu der Rummelplätze und Schaubuden in Hamburg-St. Pauli.

Grit Hegesa] Grit H. (1891-1972; eigentlich Caroline Margaretha Schmidt), deutsche Tänzerin und Schauspielerin. 1919/20 beim Film in Hauptrollen, danach bis 1921 nur noch in kleineren Rollen zu sehen. Eine letzte Filmrolle hatte sie 1929 in Paul Czinners Schnitzler-Verfilmung »Fräulein Else«.

Hans Mierendorff] Hans M. (1882-1955), deutscher Schauspieler; ursprünglich auf dem Theater, war Mierendorff ab 1909 auch schon in ersten »Tonbildern« zu sehen, seit 1911 dann in Spielfilmen, sehr früh auch als Partner großer Stars wie Asta Nielsen und Henny Porten. Während des Weltkriegs populär durch seine Darstellung der Titelfigur in der beliebten Larry-Higgs-Detektivserie, gründete Mierendorff 1919 eine eigene Produktionsgesellschaft, die er 1923 verkaufte. Ab Mitte der 1920er-Jahre oft nur noch in Nebenrollen zu sehen.

Otto Treßler] Siehe die Anm. auf S. 293.

U.-T. Kurfürstendamm. [»Seine Exzellenz von Madagaskar«]

D: Berliner Börsen-Courier. Berlin. Jg. 54 Nr. 13 vom 8.1.1922, 1. Beilage, S. 8. »–th.«

U.-T. Kurfürstendamm] Die Projektions-AG »Union« (PAGU) eröffnete dieses Kino am Kurfürstendamm 26 am 3.10.1913 mit »Die Insel der Seligen« unter der Regie von Max Reinhardt. Die Eröffnung wurde durch die Beteiligung des berühmten Theaterregisseurs zu einem großen gesellschaftlichen Ereignis. In der *Licht-Bild-Bühne*, Berlin, vom 11.10.1913 erfährt man, dass eine lange Autoschlange vor dem Union-Palast vorfuhr. Schon das Vestibül war prächtig gehalten, »mit Cadiner Kacheln ausgelegt. Die pompösen Marmortreppen führen hinauf zum großen Theaterraum der für ca. 1 000 Personen Platz bietet.«

Robert Liebmann] [korrigiert aus »Georg Liebmann«] Siehe die Anm. auf S. 293.

Georg Jacoby] Georg J. (1882-1964), deutscher Regisseur und Drehbuchautor; führte 1913 erstmals Regie, im Weltkrieg bei Propagandafilmen, nach Kriegsende arbeitete er schon bald mit großen Stummfilmstars wie Harry Liedtke und Pola Negri zusammen; drehte Lustspiele und Melodramen, auch Monumentalfilme wie »Quo vadis« (1924/25) mit Emil Jannings als Nero. Ab 1935 baute er seine spätere Ehefrau, Marika Rökk (1913-2004), zum Revuefilmstar auf.

»*Das Mädchen aus der Fremde*«] Spielfilm, Deutschland 1921. Regie: Georg Jacoby; Drehbuch: Robert Liebmann, Georg Jacoby; Kamera: Frederik Fuglsang; weitere Darsteller: Johanna Ewald, Charles Puffy, Ferry Sikla u. a.; Produktionsfirma: Projektions-AG »Union« (PAGU), Berlin. Deutsche Erstaufführung: 6.1.1922.

Eva May] Eva M. (1902-1924), österreichische Stummfilmschauspielerin; die Tochter des Regisseurs Joe May und der Schauspielerin Mia May wirkte von 1918 bis zu ihrem frühen Tod 1924 in eher seichten Unterhaltungsfilmen mit, in denen sie das »fesche Mädel« wie auch die »grande dame« der Gesellschaft gab.

Paul Otto] [korrigiert aus »Alfred Otto«] Paul O. (1878-1943; geboren als Paul Otto Schlesinger), deutscher Theater- und Filmschauspieler; seit 1905 an diversen Berliner Bühnen, ab 1910 auch Filmarbeit, vor allem in der Rolle des Liebhabers und kultivierten Gentleman, setzte seine Karriere unter den Nationalsozialisten fort (1937: »Staatsschauspieler«; 1942: leitende Funktion in der Reichstheaterkammer); als 1943 seine jüdische Herkunft entdeckt wurde, nahm er sich gemeinsam mit seiner Frau das Leben.

Gerasch] Alfred G. (1877-1954), deutscher Theater- und Filmschauspieler; seit 1896 am Theater, u. a. seit 1907 Ensemblemitglied am Wiener Burgtheater; 1919 Wechsel nach Berlin, wo er seitdem, oft als Nebendarsteller, auch im Film auftrat; im Tonfilm der 1930er-Jahre stand er nur noch selten vor der Kamera.

Georg Alexander] Georg A. (1888-1945; eigentlich Werner Louis Georg Lüddekens), deutscher Schauspieler, Regisseur und Produzent; nach Anfängen am Theater kam er 1914 nach Berlin, wo er neben der Bühnenarbeit auch erste Filmrollen annahm, ab 1917 gründete er mit seiner Frau eine Produktionsgesellschaft, mit der er bis 1919 etwa 30 Filme produzierte; als Schauspieler trat er vor allem in anspruchslosen Unterhaltungsfilmen und Lustspielen auf.

Ufa-Lichtspiele Tauentzienpalast. [»Gioconda« – »Mit Familienanschluß«]

D: Berliner Börsen-Courier. Berlin. Jg. 54 Nr. 49 vom 29.1.1922, S. 10. »–th.«

Ufa-Lichtspiele Tauentzienpalast] Siehe die Anm. auf S. 287.

»Gioconda«] Originaltitel »La Gioconda«, Spielfilm, Italien 1916. Regie: Eleuterio Rodolfi; Drehbuch: Gabriele D'Annunzio; Darsteller: Mercedes Brignone, Helene Makowskau, Umberto Mozzato u. a.; Produktionsfirma: Società Anonima Ambrosio.

d'Annunzios] Gabriele D'Annunzio (1863-1938,), italienischer Schriftsteller und Politiker; sein bedeutendes literarisches Werk hatte durchaus Einfluß auf die europäische Literatur, seine menschlichen Schwächen und insbesondere seine Nähe zum Faschismus rückten ihn ins Zwielicht.

»Mit Familienanschluß«] Spielfilm mit dem Originaltitel »The Social Secretary«, USA 1916. Regie: John Emerson; Drehbuch: John Emerson, Anita Loos, Alfred Huger Moses Jr.; Kamera: Alfred Huger Moses Jr.; weitere Darsteller: Herbert Frank, Gladden James, Kate Laster, Erich Stroheim u. a.; Produktionsfirma: Fine Arts Film Company. Uraufführung: 17.9.1916, Erstaufführung in Deutschland am 27.1.1922 in Ufa-Lichtspiele Tauentzienpalast, Berlin.

Norma Talmadge] Norma T. (1893-1957), amerikanische Filmschauspielerin; als Star des frühen Stummfilms stand sie bereits mit 17 Jahren vor der Kamera. 1917 begann – nach ihrer Heirat mit dem Filmproduzenten Joseph Schenck (1876-1961) – ihre erfolgreichste Zeit auf der Leinwand, sie brillierte seitdem in über 300 Filmen, hauptsächlich Dramen und Melodramen. Der Siegeszug des Tonfilms setzte ihrer Karriere nach zwei misslungenen Filmen im Jahr 1929 ein jähes Ende.

Ufa-Lichtspiele Tauentzienpalast. [»Das Geld auf der Straße«]

D: Berliner Börsen-Courier. Berlin. Jg. 54 Nr. 61 vom 5.2.1922, S. 6. »–th«

Ufa-Lichtspiele Tauentzienpalast] Siehe die Anm. auf S. 287.

Robert Liebmann] Siehe die Anm. auf S. 293.

Das Geld auf der Straße] Spielfilm, Deutschland und Österreich 1921. Regie: Reinhold Schünzel: Drehbuch: Robert Liebmann; Kamera: Carl Hoffmann; weitere Darsteller: Heinrich Eisenbach, Liesl von Stillmark, Max Devrient u. a.; Produktionsfirma: Micco-Film GmbH, Berlin/Vereinigte Filmindustrie Micheluzzi & Co., Wien. Erstaufführung: 25.1.1922 in Düsseldorf.

Klanteschen Konzernmanöver] Max Klante (1883-1955) gründete im Mai 1920 den »Wettkonzern Klante« bzw. im Dezember 1920 die »Max Klante & Co. GmbH«. Mit dem Versprechen hoher Rendite durch Wettgewinne bei Pferderennen wurden ca. 260000 Anleger angelockt. Das Unternehmen ging in Konkurs, und die Anleger verloren Millionen, häufig ihre letzten Ersparnisse bzw. ihre wirtschaftliche Grundlage. Max Klante wurde am 12. 9.1921 verhaftet und am 6.1.1923 wegen Betrug, Vergehen gegen die Konkursordnung und gewerbsmäßiges Glücksspiel zu drei Jahren Gefängnis, fünf Jahren Ehrverlust und einer Geldstrafe verurteilt..

Reinhold Schünzel] Siehe die Anm. auf S. 281.

Liane Haid] Siehe die Anm. auf S. 293.

Hugo Werner-Kahle] Hugo W.-K. (1882-1961), deutscher Theater- und Filmschauspieler; ab 1913 sporadisch, nach dem Weltkrieg dann regelmäßig Arbeit für den Film; in den 1920er- und 1930er-Jahren war Werner-Kahle einer der meistbeschäftigten Darsteller im deutschsprachigen Film; ab 1936 arbeitete er wieder vermehrt fürs Theater, nach 1945 drehte er keine Filme mehr.

Klöpfer] Eugen Gottlob K. (1886-1950), deutscher Schauspieler; seit 1905 auf deutschen Bühnen tätig, entwickelte er sich schon bald vor allem in klassischen Heldenrollen zum Theaterstar. Seit 1918 trat er auch in Filmen auf, auch hier oft als titelgebende Heldenfigur wie in »Götz von Berlichingen« (1927) oder »Martin Luther« (1927). In der NS-Zeit spielte er dann auch in antisemitischen Streifen wie Veit Harlans »Jud Süß« (1940) mit. Nach 1945 erhielt er von den Alliierten Auftrittsverbot, durfte kurz vor seinem Tod im Jahr 1950 aber wieder Theater spielen.

Lady Hamilton] Liane Haid spielte in dem Spielfilm »Lady Hamilton« (1921) unter der Regie von Richard Oswald die Titelrolle.

U.T. Nollendorfplatz. [»Brigantenrache«]

D: Berliner Börsen-Courier. Berlin. Jg. 54 Nr. 85 vom 19.2.1922, S. 8. »r-th.«

U. T. Nollendorfplatz] Die U. T. Lichtspiele errichteten 1913 das Cines Lichtspieltheater am Nollendorfplatz Nr. 4 als ersten selbstständigen Kinoneubau Berlins nach den Plänen des Architekten Oskar Kaufmann.

»Brigantenrache«] Spielfilm, Deutschland 1921/1922. Regie: Reinhard Bruck; Drehbuch: Julius Urgiß nach der Novelle »Ruggiero der Bandit« (1893) von Konrad Telmann; Kamera: Otto Kanturek; weitere Darsteller: Bruno Decarli, Walther Brügmann, Margit Barnay u. a.; Produktionsfirma: Decarli-Film KG Berlin. Erstaufführung: 17.2.1922.

Max Jungk] Siehe die Anm. auf S. 297.

Julius Urgiß] Siehe die Anm. auf S. 297.

Konrad Telmann] Konrad T. (1854-1897), deutscher Schriftsteller und Jurist; ungemein produktiver Novellist und Romancier; Verfasser von Zeitromanen, die dem in ihrer Mehrzahl dem Naturalismus nahestanden.

Asta Nielsen] Siehe die Anm. auf S. 271.

Film auf der Sprechbühne.

D: Wiener Mittags-Zeitung. Wien. Nr. 64 vom 18.3.1922, S. 7. »Von Josef Roth (Berlin).«

Als der Film anfing künstlerischen Ehrgeiz … entbrannte ein Streit] Die ersten Zeilen Roths beziehen sich aller Wahrscheinlichkeit nach auf die sogenannte Kino-Debatte, in deren Rahmen eine Reihe warnender Texte gegen diese vermeintliche minderwertige Kultur entstand, um die sogenannte Hochkultur zu verteidigen und rein zu erhalten. Schriftsteller, Kritiker und Kinoreformer führten diese Debatte um die Existenzberechtigung des neuen Mediums Film. Anton Kaes fasst es so zusammen: »Das Eindringen des Films in den Bereich der Buchkultur zwischen 1909 und 1929 hat eine soziologisch und ästhetisch folgenreiche Selbstreflexion der herrschenden Literatur erzwungen. Kino wurde nämlich Diskussionsobjekt in dem Maße, in dem es gegen traditionelle Dichtungs- und Kulturvorstellungen verstieß. Der Machtanspruch des neuen Mediums bedrohte die Monopolstellung der Literatur und verursachte innerhalb des kulturellen Systems ein Moment der Unsicherheit. […] Schriftsteller, Journalisten, Theater- und Kulturkritiker setzten sich mit dem Phänomen Kino aktiv auseinander, indem sie die beiden Medien

Literatur und Film zu vergleichen und voneinander abzugrenzen suchten. Dabei wurden grundsätzliche Einsichten in die Struktur- und Wirkungsgesetze dieser Medien formuliert. In der Auseinandersetzung mit dem Kino spiegelt sich das poetologische Selbstverständnis der Literatur; die Kino-Debatte ist also zugleich eine Debatte um die Literatur der Zeit.« (Vgl. Kaes 1978, S. 11.)

Ein Aphoristiker, wie Alfred Kerr, äußerte einmal, der Film sei … angenehmer eben weil in ihm nicht gesprochen würde.] Am 12.2. 1921 erschien im *Berliner Tageblatt* unter dem Titel »Standpunkte zum Film« folgender Text von Alfred Kerr:

»Ich trat seit einem Jahrzehnt für ihn [Film] ein – neben der ganz anderen Welt des Dramas. Ausschlaggebende Wirkungen bekam ich von einem Schmarren vor dem Krieg. Es war ein umgearbeitetes Wortwerk. Lächerlich als Wortwerk. Ein wackerer junger Kaufmann wird von einem Raubmörder als der Schuldige hingestellt – und kommt ins Zuchthaus. Nach Jahren entläßt man den grauen Zuchthäusler. Er sucht die Gattin auf, die von ihrem Verführer mißhandelt wird – er tötet ihn, ist nun wirklich ein Mörder, kehrt ins Zuchthaus zurück. // Es wurde mir damals klar: Spräche jemand die Worte, mit aller Abgedroschenheit, Geschminktheit, Falschheit: der Zuschauer sänke vom Stuhl. Nichts von Erschütterung. Weil aber nun die Worte fehlen, weil nur sehbare Tatsachen vorgeführt sind, ist man am tiefsten erschüttert. Wo steckt hier der Grund? // Darin: jeder kann sich Worte hinzudenken, die sein Gefühl ihm einflößt – also wird niemand aus der Stimmung durch ihm Nichtpassendes gedrängt. Worte könnten den Zuschauer wecken; den Traum zerreißen. // Wenn der Schuldlose von der Anklagebank her die Frau zum letzten Mal umarmt, Abschied für die Dauer eines Daseins nimmt – da gibt es keine Meinungsverschiedenheit im Publikum. Sondern alles heult. Und wenn der Zuchthäusler, den man als jungen Mann gesehen, zuletzt schwerfällig, gealtert, stumpf dieselbe Frau wiedersieht – da gibt es auch keine Meinungsverschiedenheit. Sondern alles, alles, alles heult. Warum? Weil ohne gesprochenes Zwischenglied ewige Dinge berührt sind; und weil kein Dichter, kein Schauspieler Gelegenheit hat, durch falsche Klänge das Gefühl zu kreuzen. Das ist es.« (Vgl. Kerr 1991, S. 348 f.)

Alfred Kerr] Alfred K. (1867-1948; ursprünglich Alfred Kempner), deutscher Schriftsteller und Journalist; zwischen den 1890er-Jahren bis zum Ende der Weimarer Republik einer der einflussreichsten Kritikerpersönlichkeiten im deutschsprachigen Raum. Förderer Henrik Ibsens und Gerhart Hauptmanns. 1933 Emigration, ab 1935 in England.

Meinhard] Carl M. (1875-1949), österreichischer Schauspieler und Theaterdirektor; seit 1898 lebte der aus Prag stammende Meinhard in Berlin, leitete dort zwischen 1907 und 1924 gemeinsam mit Rudolf Bernauer (s.u.) mehrere große Bühnen, darunter seit 1911 auch das Theater in der Königgrätzer Straße.

Bernauer] Rudolf B. (1880-1953), österreichischer Schauspieler Librettist, Theaterdirektor, Filmregisseur und Drehbuchautor. Seit 1900 als Schauspieler in Berlin, übernahm er mit Carl Meinhard die Direktion mehrerer Bühnen in Berlin.

Theater in der Königgrätzerstraße] Das am 29. Januar 1908 als Hebbel-Theater eröffnete Haus wurde nach der Übernahme durch Meinhard und Bernauer am 30. September 1911 in ›Theater in der Königgrätzerstraße‹ umbenannt.

Reznicek] [korrigiert aus »Reznizek«] Emil Nikolaus von R. (1860-1945), österreichischer Komponist; von 1909 bis 1911 Erster Kapellmeister der Komischen Oper in Berlin, seit 1920 lehrte Reznicek Komposition an der Staatlichen Hochschule für Musik in Berlin.

Alfred Abel] Siehe die Anm. auf S. 286.

Ludwig Hartau] Ludwig H. (1877-1922), deutscher Schauspieler; seit 1897 in Berliner Theatern, seit 1904 bei Max Reinhardt, der ihm vor allem in Komödien Hauptrollen gab; 1912 spielte er seine erste Kinorolle; ab 1916 regelmäßig Darsteller in insgesamt 36 Filmen bis zu seinem plötzlichen Tod im Jahre 1922.

Paul Bildt] Paul B. (1885-1957), deutscher Theater- und Filmschauspieler; ab 1905 auf Berliner Bühnen zu sehen, holte ihn Max Reinhardt 1915 ans Deutsche Theater, wo er als herausragender Charakterdarsteller Rollen in Komödien wie in dramatischen Stücken spielte. 1910 begann er auch für den Film zu arbeiten und übernahm Haupt- und Nebenrollen sowohl in der Stummfilmzeit als auch später erfolgreich im Tonfilm.

Die Rotters] Die Brüder Alfred (1886-1933) und Fritz (1888-1939?) Rotter waren von 1918 bis 1932 Theaterunternehmer in Berlin. Zu den Rotters vgl. auch Briefe 2011, S. 100 und 425.

U. T. Nollendorfplatz. [»Rosen im Herbst« – »Chaplin als Auswanderer«]

D: Berliner Börsen-Courier. Berlin. Jg. 54 Nr. 145 vom 26.3.1922, S. 8. »r-th.«

U. T. Nollendorfplatz] Siehe die Anm. auf S. 301.

»Rosen im Herbst«] Originaltitel »Dunungen«, Schweden 1919. Regie: Ivan Hedqvist; Drehbuch: Selma Lagerlöf nach ihrer gleichnamigen Novelle und ihrem gleichnamigen Drama; Darsteller: Renée Björling, Carl Browallius, Mia Gründer u. a.; Produktionsfirma: AB Biografteatern, Stockholm. Erstaufführung: 1.12.1919.

Selma Lagerlöf] Selma L. (1858-1940), schwedische Schriftstellerin der Neuromantik; erhielt 1909 den Literaturnobelpreis.

Ivan Hedqvist] Ivan H. (1880-1935), schwedischer Theater- und Filmschauspieler und -regisseur. Die Lagerlöf-Verfilmung von 1919 war Hedqvists Regiedebüt und wurde ein internationaler Erfolg.

»*Chaplin als Auswanderer*«] Originaltitel »The Immigrant, USA 1917. Regie: Charles Chaplin; Drehbuch: Charles Chaplin, Vincent Bryant, Maverick Terrell; Kamera: Roland Totheroh; Darsteller: Charles Chaplin, Edna Parviance u. a.; Erstaufführung: 17.6.1917 in den USA. Diese Besprechung von Joseph Roth zeigt, dass dieser Film nicht wie allgemein angenommen erst am 10.12.1954 in Deutschland zu sehen war.

Chaplin] Charlie C. (1889-1977; eigentlich Charles Spencer C.), populärer britischer Filmstar, -regisseur und -produzent; seit 1914 Filmkomiker in Hollywood, wurde er schnell außerordentlich erfolgreich; setzte in seinen Slapstick-Comedys auch melodramatische und sozialkritische Akzente. – Roth charakterisierte Chaplin in seinem Artikel »Die Spaßmacher der Welt« (*Das Illustrierte Blatt*, Frankfurt, am 17.1.1926) erschien: »Chaplin ist ein Poet, ein Romancier und ein Satiriker. Chaplin ist ein Anarchist. Er haßt die menschliche Gesellschaft und alle ihre Einrichtungen, vom Nudelbrett und Porzellanteller angefangen bis zur Polizei. Immer lehnt er sich auf: gegen die pietistische Kirche, gegen die Ehe mit einem rabiaten Weib, gegen die Reichen, gegen die Ordnung. Er stellt die göttliche Ordnung wieder her und der menschlichen gegenüber. Er revolutioniert. Wenn er über eine Lauftreppe vergeblich zu kommen versucht, *muß* der Zuschauer die Treppe hassen. Wenn er über einen Rinnstein stolpert, *muß* man den Rinnstein verfluchen. Er ist immer geschlagen, demütig, er fällt von einer Niederlage in die andere. Er kann sich vor den Verfolgern kaum retten. Aber daß er sich zum Narren hält, daß er, ein Schwächling, die großen Riesenkerle schließlich besiegt: das ist der Sieg des Geistes über das Grobe. Der Sieg der Revolution über die Brutalität.« – Einige Jahre später äußerte sich Roth sehr kritisch über Charly Chaplin und seinen Film »Charlot Soldat« im Artikel »Chaplin und Gandhi«, siehe S. 199.

Richard-Oswald-Lichspiele. [»Fliehende Schatten«]

D: Berliner Börsen-Courier. Berlin. Jg. 54 Nr. 157 vom 2.4.1922, S. 8. »–th.«

Richard-Oswald-Lichtspiele] Siehe die Anm. auf S. 281.

»*Fliehende Schatten*«] Spielfilm, Deutschland 1921. Regie: Gerhart Lamprecht; Drehbuch: Lupu Pick, Gerhard Lamprecht; Kamera: Willy Großstück; weitere Darsteller: Harry Nestor, Anna von

Palen, Paul Biensfeldt u. a.; Produktionsfirma: Rex-Film GmbH, Berlin. Erstaufführung: 30.3.1922. Es handelt sich um den ersten Teil einer Filmreihe mit dem Titel »Aus den Erinnerungen eines Frauenarztes«, der österreichische Titel lautete »Aus den Geheimakten eines Frauenarztes«. Der zweite Teil der Reihe trug den Titel »Lüge und Wahrheit«, erstaufgeführt am 7.4.1922 in Berlin (Richard-Oswald-Lichtspiele).

Gerhard Lamprecht] Siehe die Anm. auf S. 292.

Edith Posca] Siehe die Anm. auf S. 286.

Lupu Pick] Siehe die Anm. auf S. 278.

U.-T. Kurfürstendamm. [»Der Strom«]

D: Berliner Börsen-Courier. Berlin. Jg. 54 Nr. 169 vom 9.4.1922, S. 6. »–th.«

U.-T. Kurfürstendamm] Siehe die Anm. auf S. 298.

Max Jungk] Siehe die Anm. auf S. 297.

Julius Urgiß] Siehe die Anm. auf S. 297.

»Strom«] »Der Strom«, Drama in drei Aufzügen von Max Halbe, erschienen 1904 bei Bondi, Berlin.

Verfilmung] »Der Strom«, Spielfilm, Deutschland 1921/1922, Regie: Felix Basch; Drehbuch: Max Jungk und Julius Urgiß nach dem gleichnamigen Drama von Max Halbe; Kamera: Julius Balting, Frederik Fuglsang; weitere Darsteller: Eduard von Winterstein, Grete Freund u. a. Produktionsfirma: Basch-Freund-Film, Berlin.

Halbe] Max H. (1865-1944), deutscher Schriftsteller; hatte seinen größten Erfolg mit dem Drama »Jugend« (1893).

Felix Basch] Felix B. (1885-1944), österreichischer Filmschauspieler und -regisseur; Basch kam 1912 nach Berlin, arbeitete seit 1913 als Filmdarsteller, häufig in der Rolle des Lebemanns und Charmeurs; ab 1915 auch Regiearbeiten. Wegen seiner jüdischen Herkunft 1933 in die USA emigriert, wurde er dort im Film nur noch mit kleineren Rollen betraut, oft als Naziuniformträger.

Rosa Valetti] Rosa V. (1876-1937; eigentlich Rosa Vallentin), deutsche Kabarettistin, Schauspielerin und Chansonnière; seit 1898 auf Berliner Theaterbühnen, entdeckte sie früh das Kaberett als Kunstform für sich und gründete 1920 ihre eigene, politisch ambitionierte Kleinkunstbühne im Berliner Westen, das legendäre »Café Größenwahn«. Seit 1911 auch, oft in prägnanten Nebenrollen, im Film zu sehen, wo sie gern von Regiegrößen wie Richard Oswald und Reinhold Schünzel engagiert wurde. Auftritte hatte sie auch in Klassikern wie Joseph von Sternbergs »Der blaue Engel« (1929/30) und Fritz Langs »M« (1931).

Gronau] Ernst G. (1887-1938), deutscher Theater- und Filmschauspieler; seit 1911 festes Mitglied des Ensembles an den Münchner

Kammerspielen. Ab 1913 in Berlin an verschiedenen Bühnen der Hauptstadt engagiert, begann Gronau 1919 auch als Filmschauspieler zu arbeiten, Anfang der 1920er-Jahre vor allem in Filmen von Felix Basch und Gerhard Lamprecht.

Thimig] Hermann T. (1890-1982), österreichischer Theater- und Filmschauspieler; begann seine Karriere am Theater 1910, nur wenige Jahre später spielte er auf Max Reinhardts Bühnen in Berlin und Wien sowie am Burgtheater, erste Filmengagements ab 1917, oft in der Rolle des jugendlichen Liebhabers. Seinen wohl größten Erfolg feierte Thimig als Hauptdarsteller in Reinhold Schünzels Komödie »Viktor und Viktoria« (1933).

Tiedtke] Jakob T. (1875-1960), deutscher Theater- und Filmschauspieler; seit 1899 am Theater, arbeitete sich Tiedtke seit 1905 unter Max Reinhardt am Deutschen Theater von kleinsten Nebenrollen herauf bis zu den Hauptrollen, sei es als komischer oder finsterer Charakter; 1913 erstmals vor der Kamera, begann mit dem Film für ihn eine jahrzehntelange erfolgreiche Karriere. Er soll bis in die späten 1950er-Jahre hinein in ca. 600 Filmen mitgewirkt haben.

Der Schmied von Kochel. Pressevorführung.

D: Berliner Börsen-Courier. Berlin. Jg. 54 Nr. 176 vom 13.4.1922, Abendausgabe, S. 7. »r–th.«

Marmorhaus] Siehe die Anm. auf S. 277.

»Schmied von Kochel«] Ein zweiteiliger Film unter dem Titel »Die Tragödie eines Volkes. Der Schmied von Kochel«. Teil I: »Um Thron und Land« und Teil II: »Mordweihnacht 1705«. Spielfilm, Deutschland 1921/22. Regie: Ernst Schebera; Drehbuch: Karl Kuchtner; Kamera: Max Faßbender; weitere Darsteller: Adolf Satzenhofer, Herbert Lassmann, Else Bodenheim u. a.; Produktionsfirma: Historica-Film GmbH, München.

Max Faßbender] Max F. (1868-1932?), deutscher Kameramann; nach anfänglicher Arbeit als Fotograf wechselte Faßbender 1913 zum Film, wo er bis Anfang der 1920er-Jahre viel und erfolgreich vor allem mit Joe May und Richard Oswald zusammenarbeitete, auch in frühen Filmen von Gerhard Lamprecht und Fritz Lang stand er hinter der Kamera.

Prof. Dr. Kuchtner] Karl K. (s. Lit.); Näheres nicht ermittelt.

Ernst Schebera] Näheres über diesen Regisseur nicht ermittelt.

Otto Kronburger] Otto K. (1889-?), deutscher Theater- und Filmschauspieler; seit 1906 an verschiedenen Bühnen u. a. in seiner Heimatstadt München engagiert, kam Kronburger erst 1920 zum Film, musste sich in diesem Metier jedoch schon sehr bald nur noch mit Nebenrollen begnügen.

Lit.: Die Tragödie eines Volkes. Der Schmied von Kochel. Historischer Großfilm in II Teilen aus der Zeit des spanischen Erbfolgekrieges. Manuskript: Prof. Dr. Karl Kuchtner, Regie: Ernst Schebera, Photographie: Max Fassbender, Künstlerischer Beirat: Carl Rabus u. a. München und Berlin: Historica-Film, (1922). 12 S.

Richard-Oswald-Lichspiele. [Chaplin-Woche]

D: Berliner Börsen-Courier. Berlin. Jg. 54 Nr. 189 vom 23.4.1922, S. 9. »–th–«

Richard-Oswald-Lichtspiele] Siehe die Anm. auf S. 281.

»Chaplin-Woche«] Vermutlich waren folgende Chaplin-Filme der Produktionsfirma Lone Star Corporation /Mutual im Programm: »The Adventurer«, »The Fireman« und »The Vagabond«.

Chaplin] Siehe die Anm. auf S. 304.

»Boytler contra Chaplin«] Kurzspielfilm, Deutschland 1921. Darsteller: Arcady Boytler u. a.; Produktionsfirma: Turma-Film GmbH, Berlin.

Boytler] Arcady B. (1893-1965), russischer Filmregisseur, Schauspieler, Drehbuchautor und Filmproduzent; arbeitete in Russland am Theater mit Stanislawski und Mejerchold und begann ab 1916 erste Filme zu drehen, in denen er Regie und Titelrolle selbst übernahm; 1917 emigrierte er nach Kiew, zwischen 1920 und 1922 lebte er in Berlin und drehte dort 1921 neben dem von Roth besprochenen Kurzfilm noch einen zweiten mit dem Titel »Boytler tötet Langeweile« (1921). Boytler übersiedelt Mitte der 1920er-Jahre nach Südamerika und wurde später in Mexiko zu einem angesehenen Regisseur.

U. T. Nollendorfplatz. [»Der Fall Standing« – »Die Sklavin des Banditen«]

D: Berliner Börsen-Courier. Berlin. Jg. 54 Nr. 201 vom 30.4.1922, S. 8. »–th.«

U. T. Nollendorfplatz] Siehe die Anm. auf S. 301.

Hans Hyan] Hans H. (1868-1944), deutscher Schriftsteller, Drehbuchautor und Gerichtsreporter; schrieb neben Kriminalromanen zwischen 1913 und 1922 über 20 Drehbücher, verfasste daneben seit 1919 auch fortschrittliche kriminologische Studien über *Berliner Gefängnisse* (1920) und über den *Massenmörder Haarmann* (1924).

»Fall Standing«] »Der Fall Standing«, Spielfilm, Deutschland 1922. Laut Film-Kurier, Berlin, Jg. 4 Nr. 91 vom 22.4.1922, S. 2, ein Film aus der Serie »Die Geschichte des grauen Hauses«, Regie: Erik Lund (d.i. Manfred Liebenau); Drehbuch: Hans Hyan; weitere Darsteller: Paul Rehkopf u. a.; Produktionsfirma: Delta-Film G.m.b.H. der Ring-Film A.-G. In Österreich lief der Film unter dem Titel »Menschliche Verirrungen – Auf des Lebens schiefer Bahn«.

Johannes Riemann] Johannes R. (1888-1959), deutscher Theater- und Filmschauspieler, Drehbuchautor und Regisseur; seit 1906 am Theater, konnte er mit Hilfe von Henny Porten ab 1916 auch beim Film Fuß fassen und erhielt Rollen im Fach des jugendlichen Helden; als Regisseur und Drehbuchautor blieb Riemann eher unbedeutend.

Wilhelm Diegelmann] Siehe die Anm. auf S. 291.

Lantelme Durrer] Lantelme D. (auch Dürer), schweizerische Theater- und Filmschauspielerin; Näheres nicht ermittelt; 1923 und 1924 spielte sie kleinere Rollen in vier deutschen Filmen.

»Die Sklavin des Banditen«] Vermutlich handelte es sich um den Western »Lahoma«, der 1920 unter der Regie von Edgar Lewis in den USA produziert wurde.

achtjährige Pianisten, Lucie Stern] Näheres nicht ermittelt; eine elfjährige Lucie Stern (»the wonder child of Europe«), Tochter der Konzertpianistin Paula Goldberg, trat laut *American Hebrew and Jewish Tribune* am 21.12.1924 in der Philadelphia Academy of Music auf (Bd. 116, Ausgabe 6, S. 203).

U. T. Kurfürstendamm. [»Der Raub der Dollarprinzessin«]

D: Berliner Börsen-Courier. Berlin. Jg. 54 Nr. 237 vom 21.5.1922, S. 13-14. »R-th.«

U. T. Kurfürstendamm] Siehe die Anm. auf S. 298.

»Der Raub der Dollarprinzessin«] Spielfilm, Deutschland 1921. Regie und Drehbuch: Franz Seitz sen.; Kamera: Karl Klein; weitere Darsteller: Adolf Satzenhofer, Max Weydner, Inge van Heer u. a.; Produktionsfirma: Union-Film-Co. m. b. H., München. Erstaufführung: 19.5.1922.

Franz Seitz] Franz S. senior (1888-1952), deutscher Regisseur, Schauspieler, Filmproduzent und Drehbuchautor; hauptsächlich in Bayern tätig; drehte seit 1917 zahlreiche Melodramen und Lustspiele für Produktionsfirmen in München und Schliersee.

Lorring] Lotte L. (1893-1939), deutsche Filmschauspielerin und Sängerin; machte sich zunächst einen Namen auf Operettenbühnen, zwischen 1920 und 1935 war sie auch immer wieder in Filmen, in der Regel in Nebenrollen, zu sehen.

Kayser] Charles Willy K. (1881-1942), deutscher Theater- und Filmschauspieler und -regisseur; begann seine Bühnenlaufbahn 1898 und spielte neben dem Raimund- und Burgtheater in Wien auf zahlreichen internationalen Bühnen. In Riga, wo er 1914 zum Direktor des deutschen Lustspielhauses ernannt worden war, kam er gleich nach Kriegsausbruch wegen angeblicher Spionage in russische Gefangenschaft. Erst 1918 zurück in Deutschland, begann er in Berlin eine Karriere als vielbeschäftigter Nebendarsteller beim Film.

Helga Molander] Helga M. (1896-1986; geboren als Ruth Werner), deutsche Theater- und Filmschauspielerin; seit 1918 sowohl im Theater als auch im Film tätig; geriet nach zehnjähriger Karriere in Vergessenheit.

Berger] Josef B. (1876-1956), deutscher Theater- und Filmschauspieler und Regisseur; war hauptsächlich an Münchner Bühnen- und Filmproduktionen beteiligt; neben der Arbeit als Darsteller inszenierte er auch einige kleinere Dramen.

Ernst Rückert] Ernst R. (1886-1950; eigentlich Anton Ernst Rücker), deutscher Theater- und Filmschauspieler; seit 1908 war er auf kleineren Theaterbühnen zu sehen; ab 1911 auch als Darsteller in Filmen. Hier erhielt er größtenteils Hauptrollen, spielte Nobelmänner, Liebhaber und Galane. Im Tonfilm konnte Rückert nur kleine Erfolge verzeichnen und kehrte schließlich zum Theater zurück.

H-moll-Symphonie.

D: Berliner Börsen-Courier. Berlin. Jg. 54 Nr. 237 vom 21.5.1922, S. 5. »Von Joseph Roth.« – Weitere Abdrucke, auch unter dem Titel »H-moll im Kino« in: Prager Tagblatt. Prag. Jg. 47 Nr. 118 vom 23.5.1922, S. 3; Frankfurter Zeitung. Frankfurt. Jg. 67 Nr. 169 vom 5. 3.1923, Morgenblatt, S. (1); Neue Berliner Zeitung – 12-Uhr-Blatt. Berlin. Jg. 5 Nr. 58 vom 9.3.1923, S. 3; Morgenzeitung und Handelsblatt. Mährisch-Ostrau. Jg. 11, Nr. 78 vom 21.3.1923, S. 2 bzw. Egerer Zeitung. Eger. Jg. 77 Nr. 70 vom 27.3.1923, S. 3.

Schubertsche H-moll-Symphonie] 8. Sinfonie, auch die »Unvollendete«, von Franz Schubert.

Wallace] Oliver George W. (1887-1963), angloamerikanischer Komponist und Dirigent, insbesondere bekannt durch seine Filmmusik.

Marmorhaus. [»Verbotene Frucht«]

D: Berliner Börsen-Courier. Berlin. Jg. 54 Nr. 281 vom 18.6.1922, S. 13-14. »R-th.«

Marmorhaus] Siehe die Anm. auf S. 277.

Jeanie Macpherson] Jeanie M. (1887-1946), amerikanische Filmschauspielerin und Drehbuchautorin; ab 1908 war sie in über 100 Filmen der Filmgesellschaft Biograph zu sehen; ab 1915 enge Zusammenarbeit mit Cecil B. DeMille, der die Schauspielerin als Drehbuchautorin gewann; in den nächsten 15 Jahren produzierten sie gemeinsam mehr als 30 Filme.

»*Verbotene Frucht*«] Spielfilm mit dem Originaltitel »Forbidden fruit«, USA 1921. Regie: Cecil B. DeMille; Drehbuch: Cecil B. DeMille, Jeanie Macpherson; Kamera: Alvin Wyckoff, Karl Struss; weitere Darsteller: Kathlyn Williams, Clarence Burton, Theodore Roberts, Forrest Stanley u. a.; Produktionsfirma: Famous Players-

Lasky Corp. In Österreich lief der Film unter dem Titel »Der Märchenprinz«.

Cecil B. de Mille] Cecil Blount DeMille (1881-1959), legendärer amerikanischer Regisseur, Produzent und Schauspieler; bekannt für seine opulent ausgestatteten Monumentalfilme zu antiken und biblischen Stoffen; seit 1913 im Filmgeschäft, machte er seit den 1920er-Jahren publikumswirksame Ausstattungsfilme zu seinem Markenzeichen, am bekanntesten wurde der Film »Die zehn Gebote« (1923), der DeMilles Ruhm begründete und den er 1956 ein zweites Mal verfilmte.

Mary Maddock] Die Rolle der Mary Maddock spielte Agnes Eyre Henkel (1898-1940).

Primuspalast. [»Die weiße Wüste«]

D: Berliner Börsen-Courier. Berlin. Jg. 54 Nr. 329 vom 16.7.1922, S. 8. »R–th.«

Primuspalast] Der Primuspalast wurde 1906 als Künstler- und Theaterhaus in Berlin-Zehlendorf, Berliner Straße 8, erbaut.

»Die weiße Wüste«] Spielfilm, Deutschland 1922. Regie: Ernst Wendt; Drehbuch: Ernst Wendt, Ejnar Stier; Kamera: Mutz Greenbaum; Darsteller: John Hagenbeck, Dita Borissowa, Carl de Vogt, Maria Bauer, Claire Lotto u. a.; Produktionsfirma: John Hagenbeck-Film GmbH, Berlin. Erstaufführung: 14.7.1922.

Hagenbeckfilm] John Hagenbeck (1866-1940), Halbbruder des Hamburger Zoodirektors Carl Hagenbeck, produzierte zwischen 1919 und 1923 über 20 Tierfilme mit Spielfilmhandlung, in denen er oft persönlich als Darsteller mitwirkte.

Nüsse an den Weihnachtsbaum ... Wort Hebbels] Nicht ermittelt.

M. Greenbaum] Mutz G. (1896-1968), deutscher Kameramann und Regisseur; begann seine Laufbahn 1913 in der Produktionsfirma des Vaters, anschließend Arbeit für viele kleinere Filmfirmen; 1930 siedelte Greenbaum nach Großbritannien über, wo eine langjährige Zusammenarbeit mit dem Starproduzenten Herbert Wilcox begann.

Eduard von Winterstein] Eduard von W. (1871-1961), deutsch-österreichischer Theater- und Filmschauspieler; kam 1895 zum Theater; auf Bühnen wie dem Deutschen Theater oder dem Schillertheater in Berlin war er in zahlreichen Titelrollen zu sehen; ab 1913 beim Film, hier musste er sich oft mit Chargenrollen begnügen.

Carl de Vogt] Siehe die Anm. auf S. 291.

Fritz Erwa] Auf der Besetzungsliste des Films »Die weiße Wüste« ist ein Fritz Erwa nicht zu ermitteln.

Dita Urrian-Borissowa] Dita U.-B., Schauspielerin; Näheres nicht zu ermitteln. Trat auch in dem 1921 produzierten Film »Die im Schatten gehen« (Regie: Heinz Schall) auf.

[…]] Die letzten Worte sind bei allen verfügbaren Originalen nicht lesbar.

Foxfilme in der Alhambra. [»Die Königin von Saba« – »Der Graf von Monte Christo« – »Die Mutter« – »Schande«]

D: Berliner Börsen-Courier. Berlin. Jg. 54 Nr. 341 vom 23.7.1922, S. 8. »R-th.«

Alhambra] Kinopalast mit 1340 Sitzplätzen am Kurfürstendamm 68 in Berlin-Charlottenburg, errichtet 1921 bis 1922.

William Foxscher Fabrikation] William Fox (1879-1952), Filmproduzent; gründete 1915 die Fox Film Corporation, aus der 1935 das namhafte Filmstudio 20th Century Fox erwuchs.

»Die Königin von Saba«] Spielfilm mit dem Originaltitel »The Queen of Sheba«, USA 1921. Regie: J. Gordon Edwards; Drehbuch: J. Gordon Edwards, Virginia Tracy; Kamera: John W. Boyle: Darsteller: Betty Blythe, Fritz Leiber, Claire De Lorenz u. a.; Produktionsfirma: William Fox. Erstaufführung: 10.4.1921 in den USA.

»Der Graf von Monte Christo«] Spielfilm mit dem Originaltitel »Monte Cristo«, USA 1922. Regie: Emmett J. Flynn; Drehbuch: Bernhard McConville und Charles Fechter nach dem Roman »Der Graf von Monte Christo« von Alexandre Dumas; Kamera: Lucien Andriot: Darsteller: John Gilbert, Estelle Tayler, Robert McKim u. a.; Produktionsfirma: William Fox. Erstaufführung: 1.4.1922.

»Die Mutter«] »Mutter«, Spielfilm mit dem Originaltitel »Over the Hill to the Poorhouse«, USA 1920. Regie: Harry F. Millarde; Drehbuch: Paul H. Sloane; Kamera: Hal Sintzenich, George Schneiderman; Darsteller: Mary Carr, James Sheridan, Noel Tearle u. a.; Produktionsfirma: William Fox. Erstaufführung: 17.9.1920 in den USA.

»Schande«] Spielfilm mit dem Originaltitel »Shame«, USA 1921. Regie: Emmett J. Flynn; Drehbuch: Emmett J. Flynn, Bernard McConville, Max Brand; Kamera: Lucien N. Andriot; Darsteller: John Gilbert, George Siegmann, Anna May Wong u. a.; Produktionsfirma; William Fox. Erstaufführung: 31. 7.1921 in den USA. In Österreich lief der Film unter dem Titel »Die Rache des gelben Mannes«.

Lit.: Die »Alhambra«-Film- und Bühnenschau. Ein neues Prunk-Kino am Kurfürstendamm in Berlin. In: Film-Kurier. Berlin. Jg. 4 Nr. 41 vom 21.2.1922, S. 2.

Richard-Oswald-Lichtspiele. [»Wem nie durch Liebe Leid geschah«]

D: Berliner Börsen-Courier. Berlin. Jg. 54 Nr. 355 vom 1.8.1922, S. 5. »R-th.«

Richard-Oswald-Lichtspiele] Siehe die Anm. auf S. 281.

»Wem nie durch Liebe Leid geschah«] Spielfilm, Deutschland 1922. Regie: Heinz Schall; Kamera: Fritz Arno Wagner; weitere Dar-

steller: Margit Barnay, Ferdinand von Alten, Ilka Grüning u. a.; Produktionsfirma: Koop-Film Co. mbH, Berlin.

nach dem Bangschen Roman hergestellte (»Die vier Teufel«)] Spielfilm »Die Benefiz-Vorstellung der vier Teufel«, Deutschland 1920. Regie: A. W. Sandberg; Drehbuch: Carl Rosenbaum, basierend auf der Erzählung »De Fire Djaevle« des dänischen Schriftstellers Herman Bang (1857-1912); Darsteller: Victor Colani, Adolphe Engers, Heidi Ford u. a.; Produktionsfirma: Primus-Film GmbH, Berlin. Erstaufführung: 26.11.1920 in Berlin.

Johannes Riemann] Siehe die Anm. auf S. 308.

Heinz Schall] [korrigiert aus »Heinz Scholl«] Heinz S. (1872-?), deutscher Sänger, Schauspieler und Regisseur; gastierte zunächst als Sänger sowie Schauspieler an vielen kleineren europäischen Bühnen und erhielt 1910 eine Festanstellung im Berliner Thalia-Ensemble; 1916 gab er sein Debüt als Filmregisseur und arbeitete unter anderen mit Asta Nielsen zusammen.

Fritz Arno Wagner] Fritz Arno W. (1889-1958), deutscher Kameramann; knüpfte 1910 in Paris erste Kontakte zum Film, es folgte eine lange Zusammenarbeit mit der französischen Filmgesellschaft Pathé; ab 1919 war er in Deutschland an zahlreichen genrebildenden Kinoklassikern beteiligt und arbeitete mit Starregisseuren wie Fritz Lang, F. W. Murnau oder G. W. Pabst zusammen.

Unser Liebling im Schnee.

D: Vorwärts. Berliner Volksblatt. Zentralorgan der Vereinigten Sozialdemokratischen Partei Deutschlands. Berlin. Jg. 40 Nr. 19, Ausgabe B Nr. 10, vom 12.1.1923, S. 2. »Der rote Joseph.«

Fern Andra] Fern A. (1894-1974, eigentlich Vernal Edna Andrews), amerikanische Filmschauspielerin, Regisseurin und Filmproduzentin; kam 1913 nach Deutschland und debütierte im gleichen Jahr beim Film; es folgt eine Reihe an Filmen, die im Adels- oder Zirkusmilieu angesiedelt sind, viele davon entstanden in eigener Produktion und Regie. Mitte der 1920er-Jahre sank ihre Popularität.

Henny Porten] Siehe die Anm. auf S. 272.

Lenins Begräbnis im Film.

D: Frankfurter Zeitung und Handelsblatt. Frankfurt a. M. Jg. 68 Nr. 118 vom 13.2. 1924, S. (1). »J. R.«

Lenin] Der russische Revolutionär und Begründer der Sowjetunion, Wladimir Iljitsch Lenin, war am 21. Januar 1924 mit 54 Jahren gestorben und wurde auf dem Roten Platz in Moskau aufgebahrt; zwischen dem 23. und 26. Januar sollen über eine Million Menschen an seinem Sarg vorbeidefiliert sein.

Film] Dokumentarfilm mit dem Titel »Pochorony W. I. Lenina«, Sowjetunion 1924. Regie: Grigori Boltjanski, Alexander Rasumny, Juri Scheliabuschski, Dsiga Wertow u. a.; Kamera: Eduard Tissé, Grigori Giber u. a.; Produktionsfirma: Goskino, Moskau.

Der Gast aus dem Norden.

D: Frankfurter Zeitung. Frankfurt a. M. Jg. 68 Nr. 122 vom 15.2.1924, 1. Morgenblatt, S. (1)-2. »J. R.«

»Nanuk«] Dokumentarfilm mit dem Originaltitel »Nanook of the North«, USA/Frankreich 1922. Regie, Drehbuch und Kamera: Robert J. Flaherty. Erstaufführung: 11.2.1924.

Hinter den Kulissen des Films.

D: Frankfurter Zeitung. Frankfurt a. M. Jg. 68 Nr. 146 vom 23.2.1924, Abendblatt, S. (1)-2. »J. R.«

daß wir im Film 16 Bilder in einer Sekunde sehen] 14 bis 16 Filmbilder in der Sekunde nimmt das menschliche Gehirn als eine bewegte Szene wahr. In der Stummfilmzeit einigte man sich auf 16 Bilder in der Sekunde, mit dem Beginn des Tonfilms legte man sich auf 24 Bilder fest, da 16 Bilder in der Sekunde für die Tonspur nicht ausreichten. – Das Interesse des Publikums für dieses Thema war offenbar vorhanden. So entstand in dieser Zeit auch der Dokumentarfilm »Der Film im Film. Ein Blick hinter die Kulissen« der Produktionsfirma Richard Hirschfeld GmbH, Berlin, unter der Regie und nach dem Drehbuch von Friedrich Porges und Stefan Lorant. Unter Mitwirkung bekannter Schauspieler und Regisseure wie Asta Nielsen, Henny Porten, Paul Wegener, Fritz Lang und Ewald André Dupont wurde die technische und künstlerische Entwicklung des Films dokumentiert.

Mit 900 Kindern im Kino.

D: Frankfurter Zeitung und Handelsblatt. Frankfurt a. M. Jg. 68 Nr. 180 vom 7.3.1924, Zweites Morgenblatt, S. (1). »J. R.«

»Leben afrikanischer Menschen und Tiere«] Dokumentarfilm mit dem Originaltitel »Med prins Wilhelm på afrikanska jaktstigar«, Schweden 1922. Regie: Prinz Wilhelm, Herzog von Södermanland, Kenneth Carr; Kamera: Oscar Olsson; Produktionsfirma: AB Svensk Filmindustri. Erstaufführung 6.3.1922 in Göteborg.

»mütterliche Hilfe«] Die Wohltätigkeitsorganisation »Mütterliche Hilfe« wurde 1922 in Berlin gegründet. Eine Mitbegründerin war Etta le Fort, die spätere Gräfin von Waldersee. Ab 1950 war sie Vizepräsidentin des Deutschen Roten Kreuzes.

schwedischen Prinzen Wilhelm] Carl Wilhelm Ludvig, gen. Wilhelm (1884-1965), schwedischer Prinz und Herzog von Södermanland.

Zwei Filmsensationen. [»Die Nibelungen« – »Carlos und Elisabeth«]

D: Frankfurter Zeitung. Frankfurt a. M. Jg. 68 Nr. 194 vom 12.3.1924, Abendblatt, S. (1). »Von Joseph Roth (Berlin).«

Nibelungenfilm] »Die Nibelungen. 1. Teil: Siegfried«, Spielfilm, Deutschland 1924. Regie: Fritz Lang; Drehbuch: Thea von Harbou; Kamera: Carl Hoffmann, Günther Rittau; Darsteller: Margarethe Schön, Paul Richter, Hans Adalbert Schlettow u. a.; Produktionsfirma: Decla-Bioscop AG, Berlin. Erstaufführung: 14.2. 1924 in Berlin.

Fritz Lang] Fritz L. (1890-1976), österreichischer Filmregisseur und Drehbuchautor; den ersten großen Erfolg als Regisseur hatte er 1921 mit »Der müde Tod«. Mit der Drehbuchautorin Thea von Harbou, die er 1922 heiratete, drehte er von da an eine Reihe von heute als Klassiker geltenden Filmen, neben dem hier von Roth verrissenen »Nibelungen«-Zweiteiler u. a. die beiden »Dr. Mabuse«-Filme (1921/22; 1932/33), »Metropolis« (1925/26) und »M – Eine Stadt sucht einen Mörder« (1931). Lang emigrierte 1934 in die USA, wo er in Hollywood ab 1935 seine Filmkarriere fortsetzen konnte. Ende der 1950er-Jahre kehrte er nach Deutschland zurück, wo er ohne Erfolg versuchte, an sein früheres Œeuvre anzuknüpfen.

Richard Oswald] Siehe die Anm. auf S. 281.

»Carlos und Elisabeth«] Spielfilm, Deutschland 1924. Regie: Richard Oswald; Buch: Ludwig Fulda, Richard Oswald; Kamera: Karl Hasselmann, Karl Puth, Karl Vass, Theodor Sparkuhl; Darsteller: Conrad Veidt, Eugen Klöpfer, Aud Egede-Nissen u. a.; Produktionsfirma: Richard Oswald-Film AG, Berlin. Erstaufführung: 26.2.1924.

Thea von Harbou] Thea von H. (1888-1954), deutsche Schriftstellerin und Drehbuchautorin; nach Anfängen als Schauspielerin schrieb sie ab 1919 erfolgreich Drehbücher und hatte damit wesentlichen Anteil am Erfolg der Filme ihres Ehemannes Fritz Lang (s.o.). 1933 wurde die Ehe mit Lang geschieden, von Harbou blieb in Deutschland und diente sich nach der Machtübernahme den Nationalsozialisten an. Nach dem Krieg war sie nach kurzer Internierung für Synchronstudios tätig und verfasste auch noch einige Drehbücher für das deutsche Nachkriegskino.

Das »Unterbewußtsein« im Film.

D: Frankfurter Zeitung und Handelsblatt. Frankfurt a. M. Jg. 68 Nr. 216 vom 20.3. 1924, Abendblatt, S. (1). »J. R.«

Dr. Thomalla] Curt T. (1890-1939), Arzt, Neurologe und Psychiater sowie Autor und Regisseur von Lehr- und Propagandafilmen;

später Angestellter im Ministerium für Volksaufklärung und Propaganda im Dritten Reichs.

Dr. Kronfeld] Arthur K. (1886-1941), deutsch-russischer Psychiater jüdischer Abstammung.

»Dafu«] Die Filmgesellschaft »Deutsch-Amerikanische Film-Union AG (Dafu) wurde am 4.12.1921 in Dresden gegründet.

Film... Hypnose und der psychoanalytischen Seelenbehandlung] »Ein Blick in die Tiefen der Seele; der Film vom Unbewussten«, Dokumentarfilm, Deutschland 1923. Regie: Curt Thomalla; Drehbuch: Curt Thomalla, Arthur Kronfeld; Zeichnungen: Svend Nordan; Produktionsfirma: Kulturfilm AG, Berlin, der Dafu (Deutsch-Amerikanische Film-Union).

Argiope, die Tigerspinne.

D: Frankfurter Zeitung und Handelsblatt. Frankfurt a. M. Jg. 68 Nr. 273 vom 10.4.1924, Abendblatt, S. (1). »Von Joseph Roth (Berlin).« – Wiederabgedruckt in: Leipziger Tageblatt und Handels-Zeitung. Leipzig. Jg. 118 Nr. 91 vom 15.4.1924, S. 4 bzw. Das Wochenblatt der Frankfurter Zeitung. Frankfurt a. M. Jg. 50 Nr. 19 vom 8.5.1924, S. 3.

Roth hat hier den direkten Vergleich zwischen Spielfilm und Dokumentar- bzw. Naturfilm, wobei er dem Film über das Leben der Spinne Argiope interessantere Aspekte abgewinnt als dem Spielfilm über das Schicksal irgendeiner Prinzessin. Solche Natur- und Lehrfilme wurden oft, wie auch in dem Fall von »Argiope«, als Beiprogramm vor den Spielfilmen vorgeführt. – Mirella Carbone schreibt in ihrem Aufsatz »Joseph Roths Filmrezensionen als literarische Reportagen«, Roth versetze »die Heldin seiner Filmrezension ›Argiope, die Tigerspinne‹ in die Sphäre des Menschlichen, der menschlichen Gedanken, Gefühle, Leidenschaften. Anlass dazu bietet dem Journalisten ein Kulturfilm über diese Spinnenart, die auch als Wespenspinne oder Zebraspinne bekannt ist. Bereits Anfang der 20er Jahre hatten einige große deutsche Filmkonzerne wie die UFA oder die Decla-Dioscop-Gesellschaft ihrem Betrieb eine wissenschaftliche Abteilung angegliedert, die Kultur- und Lehrfilme herstellte.« (Carbone 2010, S. 63)

Argiope, die Tigerspinne] Kurz-Dokumentarfilm, Deutschland 1923/1924. Produktionsfirma: Kulturfilm AG, Berlin.

Lit.: Katharina Ochse *Joseph Roths Auseinandersetzung mit dem Antisemitismus.* Würzburg, 1999. S. 103.

Der Liebling.

D: Frankfurter Zeitung und Handelsblatt. Frankfurt a. M. Jg. 68 Nr. 296 vom 19.4.1924, Abendblatt, S. (1). »Josef Roth.« – Wiederabgedruckt in: Sächsisches Volksblatt. Zwickau. Jg. 33 Nr. 95 vom 23.4.1924, Beilage: Dichtung und Wahrheit bzw. Das Wochenblatt der Frankfurter Zeitung. Frankfurt a. M. Jg. 50 Nr. 18 vom 1.5.1924, S. 3.

Es ist vor allem die Authentizität, die Roth an dem Kinderstar Jackie Coogan fasziniert: »Es sind Naturfilme. Ebenso wenig, wie der Eskimo spielt, wenn er gefilmt wird, ebenso wenig spielt Jackie Coogan.« – Auch in Roths Feuilleton »Berliner Filmberichte« vom 12.12.1924 (S. 135) über die Literaturverfilmung »Oliver Twist« bleibt Coogan für ihn »der kleine Wunderknabe, das einzige Kind, das nicht kitschig wirkt, obwohl es von Geschmacklosigkeiten aller Art umgeben ist ...«.

Jackie Coogan] Jackie C. (1914-1984), amerikanischer Kinderstar; stand bereits mit 18 Monaten das erste Mal vor der Kamera; 1919 von Chaplin entdeckt, spielte er ein Jahr später »The Kid« die Titelrolle. Es folgten weitere Kinderrollen, im Erwachsenenalter dann eine Reihe von Rollen in TV-Produktionen, u. a. Mitte der 1960er-Jahre als ›Onkel Fester‹ in der Serie »The Addams Family«.

In diesem Jungen steckt sein Großvater. Der wiedergeborene alte Herr Cohn aus Kowno oder Lodz.] Jackies Großvater, ein Apotheker in Syrakus, NY, war irischer Abstammung. Die Eltern seiner Mutter, der Sängerin und Tänzerin Lilian Rita Dolliver, waren Franklin Pearce Dolliver (*1853 in Lyndeborough, Hillsborough County, New Hampshire) und Julia Rita Fenton (*1863 in San Francisco, San Francisco County, California).

Drei Sensationen und zwei Katastrophen.

D: Frankfurter Zeitung. Frankfurt a. M. Jg. 68 Nr. 358 vom 14.5.1924, 1. Morgenblatt, S. (1). »Von Joseph Roth.«

Fritz Lang] Siehe die Anm. auf S. 314.

Thea von Harbou] Siehe die Anm. auf S. 314.

zweiten Teil des Nibelungenfilms] »Die Nibelungen. 2. Teil: Kriemhilds Rache«, Spielfilm, Deutschland 1924. Regie: Fritz Lang; Drehbuch: Thea von Harbou; Kamera: Carl Hoffmann, Günther Rittau; weitere Darsteller: Frida Richard, Erwin Biswanger, Paul Richter, Hans Adalbert Schlettow u. a.; Produktionsfirma: Decla-Bioscop AG, Berlin. Erstaufführung: 26.4.1924 in Berlin. Siehe auch S. 314.

Margarete Schön] Margarethe S. (1895-1985), deutsche Theater- und Filmschauspielerin; zwischen 1912 und 1945 an verschiedenen mittelgroßen Theatern in Deutschland beschäftigt; seit 1918 arbeitete sie auch für den Film, wo sie von Beginn an auch in Hauptrollen zu sehen war.

Troglodyten] (griech.) Höhlenmenschen.

»Messalina«-Film] Spielfilm mit dem Originaltitel »Messalina«, Italien

1922. Regie und Drehbuch: Enrico Guazzoni; Kamera: Victor Arménise, Alfredo Lenci; Darsteller: Rina De Liguoro, Gino Talamo, Augusto Mastripietri u. a.

Enrico Guazzoni] [korrigiert aus »Enrico Guarzoni«] Enrico Guazzoni (1876-1949), italienischer Regisseur, Drehbuchautor und Filmproduzent; kam 1907 erstmals mit dem Kino in Berührung und hatte schon im selben Jahr sein Debüt als Regisseur; entwickelte sich zu einem der führenden Regisseure historischer Dramen; ab 1916 vor allem als Drehbuchautor beschäftigt: mit Beginn der Tonfilmzeit fanden seine Werke kaum noch Beachtung.

»Quo vadis«] Spielfilm, Italien 1913. Regie und Drehbuch: Enrico Guazzoni nach dem gleichnamigen Roman von Henrik Sienkiewicz; Kamera: Eugenia Bava, Alessandro Bona; Darsteller: Amleto Novelli, Gustavo Serena, Amelia Cattanea u. a.; Produktionsfirma: Società Italiana Cines. Erstaufführung: März 1913 in Ungarn.

dritte Sensation] Vermutlich handelt es sich um den Dokumentarfilm »Die Besteigung des Mount Everest« mit dem Originaltitel »Climbing Mount Everest« von John B. L. Noel, produziert 1922 von der Royal Geographic Society, London.

Bruce] [korrigiert aus »Bryce«] Brigadegeneral Charles Granville B. (1866-1939), Leiter der zweiten und dritten britischen Mount-Everest-Expedition 1922 und 1924.

Populäre Kulturgeschichte.

D: Frankfurter Zeitung und Handelsblatt. Frankfurt a. M. Jg. 68 Nr. 494 vom 4.7. 1924, Abendblatt, S. (1). »rth.«

Svenska-Filmgesellschaft] Durch die Fusion von Svenska Biografteatern und Filmindustri AB Scandia entstand 1919 die Filmgesellschaft AB Svensk Filmindustri.

Benjamin Christensen] Benjamin C. (auch Benjamin Christie; 1879-1959), dänischer Theater- und Filmschauspieler und Filmregisseur; ab 1902 zunächst Sänger und Schauspieler an verschiedenen dänischen Bühnen; 1913 gab er sein Regiedebüt beim Film. Christensen machte sich mit seinen düsteren Filmen einen Namen im Genre des ›Phantastischen Films‹; neben seiner Regiearbeit übernahm er auch Filmrollen in dänischen und deutschen Produktionen.

»Die Hexe«] Dokumentarfilm mit dem Originaltitel »Häxan«, Schweden 1922. Regie und Drehbuch: Benjamin Christensen; Kamera: Johan Ankerstjerne; Darsteller: Benjamin Christensen, Elisabeth Christen, Maren Pedersen u. a.; Produktionsfirma: AB Svensk Filmindustri, Erstaufführung: 18.9.1922 in Schweden.

ein Jesuit (Spee)] Friedrich S. von Langenfeld (1591-1635), deutscher

Theologe und Schriftsteller; Verfasser geistlicher Lieder und Erbauungsbücher. In seiner anonym erschienenen Schrift *Cautio criminalis* (1631) wandte sich der Jesuit gegen die Praxis der Hexenprozesse seiner Zeit.

Amerikanisiertes Kino.

D: Frankfurter Zeitung. Frankfurt a. M. Jg. 69 Nr. 744 vom 4.10.1924, Abendblatt, S. (1). »rth. Im Oktober.«

Svend Gade] Svend G. (1877-1952), dänischer Theater- und Filmregisseur, Drehbuchautor und Bühnenbildner; in Dänemark ab 1905 am Theater tätig, seit 1915 erste Arbeiten für den Film. International bekannt wurde er durch seine »Hamlet«-Verfilmung mit Asta Nielsen in der Titelrolle (1921), bei der er gemeinsam mit Heinz Schall Regie führte. Mit Ende der Stummfilmära kehrte er zum Theater zurück.

Svend Gade hat einmal ... in einer deutschen Filmzeitschrift geschrieben] Ein Artikel Gades über die »›Aufmachung‹ des amerikanischen Kinos« konnte nicht ermittelt werden.

Lubitsch] Siehe die Anm. auf S. 285.

»Rosite«] Spielfilm mit dem Originaltitel »Rosita«, USA 1923. Regie: Ernst Lubitsch; Drehbuch: Eduard Knoblock, Norbert Falk, Hanns Kraly; Darsteller: Mary Pickford, Irene Rich, Holbrook Blin u. a.; Produktionsfirma: Mary Pickford Company. Erstaufführung: 3.9.1923.

»Die Ehe im Kreise«] Spielfilm mit dem Originaltitel »The Marriage Circle«, USA 1924. Regie: Ernst Lubitsch; Drehbuch: Paul Bern, Lothar Schmidt; Darsteller: Florence Vidor, Monte Blue, Marie Prevost u. a.; Erstaufführung: 10.2.1924 USA. In Österreich lief der Film unter dem Titel »Rund um die Ehe«.

Linder] Max L. (eigentlich Gabriel-Maximilien Leuvielle; 1883-1925), französischer Stummfilmschauspieler, erster Kinostar und Komiker auf der Leinwand; spielte bis 1908 in Paris am Theater; ab 1905 erste Filme für die Firma Pathé, seit 1911 Eigenproduktionen in denen er oft selbst die Hauptrolle übernahm. Schon 1914 galt er als der bekannteste Komiker weltweit. Gegen Ende des Weltkriegs musste Linder seine Filmarbeit aus gesundheitlichen Gründen stark einschränken, der von Roth besprochene »Zirkuskönig« war einer seiner letzten Filme; nahezu vergessen, setzte Linder seinem Leben 1925 selbst ein Ende.

in Wien gedrehtes Lustspiel] Spielfilm »Der Zirkuskönig«, Österreich 1924. Regie: Max Linder; Édouard Violet; Drehbuch: Max Linder; Kamera: Eduard Hoesch, Jose Besci; weitere Darsteller: Vilma Bánky, Eugen Burg u. a.; Produktionsfirma: Vita-Film AG, Wien. Erstaufführung: 19.9.1924 in Berlin.

Chaplin] Siehe die Anm. auf S. 304.

Mauritz Stiller] [korrigiert aus »Mauriz Stiller«] Mauritz S. (1883-1928), schwedischer Stummfilmregisseur und Drehbuchautor; nach Theaterarbeit in Finnland und Schweden debütierte er 1912 als Filmregisseur. Für seinen Film »Gösta Berling«, der international ausgesprochen erfolgreich war, entdeckte Stiller die damals noch unbekannnte Greta Garbo, die er in der Folgezeit zum Filmstar aufbauen sollte.

»Gösta Berling«] Spielfilm mit dem Originaltitel »Göste Berlings saga«, Schweden 1924. Regie: Mauritz Stiller; Drehbuch: Ragnar Hyltén-Cavallius nach dem Roman von Selma Lagerlöf; Kamera: J. Julius; Darsteller: Lars Hanson, Gerda Lundquist, Greta Garbo, Jenny Hasselqvist u. a.; Produktionsfirma: AB Svensk Filmindustri. Erstaufführung: 10.3.1924 in Schweden.

Selma Lagerlöf] Siehe die Anm. auf S. 304.

Carl Th. Dreyer] Carl Theodor D. (1889-1968), dänischer Filmregisseur und Drehbuchautor; zunächst Journalist, begann er 1914 auch Drehbücher zu schreiben, 1918 wechselte er zur Regie. Sein Homosexuellendrama »Michael« entstand während eines dreijährigen Aufenthaltes in Berlin. Mit seiner in Frankreich gedrehten »Johanna von Orleans« gelangte Dreyer 1928 zu Weltruhm.

Hermann Bangs »Michael«] Hermann Bangs Roman »Michael« (»Mikaël«) erschien 1904.

»Michael«] Spielfilm, Deutschland 1924. Regie: Carl Theodor Dreyer; Drehbuch: Thea von Harbou und Carl Theodor Dreyer nach dem gleichnamigen Roman von Hermann Bang; Kamera: Karl Freund, Rudolph Matè; weitere Darsteller: Nora Gregor, Alexander Murski, Didir Aslan u. a.; Produktionsfirma: Ufa, Berlin.

Thea v. Harbou] Siehe die Anm. auf S. 314.

Benjamin Christensen] Siehe die Anm. auf S. 317.

der Sohn des Sängers Slezak] Walter Slezak (1902-1983), österreichischer Schauspieler, Sohn von Leo Slezak; siehe Anm. auf S. 277.

Norbert Jacques] Norbert J. (1880-1954), deutschsprachiger Schriftsteller aus Luxemburg; seine Dr.-Mabuse-Romane dienten Thea von Harbou als Vorlage für die Drehbücher zu Fritz Langs Filmen (1922, 1933).

Ludwig Wolff] Ludwig W. (1876-?), deutscher Schriftsteller und Filmregisseur; sein Roman war die Vorlage für den Film »Die Prinzessin Suwarin« (1922/23), dessen Drehbuch Thea von Harbou schrieb.

»Pottasch und Perlmutter«] Spielfilm mit dem Originaltitel »Potash and Perlmutter«, USA 1923. Regie: Clarence G. Badger; Drehbuch: Montague Glass, Charles Klein; Darsteller: Alexander

Carr, Barney Bernard, Vera Gordon u. a.; Produktionsfirma: Samuel Goldwyn Productions. Erstaufführung: 10.9. 1923 in den USA.

Ein paar »Sensationsfilme«.

D: Frankfurter Zeitung. Frankfurt a. M. Jg. 69 Nr. 889 vom 20.11.1924, Abendblatt, S. (1). »rth. Anfang November.«

Karl Grune] Siehe die Anm. auf S. 294.

»Arabella«] »Arabella. Der Roman eines Pferdes«, Spielfilm, Deutschland 1924. Regie: Karl Grune; Drehbuch: Hans Kyser; Kamera: Karl Hasselmann, Karl Vass; Darsteller: Mae Marsh, Alfons Fryland, Fritz Rasp u. a.; Produktionsfirma: Stern-Film GmbH, Berlin. Erstaufführung: 2.10.1924. – Kurt Pinthus besprach den Film in *Das Tage-Buch*, Berlin, Jg. 5, Heft 42 vom 18. Oktober 1924, S. 1497 mit ähnlichen Vorbehalten wie Roth: »Das Pferdeschicksal kann geschehen sein. Schön und ergreifend sind die Bilder aus dem Leben eines Pferdes. // Dazu aber ward ein Kolportageroman erfunden. Und der kann nicht geschehen sein, sieht sich auch keineswegs schön und ergreifend an. Kitsch in prima Aufmachung, Kitsch in sich und nur als Basis für Filmmöglichkeiten, wie so etwas die Amerikaner bieten, ist erträglich und kann sogar edel wirken, Kitsch, noch dazu mäßig gearbeitet, verknüpft mit einer so edlen einfachen Angelegenheit, wie es dies Leben eines Pferdes (in Erfindung und in filmischer Durchführung) ist ... Kitsch und diese edle Sache schmelzen nimmermehr zusammen. Deshalb kann man, betrübt, den Film als Ganzes nicht als sehr gelungen bezeichnen. (Ähnlich lag der Fall in desselben Regisseurs Grune ›Straße‹). Die beiden Elemente: Publikumshandlung und Regisseurs Lieblingsproblem greifen bei Grune nicht so ineinander wie im Hundefilm ›Rin-Tin-Tin‹.«

Hans Kyser] Hans K. (1882-1940), deutscher Schriftsteller, Drehbuchautor und Filmregisseur; schrieb zunächst Theaterstücke und Romane, seit den 1920er-Jahren auch Drehbücher für den Film, mit Vorliebe bearbeitete er literarische und historische Stoffe; er verfasste u. a. die Drehbücher für »Nathan der Weise« (1922) mit Werner Krauß in der Titelrolle, F. W. Murnaus international beachtete »Faust«-Verfilmung (1925/26) sowie zum ersten technisch noch sehr unvollkommenen Kurztonfilm der Ufa »Das Mädchen mit den Schwefelhölzern« (1925).

Ludwig Wolff] Siehe die Anm. auf S. 319.

»Garragan«] Spielfilm, Deutschland 1924. Regie und Drehbuch: Ludwig Wolff nach seinem gleichnamigen Roman; Kamera: Guido Seeber, Karl Hasselmann, Reimar Kuntze; Darsteller: Edward Burns, Carmel Myers, Adolf Bassermann, Eduard von Winterstein

u. a.; Produktionsfirma: Elwe-Film GmbH, Berlin. Erstaufführung: 20.10.1924.

Kertesz] Mihály K. (später: Michael Curtiz 1888-1962), ungarischer Filmregisseur; seine von Alexander Graf Kolowrat finanzierte »Sklavenkönigin« war seinerzeit eine der teuersten Produktionen des österreichischen Films; schon Mitte der 1920er-Jahre ging Kertész nach Hollywood, wo er u. a. später den Bogart-Klassiker »Casablanca« (1942) drehte.

»Sklavenkönigin«] Spielfilm »Die Sklavenkönigin« (auch »The Moon of Israel«), Österreich/Großbritannien 1924. Regie Mihály Kertész; Drehbuch: Ladislaus Vajda nach dem Roman »Moon of Israel« von Henry Rider Haggard; Kamera: Gustav Ucicky, Maximilian Nekut, Hans Theyer; Darsteller: Adolf Weisse, Arlette Marchal, Hans Thimig u. a.; Produktionsfirma: Sascha-Film GmbH, Wien. Erstaufführung: 24.10.1924.

Juden in Gosen] Gosen (auch: Goschen), biblische Landschaft in Ägypten. Siehe Genesis 45,10.

»Die zehn Gebote«] Spielfilm mit dem Originaltitel »The Ten Commandments«, USA 1923. Regie: Cecil B. DeMille; Drehbuch: Jeanie MacPherson; Kamera: Edward S. Curtis, Bert Glennon, Donald Keyes, J. Peverell; Darsteller: Theodore Roberts, Charles de Rochefort, Estelle Taylor u. a.; Produktion: Famous Players-Lasky Corp. Vgl. auch S. 310.

Kurt Pinthus] Kurt P. (1886-1975), deutscher Publizist, Lektor, Theater- und Filmkritiker; heute vor allem bekannt als Herausgeber der berühmten Lyriksammlung »Menschheitsdämmerung« (1919), war Pinthus auch schon sehr früh am Kino interessiert: Seine Besprechung der italienischen Produktion »Quo vadis« (1912) gilt als erste programmatische deutsche Filmkritik. In seinem »Kinobuch« von 1913 publizierte Pinthus (nie verfilmte) »Kinostücke« deutscher Schriftsteller wie Max Brod, Albert Ehrenstein, Else Lasker-Schüler und Paul Zech. Seit 1921 verfasste Pinthus für das *8-Uhr-Abendblatt* (Berlin) und die Wochenzeitschrift *Das Tage-Buch* regelmäßig Filmkritiken und gehörte sehr bald zu den führenden Kritikern dieses Mediums in der Weimarer Zeit.

Verdienst des Berliner Kritikers Kurt Pinthus] Joseph Roth bezieht sich auf die Besprechung von Kurt Pinthus in *Das Tage-Buch*, Berlin. Jg. 5, Heft 44, November 1924, S. 1566: »Beim Anblick dieses Monumental-Kolossal-Films nach längst versunkener Makart-Dekorationsart, empfand man zweierlei Schrecken: // Wie ist es möglich, daß heute auf dem Erdenrund noch ein Regisseur wirkt, der mit so kaltem Pomp, mit so licht- und tempoloser Langeweile, trotz ungeheurem Aufwand, arbeitet wie dieser Ungar Kertesz? Ein pharaonisches Ägypten ist da zu sehen, das bei den mumifizierten Bewohnern dieses Landstrichs einen ungeheuren Lacherfolg erzielen würde – den einzigen Publikumserfolg, der für diesen Film denkbar ist. Eine altjüdische Heldin läuft da herum, den Bubikopf, je nach der Stimmung, in jedem Akt anders frisiert, die aussieht, wie ein entsprungenes Tiller-Girl. // Zweitens; wie ist es möglich, daß einer wagen kann, so völlig ganz und gar die großen Szenen und Tricks eines anderen Films zu plagiieren wie dieser Kertesz, der den Durchzug der Juden durchs Rote Meer, die Verfolgung vermittels ägyptischer Streitwagen bis in die kleinsten Details der Wogen- und Wagenbewegung den ›Zehn Geboten‹ entnimmt? // Die erste Frage vermag ich nicht zu beantworten, denn die Bezirke menschlicher Unzulänglichkeit sind größer als das gesamte feste Land dieses Planeten. Die zweite möchte ich so beantworten: Kertesz drehte den Film im vorigen Jahre zur Zeit der Inflation, als er glauben mußte, daß die mitteleuropäischen Nebbich-Valuten niemals den Import der ›Zehn Gebote‹ erlauben würden. Somit hätte man eine für billige österreichische Kronen gearbeitete Nachahmung der »Zehn Gebote« eher gesehen als das Original, und Kertesz hätte den Ruhm geerntet, den nun, da die stabilisierte Mark es ermöglichte, die ›Zehn Gebote‹ ausgerechnet in Deutschland als erstem Land Europas vorzuführen, der Amerikaner Griffith mit Recht einheimste. Der arme Kertesz ist also wie Castiglioni ein Opfer der Inflation geworden. Aber er ist auch ein Opfer des Publikumsgeschmacks, denn der ist besser als der Regisseur voraussetzte, weil nämlich das Publikum den Film so kalt aufnimmt, wie er gemacht ist.«

»Jagdruf der Liebe«] Vermutlich handelt es sich um den amerikanischen Spielfilm »The Cyclone Rider« mit Reed Howes und Alma Bennet unter der Regie von Thomas Buckingham, Produktionsfirma: Fox Film Corp.

Berliner Filmberichte.

D: Frankfurter Zeitung. Frankfurt a. M. Jg. 69 Nr. 929 vom 12.12.1924, Abendblatt, S. (1). »rth. Berlin, Anfang Dezember.«

»Das Wachsfigurenkabinett«] Spielfilm, Deutschland 1923/1924. Regie: Leo Birinski (Spielleitung), Paul Leni; Drehbuch: Henrik Galeen; Kamera: Helmar Lerski; weitere Darsteller: Conrad Veidt, Werner Krauß, Olga Belajeff u. a.: Produktionsfirma: Neptun-Film AG, Berlin. Erstaufführung: 13.10.1924 in Berlin.

»Nju«] Spielfilm, Deutschland 1924. Regie und Drehbuch: Paul Czinner nach einem Bühnenstück von Ossip Dymow; Kamera: Axel Graatkjær, Reimar Kuntze; weitere Darsteller: Conrad Veidt, Margarete Kupfer, Maria Forescu u. a.; Produktionsfirma: Rimax-Film AG, Berlin. Erstaufführung: 22.11.1924 in Berlin. –

Die Stummfilmadaption rettet dieses für Roth unerträgliche Bühnenstück von Dymow, da die Konversation wegfällt. Er erweist dem Film damit eine gewisse Reverenz.

Jackie Coogan] Siehe die Anm. auf S. 316.

»Oliver Twist«] Spielfilm, USA 1922. Regie: Frank Lloyd; Drehbuch: Walter Anthony nach dem Roman von Charles Dickens; weitere Darsteller: James A. Marcus, Aggie Herring u. a.; Produktionsfirma: Jackie Coogan Productions. Erstaufführung: 30.1.1922 in den USA.

Henrik Galeen] Siehe die Anm. auf S. 290.

Paul Leni] Paul L. (1885-1929), Filmarchitekt und -regisseur; zunächst Kunstmaler und Plakatzeichner, gestaltete Leni 1913 erste Filmkulissen, seit 1916 führte er auch Regie; mit dem Sozialdrama »Hintertreppe« (1921) und dem von Roth hier besprochenen »Wachsfigurenkabinett« konnte er sich als herausragender Regisseur des Stummfilms etablieren. 1926 ging Leni in die USA und brachte dort erstmals die Ästhetik des expressionistischen deutschen Stummfilms auf die amerikanische Leinwand.

Birinski] Leo B. (1884-1951), russischer Dramatiker und Drehbuchautor; kam 1904 nach Wien, wo er u. a. bis zu dessen Tod 1910 als Sekretär der Schauspielerlegende Joseph Kainz arbeitete; schrieb Theaterstücke, seit Beginn der 1920er-Jahre in Berlin vor allem auch Drehbücher. 1927 ging Birinski in die USA, wo er seine Arbeit als Drehbuchautor fortsetzte. »Das Wachsfigurenkabinett« blieb seine einzige Regiearbeit.

Elisabeth Bergner] Elisabeth B. (1897-1986), österreichische Theater- und Filmschauspielerin; kam 1921 nach Berlin und wurde dort durch Hauptrollen an verschiedenen Bühnen schnell populär und avancierte zum Publikumsliebling. Der hier von Roth besprochene Film war erst ihr zweiter und entstand unter der Regie ihres späteren Mannes Paul Czinner, mit dem gemeinsam sie später noch viele Filme drehen sollte.

Paul Czinner] [korrigiert aus »Paul Ginner«] Paul C. (1890-1972), ungarischer Filmregisseur und -produzent in Deutschland und Großbritannien; drehte 1919 seinen ersten Film, hatte mit dem hier von Roth besprochenen Film seinen Durchbruch als Regisseur.

Ossip Dymow] Ossip Dymow (1878-1959), russischer Schriftsteller, Drehbuchautor und Regisseur. Er sollte später zusammen mit Paul Kohner das Drehbuch zur Verfilmung von Roths Roman »Hiob« (»Sins of Man«, 1938) verfassen.

Emil Jannings] Emil J. (1884-1950), deutscher Theater- und Filmschauspieler; kam 1914 nach Berlin, um zunächst am Theater, dann ab 1916 auch regelmäßig für den Film zu arbeiten. Von Ernst Lubitsch gefördert, wurde er in den 1920er-Jahren zu einem der prominentesten Charakterdarstellern im deutschen Film, mit tragenden Rollen in Kinoklassikern wie Murnaus »Der letzte Mann« (1924) und Sternbergs »Der blaue Engel« (1929/30). Nach 1933 ließ sich Jannings von den Nationalsozialisten als Hauptdarsteller für diverse Propagandafilme einspannen. Nach 1945 wurde er deshalb von den Alliierten mit einem Auftrittsverbot belegt.

Filme für Kinder.

D: Frankfurter Zeitung und Handelsblatt. Frankfurt a. M. Jg. 69 Nr. 958 vom 23.12. 1924, Abendblatt, S. 2. »rth.«

»Die junge Stadt«] Spielfilm mit dem Originaltitel »Penrod and Sam«, USA 1923. Regisseur: William Beaudine; Drehbuch: Louis D. Lighton, Hope Loring; Kamera: Ray June, Edward Ullman; weitere Darsteller: Rockliffe Fellowes, Robert Gordon. Glady Brockwell u. a.; Produktionsfirma: J. K. McDonald Productions. Erstaufführung: 18.6.1923 in USA.

Herrn Hope Loring] [korrigiert aus »Hoye Loring«] Gemeint sit Hope L. (1894-1959), britische Drehbuchautorin; schrieb in den Jahren von 1918 bis 1931 mehr als 60 Drehbücher, einige davon in Zusammenarbeit mit ihrem Ehemann Louis D. Lighton.

Louis Lighton] [korrigiert aus »Lewis Leighton«] Louis D. L. (1895-1963), amerikanischer Drehbuchautor und Produzent; begann ab 1920 Drehbücher für etwa 40 Filme zu schreiben, bis er 1928 das Fach wechselte und bis Anfang der 1950er-Jahre nur noch Filme produzierte.

William Beaudine] William B. (1892-1970), amerikanischer Filmregisseur; kam 1909 zum Film, zwischen 1915 und 1922 erste Regiearbeiten, u. a. mit Mary Pickford; vor allem für eine große Anzahl von B-Produktionen verantwortlich, u. a. in den 1950er-Jahren für etliche Folgen der TV-Tierfilmserie »Lassie«.

Ben Alexander] Nicholas Benton A. (1911-1969), amerikanischer Filmschauspieler; stand schon im Alter von fünf Jahren vor der Kamera, bis Ende der 1930er-Jahre sollte er in mehr als 80 Filmen mitspielen. Seine wohl wichtigste Rolle hatte Alexander in Lewis Milestones »Im Westen nichts Neues« (1930) als beinamputierter Franz Kemmerich.

Jupiterlampen] Sammelbezeichnung für sehr lichtstarke Lampen (z. B. Gasentladungs- und Lichtbogenlampen), die besonders zur Ausleuchtung von Filmstudios benötigt wurden. Die Bezeichnung geht auf die Erzeugnisse der Firma »Jupiter-Kunstlicht Kersten & Brasch«, Berlin und Frankfurt a. M., zurück.

Sie opfern sich dem Atelier-Moloch] Vgl. Roths Äußerung über den Umgang mit Kindern in der amerikanischen Filmindustrie in seinem Feuilleton »Die Kinder« (Werke 1989-1991, III, 108-109):

»Man könnte glauben, dass diese Pudel-Kinder eine Spezialität von Hollywood sind, für Filmzwecke gezeugt und nach Absolvierung einer bestimmten Altersgrenze einfach umgebracht.«

»Der letzte Mann«.

D: Frankfurter Zeitung. Frankfurt a. M. Jg. 69 Nr. 20 vom 8.1.1925, Abendblatt, S. (1). »rth Berlin, Ende Dezember«

Eine der wenigen Filmrezensionen, in denen Roth filmspezifisch urteilt, Termini der Filmtechnik, die »technischen Ausdrucksmittel der Filmwissenschaft« verwendet und mit Begeisterung auf das Drehbuch eingeht und dessen Autor, Carl Mayer, ausdrücklich lobt: »Sein ›Manuskript‹ ist ein Brief an den Regisseur, mit Anweisungen.« In dieser Besprechung hat Joseph Roth das Filmhandwerk und die Filmkunst am besten analysiert. Vielleicht auch deshalb, weil es hier um das Schicksal eines kleinen Mannes geht. – Eigentlich war weder vom Drehbuchautor noch vom Regisseur ein »happy end« vorgesehen, man kam jedoch dem Geschmack und möglichem Wunsch des Publikums entgegen und ließ den Film gut enden. Roth schreibt diesbezüglich:

»Wäre der ironische Konzessions-Schluß nicht angehängt worden, so hätte es sich vielleicht jetzt entschieden, ob das Publikum wirklich reine Dichtung im Film sehen will.«

Kurt Pinthus war bereits Anfang Januar in einer Vorstellung und urteilt in *Das Tage-Buch*, Berlin, Jg. 6., Heft 1, 3.1.1925, S. 26-28, über das Ende etwas positiver als Roth:

»Filmdichterisch vortrefflich gefügt, mit ironisch literarischer Begründung (in dem sonst schriftlosen Film) das happy end: daß der Gedemütigte eine Millionenerbschaft macht und nun dort praßt, wo er einst diente …«

Für Roth ist »Der letzte Mann« »abgesehen von der Frage: Dichtung oder vergewaltigte Dichtung einer der besten Filme nicht nur Deutschlands, sondern der Welt«. Auch dies sieht Pinthus in seiner Besprechung anders, wenn er nach seinem Lob schreibt:

»Meine private Meinung ist allerdings, daß auch diese Art von Filmen, von der wir hier das höchste, das wertvollste bisher erreichte Stück sehen, nur Übergang, nur Schulung bedeutet. Darsteller, Regisseur – und Publikum lernen hier unendlich viel. Diese Filmkunst: Atmosphäreschaffen, Seelisches einfachst ausdrücken, raffinierte Komposition müssen nun in das eingearbeitet werden, was wirklich filmgemäß ist. Denn alle Leute dieses Films sind seelisch und nervös zu differenziert für das schnell sich bewegende

Schwarz-Weiß-Bild. Man hört deutlich, wie das Publikum aufatmet, wenn der Schluß dann grotesk-lustig in der Filmtradition rasch abrollt.«

»Der letzte Mann«] Spielfilm, Deutschland 1924. Regie: F. W. Murnau; Drehbuch: Carl Mayer; Kamera: Karl Freund; weitere Darsteller: Maly Delschaft, Hans Unterkirchner, O. E. Hasse, Emilie Kurz u. a.; Produktionsfirma: Union-Film der Universum-Film AG (Ufa), Berlin. Erstaufführung: 23.12.1924 in Berlin.

Carl Mayer] Siehe die Anm. auf S. 278.

Murnau] Friedrich Wilhelm M. (1888-1931; eigentlich Friedrich Wilhelm Plumpe), deutscher Filmregisseur; nach Anfängen als Theaterschauspieler, seit 1913 bei Max Reinhardt, begann Murnau nach dem Weltkrieg als Filmregisseur zu arbeiten. In der ersten Hälfte der 1920er-Jahre schuf er mehrere Klassiker des expressionistischen Films. Seine größten Erfolge neben dem von Roth hier besprochenen »Letzten Mann« waren der Vampirfilm »Nosferatu« (1921) und die opulent ausgestattete »Faust«-Verfilmung (1926) mit Emil Jannings als Mephisto. Auch in Hollywood gelang ihm der Durchbruch mit der (sehr freien) Literaturverfilmung »Sunrise« (1927) nach Hermann Sudermanns Novelle *Die Reise nach Tilsit*.

Freund] Karl F. (1890-1969), bedeutender Kameramann, später auch Filmregisseur; arbeitete 1913 in Berlin zusammen mit Stars wie Asta Nielsen und Henny Porten. In kürzester Zeit avancierte Freund zu einem der wichtigsten Kameramänner, arbeitete für nahezu alle namhaften Regisseure und führte die Kamera in Meisterwerken wie Fritz Langs »Metropolis« (1925/26) und Walther Ruttmanns »Berlin Die Sinfonie der Großstadt« (1927). Gegen Ende der Stummfilmzeit ging Freund in die USA, wo er für Universal, MGM und Warner Bros. arbeitete. 1960 zog er sich aus der aktiven Kameraarbeit zurück; Freund stand für mehr als 150 Filmen hinter der Kamera.

Jannings] Siehe die Anm. auf S. 323.

Der Film vom Vatikan.

D: Frankfurter Zeitung. Frankfurt a. M. Jg. 69 Nr. 67 vom 26.1.1925, Morgenblatt, S. (1). »rth Berlin, Mitte Januar.«

»Der Vatikan in Kunst und Geschichte«] Dokumentarfilm, Deutschland 1925.

Papst] Pius XI. (1857-1939), Papst von 1922 bis 1939.

Lit.: Der Vatikan in Kunst und Geschichte. Zur Aufführung des ersten Films der »Calig« m. b. H. Freiburg i. Br. Zusammengestellt und eingeleitet von Oscar Gehrig. Berlin: Deutsches literarisches Institut, 1925.

Filme. Zwei deutsche und ein amerikanischer.

D: Frankfurter Zeitung. Frankfurt a. M. Jg. 69 Nr. 103 vom 8.2.1925, 1. Morgenblatt, S. 3. »rth. Berlin, Anfang Februar.«

Berthold Viertel] Berthold Viertel (1885-1953), österreichischer Schriftsteller, Dramaturg und Theaterregisseur; startet seine Bühnenlaufbahn 1911 als Dramaturg und Regisseur an der Freien Volksbühne in Wien; weitere Theaterstationen sind Berlin, Dresden und München. In den 20er- und 30er-Jahren hat Viertel engen Kontakt zum Film und schreibt Drehbücher für Stumm- und Tonfilm.

»Perücke«] Spielfilm *»Die Perücke«*, Deutschland 1924. Regie und Drehbuch: Berthold Viertel; Kamera: Helmar Lerski; weitere Darsteller: Jenny Hasselquist, Karl Platen, Fred Goebel u. a.; Produktionsfirma: Westi-Film GmbH, Berlin. Erstaufführung: 23. 1.1925.

Otto Gebühr] Siehe die Anm. auf S. 285.

Reuters »Ut mine Stromtid«] Fritz Reuter (1810-1874), Dichter und Schriftsteller; schrieb hauptsächlich in niederdeutscher Sprache. 1862 erschien »Ut mine Stromtid«.

»Kampf um die Scholle«] Spielfilm, Deutschland 1924/1925. Regie: Erich Waschneck; Drehbuch: Willy Rath und Erich Waschneck frei nach dem Roman »Ut mine Stromtid« von Fritz Reuter; Kamera: Friedl Behn-Grund; Darsteller: Gustav Oberg, Ferdinand von Alten, Margarethe Schön u. a.; Produktionsfirma: Universum-Film AG, Berlin. Erstaufführung: 27.1.1925 in Berlin.

»Bei mir – Niagara«] Spielfilm »Bei mir – Niagara« (oder »Verflixte Gastfreundschaft«) mit dem Originaltitel »Our Hospitality«, USA 1923. Regie: Buster Keaton, John G. Blystone; Drehbuch: Clyde Bruckmann, Jean C. Havez und Joseph A. Mitchell; Kamera: Elgin Lessley, Gordon Jennings; weitere Darsteller: Natalie Talmadge, Joe Roberts, Ralph Bushman, Kitty Bradbury u. a.; Produktionsfirma: Joseph M. Schenck Productions / Metro Pictures Corp.

Buster Keaton] Buster K. (1895-1966; Joseph Francis Keaton), amerikanischer Schauspieler, Legende des klassichen Slapstick-Kinos und Filmregisseur; bekannt als »der Mann, der niemals lachte«, vollführte er in seinen Slapstickfilmen waghalsige Stunts mit stoischer Miene. – Einen »amerikanischen Meisterfilm« sieht Roth, wenn er über den Streifen »Bei mir Niagara« mit Buster Keaton berichtet. Roth charakterisierte Buster Keaton in seinem Artikel »Die Spaßmacher der Welt«, der in der Zeitschrift *Das Illustrierte Blatt*, Frankfurt a. M., am 17.1.1926 erschien: »Zwischen ihm [Charly Chaplin] und Harold Lloyd steht der traurigste Clown: *Buster Keaton*. Er siegt am Schluß, aber es fällt ihm schwer. Er ist niemals ein Frohlockender. Er kennt keinen Triumph. Fast ist ihm in der Niederlage wohl. Wenn er gewinnt, vergisst er nicht die Relativität des Gewinns.«

Filme.

D: Frankfurter Zeitung. Frankfurt a. M. Jg. 69 Nr. 204 vom 17.3.1925, Abendblatt, S. (1). »rth. Berlin, 15. März.«

Wieder ein Beispiel dafür, dass Roth den Dokumentarfilm den Spielfilmen vorzieht, wenn er über den Expeditionsfilm »Das große weiße Schweigen« und den Film über Auswanderer »Die Karawane« schreibt: »In beiden Filmen ist nicht die ›Handlung‹ Hauptsache, sondern das Geschehen. In beiden Filmen erreichen nicht die Menschen die filmisch beste Bildwirkung, sondern die Tiere.« Die Tiere verlieren selbst im Medium der Schatten nicht ihre Natürlichkeit, was den menschlichen Darstellern nur schwer gelingt, Kindern, wie Jackie Coogan, ausgenommen. Zwei Filme, in denen nicht irgendeine erdachte Handlung Hauptsache ist, sondern abfotografiertes Geschehen.

»Das große, weiße Schweigen«] Dokumentarfilm mit dem Originaltitel »The Great White Silence«, Großbritannien 1925. Von Herbert G. Ponting; Produktionsfirma: New Era Films, London. Erstaufführung: 13.3.1925 in Berlin.

»Die Karawane«] Vermutlich der Spielfilm mit dem Originaltitel »The Covered Wagon«, USA 1923. Regie: James Gruze; Drehbuch: Jack Cunnigham; Kamera: Karl Brown; Darsteller: J. Warren Kerrigan, Lois Wilson, Alan Hale, Ethel Wales u. a.; Produktionsfirma: Paramount Picture, Hollywood. Der Film lief in Österreich unter dem Titel »Die Karawane des Westens«.

Paramount-Filmgesellschaft] amerikanische Produktionsfirma, hervorgegangen aus Famous Players Film Company, gegründet von Adolph Zukor 1912. Neben MGM, Warner Brothers, RKO Pictures und 20th Century Fox eine der »Großen Fünf«.

Sieben Lamas sind angekommen.

D: Frankfurter Zeitung. Frankfurt a. M. Jg. 69 Nr. 254 vom 4.4.1925, Abendblatt, S. (1). »rth. Berlin, Anfang April.«

Am 11.4.1925 meldete *Die Woche*, Berlin, mit Bild auf dem Titelblatt: »In Berlin sind acht Lamas angekommen, die bei der Vorführung des Mount-Everest-Films unter Benutzung ihrer gottesdienstlichen Instrumente mitwirken.«

Hotel, das … Else Lasker-Schüler als Aufenthaltsort dient … prädestiniert ist, sieben Lamas eine Herberge zu sein.] Gemeint ist das Hotel Koschel (später Sachsenhof) in der Motzstraße unweit des Nollendorfplatzes in Berlin, das Else L.-S. (1869-1945) seit 1918 als permanenter Wohnsitz diente. Seine Werke siedelte »Prinz Jussuf von Theben«, wie sie sich selbst nannte, in einer märchenhaft-orientalischen Phantasiewelt an.

»Zum Gipfel der Welt«] Vermutlich der Dokumentarfilm mit dem Originaltitel »The Epic of Everest«, Großbritannien 1924. Regie: John B. L. Noel.

Die »Branche« mobilisiert.

D: Frankfurter Zeitung und Handelsblatt. Frankfurt a. M. Jg. 69 Nr. 281 vom 16.4.1925, Abendblatt, S. (1). »rth. Berlin, im April.«

»Cserepy«] Siehe die Anm. auf S. 284.

»Fridericus Rex«] Vier Spielfilme (1. Teil: »Sturm und Drang«, 2. Teil: »Vater und Sohn«, 3. Teil: »Sanssouci«, 4. Teil: »Schicksalswende«), Deutschland 1920-1923. Regie: Arsen von Cserépy; Drehbuch: Arsen von Cserépy, Hans Berendt, Bobby E. Lüthge; Kamera: Guido Seeber; weitere Darsteller: Erna Morena, Albert Steinrück, Eduard von Winterstein u. a.; Produktionsfirma: Cserépy-Film Co. GmbH, Berlin.

Otto Gebühr] Siehe die Anm. auf S. 285.

Hans Behrendt] Siehe die Anm. auf S. 291.

Conrad Wiene] Conrad W., auch Konrad W. (1878-1934), österreichischer Theaterschauspieler und Filmregisseur; beginnt 1899 seine Bühnentätigkeit; in der Folgezeit ist er an zahlreichen Bühnen Deutschlands im Rollenfach des jugendlichen Helden zu sehen. Ab 1914 arbeitet Wiene vermehrt für den Film, führt Regie und schreibt Drehbücher für weitestgehend unbedeutende Filme.

Beyerlein] Franz Adam Beyerlein (1871-1949), deutscher Schriftsteller; sein erfolgreiches Drama *Zapfenstreich* (1903) hatte seinerzeit wegen Kritik am militärischen Betrieb auch international Aufmerksamkeit erregt.

»Zapfenstreich«] Spielfilm, Deutschland 1925. Regie: Conrad Wiene; Drehbuch: Conrad Wiene und Hans Behrendt nach dem Drama »Zapfenstreich« von Franz Adam Beyerlein: Kamera: Willy Goldberger; Darsteller: Owen Gorin, Claire Otto, Bernhard Goetzke u. a.; Produktionsfirma: Continentfilm AG, Berlin. Erstaufführung: 27.3.1925 in Berlin.

Ruth Goetz] Ruth Amalie G. (1880-1965), deutsche Schriftstellerin und Drehbuchautorin; 1916 schreibt sie ihre ersten Drehbücher, zwei Jahre später ist sie als Koautorin für die Monumentalfilmreihen »Veritat Vinci« und »Die Herrin der Welt« beschäftigt. Schon 1927 beendet Goetz ihre Laufbahn beim Film, in der sie über 50 Drehbücher verfasst hatte.

Gerd Briese] Gerd B. (1897-1957), deutscher Schauspieler, Regisseur und Intendant; übernahm ab 1924 einige Nebenrollen beim Film und führte auch sporadisch Regie. Mit dem Beginn des Tonfilms endete Brieses Filmlaufbahn, und er widmete sich seitdem stärker der Theaterarbeit.

Fritz Kaufmann] Fritz K. (1889-1957), deutscher Regisseur und Drehbuchautor; ursprünglich Architekt, begann Kaufmann 1919 beim Film zu arbeiten, zunächst für die Deutsche Bioscop AG (ab 1920: Decla Bioscop), zwischen 1922 und 1930 führte er dann für verschiedene Berliner Filmproduktionsfirmen Regie in einem guten Dutzend Filme. 1933 floh Kaufmann wegen seiner jüdischen Herkunft aus Deutschland, zunächst nach Frankreich, 1941 in die USA.

»*Reveille*«] Spielfilm »Reveille, das große Wecken«, Deutschland, 1925. Regie: Fritz Kaufmann; Drehbuch: Ruth Goetz und Gerd Briese; Kamera: Leopold Kutzleb; weitere Darsteller: Victor Colani, Albert Steinrück, Fritz Kampers u. a.; Produktionsfirma: Export-Film-Vertrieb Gmbh, Berlin. Erstaufführung: 27.3.1925 in Berlin. Der Film lief in Österreich unter dem Titel »Liebesleben in einer kleinen Garnison«.

Werner Krauß] Werner K. (1884-1959), deutscher Theater- und Filmschauspieler; seit 1902 auf diversen Bühnen zu sehen, kam Krauß 1913 ans Deutsche Theater in Berlin; ab 1915 begann der gefeierte Bühnendarsteller neben seinen Theaterengagements auch intensiv für den Film zu arbeiten: Die Titelrolle in Robert Wienes »Kabinett des Doctor Caligari« (1920) machte ihn international bekannt; der vielseitige Krauß spielte in der Hochzeit des Stummfilms tragende Rollen in Filmen von u. a. Richard Oswald, G. W. Pabst und F. W. Murnau neben Stars wie Asta Nielsen, Emil Jannings und Greta Garbo; 1933 arrangierte sich Krauß umgehend mit den neuen Machthabern und wurde zu einem kulturellen Aushängeschild des NS-Regimes; er spielte die Rolle des Rabbi Löw in dem perfiden antisemitischen Streifen »Jud Süß« (1940). Nach 1945 bekam Krauß zunächst kein Engagement in Deutschland; ab 1949 gehörte er zum festen Ensemble des Wiener Burgtheaters und trat auch schon bald wieder in Hamburg, München und Berlin auf; 1954 wurde ihm der Ifflandring verliehen.

»*Wege zu Kraft und Schönheit*«] Semidokumentarfilm über moderne Körperkultur, Deutschland 1924/1925. Regie und Drehbuch: Wilhelm Prager und Nicholas Kaufmann; Kamera: Friedrich Weinmann, Eugen Hirsch, Erich Stöcker u. a.; Darsteller: La Jane, Eve Liebenberg, Niddy Impekoven, Johnny Weissmüller u. a.; Produktionsfirma: Universum Film AG (Ufa)-Kulturabteilung, Berlin. Erstaufführung: 16.3.1925.

Im mittäglichen Frankreich. Kino in der Arena.

D: Frankfurter Zeitung und Handelsblatt. Frankfurt a. M. Jg. 70 Nr. 679 vom 12.9.1925, Erstes Morgenblatt, S. (1)-2. »Von Joseph Roth.«

Auch in Frankreich geht Joseph Roth trotz seines ambivalenten Verhältnisses zum Film ins Kino. Ursache für diesen Kinobesuch ist möglicherweise seine frankophile Euphorie und der romantische Aufführungsort für eine Filmvorführung in einer Arena. Roth wurde von der Redaktion der *Frankfurter Zeitung* 1925 nach Frankreich gesandt auch mit dem Auftrag, Reiseberichte aus der Provinz zu liefern. Es war seine erste Frankreichreise, seine Begeisterung ist grenzenlos, und er hofft, erster Korrespondent für sein Blatt zu werden, um in diesem Land bleiben zu können.

In den Monaten August und September reist Roth durch Frankreich, er verfasst neben einzelnen Artikeln zwei lange Serien von Reiseberichten mit den Titeln »Im mittäglichen Frankreich«, zu denen die Texte »Kino in der Arena« und »Ein Kino im Hafen« gehören, sowie »Die weißen Städte«.

»Zehn Gebote«] Siehe die Anm. auf S. 321.

Im mittäglichen Frankreich. Ein Kino im Hafen.

D: Frankfurter Zeitung und Handelsblatt. Frankfurt a. M. Jg. 70 Nr. 824 vom 4.11.1925, Abendblatt, S. (1). »Joseph Roth« – Wieder abgedruckt u. d. T. »Ein Kino im Hafen« in: Neue Leipziger Zeitung. Leipzig. Nr. 12 vom 2.1.1926, S. 2 bzw. Breslauer Neueste Nachrichten. Breslau. Jg. 39 Nr. 13 vom 14.1.1926, II. Ausgabe, S. 2.

Ähnlich wie bei seinem Besuch des Films »Das rote Aß« (siehe S. 32-35) in Wien 1920 beschreibt Roth in diesem Feuilleton, wie sich die Zuschauer, hier vor allem männliche, mit den Darstellern identifizieren und diese nachzuahmen trachten.

Film von den »Roten Wölfen«] Nicht ermittelt.

Bekehrung eines Sünders im Berliner Ufa-Palast.

D: Frankfurter Zeitung und Handelsblatt. Frankfurt a. M. Jg. 70 Nr. 863 vom 19.11.1925, Abendblatt, S. (1). »Von Joseph Roth.« – Leicht gekürzt wiederabgedruckt u. d. T. »Bekehrung im Kino« in: Der Wiener Tag. Wien. Jg. Nr. 5180 vom 14.11.1937, S. 17.

Wie in »Amerikanisiertes Kino« beschreibt Roth hier das Vorprogramm, das dem folgenden Harald-Lloyd-Film eher schadet als nützt.

der heiterste Film Amerikas] Vermutlich der Spielfilm »1000:1 = Harold Lloyd« mit dem Originaltitel »Why Worry?«, USA 1923. Regie: Fred Newmeyer, Sam Taylor.

Harald Lloyd] Harold L. (1893-1971), amerikanischer Schauspieler, neben Keaton und Chaplin der dritte große Komiker des

Stummfilms. – Roth charakterisierte Harald Lloyd in seinem Artikel »Die Spaßmacher der Welt«, der in der Zeitschrift *Das Illustrierte Blatt*, Frankfurt, am 17.1.1926 erschien: »Durch seine körperlichen Eigenschaften wirkt der weitaus berühmtere Amerikaner *Harold Lloyd* überhaupt nicht. Er wirkt nur durch originelle technische Einfälle. Seine Phantasie ist auf einer Seite durch das Märchen begrenzt, auf der andern durch die Maschine. Er kombiniert beides. Er nützt alle Möglichkeiten des Filmapparats und andere Apparate aus. Er ist selten boshaft. Er neigt zum Didaktischen. Er ist positiv eingestellt. Und weil er weitaus harmloser ist, wird er auch in Amerika, dem Land der Naiven, immer mehr populär als der größte aller Filmkomiker: *Charlie Chaplin.*«

Das aufgedeckte Grab.

D: Frankfurter Zeitung und Handelsblatt. Frankfurt a. M. Jg. 70 Nr. 971 vom 31.12.1925, Abendblatt, S. (1). »rth Frankfurt, den 31. Dezember.« – Wieder abgedruckt in: Neue Berliner Zeitung – 12-Uhr-Blatt. Berlin. Jg. 8 Nr. 3 vom 5.1.1926, S. 3.

Trotzki in Moskau … ohne Generalstabsschule und mit der Vorbildung eines Literaten] Leo T. (1879-1940), russischer Politiker, Revolutionär; bevor Trotzki sich 1917 in Russland den Bolschewiken anschloss, hatte er zehn Jahre in Europa und den USA als Journalist gearbeitet. Ab 1918 war er als Volkskommissar für Verteidigung maßgeblich am Aufbau der Roten Armee und an deren späterem militärischen Sieg beteiligt.

20 Minuten vor dem Kriege.

D: Frankfurter Zeitung. Frankfurt a. M. Jg. 70 Nr. 428 vom 11.6.1926, Abendblatt, S. (1). »Von Joseph Roth.« – Wiederabgedruckt in: Neue Leipziger Zeitung. Leipzig. Nr. 164 vom 16.6.1926, S. 2; Das Wochenblatt der Frankfurter Zeitung. Frankfurt a. M. Jg. 52 Nr. 24 vom 17. 6.1926, S. 5 bzw. Prager Tagblatt. Prag. Jg. 51 Nr. 146 vom 20.6.1926, S. 5.

Vgl. dazu Roths Artikel »Gespenster in Moskau« (Werke 1989-91, II, 596-601).

Bemerkungen zum Tonfilm.

D: Frankfurter Zeitung. Frankfurt a. M. Jg. 73 Nr. 335 vom 6.5.1929, Abendblatt, S. (1). »Joseph Roth.«

»Das Menschengesicht«

D: Münchner Neueste Nachrichten. München. Jg. 82 Nr. 353 vom 29.12.1929, S. 4. »Von Joseph Roth.«

»Das Menschengesicht«] Max Picard *Das Menschengesicht*. München: Delphin-Verlag, 1929. Max P. (1888-1965), Schweizer Arzt

und Kulturphilosoph. Roth beginnt seine Rezension des Buches über Physiognomie von Max Picard mit einem Zitat aus dem besprochenen Werk (ebd., S. 135). Dieses Zitat wird er 1934 als Motto dem Kapitel »Die Heimat der Schatten« in seinem großen Essay »Der Antichrist« voranstellen.

Die Generallinie

D: Der Scheinwerfer. Essen. Jg. 3 Nr. 12 vom März 1930, S. 24-26. »Joseph Roth:«

S. M. Eisenstein] Sergei Michailowitsch E. (1898-1948), sowjetischer Filmregisseur; seit 1920 in Moskau am Theater zunächst als Bühnenbildner, machte Eisenstein sich schon bald auch als innovativer Regisseur einen Namen. 1923 entdeckte er die Möglichkeiten des Mediums Film und experimentierte fortan mit neuen Techniken der Bildmontage: Bereits sein zweiter großer Spielfilm, »Panzerkreuzer Potemkin« (1925) wurde international gefeiert und übte in der Folgezeit großen Einfluss auf die Filmkunst weltweit aus. Weitere Werke: »Streik« (1924), »Oktober – zehn Tage, die die Welt erschütterten« (1927), »Alexander Newski« (1938), »Iwan der Schreckliche« (2 Teile; 1944-46).

die Initialen] Die Initialen der Vornamen Eisensteins, S. M., erinnern Roth an die Zeit der österreich-ungarischen Monarchie, an Seine Majestät Kaiser Franz Joseph I.

»Die Generallinie«] Spielfilm mit dem Originaltitel »Staroye i Nowoje«. Russland 1929. Regie und Drehbuch: Grigori Alexandrow, Sergei M. Eisenstein; Kamera: Eduard Tisse; Darsteller: Marfa Lapkina, M. Iwanin, Konstantin Wassiljew u. a.; Produktionsfirma: Sowkino, Moskau. Erstaufführung: 7.11.1929 in der Sowjetunion, 10.2.1930 in Berlin.

»Potemkin«] »Panzerkreuzer Potemkin«, Spielfilm mit dem Originaltitel »Bronenosets Potyomkin«, UdSSR 1925. Regie: Sergei M. Eisenstein; Drehbuch: Nina Agadschanowa; Kamera: Wladimir Popow und Eduard Tisse; Darsteller: Alexander Antonow, Wladimir Barski, Grigori Alexandrow u. a.; Produktionsfirma: Goskino, Moskau. Erstaufführung: 21.12.1925 im Bolschoi-Theater, Moskau.

Verfilmung eines Mordprozesses

D: Münchner Neueste Nachrichten. München. Jg. 83 Nr. 101 vom 13.4.1930, S. (3). »Von Joseph Roth.« – Wiederabgedruckt in: General-Anzeiger der Stadt Frankfurt am Main. Frankfurt a. M. Jg. 55 Nr. 172 vom 25.7.1930, S. 3.

Meßter-Woche] Siehe die Anm. auf S. 295.

Silberfüchse

D: Breslauer Neueste Nachrichten Breslau. Jg. 43 Nr. 248 vom 11.9.1930, II. Ausgabe, S. 2. »Von Joseph Roth.«

Silberfüchse] Möglicherweise der Film »In einer Silberfuchsfarm« von Hubert Schonger, Deutschland 1927.

Ehre den Dächern von Paris!

D: Frankfurter Zeitung. Frankfurt a. M. Jg. 75 Nr. 805 vom 28.10.1930, Abendblatt, S. (1). »Von Joseph Roth.« – Gekürzt wiederabgedruckt in: Sächsisches Volksblatt. Zwickau. Jg. 39 Nr. 296 vom 20.12.1930, Beilage: Film und Funk.

Unter den Dächern von Paris] Spielfilm mit dem Originaltitel »Sous les toits de Paris«, Frankreich 1930. Regie und Drehbuch: René Clair; Kamera: Georges Périnal, Georges Raulet; Musik: Armand Bernard; Darsteller: Albert Préjean, Pola Illéry, Gaston Modot. Edmond Gréville u. a.; Produktionsfirma: Société de Films Sonres Tobis, Paris (eine Schwestergesellschaft der Tobis-Tonbild-Syndikat AG, Berlin). Erstaufführung: 2.1.1930, deutsche Erstaufführung: 15.8.1930.

unser Berichterstatter ... Werk bereits gewürdigt] Bereits zwei Monate vor Roths Artikel hatte Siegfried Kracauer den Film für die *Frankfurter Zeitung* vorgestellt (Jg. 75 Nr. 608-610, Reichsausgabe vom 17.8.1930, S. 16). – Roth geht im Oktober in Frankfurt am Main ins Kino, um sich den Tonfilm »Unter den Dächern von Paris« (»Sous les toits de Paris«) von René Clair anzusehen, der als Meilenstein in die Geschichte des Kinos und des Tonfilms einging. Roth ist von der »Mustergültigkeit« des Films vollkommen überzeugt und berichtet hier, obwohl »anläßlich der Uraufführung in Berlin, unser Berichterstatter in besonders auszeichnender Ausführlichkeit das außergewöhnliche Werk bereits gewürdigt hat«. Roth gibt in seiner Rezension den Lesern eine genaue und liebevolle Inhaltsangabe, ohne jedoch auf das Produktionsteam näher einzugehen. Vielleicht auch deshalb, weil Siegfried Kracauer dies bereits in seiner Besprechung getan hatte. Trotzdem ist es verwunderlich, dass Roth seinen Lesern diese Information vorenthält. Auf alle Fälle wurde René Clairs Tonfilm bereits von den zeitgenössischen Rezensenten sehr geschätzt, nicht nur von Kracauer, sondern auch von Kurt Pinthus. Roth reiht sich also mit seinem Urteil in die Riege der bedeutendsten Filmkritiker seiner Zeit ein. – Bei jedem der drei genannten Filmkritiker wird die Besprechung zu einer prinzipiellen Auseinandersetzung mit dem Tonfilm. – Roth lobt »die noble Diskretion dieses Tonfilms« und bemerkt: »Die Handlung dieses Tonfilms entsteht ebenso aus der Atmosphäre der Stadt Paris, wie etwa ein Volkslied entsteht aus der Seele einer bestimmten Landschaft. [...]

Die Mustergültigkeit dieses Tonfilms beruht denn auch auf der Parallelität und der gesetzmäßigen Gleichnamigkeit des Films und des Gassenhauers, der die Handlung durchwirkt, begleitet und umsäumt.« – Ähnlich äußert sich Kurt Pinthus zu diesem Werk im *8 Uhr-Abendblatt*, Berlin, vom 16.8.1930: »Ist das eigentlich ein Tonfilm? Viele Szenen werden stumm gespielt. Aber dann merkt man gar nicht, daß nicht gesprochen wird, weil Straßenlärm, Musik und Fensterscheiben den Dialog auf natürliche Weise zudecken. Und in vielen Szenen werden kurze Gespräche geführt. Aber man merkt dann gar nicht, daß gesprochen wird. Man merkt kaum, daß diese Menschen französisch sprechen; so verständlich, so selbstverständlich ist alles, was sie tun. Denn es ist eine bindende Einheit, eine unzerstörbare Einheitlichkeit in den vielen Bildern: eben die Melodie der Stadt Paris, die leise mitsummt in Menschen und Häusern –«. (Zitiert nach Pinthus 2008, S. 274f.) Siegfried Kracauer übertitelt seine Besprechung der Erstaufführung in Berlin mit »Neue Tonfilme« (Untertitel »Einige grundsätzliche Bemerkungen«) und schreibt: »Zum Glück hat man die französische Fassung des nach dem Tobis-Verfahren hergestellten Films beibehalten und ihm nur – vielleicht in der Absicht, ihn bei uns einzubürgern – eine kurze deutsche ›Tonfilm-Conférence‹ vorangeschickt, die Joachim Ringelnatz versieht. // Der Film ist ein Tonfilm, von dessen Montage unsere Regisseure viel lernen können. Sie entspricht der Forderung, die ich an dieser Stelle schon wiederholt habe. Hier wird nicht Theater gespielt, hier ist das Neuland nicht preisgegeben, das die besten stummen Filme erobert haben. Vielmehr: Wort und Bild sind einander nebengeordnet. Während in den deutschen Tonfilmen jenes gewöhnlich die unbedingte Vorherrschaft an sich reißt und damit die Freizügigkeit der Kamera hemmt, werden bei Clair Augen und Ohren gleichmäßig beansprucht. Sein Film könnte, vor allem der Bedeutung des Schlagers wegen, nicht stumm sein;…« (Zitiert nach Kracauer 2004, S. 392-394.)

Das Hellsehen.

D: Frankfurter Zeitung. Frankfurt a. M. Jg. 76 Nr. 624 vom 22.8.1931, Abendblatt, S. (1). »Von Joseph Roth.«

Hellseherin] Die Hellseherin Madame Karoly trat mit ihrem Manager und Ehemann Camillos vom 20. bis 25.8.1931 in den Frankfurter Camera-Lichtspielen auf (vgl. *Die Neueste*, Frankfurt/M., Jg. 1 Nr. 105 vom 20.8.1931, S. 4).

Moll] Albert M. (1862-1939), deutscher Arzt, Psychiater und Sexualwissenschaftler. Er war einer der ersten Wissenschaftler, die sich mit Fragen der Hypnose beschäftigten.

Dessoir] Max D. (1867-1947), deutscher Philosoph, Psychologe und Kunsthistoriker und der Urheber des Begriffes Parapsychologie.

Metro-Goldwyn-Film] Metro-Goldwyn-Mayer Studios Inc. (MGM), gegründet 1924.

»Männerfang«] Vermutlich der Spielfilm mit dem Originaltitel »Our Dancing Daughters« mit Joan Crawford, Nils Asther, John Mack Brown, Anita Page und Kathlyn Williams unter der Regie von Harry Beaumon. Produktionsfirma: Metro-Goldwyn-Mayer Corp.

Schluß mit den Kriegsfilmen!

D: Frankfurter Zeitung. Frankfurt a. M. Jg. 76 Nr. 631 vom 25.8.1931, Abendblatt, S. (1). »Von Joseph Roth.«

Für einen »sensiblen Kriegsteilnehmer«, wie Roth sich sieht, hat dieser Film »etwas Schnödes und Verletzendes«, denn »Es gibt eben Grenzen, es gibt ein ungeschriebenes, aber sehr klares Gesetz von den Rechten, die sich der gute Geschmack in gewissen Fällen gegenüber der Kunst herausnehmen darf, und von den Schranken, die eine so zweifelhafte Kunst, wie es die filmische ist, einhalten müßte.«

»Douaumont«] Semidokumentarfilm mit eingeblendeten Originalaufnahmen unter dem Titel »Douaumont – Die Hölle von Verdun«, Deutschland, 1931. Regie: Heinz Paul; Drehbuch: Heinz Paul, Karl Günter Panter; Kamera: Viktor Gluck, Georg Bruckbauer; Produktionsfirma: Karl Günther Panter-Filmproduktion, Görlitz. Erstaufführung: 13.8.1931.

Heinz Paul] Heinz P. (1893-1983), deutscher Filmregisseur und -produzent; seit 1920 führte der ehemalige Berufsoffizier Regie, zunächst in Filmen mit seiner Ehefrau, dem während des Krieges populären Stummfilmstar Hella Moja (1890-1951), welche seit Mitte der 1920er-Jahre auch Drehbücher für ihn schrieb. Seine Spezialität waren deutschnational gefärbte Kriegsfilme, neben dem von Roth besprochenen u. a. »U 9 Weddigen« (1927), »Die Somme« (1931) und »Tannenberg« (1932); verfilmte 1927 auch unter dem Titel »Der falsche Prinz« die Geschichte des Hochstaplers Harry Domela (vgl. »Der Prinz« in Roth 2010, S. 28-30 und S. 421)

Jupiterlampe] Siehe die Anm. auf S. 324.

Harry Liedtke] Harry L. (1882-1945), deutscher Theater- und Filmschauspieler; von 1909 bis 1916 am Deutschen Theater in Berlin unter Max Reinhardt, begann Liedtke 1912 mit der Unterstützung von Oskar Messter eine erfolgreiche Filmkarriere. In der Rolle des Charmeurs, kultivierten Gentleman oder eleganten Lebemannes wurde er während des Weltkrieges binnen kurzer Zeit populär, vor allem in Kriminal- und Detektivserien. Ernst Lubitsch setzte ihn ab 1918 (»Carmen«, »Die Augen der Mumie Mâ«) in Abenteuerfilmen als Partner von Pola Negri ein, mit denen Liedtke zum höchstbezahlten Schauspieler seiner Zeit aufstieg.

Chaplin und Gandhi.

D: Frankfurter Zeitung. Frankfurt a. M. Jg. 76 Nr. 729-730 vom 1.10.1931, Abendblatt/1. Morgenblatt, S. 10. »Von Joseph Roth.«

Mahatma Gandhi] Mohandas Karamchand G. (genannt: Mahatma; 1869-1948), indischer Rechtsanwalt, Politiker und Revolutionär; Führer der indischen Unabhängkeitsbewegung.

Charlie Chaplin] Siehe die Anm. auf S. 304.

Jupiterlampe] Siehe die Anm. auf S. 324.

Lya de Puttis und Mia de Nuttis] Lya de Putti (1897-1931; eigentlich Amália de Putty), ungarische Tänzerin und Schauspielerin. Bei Mia de Nutti handelt es sich vermutlich um eine wortspielerische Erfindung Roths.

»Charlot Soldat«] Spielfilm mit dem Originaltitel »Shoulder Arms«, USA 1918. Regie und Drehbuch: Charles Chaplin; Kamera: Roland Totheroh; Darsteller: Charles Chaplin, Edna Purviance, Sydney Chaplin, Jack Wilson u. a.; Erstaufführung: 20.10.1918 in den USA.

Pallenberg] Max P. (1877-1934), österreichischer Theaterschauspieler und Komiker; 1914 von Max Reinhardt für das Deutsche Theater in Berlin engagiert, hatte er dort bis 1933 ein festes Engagement und wurde zum beliebtesten Charakterdarsteller seiner Zeit, der vor allem in komischen Rollen brillierte; seit 1917 verheiratet mit dem österreichischen Operetten- und Revuestar Fritzi Massary (1882-1969).

ein Pallenberg furchtbar ernst wird, wenn es um Geld geht] Roth spielt wohl auf einen öffentlich geführten Streit um Honorare zwischen Max Pallenberg und Max Brod an, vgl. Max Brod »Kampf mit einem Prominenten«, in: Die Weltbühne. Berlin. 27 (1931), Bd. 2, 29.9.1931, S. 494.

Bernard Shaw] George Bernard S. (1856-1950), irischer Schriftsteller, Musik- und Theaterkritiker, Nobelpreis für Literatur 1925.

der auf Sowjetkanonen reiten kann] Vgl. Roths Artikel »Shaw auf einer Kremlkanone«. In: Frankfurter Zeitung. Frankfurt a. M. Jg. 76 Nr. 615 vom 19.8.1931, Abendblatt, S. (1). – Wiederabgedruckt in: Werke 1989-91, III, 368-370.

Eine Filmrundfrage.

D: Neue Zürcher Zeitung. Zürich. Jg. 155, Erste Sonntagsausgabe Nr. 1269, 15.7. 1934, Blatt 3. »Josef Roth«. – Neben Roths Beitrag gab es Antworten von Rudolf G. Binding, Augusto Giacometti, Knut Hamsun, John Knittel, Käthe Kollwitz, Ernst Krenek, Selma Lagerlöf, Thomas Mann, Frans Masereel, Alfred Polgar, Joachim

Ringelnatz, Karl Scheffler und Charles Vildrac. – Teilabdruck u. d. T. »Welches halten Sie für den besten Film?«, in: Escher Tageblatt/Le Journal d'Esch. Esch/Alzette und Luxemburg. Nr. 176 vom 27.7.1934, Beilage La page dú cinéma, S. (1).

Chaplin's »The Kid«] The Kid (deutscher Alternativtitel: Der Vagabund und das Kind) Spielfilm von Charles Chaplin aus dem Jahr 1921. In den Hauptrollen sind Chaplin in der Rolle des Tramp und Jackie Coogan als dessen adoptiertes Kind sowie Edna Purviance zu sehen. – Zu Chaplin siehe die Anm. auf S. 304; zu Coogan auf S. 316.

Im Lande der Wolkenkratzer.

D: Pariser Tageblatt. Paris. Jg. 2, Nr. 243 vom 12.8.1934, S. 3-4.

Es handelt sich um einen gekürzten Vorabdruck des Abschnitts »Die Heimat der Schatten« aus Joseph Roths »Der Antichrist«. Vermutlich hat Roth in Paris diesen und einen weiteren Vorabdruck im *Pariser Tageblatt* selbst vermittelt, denn am 31.8.1934 schrieb ihm Walter Landauer vom Verlag Allert de Lange: »Druckproben habe ich nur an ein paar österreichische und Schweizer Zeitungen vorausgesandt, mit der Bitte etwas abzudrucken.« Der Band erschien dann Anfang September 1934, vgl. Briefe 2005, S. 173 ff.

Im *Prager Tagblatt* vom 13.9.1934 wurde ein Vorabdruck aus »Der Antichrist« eingeleitet mit: »Roth hat ein neues Buch ›Der Antichrist‹ geschrieben, in dem er sich in bekannter Leidenschaftlichkeit hauptsächlich gegen das Kino wendet.« Dagegen haben sich sowohl Roth als auch der Verlag Allert de Lange verwahrt. Sicher wird man damit auch dem Werk, bei allen Mängeln, nicht gerecht.

die toten Denkmäler mit den Bedürfnissen lebendiger Menschen aus] Im Zeitungsabdruck lautet die Stelle: »die toten Denkmäler aus«. Für das bessere Verständnis wurde im vorliegenden Druck der Text nach der Buchausgabe ergänzt.

Lit.: Roth 2012, S. 550.

Anschluss im Film?

D: Das Neue Tage-Buch. Paris und Amsterdam. Jg. 3 Nr. 8 vom 23.2.1935, S. 185-186. »Von Joseph Roth«

Wie es der Zufall will, bilden zwei politische Artikel Roths eine Klammer seiner Schriften zu Kino und Film. In seinem ersten Feuilleton »Film im Freistaat« (1919), weist er auf die Vorteile für die Künste hin, die mit der Abschaffung der Zensur durch die neu ausgerufene Republik gegeben waren. In seinem letzten Beitrag, »Anschluss im Film?« (1935), greift er den Entschluss Österreichs an, sich mit Hitlerdeutschland zu arrangieren, ähnlich wie ein Jahr zuvor der österreichische Regisseur Richard Oswald. Dieser richtete am

27.3.1934 aus London ein Schreiben an den österreichischen Handelsminister Stockinger »persönlich« zu den Verhandlungen österreichischer Filmbeamter und -produzenten mit den NS-Filmstellen:

> »Ew. Exzellenz: Mein Brief wird Sie, wie ich glaube, sehr interessieren. Ich erinnere an die Rücksprache, die ich vor einiger Zeit mit Ihnen hatte, und bei der Sie sich im Interesse Österreichs sehr intensiv gegen eine Kontigentierung der deutschen und österreichischen Filme, die ich im Verhältnis von 9 : 1 vorgeschlagen habe, aussprachen. Sie sagten mit Recht: ›Nein, ich bestehe auf der gegenseitigen freien Einfuhr.‹ Ich selbst, der ich die Spitzen der österreichischen und deutschen Filmindustrie sehr gut kenne, war für Kontigentierung, weil ich darin den einzigen Schutz vor noch Schlimmeren sah und sehe.
> Nun, dieses Schlimmere ist eingetroffen, und zwar in einer würdelosen, Österreich auf's tiefste beschämenden Weise. Die Herren aus Wien kamen zu den Herren aus Berlin und haben wieder ein sogenanntes ›Branche-Übereinkommen‹ getroffen. Dieses Übereinkommen ist so beschämend für Österreich und setzt die österreichische Filmindustrie so unter die Vormundschaft der deutschen, dass es von diesem Moment an keine österreichische Filmindustrie mehr gibt, sondern nur noch eine deutsche, die ab und zu gestattet, dass ein deutscher Film in Österreich gedreht wird.
> Was haben die Herren an die Stelle der bis jetzt bestehenden gegenseitigen freien Einfuhr gesetzt? Die Verpflichtung eines österreichischen Produzenten, sich vorher in Deutschland das Buch, die Regie, die Besetzung und die Mitarbeiter genehmigen zu lassen, wobei gleichzeitig bemerkt wird, dass die Mitarbeiter, also Autoren, Regisseure, Darsteller u.s.w., die in Deutschland nicht beliebt sind, abgelehnt werden.
> Das ist das, wozu die Herren aus Wien in Abänderung der früheren freien Einfuhr ihre Zustimmung gegeben haben. Bei anderen Filmen, die nach Deutschland kommen, amerikanischen, französischen, englischen u.s.w., wird nicht gefragt, wer mitspielt und wer der Regisseur ist. Die größten Erfolge, die ausländische Filme im letzten Jahre in Deutschland erzielten, sind von nichtarischen Regisseuren inszeniert und von nichtarischen Darstellern gespielt. Ich erinnere an ›Heinrich VIII.‹, ›Menschen im Hotel‹, ›Dinner at Eight‹.
> Die Herren aus Wien haben die österreichische Industrie um ein Linsengericht verkauft, denn es besteht gar kein Zweifel, dass eine günstigere Lösung, zumindest aber eine Kontigentierung, hätte durchgesetzt werden können.«
> (Zitiert nach Kramer/Prucha 1994, S. 77)

»Filmabkommen«] Im Februar 1935 wurde in Berlin ein deutsch-österreichisches Filmverkehrsabkommen geschlossen. Bei vorhergehenden Verhandlungen zwischen Vertragspartnern, der österreichischen Filmindustrie einerseits und der Reichsfilmkammer andererseits, in Berlin in den Jahren 1934 und 1935 verlangte die Reichsfilmkammer von den österreichischen Filmschaffenden u. a. einen »Arierparagraphen« anzuwenden. – Die österreichische Filmindustrie akzeptierte dies offenbar. Zwei Monate nach Roths Feuilleton bezieht sich ein Artikel in der Wiener Zeitung *Der Tag* vom 25.4.1935 darauf, in dem es heißt: »[...] weniger erfreulich sind die Bedingungen, die Deutschland an die Abnahme der österreichischen Filme knüpft. [...] Deutschland übernimmt nur Filme, die nach gleichen Bedingungen gedreht sind wie die deutschen, das heißt, alle Mitarbeiter [...] müssen nach den strengen Vorschriften des nationalsozialistischen Rassenwahns ausgewählt werden. Die österreichische Filmerzeugung ist einfach der Reichsfilmkammer unterstellt und es wird mit größter Strenge darüber gewacht, dass bei Verfassern, Darstellern bis in die kleinsten Nebenrollen, bei Regisseuren und Photographen und Cuttern keine nichtarische Großmutter vorhanden ist.« (Zitiert nach Loacker 1999, S. 178)

»Bund der österreichischen Filmindustriellen«] Joseph Roth meint vermutlich den Anfang der 1920er-Jahre gegründeten »Gesamtverband der österreichischen Filmindustrie«.

»Deutsche Reichsfilmkulturkammer«] Die »Reichsfilmkammer« wurde am 14.7.1933 eingerichtet und am 22.9.1933 in die neu gegründete »Reichskulturkammer« eingegliedert. Jede Person, die im Deutschen Reich an Filmproduktionen mitwirken wollte, musste Mitglied der »Reichsfilmkammer« sein.

Herr Reich] Robert R. (1882-1944), österreichischer Drehbuchautor, Kameramann, Regisseur und Produzent. Bereits zu Beginn der 1920er-Jahre gehörte Reich dem Vorstand des Gesamtverbandes der österreichischen Filmindustrie an und fungierte von 1933 bis 1938 überdies als dessen Geschäftsführer. Außerdem war er Mitglied des staatlichen Filmbeirates und der Zensurstelle der Stadt Wien. Er wurde Opfer nationalsozialistischer Verfolgung.

Herr Scheuermann] Fritz S. (1887-?), deutscher Jurist und erster Präsident der Reichsfilmkammer.

Herr Corell] Ernst Hugo C. (1882-1942), deutscher Filmproduzent.

Bundeskanzler Dollfuß] Engelbert D. (1892-1934 in Wien), österreichischer Politiker. Er war von 1931 bis 1933 Landwirtschaftsminister und von 1932 bis 1934 Bundeskanzler.

»Österreichischen Instituts für Filmkultur«] Das »Institut für Filmkultur« bestand von 1934 bis 1938 als Einrichtung des öster-

reichischen Unterrichtsministeriums. Dem Präsidium des Instituts gehörte Kardinal Innitzer an.

Kardinal Innitzer] Theodor Kardinal I. (1875-1955), österreichischer Theologe und Politiker, seit 1932 bis zu seinem Tod Erzbischof der Erzdiözese Wien.

Herr von Papen] Franz von P. (1879-1969), deutscher Politiker; nach einer Karriere als Berufsoffizier und längerer Abgeordnetentätigkeit im Preußischen Landtag amtierte Papen von Juni bis Dezember 1932 als Reichskanzler und von Januar 1933 bis Juli 1934 als Vizekanzler im Kabinett Hitler. Anschließend war er Gesandter und Botschafter des Deutschen Reiches in Wien. Vgl. Roths »Öffentliche Warnung vor einem Diplomaten« (Roth 1994, S. 292-294).

Anmerkungen zu den Treatments

Roths erster großer literarischer Erfolg, sein Roman »Hiob«, wurde über den amerikanischen Verlag Viking Press als Filmstoff verkauft und kam unter dem Titel »Sins of Man« 1936 in die Kinos. Auch sein Exilverlag Allert de Lange war bemüht, die danach erschienenen Romane Filmproduzenten anzubieten. Roth hatte offensichtlich keine Einwände gegen eine Verfilmung seiner Werke (vgl. Briefe 2005, S. 467-469 sowie Briefe 1991, S. 259). Von Stefan Zweig wurde er immer wieder ermuntert, darüber hinaus selbst Filmsujets zu entwickeln. Offenbar hat sich Roth, vielleicht ausgelöst durch eine Begegnung mit Leo Mittler in Paris, dann zu einer gemeinsamen Arbeit an zwei Filmentwürfen entschlossen, es handlet sich um sogenannte Treatments, die in der Filmbranche als Vorstufe zum Drehbuch verfasst werden. In solchen Treatments, die in der Regel etwa 20 Seiten umfassen, werden einzelne Charaktere, Schauplätze und die Handlung eines geplanten Filmes vorgestellt und wichtigere Szenen samt Dialogen beschrieben.

Der Wiener Leo Mittler (1893-1958) war Drehbuchautor, Theater- und Filmregisseur. Er besuchte in Wien die Akademie für Musik und darstellende Kunst. Nach dem Ersten Weltkrieg arbeitete er als Schauspieler und Regisseur an deutschen Provinzbühnen, bis er Mitte der 1920er-Jahre nach Berlin ging und von Max Reinhardt engagiert wurde. Neben seiner Tätigkeit am Theater interessierte sich Mittler sehr bald für den Film. Wie für die Bühne wählte er auch für dieses neue Medium Stoffe mit leicht komischem Inhalt und operettenhafte Lustspiele. Aus seinem filmischen Schaffen ragt der sozialkritisch engagierte Film »Jenseits der Straße« heraus, eine Regiearbeit von 1929 für die linksgerichtete Produktionsfirma Prometheus. Anfang der 1930er-Jahre ging Mittler nach London und Paris. Bald sieht er in der Umsetzung von literarischen Stoffen in Drehbücher mehr Möglichkeiten für sich. Er suchte die Zusammenarbeit mit anderen Autoren und traf dabei 1938 in Paris auch auf Joseph Roth. Gemeinsam erarbeiteten sie die Treatments »Kinder des Bösen/Les fils du Mal« und »Der letzte Karneval von Wien«. Ende März 1939 emigrierte Leo Mittler in die USA. Er lebte bis Anfang 1950 als erfolgreicher Drehbuchautor in Hollywood, um danach nach Berlin zurückzukehren, wo er wieder als Theaterregisseur Fuß fassen konnte. Als Übersetzer und Regisseur machte er die zeitgenössische amerikanische Dramatik in Deutschland bekannt.

Beide Treatments können durchaus als praktikable Vorlagen für eine Verfilmung angesehen werden und lassen sich die in gängige Filmsujets der Zwischenkriegszeit einordnen. Schon anhand der häufigen Überblendungen ist filmisches Denken – wahrscheinlich

Leo Mittlers – zu erkennen. Roths Hauptthema, das Ende der Monarchie, wird hier jedoch in eher kolportage- und klischeehafter Weise abgehandelt. Dabei sind auch qualitative Unterschiede der beiden Treatments nicht zu übersehen. In »Der letzte Karneval von Wien« sind die einzelnen Dialogpassagen bereits präziser ausgearbeitet, wodurch die Charakteristik der Personen besser gezeichnet ist.

An einen dritten Versuch, ein Exposé, die Vorstufe zu einem Treatment, das die Grundidee und einen kurzen Handlungsabriss eines geplanten Filmes skizziert, wagte sich Roth allein. Hier skizzierte er nur in kurz angedeuteten Szenen den Ablauf der Handlung.

Die Entstehungszeit der drei Filmentwürfe kann man zwischen Frühjahr 1938 und Frühjahr 1939 annehmen. Indirekt kann man aus dem Inhalt des unten zitierten Rohrpostbriefes vom 22. 7. 1938 an Hubertus Prinz zu Löwenstein schließen, dass Roth zu dieser Zeit nur an den Verkauf eines Filmstoffs, »Kinder des Bösen«, denken konnte, was vermuten lässt, dass es das Treatment »Der letzte Karneval in Wien« noch nicht gab. Aufgrund der Themenwahl für den dritten Filmentwurf, das Exposé »Die Eiffel …«, vermuten die Herausgeber, dass das Manuskript erst kurz vor Roths Tod entstand.

Roth betrachtete vermutlich inzwischen den Film als beste Verdienstmöglichkeit in den USA. Zu dieser Zeit spielte er mit dem Gedanken, aus Frankreich nach England oder Amerika weiterzuemigrieren, wie sein Brief vom 8. Juni 1938 an Barthold Fles zeigt: »Ich habe keine Luft mehr. Verhelfen Sie mir sofort nach Amerika, statt mir sentimentale Briefe zu schreiben.« (Brief in Privatbesitz, zitiert nach Brita Eckert in Kessler/Hackert 1990, S. 105)

Bewertet man diese Arbeiten als literarische Texte, wäre es ungerecht, ihnen einen bedeutenden Platz in Roths Werk zu geben. Allein die Tatsache, dass Roth sich mit dem Gedanken trug, für den Film zu arbeiten, hat ihre Aufnahme in diesen Band motiviert.

Offenbar wurde keiner der drei Filmentwürfe realisiert. Dies muss aber nicht unbedingt ein verlässlicher Gradmesser für die Qualität sein. Die Konkurrenz war groß, in den Agenturen häuften sich solche Filmentwürfe. Allein im Bestand der Agentur des unten erwähnten Paul Kohner, der an die Deutsche Kinemathek in Berlin ging, fanden sich an die tausend Scripts.

Für die vorliegende Druckfassung von »Kinder des Bösen« und »Der letzte Karneval von Wien« wurden die im Typoskript technisch bedingte Wiedergabe der Umlaute durch ae, oe, ue bzw. ss zu ä, ö, ü bzw. ß normalisiert. Auspunktungen werden einheitlich mit drei Punkten wiedergegeben.

Kinder des Bösen

Q1: Kinder des Bösen / Les Fils du Mal / Les Fils Maudits. Ein Film von Joseph Roth und Leo Mittler, 24 S. (z. T. zerstört). Typoskript aus dem Nachlass des Filmagenten Paul Kohner in der Stiftung Deutsche Kinemathek, Berlin.
Q2: Les Enfants du mal. Typoskript, 22 S. mit handschriftlichen Anmerkungen von fremder Hand, in der Joseph Roth Collection, LBI N.Y., Series II: Writings 1922?-1939, Subseries 5: Other, undated, 1926-1939, Box 2, Folder 89.

Das Typoskript ohne Verfasserangabe mit dem Titel »Les Enfants du mal« im LBI, N.Y., umfasst 22 Seiten mit vielen handschriftlichen Änderungen, Korrekturen und Streichungen, vermutlich von fremder Hand. Es wirkt flüchtig hingeschrieben: Tippfehler, Verwechslungen von Namen und Verwandtschaftsverhältnissen, grammatikalische Fehler und Wiederholungen sind zu bemerken. Manche dieser Errata sind von fremder Hand korrigiert. Hier scheint es sich um den älteren Entwurf der beiden überlieferten Fassungen zu handeln. Das Typoskript ist in sich vollständig.

Im Gegensatz zu diesem weist das Exemplar der Deutschen Kinemathek, Berlin, mit dem Titel »Kinder des Bösen« und den Untertiteln »Les Fils du Mal« bzw. handschriftlich hinzugesetzt »Les fils maudits« die Namen der beiden Autoren aus. Das Exemplar war offenbar zur Weitergabe an entsprechende Agenturen bestimmt. Als Kontaktadresse ist die Pariser Wohnanschrift von Leo Mittler angegeben. Das Exemplar fand sich im Bestand des österreichisch-US-amerikanischen Filmproduzenten und Filmagenten Paul Kohner (1902-1988). Kohner gründete 1938 den European Film Fund, der vertriebenen europäischen Filmschaffenden Realisierungsmöglichkeiten schaffen sollte. Von diesem Exemplar liegen zwei Abdrucke vor, die unten genannt werden.

In der vorliegenden Ausgabe ist ebenfalls das Exemplar der Deutschen Kinemathek, Berlin, abgedruckt. Da jedoch in dieser Fassung die letzten zwei Seiten des Typoskripts zerstört sind, wurde zusätzlich der Schluss aus der Fassung im LBI N.Y. übernommen.

Die Fassung in der Deutschen Kinemathek, Berlin, ist detaillierter ausgearbeitet, die Personen sind genauer beschrieben und charakterisiert, einige Szenen sind erweitert, wenige hinzugefügt. Die Schauplätze sind genauer beschrieben. Spannungsbögen sind erweitert, wie z.B. die Szene, in der Friedrichs Konkurrent und Verehrer Milas eine Liebesszene zwischen dieser und Friedrich hinter einer Weinlaube versteckt beobachtet.

Erweitert ist auch die Konfliktszene zwischen Mutter Sonnenfels und ihrem Sohn, in der Friedrich den gewünschten Racheakt an den Attentäter seines Vaters zurückweist und sich von seiner Mutter emanzipiert.

Während Friedrich in der NYer Fassung unbelästigt zu seiner

Mutter zurückkehrt, wird er in der Berliner Fassung von revolutionären Soldaten aufgehalten, entwaffnet und seiner Rangabzeichen beraubt. Hier ist es eine italienische Besetzungsarmee, die die Straßen Wiens kontrolliert, und keine französische wie in der NYer Fassung.

Auch die Szene, in der die Mutter auf ihren Sohn einredet, den Vater zu rächen, ist in der Berliner Fassung genauer ausgearbeitet. Dialogstellen sind eingefügt. Friedrich nimmt, zu Tode ermattet, die Forderungen seiner Mutter an, um sie am nächsten Morgen abzulehnen. Eine Szene, die in der NYer Fassung zur Gänze fehlt.

Gegenüber der Fassung im LBI N. Y. werden auch historische Hintergründe berichtigt. So wird entsprechend den tatsächlichen Ereignissen der Attentäter von Sarajevo, hier Michael Pranza, nicht hingerichtet. Wien wurde nach dem Ersten Weltkrieg weder von der italienischen noch von der französischen Armee besetzt, aber immerhin gab es in Wien eine italienische Militärkommission, die laut Zeitungsberichten am 29.12.1918 ihren Dienst aufnahm.

Einen Hinweis auf die Entstehungszeit dieses Treatments geben zwei Zeitungsmeldungen. Die *Pariser Tageszeitung*, die wichtigste Exilzeitung in deutscher Sprache, teilt am 2.6.1938 mit: »Joseph Roth, der Autor von ›Radetzkymarsch‹, arbeitet mit dem Regisseur Leo Mittler an einem Originalszenario ›Les enfants du Mal‹.« Eine weitere Meldung findet sich auch in *PEM's Privat-Berichten* am 8.6.1938: »Leo Mittler arbeitet mit Joseph Roth an einer Story ›Les enfants du mal‹.«

In dem bereits oben erwähnten Rohrpostbrief schreibt Roth am 22.7.1938 an Hubertus Prinz zu Löwenstein: »a.) wenn ich mit dem Roman Anfang August fertig werde, bekomme ich ca. 5 000 franz. Franc und brauche das amerikanische Geld nicht. b.) wenn ich meinen Film jetzt verkaufe, brauche ich es noch weniger. c.) Wenn Beides nicht gelingt, müßte ich um das Stipendium bitten.« Trotz aller gebotenen Vorbehalte kann man davon ausgehen, dass die Arbeit am Treatment zu diesem Zeitpunkt wahrscheinlich abgeschlossen war. Mittler und Roth konnten keinen Vertrag abschließen, und so war Roth auch weiterhin auf das »amerikanische Geld«, die Unterstützung aus dem auch von Prinz zu Löwenstein verwalteten Hilfsfonds American Guild for German Cultural Freedom, angewiesen.

Indirekt kann man aus dem Inhalt dieses Rohrpostbriefes an Hubertus Prinz zu Löwenstein schließen, dass Roth zu diesem Zeitpunkt nur an den Verkauf eines Filmstoffs, »Kinder des Bösen«, denken konnte, was vermuten lässt, dass das Treatment »Der letzte Karneval in Wien« noch nicht vorlag, also später entstand.

Es war nicht zu ermitteln, von welchen der beiden Autoren die Initiative ausging. Die Quellenlage gestattet kein Urteil über das Verhältnis der qualitativen und quantitativen Anteile der beiden

Autoren an dem Treatment. Bezüge zu anderen Werken von Roth sind gegeben. Zum einen die Aufarbeitung der historischen Fakten, die sich im Treatment analog zu den Romanen »Radetzkymarsch« (1932) und »Die Kapuzinergruft« (1938) wiederfindet, zum anderen lassen sich auch Parallelen im Mutter-Sohn-Verhältnis zwischen Treatment und dem Roman »Die Kapuzinergruft« erkennen.

Eine Verfilmung konnte nicht nachgewiesen werden.

Ausgangspunkt des Filmentwurfs ist das Attentat auf den österreichischen Thronfolger Erzherzog Franz Ferdinand und dessen Gemahlin Sophie am 28. Juni 1914 und der damit ausgelöste Weltkrieg sowie das Ende des Vielvölkerstaats. Ein weiteres Motiv ist das feindliche Verhältnis zwischen Österreich und Serbien, das sich bis in die Nachkriegsjahre auswirkte, im Treatment vertreten durch zwei sich befehdende Familien.

Für die Exposition des Films wurde als Schauplatz der Park des historischen Schlosses Konopischt (Konopiste) südlich von Prag gewählt, in dem die Kinder des Thronfolgers mit Friedrich von Sonnenfels, Protagonist und Sohn des Adjutanten von Sonnenfels, spielen. Hier setzt die Fiktion der beiden Autoren ein. Die Kinder des Thronfolgerpaares, Maximilian und Ernst von Hohenberg, hielten sich zum Zeitpunkt des Attentats nicht mehr in Schloss Konopischt auf. Auch existierte kein Adjutant von Sonnenfels im Gefolge des Thronfolgers.

Die Haupthandlung setzt im August 1914 ein: »die österreichischen Truppen ziehen in Belgrad ein ... es ist der 18. August 1914 ... und der General Potiorek telegraphiert dem Kaiser Franz Josef: Meinem Allerhöchsten Kriegsherrn habe ich die Stadt Belgrad heute zu Füßen gelegt.«

Der historisch belegte General Oskar Potiorek (1853-1933) befehligte die Manöver vom 26. und 27. Juni 1914 in Bosnien, an die sich das erwähnte Attentat anschloss, und wurde zu Kriegsbeginn zum Oberkommandierenden der Balkanstreitkräfte. Belgrad wurde zwar eingenommen, aber musste bald wieder aufgegeben werden. Eine endgültige Besetzung der Stadt durch die österreichische Armee gelang nie.

Weiterhin wird im Treatment angeführt, dass der Attentäter in einer Festung Spiegelberg inhaftiert wurde. Man kann vermuten, dass die Autoren an die Festung Špilberk (Spielberg) bei Brünn dachten. Historisch belegt ist jedoch, dass der Attentäter Gavrilo Princip im Militärgefängnis im böhmischen Theresienstadt inhaftiert war, wo er 1918 an Knochentuberkulose starb.

Dieses Treatment kann in die Vielzahl der Filmstoffe über die Geschichte der österreichisch-ungarischen Monarchie eingereiht werden. Abgesehen von einigen atmosphärisch geglückten Szenen verwenden die Autoren gängige Versatzstücke. Kolportagehaft steigern sie den dramatischen Konflikt, indem sie den Sohn des bei dem Attentat ebenfalls ermordeten Adjutanten und die Schwester des Attentäters im Krieg aufeinandertreffen und sich verlieben lassen. Die Szenen sind teilweise bis ins Detail ausgearbeitet. Dialogpassagen sind stellenweise eingefügt, um den Handlungsablauf lebendiger zu gestalten.

Lisserwein] Vermutlich gemeint: Lissawein, Wein von der Insel Lissa (alter italienischer Name der kroatisch-dalmatinischen Insel Vis).

Honveds] (ungar.) »Honved« = königlich ungarische Landwehr.

Karbidlampen] Gaslampen, mit Calciumcarbid betrieben, zur Beleuchtung von Gebäuden und Fahrzeugen Ende des 19. und Anfang des 20. Jahrhunderts.

Lit.: Brita Eckert, »Kinder des Bösen. Anmerkung zu einem Szenario von Joseph Roth und Leo Mittler. – In: »Wenn wir von gestern reden, sprechen wir über heute und morgen.« Festschrift für Marta Mierendorff zum 80. Geburtstag. Hrsg. von Helmut G. Asper. Berlin 1991. S. 131-139. — »Kinder des Bösen / Les Fils du Mal / Les Fils Maudits. Ein Film von Joseph Roth und Leo Mittler. [Mit einer Einleitung von Heike Klapdor-Kops und Wolfgang Jacobsen.]« In: *FilmExil.* 6/Juli 1995. Eine Publikation der Stiftung Deutsche Kinemathek, Berlin. Hrsg.: Gero Gandert, Wolfgang Jacobsen, Heike Klapdor, Ronny Loewy, Werner Sudendorf, Berlin. S. 29-39. – Jeanpaul Goergen, Mittler zwischen Europa und Amerika. Biographische Skizze über Leo Mittler (1893-1958). In: *FilmExil.* 6/Juli 1995. Eine Publikation der Stiftung Deutsche Kinemathek, Berlin. Hrsg.: Gero Gandert, Wolfgang Jacobsen, Heike Klapdor, Ronny Loewy, Werner Sudendorf, Berlin. S. 40-52 — »In der Ferne das Glück«. Geschichten für Hollywood. Hrsg. von Wolfgang Jacobsen und Heike Klapdor. Berlin 2013. S. 289-306 bzw. S. 463-466.

Der letzte Karneval von Wien

Q1: Der letzte Karneval von Wien. Ein Film von Joseph Roth und Leo Mittler. Scénario déposé. Typoskript, 29 Blatt, aus dem Nachlass des Theateragenten Dr. Edmond Pauker im Exilarchiv der Deutschen Bibliothek, Frankfurt a. M.

Q2: Der letzte Karneval von Wien. Le dernier carnaval de Vienne (Nuits de Vienne). Ein Film von Joseph Roth und Leo Mittler. Scénario déposé. Typoskript, 27 Blatt, aus dem Nachlass des Filmagenten Paul Kohner in der Stiftung Deutsche Kinemathek, Berlin.

Die beiden Fassungen des Treatments sind nicht textidentisch. Trotz inhaltlicher Unterschiede waren offenbar beide für eine Weitergabe an Agenturen gedacht. Im ersten Fall wurde die Kontaktadresse von Leo Mittler für den Weitervertrieb in den USA mit der Büroanschrift Dr. Edmond Pauker in New York überstempelt. Edmond Pauker (1887?-1962) betrieb eine Theateragentur in New York und vertrat viele europäische Bühnenverlage in den USA. Auch die zweite Fassung wurde aus dem Nachlass eines Filmagenten, des oben erwähnten Paul Kohner, überliefert.

Maßgeblich unterscheiden sich die beiden Fassungen im szenischen Aufbau. In der ersten Fassung finden sich Szenen, die in der zweiten Fassung entfallen sind, wobei es sich hauptsächlich um solche mit politischem Hintergrund handelt.

Auch hier gibt es keine konkreten Hinweise zur genauen Entstehungszeit dieses Treatments. Einerseits könnte man annehmen, dass Roth und Mittler nach dem »Anschluss« Österreichs an das Deutsche Reich im März 1938 die Idee zu diesem Film entwickelten. Andererseits arbeitete Roth im Sommer 1938 an seinem Roman »Die Kapuzinergruft«, in dem er gerade dieses historische Ereignis zum Thema machte. Im August 1938 lieferte er das vollständige Romanmanuskript im Verlag De Gemeenschap, Bilthoven, ab. An Hand der thematischen Nähe könnte man vermuten, dass »Der letzte Karneval von Wien« ebenfalls in dieser Zeit entstand. Indirekt kann man aus dem Inhalt des bereits genannten Rohrpostbriefes vom 22.7.1938 an Hubertus Prinz zu Löwenstein schließen, dass Roth zu dieser Zeit nur an den Verkauf eines Filmstoffs, nämlich »Kinder des Bösen«, denken konnte, was vermuten lässt, dass das Treatment »Der letzte Karneval in Wien« noch nicht vorlag, also später entstand.

Eine Verfilmung konnte nicht nachgewiesen werden. Lediglich in dem Dokumentarfilm »Das Wichtigste ist das Beobachtete. Joseph Roth (1894-1939)« des Niederländers Hans Keller (1994, Produktion: ARTE/SFB) wurde der Versuch unternommen, mit einigen Szenen zu vermitteln, wie eine solche hätte aussehen können.

Nach einem Vorspiel im Jahr 1925 setzt die Haupthandlung zu Beginn des Jahres 1938 ein und endet in den Tagen des »Anschlusses«.

Besonders in der hier abgedruckten Fassung versuchen die Autoren neben der Liebesgeschichte zwischen Robert und Kathrin im Vordergrund in kurzen Szenen und aus verschiedenen Perspektiven die Stimmung vor dem »Anschluss« atmosphärisch einzufangen.

Die historischen Ereignisse können bei Roth ein Umdenken gebracht haben, weil er den restaurativen Kräften keine Aussichten mehr einräumte, und ihren Vertretern im Stück nur der Selbstmord bleibt.

Leo Mittler versuchte nach seiner Ankunft in New York 1939 dieses Szenario zu verwerten. So zumindest kann man die Meldung in der Exilzeitschrift *Aufbau*, New York, vom 15.4.1939 verstehen: »Leo Mittler, der bekannte Filmregisseur, der soeben mit LES OTAGES in Paris einen großen Erfolg hatte und mit Friedrich Wolf ein Stück ›Forgotten Ship‹ beendete, ist in New York eingetroffen. Er hat außerdem mit Joseph Roth eine dramatisch-musikalische Revue ›The Last Carnival of Vienna‹ (Musik: Robert Stolz) geschrieben.« Eine Komposition konnte nicht nachgewiesen werden, jedoch gibt es einen Beleg für das Interesse des Komponisten am Werk Joseph Roths. In der Autobiographie »Servus Du« von Robert und Einzi Stolz ist festgehalten: »Er [Roth] hielt es für denkbar, dass sein Roman ›Radetzkymarsch‹ mich zu einem musikalischen Bühnenwerk anregen könne. Da ich eine gewisse Seelenverwandtschaft zu ihm empfand und sein großartiges Buch sehr liebte, war der Gedanke nicht abwegig.« (S. 334) Es überrascht nicht, dass der Stoff dieses Treatments hier als musikalische Revue bezeichnet wird, wenn man den Trend der Zeit berücksichtigt. Es war üblich, literarische Stoffe von bekannten Autoren als Musikstücke auf die Bühne zu bringen.

So planten der Komponist Erich Zeisl und der Schriftsteller Hans Kafka eine Oper nach Roths Roman »Hiob«. Dieses Werk blieb unvollendet. Jedoch wurden bereits im Rahmen einer Theateraufführung von »Hiob« anlässlich einer Gedenkfeier für Roth im Théâtre Pigalle in Paris am 3. Juli 1939 durch ein deutsch-tschechisches Emigrantenensemble unter der Regie von Paul Gordon, drei Kompositionen von Erich Zeisl zu Motiven aus »Hiob« erstmalig dargeboten. Nachweisbar ist neben anderen Umsetzungen dieses Stoffs zumindest eine »dramatic revue« in den 1940er Jahren, in die eine »condensation von Joseph Roths ›Job‹ »hineingeschnitten« wurde. (Aufbau, New York. XII:47, 22.11.1946, S. 20 bzw. XIII: 2, 10.1. 1947, S. 18-19). Eine entsprechende Umsetzung des Treatments konnte jedoch nicht ermittelt werden.

Schlossbrunnerschlosses] Vermutlich gemeint: Schloss Schönbrunn, in der anderen Fassung: Schönbrunnerschlosses.

Lit.: *Aber das Leben marschiert weiter und nimmt uns mit.* Der Briefwechsel zwischen Joseph Roth und dem Verlag De Gemeenschap 1936-1939. Herausgegeben und eingeleitet von Theo Bijvoet und Madeleine Rietra. Köln: Kiepenheuer & Wisch, 1991. — Brita Eckert, »Joseph Roth und der Film. Anmerkungen zu Joseph Roths und Leo Mittlers Szenario »Der letzte Karneval in Wien«. In: Joseph Roth. Interpretation – Kritik – Rezeption. Akten des internationalen, interdisziplinären Symposiums 1989. Akademie der Diözese Rottenburg-Stuttgart. Tübingen 1990. (Stauffenburg Colloquium Band 15) S. 99-106. — Joseph Roth 1894-1939. Ein Katalog der Dokumentationsstelle für neuere österreichische Literatur zur Ausstellung des Jüdischen Museums der Stadt Wien 7. Oktober 1994 bis 12. Februar 1995. Wien, 1994. (Zirkular; Sondernummer 42) S. 158. — Karin Wagner. *Fremd bin ich ausgezogen.* Erich Zeisl – Biografie. Wien, 2005. — »In der Ferne das Glück«. Geschichten für Hollywood. Herausgegeben von Wolfgang Jacobsen und Heike Klapdor. Berlin, 2013. S. 266-288 bzw. S. 455-466.

Die Eiffel …

Q: Film-Entwurf, 5 Blatt Manuskript, Frühjahr 1939 (?), LBI N.Y., Series II: Writings, 1922?-1939, Subseries 2: Articles, essays, and shorter pieces, 1915, 1922-1939, Box 2, Folder 23.

Bei diesem Manuskript handelt sich um einen bereits in Szenen unterteilten Entwurf zu einem Exposé. Auffallend ist, dass die szenische Unterteilung nicht numerisch erfolgt, sondern alphabetisch, was unprofessionell wirkt.

Roths Idee zu dem Exposé »Die Eiffel …« könnte durch seine Zusammenarbeit mit Leo Mittler angeregt worden sein. Mittler arbeitete zu dieser Zeit nicht nur mit Roth, sondern u. a. auch mit Friedrich Wolf. Wolf und Mittler schrieben Anfang 1939 an einem Stück über die Vertreibung europäischer Christen und Juden, die unter unmenschlichen Bedingungen tagelang auf einem alten Donauschiff festgehalten wurden, bis sie durch eine mutige Solidaritätsaktion gerettet werden konnten. Dem Stück gaben die beiden den Titel »Das Schiff auf der Donau«, wählten aber auch einen für die USA bestimmten englischen Titel »The Forgotten Ship«, in der Hoffnung, es dort unterbringen zu können, wie man aus einem Schreiben Friedrich Wolfs an den Journalisten und Schriftsteller Louis Fischer ersehen kann: »Es ist auch gerade für Amerikaner in der Aktualität und Spannung der Handlung ein ›Melodrama‹. […] Herr Mittler ist Ende Februar bereits in New York. Wir sehen für dieses Stück regelmäßig die Möglichkeit, es gerade auch im Sommer showartig im Freien zu spielen. Herr Mittler, den ich seit Jahren aus seinen Arbeiten als Regisseur in Deutschland, Frankreich und England kenne, hat bereits besondere Inszenierungsideen, die mir sehr überzeugend erscheinen.« (Quelle: Jeanpaul Georgen: Mittler zwischen Europa und Amerika. Biographische Skizze über Leo Mittler (1893-1958). In: *FilmExil* 6/Juli 1995, hrsg. von Gero Gandert, Wolfgang Jacobsen, Heike Klapdor, Ronny Loewy, Werner Sudendorf, S. 40-50, hier S. 45)

Roth beschäftigte sich auch in einer seiner journalistischen Arbeiten mit diesem Thema. In dem Beitrag vom 11.3.1939 seiner Artikelserie »Schwarz-Gelbes Tagebuch«, erschienen in *Die Österreichische Post*, Paris, schreibt Roth: »Siebenhundertundachtzig Emigranten schwimmen im Schwarzen Meer herum, seit ein paar Tagen unauffindbar. Die 165 österreichischen Emigranten auf dem Dampfer ›Königstein‹ sind in Hungerstreik getreten, weil sie, von allen Häfen Zentral-Amerikas abgewiesen, in Gefahr sind, wieder nach Hamburg zurückgebracht zu werden.« (Werke 1989-1991/III, S. 899f.). Mit großer Wahrscheinlichkeit entstand das Exposé Anfang 1939, wie bereits Brita Eckert und Werner Berthold in dem Katalog »Joseph Roth. 1894-1939« vermuteten.

Man kann annehmen, dass das Manuskript »Die Eiffel ...« von seinem Verfasser nicht weitergegeben wurde und daher in seinem Pariser Nachlass, der sich nun im LBI, N.Y. befindet, verblieben ist.

Emeute] émeute, franz.: Aufruhr.

Lit.: Joseph Roth 1894-1939. Hrsg. von Brita Eckert und Werner Berthold. Frankfurt a. M. 1979. (Sonderveröffentlichung der Deutschen Bibliothek, Nr. 7) S. 286-288. – »In der Ferne das Glück«. Geschichten für Hollywood. Hrsg. von Wolfgang Jacobsen und Heike Klapdor. Berlin 2013. S. 461f.

Nachwort

Als Joseph Roth im März 1919 nach Wien zurückkehrt, hat sich die Welt verändert: Der Krieg ist verloren, Kaiser Karl I., Nachfolger des während des Krieges verstorbenen Kaisers Franz Joseph I., hatte am 12. November 1918, dem Tag der Ausrufung der Ersten Republik, auf jede Beteiligung an den Staatsgeschäften verzichtet – der Untergang der Monarchie sollte Roths großes Thema in seinen späteren Romanen werden. Sein vor dem Krieg in Wien begonnenes Studium der Germanistik setzt der 24-Jährige nicht fort; aus Geldmangel beginnt er für Zeitungen zu schreiben, wie er in einem Brief an seinen Verleger Gustav Kiepenheuer am 10. Juni 1930 augenzwinkernd formuliert: »Man druckte meine Dummheiten. Ich lebte davon. Ich wurde Schriftsteller.«[1]

Benno Karpeles, Herausgeber und Chefredakteur der politisch-literarischen Wochenschrift *Der Friede*, die von Januar 1918 bis August 1919 bestand, hatte gerade eine neue Tageszeitung gegründet, *Der Neue Tag*. Karpeles nahm Joseph Roth in die Redaktion auf, für die auch Alfred Polgar, Anton Kuh, Arnold Höllriegel, Karl Tschuppik, Leo Perutz und Egon Erwin Kisch arbeiteten. *Der Neue Tag* gehörte zwar zum 1873 entstandenen »Elbemühlkonzern«, redaktionell war Karpeles aber von den Geldgebern eine weitgehende Unabhängigkeit zugesichert worden; das neue Blatt orientierte sich an der liberalen *Frankfurter Zeitung* und dem *Berliner Tageblatt*.[2] Binnen eines Jahres konnte Roth hier zahlreiche Artikel veröffentlichen und damit den Grundstein für seine journalistische Laufbahn legen.

Die Anfänge dieser Karriere in Wien fallen in eine Zeit, in der die österreichische Filmindustrie sich rasant zu einer

1 Briefe 1970, S. 167

2 Vgl. dazu Ingeborg Sültemeyer: Das Frühwerk Joseph Roths 1915-1924. Studien und Texte. Wien, Freiburg, Basel 1976, S. 46f.

weltweit wirkenden Kraft zu entwickeln begann. Durch Beschluss der provisorischen Nationalversammlung vom 30. Oktober 1918 war in der Republik Österreich jede Art von Zensur, auch die des neuen Mediums Film, aufgehoben worden.[3] Darin sehen auch die Filmschaffenden eine große Chance: Zahlreiche Filmproduktionsfirmen werden gegründet; bereits 1918 werden an die hundert österreichische Spielfilme gedreht, hauptsächlich Kostümfilme, und Gesellschaftsdramen sowie Wochenschauberichte. Wichtigster Produzent der kommenden Jahre ist der vor allem durch seine nach amerikanischem Vorbild produzierten Monumentalstreifen wie *Sodom und Gomorrha* und *Die Sklavenkönigin* bekannt gewordene Alexander Joseph »Sascha« Graf Kolowrat-Krakowsky. Seiner »Sascha-Filmindustrie AG« hatte der österreichische Stummfilm sein internationales Ansehen zu verdanken. Die Branche boomt: Regisseure, Kameraleute, Filmdarsteller und auch das Kinopersonal schließen sich zu Interessenverbänden zusammen; es entstehen die »Vereinigung der Filmregisseure«, der »Verband der Operateure«, der »Verband der Filmdarsteller«, der »Verband der Filmindustriellen« und eine »Union des Bühnen- und Kinopersonals«. Alle diese Verbände vereinen sich 1923 zum »Filmbund«, dessen Präsident der Regisseur und Drehbuchautor Heinz Hanus wird. Gab es bis Mitte der 1920er Jahre noch um die zwanzig Filmfirmen, konnten danach nur mehr drei existieren, die jährlich weniger als zehn Filme produzierten. Schon kurz nach Kriegsende werden in Österreich, parallel zu den Neuherausgaben von Tageszeitungen

3 Allerdings »nur offiziell«. Im Hintergrund herrschte noch immer der metternichsche Gedanke des Vormärz, sodass Verbot und Erlaubnis der Vorführung eines Films einzig und allein von dem jeweiligen zuständigen Beamten und dessen Willkür abhingen. (Gespräch mit Dr. Paolo Caneppele vom Österreichischen Filmmuseum am 4. Juli 2013).

und anderen politischen und gesellschaftlichen Nachrichtenorganen, auch zahlreiche Fachjournale zum Thema Film und Kino gegründet wie *Der Filmbote*, die *Neue Filmwoche*, *Die Kinowoche*, *Das Kino-Journal*, *Der neue Film* oder *Die Filmwelt*. Neben seiner Arbeit für die Tageszeitung *Der Neue Tag* begann Joseph Roth sporadisch auch für eine dieser Zeitschriften, das seit 1919 wöchentlich erscheinende Magazin *Die Filmwelt*,[4] zu schreiben. Es sollte im Rahmen seiner zwanzigjährigen journalistischen Tätigkeit die einzige Fachzeitschrift für Film und Kino bleiben, für die er arbeitete. Für *Die Filmwelt* verfasste Roth 1919 dreizehn Artikel, in seinem Stammblatt *Der Neue Tag* erschienen im gleichen Zeitraum zwei Beiträge zum Film, zwei weitere in der *Wiener Woche*.

In Wien gibt es zu dieser Zeit bereits 160 Kinos, ihre Anzahl wird sich in den folgenden Jahren noch vergrößern. Allein im Wiener Erholungs- und Vergnügungsgelände Prater in der Leopoldstadt, dem 2. Wiener Bezirk, wo sich Roth öfters aufhielt und dessen kleinbürgerliches und proletarisches Publikum er häufig zum Thema wählte, gab es 1919 bereits acht Kinos.

Die sich nach dem Krieg rasant entwickelnde Filmindustrie und ihre Produkte werden von Intellektuellen aus dem linken wie aus dem rechten Lager mit großer Skepsis betrachtet. So beurteilt man etwa in der sozialdemokratischen *Arbeiter-Zeitung*, in der Roth später seinen ersten Roman, *Das Spinnennetz*, als Fortsetzung veröffentlichen wird, die Kinobegeisterung des Proletariats als ausgesprochen schädlich und beklagt die hohen Besucherzahlen:[5]

4 Herausgegeben wurde diese Wochenzeitschrift von der Universale GmbH, Chefredakteur war Friedl Lam. Das Fachblatt existierte von 1919 bis 1925.

5 Paul Wengraf: »Kino. Allerweltsverdummungstrust«. In: *Arbeiter-Zeitung* vom 26. Oktober 1919.

»In Wien täglich also knappest gerechnet 140.000, jährlich 50 Millionen Menschen in 170.000 anderthalbstündigen Kinovorstellungen! Das Proletariat ist schon durch seine natürliche Mehrheit an diesem Massenbesuch am stärksten beteiligt. Aber es wird auch aus anderen Gründen von den Wirkungen des Kinos am nachhaltigsten betroffen: zum Beispiel weil ihm bessere Erholungs- und Unterhaltungsmöglichkeiten fehlen. Das Kino hat sich durch seine Machtstellung als fast einzige Unterhaltungsgelegenheit des Volkes mit vollem Recht den Titel eines Theaters des Volkes erworben. Von diesem Gesichtspunkt aus sind seine Vorteile oder Nachteile zu betrachten. [...] Das berüchtigte Kinodrama hat seinen Vorgänger in der ehemals so berüchtigten Schundliteratur; aber es hat diesen Vorgänger nicht nur an Art und Wirkungskraft des Inhalts weit überboten, es ist auch unvergleichlich tiefer ins Volk gedrungen. [...] Das sind einfach die alten Detektiv- und Indianerbüchel, nur vermehrt um die Gesellschafts- und Bordellfilme. [...] Die Verrohung durch die Massendarstellung von Revolverheldentaten, *Verbrecherkunststücken*, Verbrecherjagden, Ehebrüchen, Eifersuchtsmorden liegt auf der Hand und ist in zahllosen Fällen durch Gerichtsverhandlungen erwiesen. Die Verdummung durch den in solchem Maße gebotenen Stumpfsinn liegt ebenso klar zu Tage. [...] Das Kino hat der Volksbildungsarbeit der letzten zehn Jahre, hat den mühseligen Versuchen, das geistige Niveau der Masse durch wertvolle Darbietungen zu heben, auf eine Weise entgegengearbeitet, die man planmäßig nennen könnte, wenn sie gewollt gewesen wäre. [...] Der Vorwurf richtet sich nicht so sehr gegen die Kinobesitzer, deren kapitalistische skrupellose Denkweise anzugreifen zwecklos wäre; der Vorwurf müßte sich gegen den Staat richten, der sich einen sozialistischen nennen und diese Zustände noch dulden würde. In der neuen Gesellschaftsordnung, in deren freilich noch recht bescheidenen Anfängen wir heute stecken, darf der Staat den freien Handel mit einem Gegenstand des geistigen Volkswohls und Wehes nicht mehr dulden.«

Während der Autor dieses Artikels von den positiven Möglichkeiten eines »umgewandelten künftigen Staatskino[s]«[6] überzeugt ist, lehnt Paul Kornfeld, der Prager Erzähler und spätere Dramaturg unter Max Reinhardt, in der bürgerlich-liberalen *Neuen Schaubühne* eine Wandlung des Kinos zur Kunstform strikt ab:

> »Früher, als das Kino schöne Landschaften, irgendwelche Liebesgeschichten und spannende Detektivstücke vorführte und ein zwar kunstfremdes, aber in seine Grenzen sich bescheidendes Dasein führte, schlugen jene Leute, die überall ein Problem sehen, schlugen die Geschäftigten und immer Aufgeregten Lärm und schrieen, die Kunst wäre in Gefahr; wobei es doch offenbar sein mußte, daß nur die Dienstmädchen- und Detektivromane durch die neue Konkurrenz in Gefahr gebracht sein konnten. Wem die Kunst Notwendigkeit ist, wird im Kino keinen Ersatz zu finden glauben, auch wenn er es gern besucht. [...]
>
> Doch es ist erreicht, Kunst und Kino zu vereinigen, und man verfilmt schon Dramen von Strindberg und Wedekind. Es erscheinen Kritiken, es erscheinen Essays, man erörtert ernstlich das Problem Drama und Kinodrama, und jene Leute mögen wohl zufrieden sein mit dem Fortschritt. Doch die Wahrheit ist natürlich, daß die Kunst erst in Gefahr gebracht sein könnte, seitdem das Kino künstlerisch gehoben ist.«[7]

6 Ebenda.
7 *Die neue Schaubühne*, 2. Jg., H. 1, 1920. Zitiert nach: Anton Kaes, (Hrsg.): Kino-Debatte. Texte zum Verhältnis von Literatur und Film 1909-1929, München, Tübingen 1978, S. 130.

Eine andere Stimme meldet sich im selben Jahr in der Monatszeitschrift *Die weißen Blätter* zu Wort: Der junge Sozialdemokrat und Student der Volkswirtschaft Carlo Mierendorff fordert in einem Essay – im Widerspruch zu diesem elitären Denken –, das Kino als »Waffe der Idee« zu gebrauchen, und resümiert: »Wer das Kino hat, wird die Welt aushebeln.«[8] Mierendorff geht zu Beginn seines Artikels auch auf die Ursprünge von Kino und Film ein:

> »Aus der Schaubude wuchs das Bild. Die blutrünstigen, bunten, hingekleckssten Panoramen: das Erdbeben von Messina, die Ermordung des Grafen Eckesvordt, den Untergang der Nordpolexpedition erlebte das Volk, die Nasen an die Gläser gepreßt. Es war seine Zeitung, war Welt, Absonderliches, Irgendwo, Geheimnis, Grausamkeit, Fabelwelt. […]
>
> Aber in einer Zeit, die alle in Beziehung setzt mit allen, konnte das starre Bild nicht mehr genügen. Wechsel und Fülle mußten herbei. Da mußten die Leinwände lebendig werden, damit der Mensch, jener durch den höchsten Grund der Unbewußtheit bedrängteste, der von unten her auf die Welt blickend nur kleinsten Ausschnitt von ihr erfaßt, der ohne Überblick und ohne Hinflug über die Landkarten ist, seiner bewußt werde, sich begreife und abgebildet sehe.
>
> So wurde das Kino.
>
> Und da im untersten Mensch, dem Abgesperrtesten von allen, dem Prolet, dieser Drang am gewaltigsten ist, wurde das Kino sein.
>
> *Das Kino ist sein Pan – optikum.*
>
> Hier empfängt er das Leben.
>
> Es ist die Kulisse der ohne Buch Lebenden.

8 Carlo Mierendorff: Hätte ich das Kino. In: *Die weißen Blätter*, 7. Jg., H. 2, 1920. Zitiert nach Kaes 1978, S. 139-146.

> Die mit dem Sprachschatz von 60 Worten. […]
>
> *Sie* hat das Kino. Hierher kommen sie selbstverständlich, immer, hier sind sie ohne Mißtrauen, hier empfangen sie Begeisterung, Schmerz, Spaß, Entrückung. Ein Publikum millionenstark, das kommt, lebt und vergeht, das keinen Namen hat und das doch da ist, das, in seiner ungeheuren Masse sich bewegend, alles gestaltet, und das man darum in die Hand bekommen muß.
>
> Es gibt kein anderes Mittel als das Kino.
>
> Was ist daneben das Buch?
>
> Was ist daneben das Theater?«[9]

Auch für Joseph Roth entstand der Film aus dem projizierten Bild eines Weltpanoramas in einer Schaubude. Es war ein hingespucktes Bild von der Weltgegend Cochinchina, das den damaligen Schüler zutiefst beeindruckte, wie er sich in seinem Feuilleton »Cochinchina« in *Der Neue Tag* am 15. Februar 1920 erinnert. Neun Jahre später wird das *Prager Tagblatt* dieses Kindheitserlebnis erneut in veränderter und erweiterter Form abdrucken, diesmal als Auszug aus Roths Buch *Panoptikum. Gestalten und Kulissen* (1930):

> »Am Nachmittag um drei Uhr, die Dämmerung lauerte schon an den Fenstern, brachen wir auf zum Weltpanorama. […] Am Eingang saß eine Dame wie eine grauhaarige Königin und verkaufte Eintrittskarten. Drinnen war es dunkel, warm und sehr still. Sobald sich die Augen an die Dunkelheit gewöhnt hatten, erblickten sie einen Kasten, rund wie ein Karussel, hoch wie der halbe Raum, mit Gucklöchern in Manneshöhe die ganze Rundung entlang, in Abständen von etwa je zwanzig Zentimetern. Die Gucklöcher an dem Kasten leuchteten wie Katzenaugen in der Finsternis. Man ahnte, daß der Kasten innen hohl

9 *Die weißen Blätter*, 7. Jg., H. 2, 1920. Zitiert nach Kaes 1978, S. 139f.

und beleuchtet war. Unten stahl sich aus seinem Innern ein schwacher geheimnisvoller Schimmer und verschwamm auf dem Fußboden. Vor jedem Guckloch-Paar stand ein runder Klaviersessel. [...] Wir rückten mit den Stühlen, ich saß, weil ich zu klein war, nicht ganz, sondern hatte den runden Sessel gleichsam halb gelüftet und preßte meine Nase gegen die Wand des Kastens, meine Augen gegen die Gucklöcher, die von Metall umrahmt waren.

Drinnen erschienen Bilder aus Cochinchina. [...] Sooft ein neues Bild erschien, räusperte sich etwas im Kasten, wie in alten Uhren, ehe sie schlagen. Dann erklang ein leiser, heller, lieblicher Gongschlag. Dann erfolgte eine leise Erschütterung, es bebte das Gefüge des Apparates, als ächzte er unter der Mühe, so viele fremde, ferne Welten heranzuholen. [...]

Ich trottete betäubt nach Hause. Es war, als wäre der Dezember ein Traum, der bald vorbei sein und Cochinchina die Wirklichkeit, in die ich bald erwachen müßte.«[10]

In dieser Urszene aus Roths Kindheit spiegelt sich eine Faszination für künstliche Wirklichkeiten wider, wie sie in der Zeit, bevor die Bilder laufen lernten, Weltpanorama und Panoptikum in den Schaubuden der Jahrmärkte boten. Thomas Düllo hat überzeugend dargelegt, wie sich Roths ambivalente Meinung zu Film und Kino über seine Auseinandersetzung mit dem Panoptikum nachvollziehen lässt.[11] Auch diese Kunstwelt wird – wie das Panorama – von der Dynamik der neuen Filmtechnik verdrängt, wie Roth in einem Feuilleton von 1923 konstatiert:

10 »Weihnachten in Cochinchina«. *Prager Tagblatt*, 28.12.1929, Zitiert nach Roth 2012, S. 425-429.

11 Vgl. Thomas Düllo: Möglichkeiten im Reich der Schatten. Der Filmkritiker Joseph Roth. In: *FilmExil* Nr. 5/1994, Berlin, S. 11-32.

> »Das Panoptikum fiel der Zeit zum Opfer, ihrer erwachten Freude an der gesteigerten Bewegung, die im Film ihren Ausdruck findet. Im Zeitalter des Kinos hat das Panoptikum nichts mehr zu erfüllen. [...] Ein Schatten in Bewegung ist uns mehr als ein Körper in starrer Ruhe. Ein Antlitz, das immer lächelt, täuscht uns nicht mehr. Wir wissen: Ewig lächelt nur der Tod.«[12]

Schon in seinem ersten Beitrag für das Wiener Fachblatt *Die Filmwelt* vom 21. März 1919 mit dem Titel »Film im Freistaat« betont Roth die Stärken des neuen Mediums der bewegten Bilder.

> »Die Wirkung des Kinos auf das Volk, die ja bei weitem unmittelbar und stärker ist als die Wirkung von Zeitungen, wurde von den Vertretern des alten Regimes voll gewertet und richtig eingeschätzt.«

Wie später nur selten wirft Roth in diesem frühen Artikel zum Film grundsätzliche Fragen auf – und schlägt dabei ausgesprochen optimistische Töne an: Vom »Kinodramatiker«, wie er den Drehbuchautor nennt, erwartet er, »daß die Natürlichkeit auch auf der Leinwand zur Geltung kommt. Byzantinismus und Tartüfferie sind gegangen. Ihre Stelle nehmen ein: Vernunft und Sittlichkeit«. Die »ganze verlogene Kinokultur« ist für ihn mit der Errichtung des Freistaats beendet, sie »möge eine Entwicklung nach aufwärts nehmen. Auch [der Film] wird eine neue Zeit im wahrsten Sinne des Wortes anschaulich machen. Die Zeitgeschichte bietet Stoff genug«, denn »der Film muß Schritt halten mit dem Galopp der Weltgeschichte«.[13]

12 »Philosophie des Panoptikums«, *Berliner Börsen-Courier*, 25.2. 1923. Zitiert nach: Werke 1989-91/I, S. 939-941, hier S. 940.
13 »Film im Freistaat«. In: *Die Filmwelt*, 21.3.1919, siehe S. 7f.

Die starke Wirkung des neuen Mediums setzt für Roth aber auch einen verantwortungsvollen Umgang mit seinen Mitteln voraus, und so wenig, wie das moderne Theater zu volkspädagogischen Zwecken missbraucht werden sollte, darf der Film für derlei Ziele herhalten – wie etwa im von Roth abgelehnten »Tendenzfilm«, dem er vorwirft:

> »Das Kino wird als moralische Schaubühne betrachtet und ist ein Requisit der Volkserziehung, wie Rohrstab und Einmaleins. Es ist sehr lehrreich, auch an Vergnügungsstätten die bösen Folgen einer Teufelssünde an der Haut eines anderen zu erleben, aber eine etwas unangenehme Überraschung ist es, wenn ich zwanzig Jahre nach der Absolvierung der Volksschule mich in's Kino unterhalten gehe und dort die Fortsetzung des Lesebuches in Illustrationen erlebe. [...] Aber selbst auf die Gefahr hin, die Sittenpolizei an die Filmleinwand zu malen, behaupte ich, daß ein Kinostück, das höheren Aufgaben, als einer Pseudoerziehung gerecht zu werden versucht, eine viel sittlichere Wirkung übt, denn ein tendenziöses Machwerk mit durchscheinender Philistermoral.«[14]

Das Kino müsse sich, so Roth, »in den Dienst einer vernünftigen Volksaufklärung stellen«. Und so rät er zum Schluss dieses Artikels: »Erziehung, meine Herren Filmautoren, nicht Moralpauke und wenn möglich – Kunst statt Kitsch!«

Roths Interesse galt immer auch den Kinobesuchern, die Beschreibung des Publikums stand oft im Zentrum seiner Berichterstattung, ohne dass er überhaupt auf den vorgeführten Streifen einging. Wichtiger als die klassische Kunstkritik war ihm die Beschäftigung mit denjenigen, die sich für das Kino begeisterten. Der »Rote Joseph«, wie er hin und wieder seine Feuilletons signierte, stand von Anbeginn

14 »Der Tendenzfilm«. In: *Die Filmwelt*, 2.5.1919, siehe S. 11-13.

seiner journalistischen Karriere auf der Seite der unteren Gesellschaftsschichten, deren Vertreter die Masse der Kinobesucher der 1920er Jahre ausmachten. Fasziniert und mit Grausen beschreibt Roth in satirischer Überzeichnung eine Wechselwirkung zwischen Film und Publikum, spiegelt das eine so lange auf das andere, bis in dem Western *Das rote Aß*, der im »Praterkino« gegeben wird, die Grenzen zwischen schattenhaftem Schein und greller Wirklichkeit nahezu ununterscheidbar werden:

»›Das rote Aß‹ wird im Praterkino von den Zuschauern gegeben. Slowakische Arbeiter, kleiner Goldreif im linken Ohrläppchen, rotgeblümtes Halstuch, Soldatenhemd, grau-weiß geschecktes Gesicht und heraushängende Augenkugeln, gleichsam ohne Zusammenhang mit dem Hirn. Dirnen und Zuhälter, lärmende Schminke auf Backenknochenpolen, bandagierte Hände, verkommene Krüppel. Alle Menschen hier kommen von der Filmleinwand, kommen aus den berüchtigtsten Slums, aus dem wilden Westen. ›Das rote Aß‹ beginnt vor der Vorstellung. [...]

Ein blutlüsterner Indianer, braunglänzend, ich rieche seinen Juchtenduft, kriecht gewandt auf allen Vieren, duckt sich, lugt aus, seine Augen, Gott! wo habe ich die schon gesehn? Das ist der slowakische Arbeiter mit dem Goldring im Ohrläppchen; wo der nur so schnell die Indianermontur her hat, möcht' ich wissen..«[15]

Ähnliche Beobachtungen macht Roth in dem ein Jahr zuvor erschienenen Artikel »Knigge im Film«, wobei hier die möglichen *positiven* Wirkungen der Scheinwelt auf die Rezipienten im Vordergrund stehen:

»Jede Handbewegung, jeder Augenaufschlag des Helden oder der Heldin wurde von der zuschauenden Jugend

15 »Praterkino«. In: *Der Neue Tag*, 4.4.1920, siehe S. 32-35.

> geradezu verschlungen. Und ich verstand den erzieherischen Einfluß des Kino's auf die Jugend dieser Kleinstadt. Plötzlich war ich sehend geworden: daher hatten die Frauen dieses kokette Mienenspiel, jenes hoheitsvoll-herablassende Kopfnicken, wenn man sie grüßte. Das kleine Laufmädel benahm sich wie eine Dame. Die blonde Verkäuferin des Papiergeschäftes in der Ecke mimte eine Prinzessin. Der Alltag war Film geworden. Das nüchterne kleine Ereignis – Szene.«[16]

Der Blick in die – wenn auch schattenhafte – »große Welt« bietet der Jugend in der Provinz Stil- und Verhaltensmuster für den Alltag, und so baut sich für Roth »der kleine Mensch ein zweites zivilisierteres manchmal sogar kultivierteres ›Ich‹, in dem er aufzugehen sich bemüht und manchmal sogar aufgeht«.[17] Die Beispiele zeigen, wie Roth die Wirkungen des Films auf das Publikum – im positiven wie im negativen Sinn – einschätzte.

Interessant ist die Vielfalt der Formen, in denen sich Roth zum neuen Medium äußert: Von den 17 Beiträgen zu Film und Kino, die zwischen 1919 und 1920 in Wien in drei verschiedenen Zeitschriften erscheinen, lassen sich nur drei dem Genre Filmkritik zuordnen. Neben den bereits genannten Feuilletons entstehen in dieser Zeit etwa unter dem Titel »Dialoge« kurze Artikel, in denen Roth den Filmbetrieb mit Hilfe der literarischen Form von Minidrama und Doppelconférence, wie damals im Kabarett üblich, betrachtet. In »Streiflichtern« wählt er die Form des satirischen Aphorismus, um sich mit dem »modernen Kino« auseinanderzusetzen. In der Glosse »Mein Kinodrama« wiederum erzählt Roth die Handlung eines von ihm erfundenen Films mit dem vielversprechenden Titel *Der veilchenblaue*

16 »Knigge im Film«. In: *Die Filmwelt*, 16.5.1919, siehe S. 13f.
17 Ebenda. Vgl. auch »Pathos«, S. 45-49, besonders S. 46.

Tod, kommt allerdings zu dem Schluss: »Auf Anraten vieler gutmeinender Freunde, denen ich mein Drama vorgelesen habe, gab ich meinen Beruf auf und wurde Praktikant bei Gerngroß.« Weitere Texte sind allgemeingültige Studien von Stars und Starlets, Publikum und Kinoangestellten, sind Milieuschilderungen oder treffsichere Darstellungen von »Filmtypen« – »Die Diva«, »Der Regisseur«, »Der Operateur« – oder auch humoristische Beschreibungen von Rollenfächern – »Der Komiker«, »Der Detektiv«, »Der Verbrecher«, »Der Ermordete« oder »Die Hinterbliebenen« ohne Bezug zu bestimmten Filmen. Solche peripheren Studien von Filmtypen und Rollenfächern scheinen zu dieser Zeit nicht unüblich gewesen zu sein. So veröffentlichte in Berlin die Filmschauspielerin und Kabarettistin Resi Langer im selben Jahr ein Bändchen mit dem Titel *Kinotypen*, worin sie u.a. Klischees wie »Das Kinogirl«, »Die Filmdiva«, die »Braut von Filmes Gnaden« skizziert.[18] Fast zur gleichen Zeit, am 17. April 1919, veröffentlicht das *Prager Tagblatt* ähnliche Charakterstudien Roths unter dem Titel »Menschliche Fragmente«. Diese stammen aber nicht aus der Welt des Films, alltägliche Typen sind hier Thema – »Der Zeitgenosse«, »Der General«, »Der Gast«.

In seinem letzten Wiener Beitrag vor der Übersiedlung nach Berlin für die *Wiener Woche* am 11. April 1920 mit dem Titel »Scheinwelt« vergleicht Roth herkömmliches Theater und Film zu Ungunsten der neuen Kunstform: »Sagen wir es offen: was im Theater ›Kitsch‹, ist im Kino Zugstück. Dadurch wird das Kino herabgedrückt, Theater zweiten oder dritten Ranges, was es nicht unbedingt sein

18 Resi Langer: Kinotypen. Vor und hinter den Filmkulissen. Zwölf Kapitel aus der Kinderstube des Films. Hannover 1919. – Jetzt wieder in R. L.: Rokoko und Kinotypen. Zwölf Gedichte und zwölf Episoden. Herausgegeben von Regina Nörtemann, Johanna Egger und Jeanette Wiede. Göttingen 2014.

muß und soll.« Kino soll ein Mittel der Aufklärung sein, seine technischen Möglichkeiten prädestinieren es für Roth zum Bildungsmittel:

> »Das Verborgene aufzudecken, Geheimnisse zu entschleiern, das Unsichtbare darzustellen – das ist die Aufgabe des Films. Das Wachstum einer Pflanze, die Weltordnung eines Ameisenhaufens, der Liebesroman eines Schmetterlings, aber auch die Wunderwelt der Technik, der märchenumsponnene Meeresgrund, Dramatisierung der Volkssage – warum sollte das nicht Kino und Publikum auf ein höheres Niveau heben? Dann, nur dann wird das Kino aufhören, Konkurrent zum Theater zu sein und wird dessen notwendige Ergänzung werden. Nützt die Möglichkeiten des Unmöglichen im Kino!«[19]

Natur- und Lehrfilm, Heimatkunde- und Geschichtsfilm wären also die adäquaten künstlerischen Möglichkeiten für Filmemacher, womit Roth gleichsam ein Resümee seiner Überlegungen zu Film und Kino in Wien zieht. Diese Meinung wird Roth in manchmal abgeschwächter, manchmal übertriebener Form bis zum Ende seiner Beschäftigung mit dem Medium Film beibehalten. Selten lässt er den Film uneingeschränkt gelten.

Ende April 1920 wird Joseph Roths Wiener Stammblatt und hauptsächliche Erwerbsquelle, *Der Neue Tag*, eingestellt. Über hundert Artikel hatte er in den letzten zwölf Monaten in diesem Blatt veröffentlichen und sich so das Rüstzeug eines hervorragenden Journalisten erwerben können. Er beschließt, Wien zu verlassen und ins aufstrebende Berlin zu gehen. Dort sieht Roth neue Möglichkeiten für seine journalistische und schriftstellerische Zukunft. An die zwanzig Tageszeitungen erscheinen in der Hauptstadt der

19 »Scheinwelt«. In: *Wiener Woche*, 11.4.1920, siehe S. 35f.

Weimarer Republik, interessante Verlage wie S. Fischer, Rowohlt und Ullstein sind auf der Suche nach jungen Autoren, auch darin sieht Roth seine große Chance. In den Berliner Verlagen Die Schmiede, J. W. H. Dietz und Gustav Kiepenheuer wird er seine Bücher publizieren. Wie Roth sahen auch viele andere österreichische Autoren Berlin als die Stadt der Zukunft, u. a. Alfred Polgar, Egon Erwin Kisch, Arnold Höllriegel und Hermann Bahr zog es dorthin.

Das Berlin der »Goldenen Zwanziger« war nicht nur die Stadt der Zeitungen und Verlage, sondern auch das Zentrum der Filmproduktion in Deutschland geworden. In den Jahren der Weimarer Republik erlebte Berlin eine Blütezeit des deutschen Films. Anfang der 1920er Jahre gab es dort über 400 mittelgroße Kinos mit insgesamt bis zu 148.000 Plätzen. In den folgenden Jahren entstanden wahre Kinopaläste mit weit über tausend Sitzplätzen wie der Ufa-Palast am Zoo, das Capitol oder der Titania-Palast. Die Tageszeitungen widmeten dem neuen Medium eine intensive Berichterstattung, Filmzeitschriften wurden gegründet, und mit dem professionellen Filmkritiker etablierte sich ein neuer Berufszweig des Journalismus. Wie in Österreich war auch in Deutschland im November 1918 die Filmzensur abgeschafft worden, doch schon 1920 wurde wegen zu großer Freizügigkeit in sogenannten Aufklärungs- und Sittenfilmen ein »Reichslichtspielgesetz« verabschiedet, und es kam zur Überprüfung der Filme durch Filmprüfstellen in Berlin und München, wobei oft Kürzungen inkriminierter Stellen angeordnet oder Jugendverbote ausgesprochen wurden.

In dieser Zeit war es üblich, dem Publikum vor den Stummfilmvorführungen ein varietéartiges Programm zur Einstimmung auf den Abend anzubieten. Diese Veranstaltungsform hielt sich nur einige Jahre und wurde von Wochenschauberichten (z. B. die »Meßterwoche«) oder auch von kurzen Lehr- oder Dokumentarfilmen abgelöst.

Bereits Anfang Juli 1920 konnte Joseph Roth seine erste Filmbesprechung in dem relativ jungen Organ *Neue Berliner Zeitung – 12-Uhr-Blatt* unterbringen. Seine erste Filmkritik in Berlin galt dem von der deutschen Regierung »zur Verherrlichung der Unterseeboottaten« hergestellten Streifen *U 35* und erschien am 9. Juli 1920. Vier weitere Beiträge zu Film und Kino werden in diesem Blatt bis zum 7. Juni 1921 folgen, darunter eine Kritik an der Filmplakat-Zensur der Weimarer Republik mit dem Titel »Der Nabel der Sittlichkeit. Wie Plakate zensiert werden« – Roth erkennt schon sehr früh die Bedeutung und Wirksamkeit von Plakaten und betrachtet sie als eigene Kunstform. In seinem letzten Text für die *Neue Berliner Zeitung* beschreibt er die Vorführung eines Modells für eine geplante »Filmstadt« der Cserépy-Film-Gesellschaft im Juni 1921.

Parallel dazu kann Roth im Juli und August 1920 drei Beiträge zum Film in Max Epsteins und Emil Linds *Freier Deutscher Bühne* unterbringen, wobei es sich bei zweien um explizite Filmkritiken handelt: einmal zu dem Rembrandt-Film *Die Tragödie eines Großen* im Lichtspieltheater Marmorhaus sowie zum Zweiten um eine Art Protestschreiben gegen den Film *Die goldene Krone* nach dem Roman der Trivialschriftstellerin Olga Wohlbrück, die nun endlich »aus dem Inventar der Berliner Woche in das der Universum-Film-AG übernommen« wurde wie Roth süffisant schreibt.

Hauptsächlicher Abnehmer seiner journalistischen Arbeiten wird in den ersten Berliner Jahren aber der angesehene, seit 1868 erscheinende *Berliner Börsen-Courier*. Diese führende Börsen- und Wirtschaftszeitung Deutschlands druckte regelmäßig auch Theaternachrichten und Filmkritiken. Chefredakteur war der gebürtige Prager Journalist Emil Faktor, Feuilletonchef war der Theater- und Filmkritiker Herbert Ihering. Weit über 200 Reportagen, Kritiken und Besprechungen verfasste Roth zwischen April 1921 und

August 1922 für den *Börsen-Courier*, von denen 35 Beiträge Kino und Film behandeln.

Doch auch der Kontakt nach Wien bricht in Berlin nicht ab, so erscheint in der *Wiener Mittags-Zeitung* ein Artikel, in dem Roth Theater und Film voneinander abgrenzt:

> »Der Film versucht nicht ans Theater anzuknüpfen, sondern an die bildende Kunst: Nicht an die Dichtkunst im überlieferten Sinn, sondern an eine neue, die, vom Wort losgelöst, nur die Eigenschaften der dramatischen Spannung, der erweiterten Phantasie, der Plastik in ihren Werken beibehält. Der Film gibt zu, daß er mit Schatten arbeitet und er beansprucht für seine Schatten das gleiche Maß von Anerkennung, das man den Körpern auf der Bühne zollen zu müssen glaubt. Er verlangt Respekt für seine Stummheit, wie das Theater für seine Beredtheit, und er glaubt in eine Zukunft zu weisen, in der das Wort überflüssig und das Sprechen unrentabel sein wird […].«

Mit Blick auf die besprochene Theaterinszenierung weist Roth auf einen weiteren Aspekt hin, nämlich wie die Filmästhetik auf die »Sprechbühne« des Theaters zurückwirkt, wenn sich Bühnenregisseure an der Schnitttechnik filmischer Werke orientieren, indem sie »die Bühne als dreidimensionale Filmleinwand« nutzen, und er sieht – geradezu prophetisch – eine Zeit kommen, »in der sich die Sprechbühne nur dann erhalten wird, wenn sie Anstrengungen macht, dem Film möglichst nahe zu kommen«.[20]

Nach kaum eineinhalb Jahren kontinuierlicher Mitarbeit am *Berliner Börsen-Courier* trennt sich Joseph Roth von seinem ersten Berliner Arbeitgeber; am 17. September 1922 richtet er an den Ressortleiter Herbert Ihering ein Schreiben, in dem er seinen Abschied von der Zeitung vorbereitet:

20 »Film auf der Sprechbühne«. In: *Wiener Mittags-Zeitung*, 18.3. 1922, siehe S. 77-80.

»Sehr geehrter Herr Ihering,
betrachten Sie, bitte, diesen Brief nicht als ein formelles Abschiedsschreiben, nicht als einen höflichen Ersatz für eine Unterredung, sondern als den Ausdruck einer Notwendigkeit. Ich hoffe, daß Sie mir mein aufrichtiges Bedauern über unser allzu kurzes Zusammenarbeiten glauben werden und mein Geständnis, daß ich mit Vorurteilen gegen Sie in die Redaktion des B.B.C. eingetreten bin und daß ich jetzt eine hohe Meinung von Ihrer Menschlichkeit und Ihrer literarischen Wirksamkeit gewonnen zu haben mich SEHR, SEHR freue. [...] Ich kann wahrhaftig nicht mehr die Rücksichten auf ein bürgerliches Publikum teilen und dessen Sonntagsplauderer bleiben, wenn ich nicht täglich meinen Sozialismus verleugnen will. Vielleicht wäre ich trotzdem schwach genug gewesen, für ein reicheres Gehalt meine Überzeugung zurückzudrängen, oder für eine häufigere Anerkennung meiner Arbeit. [...] Und was mein Gehalt betrifft, so bekam ich – 9000 Mark jetzt nach der Erhöhung. Ich konnte zwar für andere Blätter schreiben, aber dann nicht meine ganze Kraft dem B.B.C. widmen. Jenes gestattete man mir, um zu sparen, dieses nahm man mir übel, um meine Ansprüche niederzudrücken.«[21]

Und am selben Tag schreibt er in dieser Angelegenheit an den Chefredakteur der Zeitung Dr. Emil Faktor:

»Sehr geehrter Herr Doktor,
ich glaube, annehmen zu dürfen, daß eine berufliche Differenz zwischen dem Chefredakteur und seinen Angestellten weder jenen, noch diesen hindern kann, menschliche Beziehungen in dankbarer Erinnerung zu bewahren und hoffe, daß Sie meinen Standpunkt teilen und mein

21 Briefe 1970, S. 40.

aufrichtiges Bedürfnis, von Ihnen Abschied zu nehmen verstehen und glauben werden.

Es wäre unaufrichtig, wenn ich Ihnen verhehlen würde, daß Ihr Brief nur die Veranlassung, nicht die Ursache meines Ausscheidens war. Ich empfand schon lange den Widerspruch zwischen meiner Tätigkeit als bürgerlicher Sonntagsfeuilletonist und meiner rein sozialistischen Einstellung sehr unangenehm und darüber hinaus die Tatsache, daß ich im Börsen Kourier nicht jene Stellung einnahm, von der ich mir – vielleicht mit Unrecht – einbilde, dass sie mir zukommt. Ihre Rücksichtnahme auf eine bürgerliche Leserschar, der ich mich häufig fügen mußte, wurde, seitdem das Blatt an Bedeutung zunahm, immer genauer – begreiflicher Weise – und für meine Begabung, die in der Hauptsache vielleicht im Rücksichtslosen liegt, blieb weniger Spielraum übrig, als je zuvor.

Ich weiß trotzdem zu schätzen, was Ihre Bemerkungen zu meinen Aufsätzen mir rein schriftstellerisch genutzt haben und mein Gedrucktsein im Börsen Kourier in der Öffentlichkeit. Ich danke Ihnen ein Stück Fortschritt und ein Stück Popularität. Das Ihnen unmittelbar zu gestehen empfand ich als meine Pflicht.

Ich verbleibe mit Hochachtung.

Ihr Joseph Roth.«[22]

Der tatsächliche Grund für dieses Schreiben kann nicht mit Sicherheit festgestellt werden, möglich wäre jedoch – wie aus dem Brief an Ihering zu schließen – eine abgelehnte höhere Honorarforderung Roths.

Nach dieser einstweiligen Trennung vom *Berliner Börsen-Courier* – Roth wird nach einiger Zeit wieder für dieses Blatt schreiben – erscheint sein nächster Artikel zu Film und Kino erst wieder am 12. Januar 1923 im *Vorwärts*, dem

22 Der Brief ist in Privatbesitz und wird hier erstmals veröffentlicht.

Zentralorgan der Vereinigten Sozialdemokratischen Partei Deutschlands. Hierauf folgt eine mehr als einjährige Unterbrechung der Beiträge zum Film. Roth bevorzugt nun andere Themen für seine journalistischen Arbeiten, auch konzentriert er sich wahrscheinlich mehr auf seine literarische Produktion. Ab dem 7. Oktober 1923 wird sein erstes Romanmanuskript, *Das Spinnennetz*, in der Wiener sozialdemokratischen *Arbeiter-Zeitung* veröffentlicht. Zu einer Veröffentlichung in Buchform wird es erst postum im Jahre 1967 kommen. Im Jahr 1924 erscheint im Verlag Die Schmiede Roths erstes Buch, der Roman *Hotel Savoy*, dem noch im selben Jahr der Roman *Die Rebellion* folgt. Bei J. W. H. Dietz veröffentlicht er 1925 *April. Die Geschichte einer Liebe* und *Der blinde Spiegel. Ein kleiner Roman.* Diese Bücher stehen am Beginn einer großen Schriftstellerlaufbahn, während deren Joseph Roth mehr und mehr unter seiner Brotarbeit als Journalist leiden wird.

Anfang 1923 wird Roth als Berliner Mitarbeiter des Feuilletons der *Frankfurter Zeitung* engagiert. Chef des Feuilletons ist Benno Reifenberg. Roth befindet sich hier in bester Gesellschaft: Walter Benjamin, Max Picard, Bernard von Brentano, René Schickele und auch die Wiener Friedrich Torberg und Erik Graf Wickenburg schreiben für dieses angesehene Blatt. Als Mitarbeiter der *Frankfurter Zeitung* kann sich Roth in die erste Reihe des deutschen Feuilletons schreiben; bald gehört er zu den meistbeschäftigten und bestverdienenden Journalisten seiner Zeit. Parallel zu seinen journalistischen Arbeiten beginnen nun die Jahre seines intensivsten erzählerischen Schaffens.

Neben Skizzen aus dem Berliner Alltag, Reisebeschreibungen, Literatur- und Theaterkritiken entstehen für die *Frankfurter Zeitung* in einer Zeitspanne von mehr als sieben Jahren auch 29 Beiträge zu Kino und Film: Roth besucht Uraufführungen in den großen Berliner Kinos, schreibt über Filmstars und -starlets, über ausländische und deutsche Produktionen, über Produzenten und Produktionsbedingungen. Ähnlich wie in seinen ersten Auseinandersetzungen mit dem neuen Medium in den Wiener Jahren interessiert ihn auch in Berlin das Kinopublikum. Und auch jetzt noch wechseln Zu- und Abneigung zu den bewegten Bildern. Seine letzte Filmkritik für die *Frankfurter Zeitung* erscheint am 25. August 1931 unter dem apodiktischen Titel »Schluß mit den Kriegsfilmen!«. Roth kritisiert hier, stellvertretend für andere Kriegsfilmware, den deutschen halbdokumentarischen Film *Douaumont*:

> »Alle Kriegsfilme geben eine falsche Vorstellung vom Krieg, weil die Hersteller glauben (und was sollen sie anderes), eine möglichst dokumentarische geben zu sollen. [...] Und wenn alte echte Aufnahmen aus dem Krieg in den neuen Film hineingewoben werden (wie es in den Film ›Douaumont‹ der Fall ist), wissen wir uns wohl zu erinnern, wo sie aufgestellt waren, die Herren aus dem Kriegspressequartier, mit ihren Apparaten und Notizblöcken: nämlich mindestens zehn Kilometer hinter der Front. [...] Und wir glauben, sagen zu dürfen, daß wir endlich auf alle und jede Kriegsdarstellung verzichten: ob die Filme ›gut‹ sind, ›besser‹ oder ›schlecht‹. Es gibt ihrer schon zu viele. Blut und Fleisch und menschliche Herzen haben dort die ›Hauptrolle‹ gespielt. Dieses Material ist etwas ganz anderes als Zelluloid. Eines vom andern ist genau so weit entfernt wie die Front von der Branche und weiter als Neubabelsberg von Verdun! Sie mögen es weiter mit Harry Liedtke treiben und den Krieg in Frieden lassen ...«[23]

23 »Schluß mit den Kriegsfilmen!«. In: *Frankfurter Zeitung*, 25.8. 1931, siehe S. 193-197.

Für das Film-Ressort der *Frankfurter Zeitung* ist einer der bekanntesten Filmkritiker und Filmtheoretiker der 1920er und 1930er Jahre zuständig: Siegfried Kracauer. Manchmal besprechen Roth und Kracauer denselben Film, und fast immer stimmen sie in ihren Urteilen überein. Und doch zählt sich Roth nicht zu den professionellen Filmkritikern und wird sich auch bis zu seinen letzten Filmbesprechungen nicht zu diesen zählen. So antwortet er auf eine Rundfrage (»Welches halten Sie für den besten Film?«) im Jahre 1934:

> »Am besten gefällt mir *Chaplin's ›The Kid‹*. Vielleicht haben andere Chaplin-Filme (filmtechnisch und künstlerisch) mehr Bedeutung als dieser. Aber ich urteile weder als ›Filmfachmann‹, noch als ständiger Besucher des Kinos. Betrachte ich Filme, so ist es mir unmöglich, vom Stofflichen, vom ›Sujet‹ abzusehen.«

Weiter unten urteilt er dann doch als Filmkritiker und empfiehlt: »Ein guter künstlerischer Film kann ohne dichterische Grundlage nicht bestehen. Alle anderen ›Künstlerisch‹ genannten Filme bleiben Kunstgewerbe.«[24]

Für die *Frankfurter Zeitung* schreibt Roth bis Dezember 1932. Mit der Machtergreifung der Nationalsozialisten stehen ihm die deutschen Zeitungen nicht mehr zur Verfügung, und er verliert mit seinen journalistischen Arbeiten auch seine wichtigste Einnahmequelle. Zum Thema Film wird es nur noch zwei Beiträge während der Emigration geben: Nach seiner Antwort auf die Filmrundfrage der *Neuen Zürcher Zeitung* veröffentlicht er am 23. Februar 1935 einen Aufruf an die österreichischen Politiker und die Filmindustrie in der in Paris erscheinenden Exilzeitschrift *Das Neue Tage-Buch* gegen »den vollendeten ›Anschluss‹ der österreichischen Filmproduktion an die deutsche« durch ein in Berlin von den

24 »Eine Filmrundfrage«. In: *Neue Zürcher Zeitung*, 15.7.1934, siehe S. 200f.

österreichischen Filmproduzenten unterzeichnetes Filmabkommen mit der »Deutschen Reichsfilmkulturkammer«.[25]

Insgesamt konnten 99 Artikel ermittelt werden, in denen sich Joseph Roth mit dem Thema Film beschäftigte und die im Zeitraum von 1919 bis 1935 veröffentlicht wurden. Mit 35 an der Zahl sind die meisten im *Berliner Börsen-Courier* von April 1921 bis August 1922 erschienen, 30 in der *Frankfurter Zeitung* im Zeitraum Februar 1924 bis August 1931. 17 Beiträge stammen aus der Wiener Zeit (1919/20), wobei 13 davon in der Fachzeitschrift *Die Filmwelt* veröffentlicht wurden. Ansonsten publizierte Roth verstreut einzelne Artikel in folgenden Zeitschriften und Zeitungen: *Der Neue Tag* (1919 bis 1929), *Wiener Woche* (1920), *Neue Berliner Zeitung* (1920 bis 1921), *Freie Deutsche Bühne* (1920), *Wiener Mittags-Zeitung* (1922), *Vorwärts. Berliner Volksblatt* (1923), *Münchner Neueste Nachrichten* (1929 und 1930), *Der Scheinwerfer* (1930), *Breslauer Neueste Nachrichten* (1930), *Neue Zürcher Zeitung* und *Pariser Tageblatt* (1934) sowie *Das Neue Tage-Buch* (1935).

Fünfzehn verschiedene Publikationsorgane sind es demnach, in denen Roth über Film und Kino schrieb, wobei er seine Artikel, wie er es auch sonst tat, mit unterschiedlichen Signaturen zeichnete. Die am häufigsten verwendeten Kürzel sind »–th.« und »R-th.«; oft gibt Roth aber auch seinen vollen Namen an, auch »Josephus« nennt er sich und »Der rote Joseph«, wenn er für den sozialdemokratischen *Vorwärts* schreibt.

Roths Texte zu Kino und Film erscheinen in einem Zeitraum von sechzehn Jahren, von 1919 bis 1935. Bis 1925 werden 80 der insgesamt 99 Texte publiziert. Nach 1925 werden Artikel zu diesem Thema seltener. Roth geht für die *Frankfurter Zeitung* auf Reisen. Er berichtet aus Frankreich, Russ-

25 »Anschluss im Film?« In: *Das Neue Tage-Buch*, 15.2.1935, siehe S. 208-210.

land, Albanien, Italien, schreibt »Briefe aus Deutschland« und »Briefe aus Polen«. Auf seinen Reisen sucht Roth hin und wieder – als letztmögliches Unterhaltungsangebot – ein Kino auf. Etwa im November 1927 in Saarbrücken nach Geschäftsschluss, als er vor dem einsetzenden Regen Schutz sucht.

> »Es regnet Einsamkeit, Bitternis, schmutziges Wasser, Heimweh nach dem Kino. Selbstverständlich spielt man dort den ›Faust‹. Ich kenne ihn bereits. Den großen Werken nationaler Filmkunst immer wieder auf ihrem Siegeslauf durch die Welt zu begegnen ist mir von Gott verhängt. Chaplins *Goldrausch* sah ich nur einmal. Aber in Leningrad traf mich der *Nibelungen*-Film, in Paris *Metropolis*, in Saarbrücken der *Faust.* Dabei regnet es immer. Ich habe alles noch frisch im Gedächtnis, es ist die grausamste Gehirnpartie: den Engel aus Pappendeckel und Schwanenpelz, den mysteriösen Nebel, der die Metaphysik der Branche ist, Faustens Bart aus grauer Holzwolle und Gretchens Zöpfe aus dem Flachs, den sie selbst gesponnen; diese falsche Mischung aus legendarischer Naivität und hochentwickelter Großaufnahmetechnik, die beide einander nicht gewachsen sind; diese fortwährenden, mühevollen Arbeiten beim Urnebel der deutschen Mystik im Filmatelier; dieses Bestreben, es nicht billiger zu geben als mit Himmel, Erde, Pest, Gotik, Hölle: Elemente, die naiv behandelt werden sollten, aber im deutschen Film natürlich pathetisch werden; und kurz und gut, um in der Sprache der Branche zu reden: aufgewachsen beim Hexeneinmaleins! Diesen *Faust* soll ich nun noch einmal sehen, in Saarbrücken, weil es regnet. Mir bleibt nichts erspart. Ich werde in ein Kaffeehaus gehen.«[26]

26 Werke 1989-91/II, S. 783.

In Roths letztem epischen Werk, *Die Legende vom heiligen Trinker*, trifft die Hauptfigur Andreas in Paris auf seine einstige Geliebte Karoline, die von ihm verlangt, »ins Kino geführt zu werden«. Und ähnlich wie Roth in Saarbrücken ergeht es dem armen Andreas.

> »Und er ging mit ihr ins Kino. Nach langer Zeit sah er wieder ein Filmstück. Aber es war schon so lange her, daß er eines gesehen hatte, daß er dieses kaum mehr verstand und an der Schulter der Karoline einschlief.«[27]

Zwischen 1929 und 1935 erscheinen nur noch zehn Artikel zum Film. Auch wenn Roth in dieser Zeit kaum noch Filmbesprechungen verfasst, beschäftigt ihn das neue Medium in seiner Prosa:[28]

Die Welt des Films und des Kinos steht in seinen Romanen oft als Sinnbild für Bedrohung und Verführung, gleichsam eine potenzierte Theaterwelt, in der Unmoral und Sittenlosigkeit herrschen. Dies zeigt sich vor allem in dem Roman *Zipper und sein Vater* (1928). Arnold Zippers Frau Erna will Schauspielerin werden, und nachdem ihr die Bühne nicht die große Erfüllung gebracht hat, wechselt sie in die schillernde, erfolgversprechende Filmbranche:

> »Es ging zu langsam mit dem Theater. Es mußte im Film schneller gehn. Denn das Theater hatte viele Zentren, der Film nur ein einziges: Hollywood. Dort hinzukommen, Geld zu haben, Ruhm und Macht!
>
> Es war für Erna mehr ein Triumph als ein Erfolg, als sie durch einen Film, ›Der ewige Schatten‹ – in dem sie nur eine Nebenrolle spielte –, der Presse so aufgefallen war,

27 Werke 1989-91/ VI, S. 525.

28 Zu Film und Kino in Roths Romanen vgl. ausführlich: Capovilla, Andrea: Der lebendige Schatten. Film in der Literatur bis 1938 (Literatur in der Geschichte, Geschichte in der Literatur, Bd. 32). Wien, Köln, Weimar 1994, S. 103-114.

daß man sie mehr lobte als die Trägerin der Hauptrolle. [...] Sie hatte es beim Film vorläufig mit Menschen zu tun, die ihrem Vater glichen: kleine Bürger mit großen Redensarten. Es waren Inflationsjahre der Filmindustrie. [...] Alte Börsenmakler aus Czernowitz setzten sich mit deutschnationalen Großindustriellen zusammen und erfanden patriotische Filme. Reisende in Lampenschirmen rasten in den Ateliers herum, brüllten Mechaniker an und nannten sich Beleuchtungskünstler. [...] Statistinnen opferten ihre Jungfernschaft für das vage Versprechen eines Hilfsregisseurs dritter Klasse, aus ihnen eine ›Diva‹ zu machen. [...] Es war eine Welt für schlaue Menschen, es war eine Welt für Erna.«[29]

Besonders Frauen sind es bei Roth, die sich zur Glitzerwelt des Films hingezogen fühlen. Für sie bedeutet die Hinwendung zum Film oft auch einen ersten Schritt zur Emanzipation und zum Beginn eines neuen Lebens. So etwa für Elisabeth, die Frau Franz Ferdinand Trottas, im Roman über den Untergang der Monarchie, *Die Kapuzinergruft* (1938):

»Der Film rief sie, und sie fühlte sich zum Film berufen.

Eines Tages verschwand sie auch, und sie hinterließ mir den folgenden Brief:

›Mein lieber Mann, Deine Mutter haßt mich, und Du liebst mich nicht. Ich fühle mich berufen. Ich folge Jolanth und Stettenheim. Verzeih mir. Der Ruf der Kunst ist mächtig. – Elisabeth‹ [...]

Mein Kind hatte keine Mutter mehr. Die Mutter meines Kindes war in Hollywood, eine Schauspielerin.«[30]

Große Bedeutung für Roths Auseinandersetzung mit dem Film hat sein eigenartiges Pamphlet gegen das 20. Jahrhundert

29 Werke 1989-91/IV, S. 567ff.
30 Werke 1989-91/VI, S. 339.

Der Antichrist. An seinen Gönner und Freund Stefan Zweig schreibt Roth am 26. März 1934:

> »Es ist eine Stunde her, daß ich den ›Antichrist‹ beendet habe. Endlich, zum ersten Mal in meinem Leben, bin ich mit einem Buch zufrieden. [...]
>
> Ich bin ganz am Ende meiner Kraft, aber sehr glücklich.«[31]

Sein Essay soll Warnung und Mahnung sein, den Antichrist zu erkennen, der sich in vielen Gestalten zeigt. Als eine der drohendsten wählt der Antichrist als Herr der Schatten das Kino, den Film, das Reich der Schatten[32] – und die Kapitale dieses Reiches ist Hollywood:

> »Ich kam nach Hollywood, nach Hölle-Wut, nach dem Orte, wo die Hölle wütet, das heißt, wo die Menschen die Doppelgänger ihrer eigenen Schatten sind. Das ist der Ursprung aller Schatten der Welt, der Hades, der seine Schatten für Geld verkauft, die Schatten der Lebendigen und der Toten, an alle Leinwände der Welt.«[33]

Schwärmt Roth in seinen Artikeln für das *Prager Tagblatt* am 8. Dezember 1920 und am 18. Dezember 1929 noch von

31 Briefe 2011, S. 154.

32 Auch wenn *Der Antichrist* thematisch breiter gefächert ist, führten die beiden großen Abschnitte, in denen Roth sich mit dem Kino auseinandersetzt, bei einem Teilabdruck aus dem Band im *Prager Tagblatt* in einer Vorbemerkung der Redaktion zu dem Missverständnis, dass das Werk sich »vor allem gegen das Kino wendet, dem der Dichter die Schuld an der Entsittlichung, Verflachung, Verrohung und Entfriedung der Welt gibt«. – Roths Verleger Gustav Landauer beschwerte sich daraufhin in einem Brief an Max Brod: »Bei einem Buch, das sich auf eine sehr ernste Weise mit religiösen Problemen beschäftigt, ist das tatsächlich ein starkes Stück und übrigens auch eine Schädigung.« Vgl. Roth 2012, S. 550, Zitat ebd.

33 Werke 1989-91/III, S. 614. Siehe auch Vorabdruck S. 201-207.

seinen Kindheitserinnerungen an das Panoptikum,[34] so wird im *Antichrist* der erste Kinobesuch zur ersten Begegnung mit dem Bösen – und seiner unwiderstehlichen Faszination:

»Es ist nicht möglich, vom Antichrist zu sprechen, wenn man ihm nicht begegnet ist; [...] Seit meiner frühen Jugend tritt er mir entgegen. Wir sprachen zuerst so ausführlich vom Theater der Schatten, weil er uns eben dort zuerst begegnet ist.

Meine erste Begegnung mit dem Antichrist vollzog sich also vor vielen Jahren, als ich noch ein Knabe war und als zum erstenmal das Wunder des lebendigen Schattens zu mir kam. Damals kam ein großer Wagen daher, von unsichtbaren Kräften gezogen, blieb auf freiem Platz vor der Stadt stehn und schickte zuerst eine große Maschine vor, von einem kleinen Zelt aus Leinwand bedeckt, und hierauf ward ein großes Zelt, ebenfalls aus Leinwand, ausgebreitet und gewölbt, und trat man hinein, so war das Innere der Wölbung ein blauer Himmel, gestirnt mit vielen goldenen und silbernen Sternen. Und es war wie ein Firmament. Weil nämlich das menschliche Auge nicht imstande ist, vom wirklichen gestirnten Himmel mehr zu fassen, als was ein geräumig ausgeblähtes Zelt vom Himmel darzustellen vermag, sahen die Augen der Menschen so viel oder so wenig, wie sie vom wirklichen Himmel sehen können, wenn sie des Nachts emporblicken. Blau war die Wölbung, und die Sterne waren ebenso unerreichbar und ebenso nahe wie die wirklichen Sterne. Denn da der Mensch nicht einmal so groß gewachsen ist, um die Kuppel eines von seinesgleichen gebauten Zirkuszeltes zu erreichen, war es dem Menschen, der unter der Wölbung saß, gleichgültig, ob sie der echte Himmel sei oder ein nachgemachter. Weder diesen noch jenen konnte er mit seinen Händen fassen. Infolge-

34 Roth 2012, S. 38ff. und S. 425ff.

dessen glaubte er gern, dieser sei jener oder jener sei dieser. Und da es ganz dunkel ward unter und innerhalb dieser Wölbung aus Zeltleinwand, war der Mensch überzeugt, er sitze inmitten einer hellen, bestirnten Sommernacht.«[35]

Die Macht der Verzauberung durch die Filmtechnik wird von Roth aber auch auf anderer Ebene dargestellt – an einem Phänomen, das er schon in seinem Artikel »Knigge im Film«, damals noch mit durchaus positivem Tenor, geschildert hatte. Das Motiv scheint hier, komplett in Schattenmetaphorik gehüllt, erneut auf:

> »Die lebendigen Mädchen und Knaben in der ganzen Welt, die diese Schatten sehen, nehmen den Gang, das Antlitz, die Gestalt und die Haltung dieser Schatten an. Daher kommt es, daß man manchmal Männer und Frauen, lebendige Menschen in den Straßen trifft, die nicht selbst Doppelgänger ihrer Schatten sind wie die Schauspieler des Kinos, sondern noch weniger: nämlich die Doppelgänger fremder Schatten.«[36]

Hatte Roth noch Anfang der 1920er Jahre den Film als »modernen Knigge« verstanden, so kehrt er all dieses im *Antichrist* um und sieht darin einzig die Verführung zum Bösen.

Mit etwas zeitlichem Abstand zur Arbeit am *Antichrist* schreibt Roth am 14. Juni 1934 an Stefan Zweig:

> »Der Film ist keine zeitliche Erscheinung allein. Er mag die Menschen selig machen, auch der Teufel macht sie zuweilen selig. Es ist meine unerschütterliche Überzeugung, daß sich im quasi lebendigen Schatten der Teufel offenbart. Der Schatten, der selbst agiert und sogar spricht, ist der wahre *Satan.* Mit dem Kino beginnt das 20. Jahrhundert, das ist: das Vorspiel zum Untergang der Welt. Bitte, unter-

35 Werke 1989-91/III, S. 576.
36 Werke 1989-91/III, S. 614; siehe Vorabdruck S. 201-207.

schätzen Sie Das nicht. Telephon, Aeroplan, Radio sind nichts dagegen: daß man den Schatten vom Menschen gelöst hat. Das ist ein *Wendepunkt* in der Geschichte der Menschheit, wichtiger als die russische Revolution mit ihrer sogenannten Befreiung des ›Proletariats‹. Hätte Sie lieber den Menschen befreit! Aber das kann sie natürlich nicht.

> Sie haben recht: ich habe den Antichrist nicht aufgebaut, sondern einfach hingeschrieben, und ich fühlte mich in dieser Zeit zum ersten Mal in meinem Leben detachiert von dieser Welt. Ich bekam eine leise Ahnung davon, was ein Heiliger empfindet, wenn er sich einmal herabläßt, zu schreiben. Ich war grimmig und selig zugleich. Wahrscheinlich ist Zufälliges und Nebensächliches dazwischen geraten. Aber ich habe die Empfindung, daß dieses Buch nicht von mir ist und als hätte es mir Jemand diktiert. Ich habe nicht das Recht, mehr, als die Druckfehler zu korrigieren.[37]

Dennoch rät Stefan Zweig Roth dringend, seinen neuen Roman, *Beichte eines Mörders*, der Filmbranche anzubieten. Er schreibt ihm am 3. März 1936 aus London:

> »Ich habe die allergrößten Hoffnungen für Ihren Roman und nach dem, was Sie mir vom Inhalt erzählten, wird er ja – was heutzutage beinahe das finanziell Entscheidende ist – für den Film verwertbar sein. Nur von dieser Seite kann, glaube ich, für Sie die entgiltige Befreiung kommen. Zuckmayer und Bruno Frank waren jetzt, für ein, zwei Wochen da und haben geradezu gigantische Beträge eingescheffelt. Ich erkenne immer erst, wie ungeschickt wir in dieser Hinsicht sind und wie besonders Sie sich wegen Kleinigkeiten herumschlagen, während hier diese Klü-

37 Briefe 2011, S. 166f.

geren mit einem Griff so viel verdienen wie mit fünf, zehn Romanen.«[38]

Und tatsächlich, trotz seines *Antichrist*, sieht auch Roth während seiner Jahre im Exil wie so viele[39] bald den Film als einzige und effektivste Möglichkeit, dem finanziellen Ruin zu entkommen, und versucht, sich mit dem »Reich der Schatten« zu arrangieren. Am 2. April 1936 schreibt Roth an Stefan Zweig, der ihm zwei Tage zuvor geraten hatte, »sich einzugestehen, daß, so groß Sie als Dichter sind, Sie im materiellen Sinne ein kleiner armer Jude sind«,[40] aus Amsterdam:

> »Es steht aber nirgends geschrieben, daß ein armer Jude nicht versuchen darf, Geld zu verdienen. Um solch einen Rat allein habe ich Sie gebeten. Wenn Sie ihn nicht wissen, so sagen Sie es. Ich dachte, Sie könnten mir etwelche Filmbeziehungen verschaffen, oder raten.«[41]

Zweig antwortet vier Tage später aus London:

> »Glauben Sie wirklich, daß wenn ich nur den *Schatten* eines Rates wüßte, ich schweigen oder vorbeireden würde? Vielleicht können Sie aber selbst einen Plan ausbauen und uns vorlegen, wie man Ihnen helfen kann in den begrenzten Möglichkeiten, die uns allen die Zeit auferlegt. Machen Sie es uns leichter, indem Sie selbst klar einen solchen Vorschlag entwickeln. Und schmieren Sie außer-

38 Briefe 2011, S. 289. Zu Zuckmayers ausgesprochen hohen Honoraren im Filmgeschäft vgl. dessen Brief aus London an Albrecht Joseph vom 19. Februar 1936. In: Carl Zuckmayer/Albrecht Joseph. Briefwechsel 1922-1972. Hrsg. von Gunther Nickel. Göttingen 2007, S. 156-161.

39 Vgl. etwa die Textsammlung: In der Ferne das Glück. Geschichten für Hollywood von Vicki Baum, Ralph Benatzky, Fritz Kortner, Joseph Roth sowie Heinrich und Klaus Mann u.a. Hrsg. von Wolfgang Jacobsen und Heike Klapdor. Berlin 2013.

40 Briefe 2011, S. 304.

41 Ebd., S. 305.

dem ohne Rücksicht auf Stil und Kunst ein paar Filmsujets hin, damit man irgend eine Grundlage hat für mögliche Verhandlungen. Berthold Viertel kämpft hier seit zwei Jahren für Ihren Radetzkymarsch und hofft ihn doch über kurz oder lang einmal durchzusetzen.«[42]

In der Zwischenzeit kommt es im verhassten Hollywood zur Verfilmung von *Hiob* durch die Twentieth Century Fox Film Corporation (Regie: Otto Brower und Gregory Ratoff)[43] mit dem Titel *Sins of Man*. Zweig teilt dies seinem Freund im Mai 1936 mit, also zwei Monate nach obigem Brief:

»Ihr Hollywooder Hiob soll zum Brüllen schön sein. Aus Mendel Singer haben sie einen Tiroler Bauer gemacht. Aus Menuchim einen Sänger. Ich *muß* den Film bald sehen. Ich werde für Sie fröhlich sein.«[44]

Der Verlag Gustav Kiepenheuer hatte bereits 1933 einen Filmvertrag für *Hiob* in den USA abgeschlossen.[45] Der ›Pakt mit dem Antichrist‹ war damit definitiv geschlossen.

Roth versuchte nun alle Möglichkeiten, seine Prosawerke zu verwerten. Während eines Wienaufenthalts im Frühjahr 1937 erteilte er dem Verleger Paul Gordon am 7. März die Vollmacht, seine Werke zu vertreten:

»Sehr geehrter Herr Gordon, ich bevollmaechtige Sie mit meiner ausschliesslichen und alleinigen Vertretung, und berechtige Sie in meinem Namen mit Verleger und Filmgesellschaften zu verhandeln und für mich rechtsbindliche Vertraege abzuschliessen. Diese Vollmacht ist vom Tage der Unterfertigung an, sieben Jahre gültig.«[46]

42 Ebd., S. 306.
43 Ebd., S. 509.
44 Ebd., S. 315.
45 Ebd., S. 112 und Kommentar S. 431 f.
46 Die Autographenhandlung J. A. Stargardt verauktionierte das

Unterschrieben ist diese Vollmacht auf dem Geschäftspapier von Gordons Verlag »Komödie. Büro für Film- und Bühnenrechte« von Joseph Roth und zwei anwesenden Zeugen. Als Wohnadresse gibt Roth das Hotel Bristol in Wien an. – Roth hat wohl erkannt, dass er nur über den Film zu einer größeren Honorarsumme kommen könne.

Am 13. Oktober 1937 schreibt er an einen seiner Exil-Verlage, De Gemeenschap, bei dem die Romane *Die Kapuzinergruft* und *Die Geschichte von der 1002. Nacht* erscheinen werden, über die Auslands- und Filmrechte seiner Werke:

> »Der Agent, Herr Fles, ist der beste in Amerika. Im Sommer sind die amerikanischen, englischen Verleger in Urlaub. Man kann kein Buch verkaufen, vor dem Oktober, November. Herr Fles ist mein Agent auch für das *zweite* Buch. Da ich keine ›Saisongeschäfte‹ mache, bleibe ich bei ihm. Sie haben *mir* das ausschließliche Recht gegeben, über England und Amerika zu verhandeln.
>
> Ich *allein* kann also meine Bücher in England und Amerika verkaufen.
>
> Wichtiger ist der *Film*: *vor* dem Buch: Herr Fles braucht noch 3 oder 4 Bürstenabzüge für die *Film*firmen.
>
> Ich bitte also, sie ihm *sofort zuzuschicken.* Der Stoff ist ein sogenannter ›Kinostoff‹ und kann sofort 1 000 Dollar einbringen.«[47]

Roth versucht aber nicht nur durch eine Zweitverwertung seiner Romane mit der Filmbranche in Kontakt zu kommen, sondern auch auf direktem Wege als Filmautor.

Dokument in einem Konvolut (Katalog 698 für die Auktion 5./6.6.2012, Nr. 46). Den Herausgebern wurde freundlicherweise eine Kopie überlassen.

47 Theo Bijvoet, Madeleine Rietra (Hrsg.): Aber das Leben marschiert weiter und nimmt uns mit. Der Briefwechsel zwischen Joseph Roth und dem Verlag De Gemeenschap 1936-1939, Köln 1991, S. 125.

Bereits zu Beginn seiner Berliner Zeit, Anfang der 1920er Jahre, hatte sich Roth als Dramatiker versucht und mit dem Gedanken gespielt, sich an einen Bühnenentwurf zu wagen:

> »In seinem Berliner Notizbuch finden sich Pläne für ein Theaterstück, – zum Milieu hochadeliger Kreise in Dresden bildet die hereinplatzende Revolution den Hintergrund – das jedoch nicht über den Aufriß hinausgelangte.«[48]

An einem ähnlichen Sujet versucht sich Roth fast zwanzig Jahre später als Autor eines Filmentwurfs gemeinsam mit dem ebenfalls seit 1933 im Pariser Exil lebenden österreichischen Regisseur, Theater- und Drehbuchautor Leo Mittler. Mittler, der bereits in den 1920er Jahren in Berlin für den Film arbeitete, hatte Kontakte zur amerikanischen Produktionsfirma Paramount. Roth und Mittler entwickeln ein Treatment mit dem Titel »Karneval in Wien«. Kein revolutionärer Umschwung beendet hier eine Epoche, sondern der Einmarsch der Nationalsozialisten in Wien. Eingebettet in die Ängste vor dem Ende der Republik und dem aufkommenden Nationalsozialismus ist die Liebe zwischen der jungen Schneiderin Kathrin Gruber und dem Musiker und Komponisten Robert Hammerling. Kontrapunktisch dazu steht die Verehrung des alten Oberst Meyerhofer für die Fürstin Ditrichstein. Im Freitod sehen die Vertreter der alten Generation, Fürstin und Oberst, die einzige Möglichkeit, den Nationalsozialisten zu entkommen, während der jüngeren Generation, repräsentiert durch Kathrin und Robert, die Flucht aus Wien und die Emigration in die USA gelingt.

Zu einer Realisierung dieser Filmidee ist es nie gekommen und dasselbe Schicksal widerfuhr einem zweiten Projekt der beiden Autoren. Am 2. Juni 1938 findet sich in der Exilzeitung *Pariser Tageblatt* die Notiz, dass Joseph Roth

48 Bronsen 1974, S. 226.

gemeinsam mit dem Regisseur und Drehbuchautor Leo Mittler an einem Filmexposé mit dem Titel »Les enfants du mal« (Kinder des Bösen) arbeite.

Die Handlung dieses zweiten Filmentwurfs setzt 1914 ein, kurz vor dem Attentat in Sarajewo. Auch hier steht eine Liebesgeschichte im Mittelpunkt, verwoben mit den historischen Ereignissen. Protagonisten sind die Schwester eines der serbischen Attentäter, Mila, und der Sohn eines Adjutanten des ermordeten Thronfolgers Franz Ferdinand, Friedrich von Sonnenfels, dessen Vater ebenso wie der Thronfolger bei dem Attentat ums Leben kam. Nach Kriegsende wird der Mörder des Adjutanten von Anhängern der Monarchie unter der Führung Friedrichs aufgegriffen und zu Tode gefoltert. Mila und Friedrich treffen zufällig aufeinander, es ist Liebe auf den ersten Blick. Die Liebe der beiden »Kinder des Bösen« ist stärker als die Rachegelüste der verfeindeten Familien. Friedrich wird jedoch von der Braut des getöteten Attentäters angeschossen, die bei diesem Racheakt durch einen Unfall zu Tode kommt. Noch am Sterbebett gelingt es Friedrich, den um ihn versammelten Mitgliedern beider Familien die Versöhnung abzuringen. Friedrich stirbt, seine Geliebte Mila zieht sich als Nonne in ein Kloster zurück.

Brita Eckert rechnet in ihrem Aufsatz über »Kinder des Bösen« Roths Treatments dem Genre Kolportageroman zu, wobei sie weiter ausführt: »Das Auffinden eines zweiten Treatment bezeugt meines Erachtens jedoch, wie ernsthaft sich Joseph Roth um den Film als mögliche Einnahmequelle bemühte; es ist auch ein weiterer Beleg dafür, daß Roth noch in seinem letzten Lebensjahr an ein mögliches Leben in den Vereinigten Staaten dachte.«[49]

49 Brita Eckert: Kinder des Bösen. Anmerkungen zu einem Szenario von Joseph Roth und Leo Mittler, in: Wenn wir von gestern reden, sprechen wir über heute und morgen. Festschrift für

In Roths Nachlass in New York findet sich ein weiteres kurzes Szenario für einen Film, das er offenbar allein verfasste. Im Gegensatz zu den beiden anderen ausgearbeiteten Treatments mit Dialogpassagen handelt es sich dabei lediglich um ein fünfseitiges Exposé, in dem das Schicksal des jüdischen Viehzüchters David Fried erzählt wird, der mit seiner Familie aus der Heimat vertrieben wird. Nach einer monatelangen Odyssee auf See mit dem Dampfer »Columbia«, der nirgendwo eine Landeerlaubnis erhält, geht das Schiff schließlich in einem südamerikanischen Hafen vor Anker. Doch kaum ist Fried mit seiner Familie und anderen Leidensgenossen dort angekommen, werden sie von nationalsozialistischen Kolonisten bedroht und, als sie sich verteidigen, allesamt getötet.

Der Entwurf ist vermutlich unter dem Eindruck der Irrfahrten von Emigrantenschiffen im Frühjahr 1939 entstanden.[50] In einem Artikel der Serie »Schwarz-Gelbes Tagebuch«, erschienen am 11. März 1939 in der Exilzeitschrift *Die Österreichische Post*, schreibt Roth über das Schicksal von 165 österreichischen Emigranten auf dem Dampfer »Königstein«, die in Hungerstreik getreten sind, »weil sie, von allen Häfen Zentral-Amerikas abgewiesen, in Gefahr sind, wieder nach Hamburg zurückgebracht zu werden«.[51]

Joseph Roth hat also zumindest dreimal erfolglos den Versuch unternommen, für den Film zu schreiben. Sein Zugang zu einer von ihm nicht wirklich geschätzten Kunstrichtung mag sich in der Ausführung seiner Filmentwürfe spiegeln. Eher Kolportage als differenzierte Beschreibung oder Charakterstudien sind diese Szenarien. »Und schmie-

Marta Mierendorff zum 80. Geburtstag, hrsg. von Helmut G. Asper. Berlin 1991, S. 139.

50 Brita Eckert, Werner Berthold (Hrsg.): Joseph Roth 1894-1939, Deutsche Bibliothek, Frankfurt a. M. 1979, S. 287.

51 Werke 1989-91/III, S. 900.

ren Sie außerdem ohne Rücksicht auf Stil und Kunst ein paar Filmsujets hin, damit man irgend eine Grundlage hat für mögliche Verhandlungen«[52], hatte ihm Zweig im April 1936 geraten. Aber so einfach scheint es für Roth dann doch nicht gewesen zu sein. Er schließt seinen Roman *Hotel Savoy* mit der Erinnerung des Ich-Erzählers Gabriel Dan an seinen verlorenen Freund, den Revolutionär Zwonimir, mit dem Satz: »Amerika, denke ich, hätte Zwonimir gesagt, nur: Amerika.«

Der Film und Amerika, die beiden Verkörperungen des Bösen im *Antichrist*, scheinen für Joseph Roth zumindest eine letzte Hoffnung gewesen zu sein, um dem herrschenden Nationalsozialismus in Europa zu entkommen und um finanziell überleben zu können. Ob Roths Interesse an dieser Geldquelle aufgrund seines Gesundheitszustandes in den letzten Lebensmonaten abnahm, ist schwer zu beurteilen.

1939 hätte Joseph Roth sogar die Möglichkeit gehabt, in die USA zu reisen. Der amerikanische P.E.N.-Club lud ihn am 21. Januar 1939 ein, am World Congress of Writers in der Zeit vom 8. bis 10. Mai 1939 in New York teilzunehmen:

> »The P.E.N. Centers each have been invited to appoint a representative und we have compiled, in addition, a list of distinguished men and women of letters, such as yourself, to be invited as guests of honor.
>
> We very much hope you will attend. Living expenses will be paid and entertainment provided for the three days of the Congress at the Fair and for three or four days more when we expect to entertain P.E.N. representatives and our guests of honor in New-York City and in country residences belonging to members of the American P.E.N. Club, their friends, and important patrons of literature.

52 Briefe 2011, S. 306.

We will also arrange a series of optional excursions of various lengths at reduced costs – including a trip to Washington where we expect the President of the United States to receive us – and hope to arrange for reduced steamship rates from Europe to New York. Details of all these arrangements will be sent later.«[53]

Roth nahm die Einladung zwar an, fuhr aber trotz des verlockenden Angebots dann doch nicht nach New York.[54] Diese Gelegenheit, vielleicht mit der »Branche« ins Geschäft zu kommen, wollte oder konnte er nicht mehr wahrnehmen.

Es blieb dabei, dass seine Einstellung zu Amerika, dem Land der technischen Erfindungen und Errungenschaften, eher von intuitiver Ablehnung geprägt war. Hollywood, als Zentrum der Filmindustrie, schien ihm der Antichrist, die Inkarnation des Bösen schlechthin zu sein. Und doch gilt für dieses Böse, was Roth über sein Buch *Der Antichrist* an René Schickele schreibt: »der Antichrist ist Freund und Feind. Und am Ende sitzt schon ein Teilchen von ihm in mir selber«.[55]

53 Briefe 1970, S. 526f.
54 Vgl.: Briefe 2011, S. 536, Kommentar zu Nr. 262.
55 Briefe 1970, S. 312f.

Dank

Bedanken möchten sich die beiden Herausgeber bei allen Institutionen und Personen, die ihnen bei der Arbeit an diesem Buch auf vielfältige Art und Weise geholfen haben.

Dem FILMARCHIV AUSTRIA sei als erstes für seine großartige und hilfreiche Unterstützung bei den editorischen Recherchen gedankt. Hier gilt besonderer Dank Herrn Peter Spiegel, dem Leiter des Filmdokumentationszentrums, der den Herausgebern immer beratend zur Seite stand und ihnen die Arbeit durch die online-Datenbank bei der Suche nach Filmen und Personen sehr erleichterte. Ebenso seien bedankt die Herren Dr. Thomas Ballhausen, Leiter der Bibliothek im Filmarchiv, sowie Dr. Günter Krenn, Leiter der wissenschaftlichen Abteilung im Filmarchiv, für beratende Gespräche, Hinweise und Quellenangaben.

Herrn Dr. Paolo Caneppele vom FILMMUSEUM WIEN sind die Herausgeber zu großem Dank verpflichtet für seine Auskünfte zu Zensur und Filmrechte. Ebenso der Autographenhandlung J. A. Stargardt für die Genehmigung zur Abschrift einer Vertragskopie aus dem Katalog 698.

Als Einzelpersonen, die das Projekt mit aufmunternden Gesprächen begleiteten und Hinweise und Ratschläge gaben, sei gedankt: Beppo Beyerl, Dr. Elisabeth Büttner, Dr. Christian Dewald, Dr. Eckart Früh †, Prof. Dr. Michael Hagner, Dr. Heinz Lunzer, Dr. Victoria Lunzer-Talos, Claus Philipp, Mariana Prusák, Stefanie Schmitt, Gerrit Thies, Dr. Georg Tscholl.

Andreas Haller danken die beiden Herausgeber für die fach- und sachkundige Unterstützung und Begleitung als Lektor des Wallstein Verlages. Dem Verleger Thedel von Wallmoden sei Dank für das anhaltende Interesse am Werk von Joseph Roth und insbesondere an dieser Edition.

Register

Das Register erfasst die von Roth in seinen Texten genannten Personennamen sowie die dazugehörigen Erläuterungen im Anhang.

Inhalt

Feuilletons zur Welt des Kinos

Treatments

Anhang